"十三五"江苏省高等学校重点教材

现代产业经济

理论与政策

主　编　胡绪华

副主编　李　根　贺　丹　李丫丫

编　委　（按姓氏笔画排序）

石俊国　李丫丫　李　根

杨　茜　陈　彬　赵桂梅

胡绪华　贺　丹

江苏大学出版社
JIANGSU UNIVERSITY PRESS

镇　江

图书在版编目(CIP)数据

现代产业经济理论与政策 / 胡绪华主编. — 镇江 :
江苏大学出版社，2020.8(2023.8 重印)
ISBN 978-7-5684-1405-0

Ⅰ. ①现… Ⅱ. ①胡… Ⅲ. ①产业经济－经济理论－
中国②产业经济－经济政策－中国 Ⅳ. ①F269.2

中国版本图书馆 CIP 数据核字(2020)第 152306 号

现代产业经济理论与政策
Xiandai Chanye Jingji Lilun Yu Zhengce

主　　编/胡绪华
责任编辑/仲　蕙　张小琴
出版发行/江苏大学出版社
地　　址/江苏省镇江市京口区学府路 301 号(邮编：212013)
电　　话/0511-84446464(传真)
网　　址/http://press.ujs.edu.cn
排　　版/镇江市江东印刷有限责任公司
印　　刷/镇江文苑制版印刷有限责任公司
开　　本/787 mm×1 092 mm 1/16
印　　张/19.75
字　　数/496 千字
版　　次/2020 年 8 月第 1 版
印　　次/2023 年 8 月第 2 次印刷
书　　号/ISBN 978-7-5684-1405-0
定　　价/55.00 元

前言

当前国内外形势正在发生复杂深刻的变化，我国经济正处在从高速增长阶段向高质量发展阶段转变的攻关期，系列供给侧结构性改革的政策措施逐项落地，实体经济、科技创新、现代金融、人力资源协同发展的产业体系建设有序推进。互联网、大数据、人工智能和实体经济深度融合，释放了中国制造新动能，加快了先进制造业规模扩张，带动了传统产业优化升级，并促进了现代服务创新发展及产业向全球价值链中高端迈进。随着交通、信息、能源等基础网络设施的健全，产业成长与区域分布呈现显著的时空压缩特征，产业主体间内在关联增强，创新合作紧密，产业公地催生，为构建深度嵌入本地经济且具有全球竞争力和创新力的世界级先进制造业集群奠定了基础。基于当今特定的经济背景和社会文化，《现代产业经济理论与政策》的写作构思形成，编者试图在对经典产业经济学主要理论体系继承的基础上，结合当前产业经济发展的特定情境，围绕市场、行业、企业三个层次研究新时代产业的组织、结构、贸易、创新、金融、政策及治理等产业经济问题和产业发展规律，旨在揭示现实经济问题、分析内在机制、提出政策建议、优化资源配置及提高经济效益。

产业经济学发展的每一个阶段都与现实世界的产业经济活动密切相关。随着人类经济活动的高级化，人们对产业经济学理论的认知亦与时俱进，理论体系不断得到修正、批判和完善。从威廉·斯塔福（William Stafford）的以货币差额论为中心的早期重商主义理论到托马斯·孟（Thomas Mun）的以贸易差额论为中心的晚期重商主义理论，从亚当·斯密（Adam Smith）的以分工和专业化为中心的古典经济学理论到阿尔弗雷德·马歇尔（Alfred Marshall）的以有限资源合理配置为中心的新古典经济学理论，从供给创造其自身需求的萨伊定律到主张以赤字财政政策扩大有效需求的凯恩斯主义，从约翰·梅纳德·凯恩斯（John Maynard Keynes）的以赤字财政政策扩大有效需求的凯恩斯主义到米尔顿·弗里德曼（Milton Friedman）的货币供给主义，从阿·费希尔（A. G. B. Fisher）三次产业的划分到博弈论引入产业经济学，从哈佛学派的传统分析范式到芝加哥学派的兴起，再到新产业组织理论的发展……产业经济学理论不断走向成熟，产业经济学科逐渐成为主流学科。

本书共分四篇十五章：第一章为导论，主要介绍产业经济学的研究对象、理论的形成与发展历程、主要研究方法及研究意义；第一篇为组织与竞争，共四章，主要讲述产业组织理论和竞争策略；第二篇为结构与关联，共四章，主要讲述产业结构和产业关联理论；第三篇为发展与支撑，共四章，主要讲述产业发展理论、产业衰退理论、产业创新及产业金融理论；第四篇为规制与治理，共两章，主要讲述产业发展治理理论。本书是集体合作的成果，主编胡绪华提出整体思路设计，负责全书的统稿和定稿；副主编李根、贺丹、李丫丫参加全书总体框架的讨论和交叉审稿，协助完成统稿和定稿。各章撰写分工如下：胡绪华编写第一、第四、第五、第十一、第十五章，李根编写第三、第八章，贺丹编写第二、第六章，李丫丫编写第十、第十四章，赵桂梅编写第九章，陈彬编写第七章，石俊国编写第十二章，杨茜编写第十三章。

本书的出版得到了各位同仁，以及江苏大学出版社领导和责任编辑的支持，在此表示衷心感谢。本书在编写过程中参考引用了国内外专家学者的著作，限于篇幅，只列出了主要的相关书目，未能将所有文献资料一一列出，在此谨向这些作者表达诚挚的谢意和深深的歉意。由于现代产业经济学作为一门发展中的学科，许多问题尚在探讨之中，加上编写团队水平有限，书中难免存在不妥之处，请读者批评指正，以便后期逐步改进。

编　者

2020 年 4 月 13 日

目录

第三篇　发展与支撑

第四篇　规制与治理

第一章 导 论

作为主要面向经济学专业本科生和研究生的基础教材，本书从经典产业经济学的理论切入。本章首先介绍产业经济学的研究对象，通过介绍产业经济学基础理论和基本领域，加深学生对产业经济学研究对象的理解；其次回顾产业经济学理论的形成与发展历程；再次介绍产业经济学的主要研究方法；最后探究产业经济学的研究意义，使学生全面了解产业经济学的基本理论体系。

第一节 产业经济学的研究对象

产业经济学以产业为研究对象，研究个别产业内企业间的竞争、合作关系，以及对经济绩效的影响和相应的公共政策，同时也研究不同产业之间的结构关系和经济技术联系及相应的产业政策。研究产业经济学需要理解和把握产业的含义：产业是一种社会分工现象，它随着社会分工的产生而产生，随着社会分工的发展而发展。

一、产业的概念

不同的学者和学派对“产业”的定义和划分各不相同，一般来说，产业作为产业经济学的研究对象，是一个“集合”的概念，即产业是具有某种同类属性的企业经济活动的集合。从狭义角度理解，产业是由提供相近产品和服务，或使用相同原材料、相同工艺技术在相同或相关价值链上活动的企业共同构成的集合；从广义角度理解，产业是一种同一属性的生产经营活动、同一属性的产品和服务、同一属性的企业的集合。

产业作为经济单位，既不属于微观经济所研究的企业，也不属于宏观经济所研究的国民经济，而是介于单个市场主体和国民经济总量之间，属于中观经济。微观经济的研究对象主要是企业经济活动，例如企业在完全竞争的市场上如何利用有限的资源来获取利润最大化；宏观经济的研究对象主要是国民经济活动，例如国民生产总值、国民收入等；而产业的研究对象则是具有某些共同属性的企业经济活动或行为的集合，例如产业内各企业的竞争行为、产业与产业之间的技术经济联系。

产业分类是进行产业研究的前提，是把具有不同特点的产业按照一定标准划分成各种不同类型的产业，以便对产业进行合理有效的分类管理。作为国民经济的中观层次，产业内部关系错综复杂，不同的研究目的和研究角度形成了不同的分类标准和依据，不同的分类标准则形成了不同的产业分类方法。迄今较为经典的产业分类标准及方法如表 1-1 所示，产业分类的详细阐述见第六章第一节。

表 1-1 产业分类标准与方法

产业分类标准	产业分类方法	产业分类
产品的最终用途	马克思的两大部类分类法	生产生产资料的产业部类、生产消费资料的产业部类
物质生产特点	农轻重产业分类法	农业、轻工业、重工业
工业生产的特点	霍夫曼产业分类法	消费资料工业、资本资料工业、其他工业
产业发展层次顺序及其与自然界的关系	三次产业分类法	第一产业(农业)、第二产业(工业)、第三产业(服务业)
不同时期对经济发展起主要作用的制造业部门	钱纳里—泰勒产业分类法	初期产业、中期产业、后期产业
生产要素集约程度	生产要素集约分类法	劳动密集型、资本密集型、技术密集型、知识密集型
产业在国民经济中的地位和作用	产业地位分类法	基础产业、瓶颈产业、支柱产业、主导产业、先行产业
产业技术先进程度与发展趋势	产业发展状态分类法	按技术先进程度分类、按产业发展阶段分类
统计标准	标准产业分类法	国际标准产业分类法、国家产业标准分类法

二、产业经济学的基本领域

产业经济学研究的是产业内部各企业之间相关作用关系的规律、产业本身发展规律、产业与产业之间互动联系的规律及产业在空间区域中的分布规律等,主要包括以下研究领域:日本学者宫泽健一(1975)将产业经济学的主要研究领域划分为产业组织理论、产业关联理论和产业结构理论,见图 1-1。

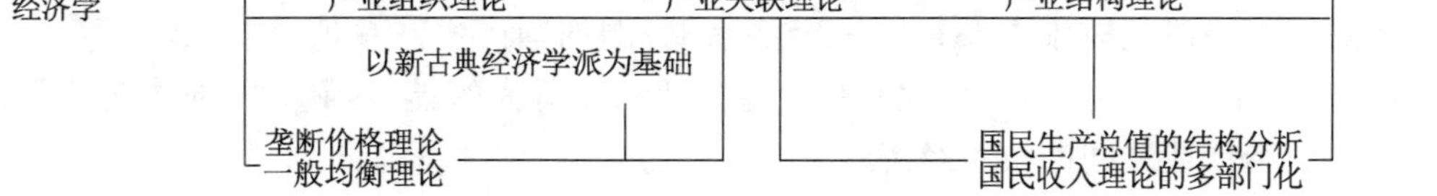

图 1-1 产业研究的基本领域

第一,产业组织理论。该理论研究国民经济中同一产业内部企业间的结构关系,也即处于同一商品市场的产业发展问题。习惯上把反映这类问题的产业经济理论称为"产业组织理论"。它研究的是企业间关系结构的状态、性质及对经济发展的影响。该理论的特色在于它构成一个国家维护或改变市场秩序的价值准则。该理论解释市场竞争活力与规模经济两者间的关系,以及企业的性质、地位(是不是独立自主的经济主体)、企业制度(是现代企业制度还是纯粹的国有企业、集体企业等)、企业行为(竞争、联合、兼并、破产、倒闭等),以及政府对企业行为的调节等内容。

第二,产业关联理论。该理论研究国民经济中各产业间的关联关系或连锁关系,也即以生产技术和工艺的相似性为依据,研究在这种产业划分条件下,各产业间的连接、连锁、传递和影响关系。习惯上把反映这类问题的产业经济理论称为“产业关联理论”。该理论的特色在于它的方法论,该方法是20世纪30年代美国经济学家里昂惕夫(Wassily Leontief)开发的,将一个国家或地区在一定时间内所进行的经济活动,借助投入产出表对产业之间在生产、交换、分配、使用上发生的关联关系进行分析研究,从而为国民经济预测和经济计划服务。

第三,产业结构理论。该理论研究的是国民经济中各产业间的结构关系,也即资源在各产业部门间的配置及变化问题。该理论的特点是研究随着经济发展和经济增长,产业结构演变的一般规律及其在不同国家和不同时期的具体表现,为制定经济发展战略提供重要依据。

总之,产业组织、产业关联、产业结构这三个部分是产业研究的基本领域。其中,产业结构问题是产业经济研究的准宏观领域,产业关联问题是产业经济研究的中观领域,产业组织问题是产业经济研究的准微观领域。这三部分构成本书的组织与竞争、结构与关联两篇内容。近年来,产业发展与支撑、产业规制与治理等成为产业经济学讨论的热点领域,相关理论成果不断涌现,从而构成现代产业经济理论的新方向。

第二节 产业经济学理论的发展

产业经济学完整的理论体系形成较晚,但产业经济学思想源远流长,故现代产业经济学的理论基础来源更为广泛,除包括西方主流的产业组织思想外,还包括马克思主义经济学、西方经济学、新制度经济学、创新经济学、国际经济学等各个经济学领域。在当代中国,针对中国经济问题的分析与解决,使得产业经济学又有了新的发展。

一、产业经济学发展历史

产业经济学理论的早期发展可以追溯到亚当·斯密(Adam Smith)及其著作《国富论》。他认为,商品具有两种价格,即市场价格与“自然”价格或价值。商品的买卖是依市场价格进行的,而对“自然”价格,他认为主要是取决于生产商品所耗费的必要劳动。同时,他认为,这仅仅适用于早期的原始社会,并且由于生产过程中其他要素的参与,使得基于生产成本的价值理论变得复杂了(虽然没有完全否定它)。

斯密将其大部分的讨论集中在“自然”价格上,后来的学者也就借此评论其忽略了需求方面的考虑。但实际上,他并没有忽视需求方面的影响。斯密没有将精力过多地放在需求方面,是因为他假定除了极偶然并且一般来说也很短暂的例外情况外,竞争的力量将使市场价格等于自然价格。两者的相离也必然只是一种短暂的波动。排除了这种情况,斯密便可以得出结论:如果一种商品的市场价格高于另一种商品,那么生产这种商品所必需的生产要素的成本就更高。

以后的学者,尤其是杰文斯(Jevons),发展了对需求方面的分析,这些都已被融入如今所谓的效用理论中。此外,对成本与生产要素的性质也都有大量的细致研究。但是,在近一个世纪的时间里,斯密关于竞争"一般来说将使价格与成本保持一致"的假定一直没有受到挑战。更为重要的是,阿尔弗雷德·马歇尔(Alfred Marshall)的著作也体现了这一观点。马歇尔的著作基本上可以被认为是从斯密到凯恩斯对经济学的发展做出的最重要的贡献。马歇尔的著作抛弃了价值是独立于市场价格的这一观点,相反,它吸收了杰文斯的观点,即价格取决于边际效用(供给仅在影响产出,从而影响位于边际上的效用水平方面才是重要的),并将之纳入一个统一的价格决定框架中,在这里,价格是由供给与需求共同决定的。但是,马歇尔仍然保留了竞争将促使价格与其单位生产成本相等的观点。一个企业免于这种竞争而居于垄断地位的情况是可能的,但是,至少就私人部门而言,马歇尔认为,一般来说这种情形是很短暂的。这主要是因为,(尽管可能存在规模经济)当企业管理层的变动导致其经营活力出现波动,新企业带着锐意进取的开拓精神与在位企业展开竞争时,企业不可避免地要经历兴衰变化。

大致这时候起,两个完全不同的发展方向出现了(Donald A. Hay & Derek J. Morris, 1991),见图1-2。一种发展方向侧重实践和经验方面,对特定企业和产业发展历史与实际的行为进行观察。另一种发展方向则试图分析市场竞争,尤其是力图给出价格在竞争作用下会等于成本的明确条件,而至目前为止,竞争驱使价格等于成本就会一直并且普遍地被当作一种假设而在使用。在杰文斯与埃奇沃斯(Edgeworth)的著作中,研究的重点是力求建立一组明确的条件,在这样的条件下,价格等于成本,并且不存在垄断利润。微分方法的运用不仅令人鼓舞也确实促进了这方面的研究。这一研究方法由美国的克拉克(Clark)加以进一步发展,但是,在奈特(F. Knight)那里发展到了高峰。奈特改进了完全竞争模型,将其发展成现在的形式,并且给出了我们现在所熟悉的在平均成本最低点超额利润将消失的一系列必要条件。此外,他还运用边际分析方法分析了马歇尔曾经讨论过的缺乏竞争的情形,即垄断。

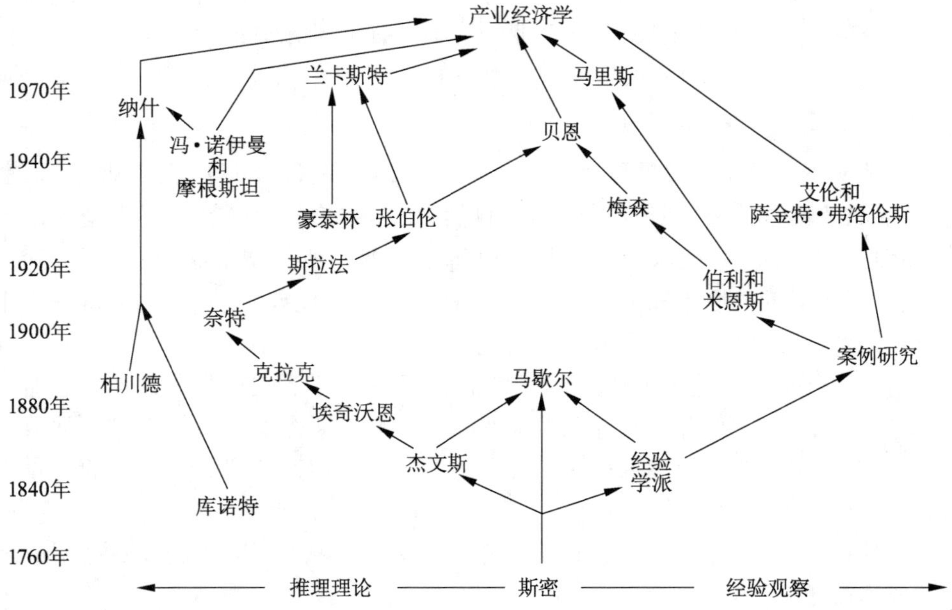

图1-2　产业经济学的发展历史

二、产业经济学在我国的发展

（一）产业经济思想的萌芽阶段:20 世纪 50—80 年代

20 世纪 50 年代,我国处于计划经济时代,从苏联引入了产业经济学的学科体系,当时的产业主要是计划经济中的行业和部门,如农业、工业、商业等,并没有形成“产业经济学”的名称。而日本的产业经济学强调产业政策而不是竞争政策,并且研究范围较西方产业组织理论更为宽泛,这使得日本的产业组织理论对我国的影响较大,因为我国正处于由计划经济向市场经济转型的时期,长期的计划经济使我国经济体制僵硬、产业结构不合理不协调,所以调整畸形的产业结构状态是当时政府和全社会学者重点关注也是亟待解决的问题。产业政策不仅用于干预产业内部企业之间的竞争,还在产业之间资源配置方面发挥较大的作用,形成了以研究产业结构调整及产业结构政策为主的产业经济学研究体系。

（二）产业经济思想的引进吸收阶段:20 世纪 80—90 年代

20 世纪 80 年代后期,随着改革开放的不断深入和对外学术交流的日益频繁,这一时期的研究内容主要是对经济体制改革以来,我国在产业组织领域存在的问题进行反思与回顾,并对产业组织的状况,特别是企业行为展开研究;同时从研究的理论视角和范式分析看,该时期的研究具有传统范式影响和西方产业组织理论影响的过渡性和双重性。一些学者在结合实际国情的传统范式基础上,开始尝试运用西方产业组织理论的范式研究我国相关产业组织问题。1985 年,国内著名学者杨治编写的《产业经济学导论》被作为我国最早对产业组织理论进行研究的著作。

（三）产业经济思想的发展繁荣阶段:20 世纪 90 年代以后

20 世纪 90 年代以来,西方产业组织理论在经过多年的引进、吸收和中国化后在我国得到了广泛的应用,同时正在进行市场化改革的我国也不断遇到西方国家市场经济中出现的产业组织现象和问题。于是,致力于研究解决暴露出来的现实经济问题,为产业组织研究提供了有利的条件,产业组织研究呈现出相对活跃的局面并趋于多样化。越来越多的经济学家应用各种现代分析框架和方法研究我国产业经济问题,例如研究过程中采用博弈论和信息经济学方法,规范性分析减少,实证和案例分析的论著增多;既有综合性分析也存在行业分析及专题性研究。如今,随着对产业经济学研究的不断深入,产业经济理论有了较大的发展,现代产业经济理论体系日趋完善。

三、现代产业经济学理论与政策体系

基于新时代中国特色社会主义理论与实践,我国工业化进程中产业经济理论体系既要传承已有的成熟的理论成果,又要结合新时代我国产业发展的任务要求而进行新的理论拓展,关注产业发展的外部支撑条件及政府政策作用机制。在综合国内外学者对产业经济学研究成果的基础上,从组织与竞争、结构与关联、发展与支撑、规制与治理四个方面构建现代产业经济理论与政策体系,具体见图 1-3。

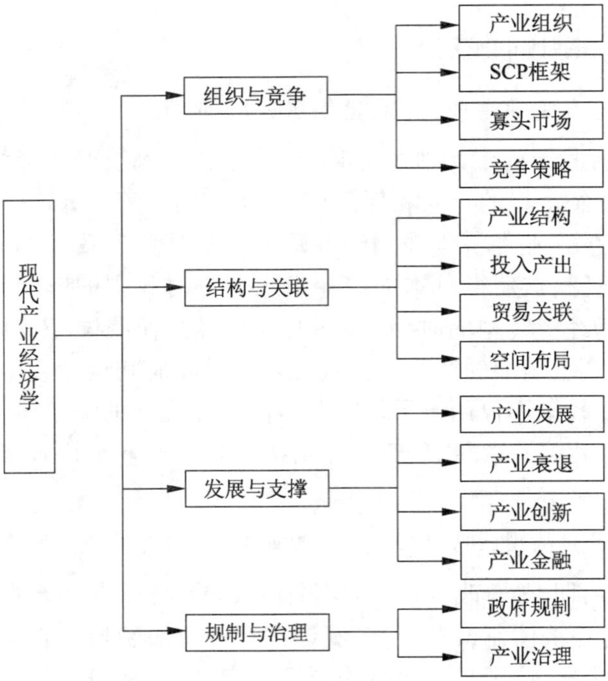

图 1-3 产业经济学理论与政策体系

第三节 产业经济学的研究方法

任何一门学科理论都与其研究方法有着密切的联系,运用合适的研究方法不仅使学习理论事半功倍,而且可以实现理论研究的创新。通常来说,研究对象及其特点决定了应采用哪种研究方法,从前面的介绍中可知,产业经济学的研究对象为产业,涉及高维时空的社会经济复杂的对象,这在一定程度上决定了产业经济学研究将需要多种方法综合使用的一整套研究方法。同时,产业经济在发展过程中不断引进其他学科研究方法并进一步创新。研究方法的创新推动了产业经济理论的长足发展,并在某种意义上体现了产业经济理论的发展脉络。

一、案例研究方法

案例研究方法将实际发生的经济现象作为案例,通过定性与定量相结合的方式具体地分析说明某一经济规律,其特别适用于无法精确定量分析的现实中复杂的经济案例。该研究方法还可以揭示经济规律在不同的实际环境中所表现的不同形式,能培养经济学研究人员对实际经济事务中所蕴含的经济规律的敏感性,提高其实际运用经济规律的能力。在产业经济学初步形成阶段,其研究普遍采用案例研究法。梅森在哈佛大学创立的产业组织小组考察美国主要行业的市场结构情况时,最初也是运用案例研究方法对这些行业的市场结构、企业行为进行市值分析,以探究市场结构对厂商行为和绩效的影响。

二、统计计量研究方法

统计计量研究方法是指利用数理统计方法对实际观测得到的相关数据进行分析研究，总结出具有代表性的一般产业及产业间联系的规律，从而使研究结论建立在科学的基础之上。统计计量分析是定量分析的基础，例如在产业组织理论中建立的各种指标方法，为市场结构、市场绩效和市场行为分析提供了多种研究手段，其中，CR_n指数法、赫希曼指数法、熵指数法、基尼系数法是测量市场集中度的方法，勒纳指数法和贝恩指数法是反映市场绩效的方法。此外，统计计量方法也是实证分析的基本工具，在SCP分析范式建立之后，各国学者普遍采用政府部门提供的数据，通过回归分析法解释各产业平均利润率的差别，尤其是不同的市场结构状态的影响。因此，在产业经济学研究中，众多研究成果就是通过大量的、严谨的统计分析总结出来的。

三、均衡分析方法

均衡是指任何一个经济决策者都不能通过改变自己的决策以增加利益时的状态，例如微观经济学中的消费者均衡和生产者均衡。一般来说，均衡分析可以分为局部均衡分析、一般均衡分析及边际分析。

（1）局部均衡分析：假定在其他条件不变的情况下，对单一的商品市场达到均衡时的状况和条件进行研究。该方法用于分析产业组织内部机制，特别是价格形成机制。

（2）一般均衡分析：在充分考虑所有经济变量之间关系的情况下，寻找在所有相互联系的整个经济系统中完全达到均衡状态时的状况和条件。这是关于整个经济体系价格和产量结构的研究方法，是一种比较周到和全面的分析方法。

（3）边际分析：研究单位自变量的变动将引起多少因变量变动程度的一种增量式分析方法，有助于寻找不同经济问题的均衡解。这种分析方法广泛运用于经济行为和经济变量的分析过程，特别是用于分析寡头垄断市场上寡头企业追求各自收益最大化下的价格和产量决策策略，是经济学研究中最重要的方法之一。

四、博弈论分析方法

博弈论是研究相互依赖、相互影响的决策主体的理性决策行为，以及这些决策的均衡结果的理论。博弈通常由以下几个要素组成：参与人、行动、信息、策略、支付、均衡等。参与人是博弈中选择行动以最大化自己效用的决策主体；行动是参与人在博弈过程中轮到自己做选择时所做的某个具体的决策；信息是参与人在博弈中所知道的关于自己及其他参与人的行动、策略及其得益函数等知识；策略是参与人选择行动的规则，即在博弈进程中，根据某种情况下选择对应行动的预先安排；支付是参与人在博弈中获得的效用；均衡是所有参与人的最优策略组合。博弈的目的就是将上述各种要素组合起来，形成博弈规则以决定均衡。博弈论分析方法主要研究寡头垄断、不完全竞争和不完全垄断状态下市场的定价、企业兼并和反垄断规制等市场均衡和厂商行为。

五、产业实验室研究方法

产业实验室研究方法是利用计算机在实验室内观察现实市场中无法观察到的某些变

量对产品价格的影响,从而探究对厂商市场份额、市场集中度的影响,然后通过控制特定变量来考察主要研究变量之间的因果关系。用实验法探索产业组织问题,主要围绕着两大类因素、四方面问题展开。两大类因素:一是市场结构因素,主要是完全竞争、垄断及寡头市场这三类市场结构类型;二是市场制度因素,市场制度在实验经济学中是指在市场中买卖双方的组织机制,其核心是价格形成机制。四方面问题:其一,用实验方法分析检验市场结构假设;其二,用实验方法检验、分析、评价行为假设;其三,寻找经验的规制方法,尤其是对于垄断市场;其四,用实验方法分析产业组织的博弈问题。在产业经济研究进程中,许多经济学家已通过实验方法分析产业组织理论问题。

第四节　产业经济学的研究意义

产业经济学的兴起和发展已引起世界范围内的广泛关注,产业经济学所研究的理论、方法、案例等内容,具有重要的理论和实践意义。

一、研究产业经济学的理论意义

(一) 产业经济学的研究有利于统一的学科体系的建立

众所周知,西方经济学一直以来被分为微观经济学和宏观经济学两大部分。微观经济学通过个量分析的方法将居民、厂商等单个经济单位作为考察对象,研究其经济行为及经济变量的变化和相互联系,以此回答"需求和供给分别是由哪些因素决定的""需求和供给的相互作用是如何决定产量与价格的""价格机制是怎样决定资源的有效配置的"等基本问题。宏观经济学则是通过总量分析的方法研究国民生产总值、国民收入等宏观经济总量的变动规律及相互之间的联系,主要解决四个方面的问题:其一,如何配置资源总量使经济总量保持某种均衡,进而达到总产出和总消费的高水平与高增长;其二,应以何种方式提高并维持高就业率;其三,怎样使价格水平保持稳定状态并且维持较低的通货膨胀率;其四,如何保持经济总量的对外平衡,同时包括进出口平衡和稳定的汇率。因此,在一定程度上微观经济学和宏观经济学比较全面地探讨分析了经济学领域,然而现实中更存在着一些既不属于微观经济学也不属于宏观经济学的研究范畴,产业经济学便顺势而生。首先,产业经济学填补了微观和宏观经济学的研究对象及其行为规律的空缺。由某种相似特征的经济活动所组成的经济集合成为"产业",这种经济集合的行为变量既不是微观经济学研究的经济个量,也不是宏观经济研究的经济总量,其行为规律无法在微观和宏观的经济理论之下做出合理的分析探讨。那么产业经济学就是通过分析经济个体之间的作用关系来研究整个产业的整体变化规律。其次,产业经济学通过分析研究经济个体的相互作用及其经济个量整合过程变动规律,解释了经济总量的变动规律与微观经济个量的变动规律无关的原因。最后,产业经济学通过研究各个层次产业本身的经济行为及其相互之间的作用规律,将微观经济个量与宏观经济总量通过产业的各个层次联系起来,则可以使经济学成为一个内在逻辑结构一致、完整的学科体系。

(二) 产业经济学的研究有利于经济学和管理学的沟通

经济学和管理学虽然是两门不一样的学科,有着不一样的观察视角和理论体系,但二者仍然可以追溯到亚当·斯密的《国富论》,经济学是“看不见的手”,管理学是“劳动分工”。就学科性质而言,经济学主要研究资源的有效配置问题,实行市场经济以实现经济的发展;管理学则主要研究如何将组织内的有限资源进行有效组合以实现既定目标的最优化,主要是企业内部的企业家通过行政指挥配置资源。所以,传统的经济学应用领域是在企业等组织以外的,而传统的管理学应用领域则被局限在组织以内,组织以外的企业行为基本归于经营范畴,严格来讲不再属于管理学的研究范畴。然而在现实经济生活中早已存在着很多组织以外的经济管理行为,特别是在产业经济学的领域中经济学和管理学相得益彰,如日本、韩国等国家通过对各个产业实施有目的、有计划的扶持或保护等管理措施使经济得到跨越式发展。因此,寻找管理产业发展的良好方法是研究产业经济学最主要的目的之一,以便在更为直接的基础上促进经济的进步。

(三)产业经济学的研究有利于应用经济学的学科建设

经济学研究分为理论经济学和应用经济学两大领域,理论经济学为各个经济学学科提供基础理论,下设微观经济学和宏观经济学;而应用经济学则是运用理论经济学的基本原理研究国民经济各个部门、各个专业领域的经济活动和经济关系的规律性,或对非经济活动领域进行经济效益、社会效益的分析,产业经济学则是其重要的二级学科。应用经济学的分支学科,无论是在资本主义国家还是在社会主义国家,都是适应社会经济发展的需要而不断扩展、不断充实的。应用经济学的发展离不开理论经济学的指导,离不开社会经济实践经验,而理论经济学和社会实践共同培育了产业经济学,因而对产业经济学的充分探讨非常有利于应用经济学的建设。此外,应用经济学还是一门融入经济学与管理学理论的应用性学科,经济管理是其中的重要组成部分,产业政策是产业经济管理的主要方向,那么,通过产业经济学的研究制定正确的产业政策将有助于应用经济学科体系的完善。

二、研究产业经济学的实践意义

(一)研究产业经济学有利于建立有效的产业组织结构

产业组织的内部结构既可以影响产业内企业规模经济优势的发挥,也可以激发企业竞争的活力,产业组织良好的竞争合作关系是企业生存发展最直接的外部环境,产业竞争力实质是产业组织能力的市场体现。通过研究产业经济学,一是能够比较不同市场结构、不同企业规模的优劣;二是可以探求过度竞争或有效竞争不足的实现途径及调整方式;三是有利于发现规模经济的形成原因及优点。那么,我们就可以从中寻找最有利于生产要素合理配置的市场秩序和产业组织结构,然后依据不同的产业特点,制定合适的、正确的产业组织政策,例如鼓励企业投资、兼并重组,发展新型企业集团,实现企业组织机构合理化。因此,研究产业经济学有利于形成有效的产业组织结构。

(二)研究产业经济学有利于产业结构优化升级

产业结构优化升级是产业结构合理化和高度化的有机统一,产业结构的合理均衡是国民经济健康发展的基础,而产业结构升级则是国民经济高速发展的必要途径。研究产业经济学可以寻找产业结构不合理的成因,并以此制定有效的产业结构政策来调整产业结构、推动国民经济又好又快发展。从更深远意义上讲,研究产业经济学以探索产业升级的规律,利用合理的产业政策加以保护和扶持,可以带动经济主导产业的发展,便可实现产业结构向更高水平演进，即产业结构高度化，从而增强本国产业的国际竞争力，促进国民经济平稳较快发展。

（三）研究产业经济学有利于产业的合理布局

从本质上讲，产业布局合理化的过程是一种建立合理的地区分工关系的过程，产业的合理布局有利于各地区充分发挥各自的要素禀赋优势，从而最大限度地提高国家的经济建设能力，实现经济的快速发展。研究产业经济学能够探究产业布局的影响因素及产业布局的一般规律，进而制定合理正确的产业布局政策，将产业布局与各个地区的资源优势、区域分工相结合，发挥各类产业的最大优势并提高经济效益，从而实现产业布局合理化。

思考题

1. 什么是产业？其主要有哪些分类方式？
2. 简要阐述产业经济学的发展历程。
3. 简述现代产业经济理论与政策的体系。
4. 产业经济学的研究意义有哪些？

第一篇

组织与竞争

第二章 产业组织

本章首先阐述产业组织理论产生的思想渊源，系统梳理该理论从萌芽、形成到发展的各个阶段的历史背景、代表人物和主要成果，然后进一步介绍自20世纪90年代世界经济一体化背景下兴起的新产业组织理论，包括基础理论的发展和新方法的引入，最后梳理产业组织理论发展过程中产生的几个代表性的理论流派，包括梅森（E. S. Mason）、贝恩（J. S. Bain）等为代表的哈佛学派，以斯蒂格勒（V. Stigler）、德姆塞斯（H. Demsetz）、波斯纳（R. Posner）为代表的芝加哥学派，以鲍莫尔（W. J. Baumol）等在芝加哥学派的基础上提出的可竞争市场理论等，并重点介绍这些理论流派的基本观点和主要政策主张。

第一节 产业组织的含义和理论渊源

产业组织理论的研究对象是产业组织，主要是指产业内部企业之间的关系，这些关系的变化和发展不仅影响企业本身的生存和发展，还影响产业的生存和发展，当然也影响该产业对国民经济发展的贡献。产业组织理论主要是为了解决所谓的“马歇尔冲突”的难题，即产业内企业的规模经济效应与企业之间竞争活力的冲突。

一、产业组织的含义

产业组织理论里的“产业”通常是以同一商品市场为单位划分的产业，主要考察同一产业内的企业，这些企业所生产商品的主要性能基本相同，商品之间具有高度的替代关系。产业组织（industrial organization）就是指这样的同一产业内企业间的组织或市场关系，包括企业间的交易关系、行为关系、资源占用关系和利益关系等。

二、产业组织的理论渊源

（一）古典经济学的竞争机制

在15至16世纪，西欧处于封建社会晚期，即海盗式的殖民主义时代，那时兴起的重商主义反映了商业资本的利益和要求，对西欧资本主义工商业的迅速发展起了推动作用。在17、18世纪和19世纪初，资本主义从封建主义的桎梏中破壳而出，以亚当·斯密（Adam Smith）为代表的古典经济学家研究资本主义的机理、内部联系和资本主义经济现象的外部关系，对资本主义的早期发展起到了积极的促进作用。长期以来，人们对资源配置的认识是建立在亚当·斯密关于“看不见的手”和市场机制学说基础上的，即在完全竞争的市场条件下，一切资源的流动都以均衡价格的高低为导向，不受外界因素干扰的情况下，这一流动过程将持续到社会各部门的利润平均化时才会停止，此时资源的配置便达到了最佳均衡状态，厂商在均衡价格体系的调节下，只需按照边际成本等于边际收益的基本原则来进行投资和生产，便可以使成本达到最低、产量达到最佳，生产出来的产品刚好能够满足社会的需求，消费者也可以得到更多的剩余。这种古典理论所包含的政策含义是，在完全竞争条件下，市场是实现资源配置的最佳方式，任何人为干预市场的做法都是不必要的。

西方古典经济学家认为竞争机制是市场经济条件下经济发展的最大动因，能使有限的资源得到合理的配置，在这一机制下，任何经济问题都可以找到最优解的组织形式。最初从体系上对竞争机制进行阐述的是亚当·斯密，他在《国民财富的性质和原因的研究》一书中，论述了竞争机制是如何使每个人都无意识地参加到促进社会全体利益的发展中去，通过"看不见的手"的作用，创造出一个理想的市场秩序和最优的经济社会。这里的"看不见的手"，就是在竞争力量的作用下自发形成的价格体系。由于这只"看不见的手"，人、财、物等资源会自动地从资源分配过多、价格下跌的产业向资源分配不足、价格上涨的产业转移，同时又不断地从经营不善、效率低下的生产者向效率更高的生产者转移。这样，就能自然而然地达到资源在产业间和产业内企业间的合理分配，实现资源最优配置和经济福利的最大化。因此，很长时间以来，许多西方经济学家认为，政府不应过多地干预经济活动，政府的作用及政策的制定应着眼于如何维护正常的竞争秩序以保证竞争机制的正常运行。只要市场接近于完全竞争状态，就能自然而然地实现资源的最优配置和经济福利的最大化。在他们看来，没有比竞争机制更优越的市场组织形式了。这里所谓的完全竞争，通常具备下列条件：市场上存在大量的具有合理的经济行为的卖者和买者；产品是同质的，可互相替代而无差别化；生产要素在产业间可自由流动，不存在进入或退出障碍；卖者或买者对市场都不具有某种支配力或特权；卖者或买者间不存在共谋、暗中配合行为；卖者、买者具有充分掌握市场信息的能力和条件，不存在不确定性。在这种完全竞争条件下，由市场供求所形成的均衡价格能够引导社会资源实现有效配置，使任何两种产品对于任何两个消费者的边际替代率都相等，任何两种生产要素对任何两种产品生产的技术替代率都相等，从而达到任何资源的再配置都不可能在不使任何人的处境变坏的同时，使一些人的处境变好，这就是所谓的帕累托最优状态。

（二）"马歇尔冲突"与不完全竞争

尽管产业组织理论的思想渊源可追溯到亚当·斯密关于市场竞争机制的论述，但最初把产业组织概念引入经济学的是新古典学派经济学家马歇尔。马歇尔在与其夫人共著的《产业经济学》一书中，第一次把产业内部的结构定义为产业组织。其后，他在其名著《经济学原理》中论及生产要素问题时，在萨伊的生产三要素（劳动、资本和土地）的基础上，提出了"组织"这一第四生产要素，并专门设章分析了分工的利益、产业向特定区域集中的利益、大规模生产的利益、经营管理专业化的利益。马歇尔提出的"内部经济"与"外部经济"、收益递减与收益递增等概念是现代产业组织的主要概念与内容。马歇尔之所以要把组织作为第四生产要素，是因为他在研究上述问题时触及了收益递增即规模的经济性问题。马歇尔认为，这种规模经济性是和工业组织直接相关的。他说："大规模生产的利益，在工业上表现得最为清楚。"马歇尔在分析规模经济成因时，提出了著名的"马歇尔冲突"。马歇尔指出大规模生产能为企业带来规模经济性，使这些企业的产品单位成本不断下降、市场占有率不断提高，其结果必然导致市场中的垄断因素不断增强，而垄断的形成又必然阻碍竞争机制在资源合理配置中的重要作用，进而影响经济活力，扼杀自由竞争。面对这一矛盾，马歇尔解释为,任何企业发展都有“生成—发展—衰退”这一自然规律,任何垄断都不会无限期延续,因此,规模经济和竞争最终是可以获得某种均衡的。

从20世纪初开始,随着生产日趋集中,企业规模不断扩大,垄断已成为发达资本主义国家普遍的组织形式,以英国剑桥大学教授斯拉法为代表的经济学家以收益递增规律与完全竞争前提相矛盾为突破口,对马歇尔的价格理论进行了猛烈的抨击,于是引发了有关“马歇尔冲突”的一场理论争论。英国和美国的经济学家围绕竞争和垄断的关系,对产业组织的实际状况进行了大量的调查分析和理论研究,同时,美国已在1890年制定了世界上第一部反垄断法——《谢尔曼法》,该法的实施也使美国积累了许多有关产业组织状况的实际资料。

1932年,贝利和米恩斯发表了《近代股份公司与私有财产》一书,详尽分析了20世纪20—30年代美国垄断产业和寡头垄断产业的实际情况,并对股份制的发展更易使资金集中到大企业手中,从而造成经济力集中等问题进行了实证分析,为以后产业组织理论体系的形成提供了许多有重要参考价值的研究成果。1933年,美国哈佛大学教授张伯伦和英国剑桥大学罗宾逊夫人同时出版了各自的专著《垄断竞争理论》和《不完全竞争经济学》,并不谋而合地提出了垄断竞争理论。这一理论否定了以往要么垄断、要么竞争这样一种极端和互相对立的观点,认为在人们生存的现实世界中,通常是各种形式的不同程度的垄断和不同程度的竞争交织并存。张伯伦特别注重分析现实的市场关系,他提出的一些概念和观点成为现代产业组织理论的重要来源。他以垄断因素的强弱程度为依据对市场形态做了分类,把市场划分为从完全竞争到寡头垄断的多种类型,总结了不同市场形态下价格的形成、作用和特点。他还着重分析了垄断竞争、同类产品的生产者集团与企业进入和退出市场、产品差别化等问题。许多产业组织学教科书都把张伯伦、罗宾逊夫人和马歇尔视为产业组织理论的鼻祖。

第二节 产业组织理论的形成与发展

一、传统产业组织理论的形成和发展

经济理论的发展总是与特定的历史时期相联系,它们主要是为了解释特定时期的历史现象而产生的。产业组织理论是19世纪末20世纪初在西方国家产生和发展起来的,是现代产业经济学的重要组成部分。产业组织理论以价格理论为基础,研究特定产业内部的市场结构、市场行为和市场绩效及其内在联系,为维持合理的市场秩序和经济效率提供理论依据和对策建议,并为现实经济活动的参与者提供决策依据。

(一)萌芽(19世纪80年代至20世纪初)

这一阶段,自由竞争的资本主义逐渐发展到顶点,并开始进入向垄断资本主义过渡的阶段,特别是1894—1901年的兼并浪潮造就了成百上千的大型企业。垄断逐渐成为一种普遍的经济现象,以马歇尔为代表的新古典经济学看到了现实经济活动中存在的垄断现象,并指出垄断会带来垄断利润的产生或均衡价格的上升,妨碍资源的最佳配置。但他们又认为垄断只不过是竞争过程中的暂时现象,长期来看,垄断企业终将因技术进步受到阻碍而无法维持垄断地位,从而恢复到完全竞争状态。所以,长期来看,调节市场均衡的决定力量仍然是市场机制这只“看不见的手”。《谢尔曼法》的实施使后来大量企业的价格协定被禁

止，并使标准石油公司和美国烟草垄断公司于1911年被分解，但第一次世界大战使许多反垄断行动又中断或停止了。反垄断的实践激起了学者们对垄断利弊的争论，托拉斯①的拥护者认为合并是实现效率的必要途径，但反对者担心垄断者可能会损害公共利益；反垄断案例的公布也为学者们提供了大量资料，使得产业组织研究的发展相当迅速。该时期约翰·克拉克(J. B. Clark, *The Limits of Competition*,1887)、亨利·亚当斯(H. C. Adams, *Trust*, 1903)、艾利(R. T. Ely, *Monopolies and Trusts*,1900)等学者的研究为产业组织理论的发展奠定了坚实的基础，实际上，现代产业组织理论中的许多核心议题，如垄断的程度、实际和潜在的竞争、垄断的效率、规模经济和规模不经济、寡头垄断、价格歧视、领先者优势及创新的重要性、动态过程、沉淀成本、风险与不确定性等在1925年就已经被许多学者认识到，并进行了较深入的讨论。

（二）奠基(20世纪30年代至50年代)

1929—1933年世界经济遭遇大萧条，为了摆脱危机，美国实施罗斯福新政，从此开始资本主义国家对经济的干预，并逐渐发展成为主要资本主义国家长期的经济纲领和政策。这以后，美国基本严格实施了以哈佛学派产业组织理论为基础的反垄断政策，政府管制也从最早的铁路扩展到电力、电信、公路、航空等众多部门。这时期，以张伯伦和罗宾逊为代表的不完全竞争经济发展起来，1933年，他们分别发表了《垄断竞争理论》和《不完全竞争经济学》两部著作。垄断竞争理论提出，由于存在产品的差异性，现实中典型的市场结构并非完全竞争，而是垄断竞争。在垄断竞争市场结构中，厂商具有一定的决定价格的“市场力量”，这种力量会使垄断利润长期大于0。因此，单靠市场机制的自发作用是不足以实现资源最优配置的，而必须由政府出面对垄断势力加以干预，才能确保市场的适度竞争。垄断竞争理论的提出引发了学者们对一系列现实问题的深入思考，例如“政府应该用什么样的管制方法才能减少垄断势力对市场机制的逆向影响?”“什么样的市场结构才能保持适度竞争?”及“市场结构合理化的评价标准又是什么?”1938年，梅森在哈佛大学建立产业组织研究小组，提出产业组织分析的理论体系和研究方向，并于1939年出版了《大企业的生产价格政策》一书。1940年，克拉克(J. M. Clark)提出“有效竞争”的概念。1955年，斯蒂格勒(Stigler)汇总当时的主要研究成果，出版了《商业集中和价格政策》一书。1959年，贝恩(J. S. Bain)出版了第一部系统论述产业组织理论的教科书《产业组织》；同年，经济学家凯森和法学家特纳合作出版了《反托拉斯政策》一书。在对这一系列关于垄断和竞争问题的研究和解决过程中，产业组织理论的主要思想逐渐形成。

（三）发展(20世纪60年代至80年代)

随着世界最大和最强的钢铁、汽车等主要产业国际竞争力的日趋低下，美国经济出现了大量的财政赤字和贸易赤字，一些重要产业的生产活动向国外转移，发生了所谓的产业空心化现象，越来越多的观点认为过紧的反垄断政策是招致这种困境的主要原因之一。1981年里根就任美国总统后，任命信奉自由主义的贝格斯特和米勒分别担任美国司法部反托拉斯局局长和联邦贸易委员会主席，之后波斯纳又被任命为联邦法院的法官。芝加哥学

---

① 托拉斯，英文Trust的音译，是垄断组织的高级形式之一，由许多生产同类商品的企业或产品有密切关系的企业合并组成，旨在垄断销售市场、争夺原料产地和投资范围，加强竞争力量，以获取高额垄断利润。

派的理论成了美国反垄断政策所依据的主流理论，并直接推动了美国对航空、铁路、银行、电信、广播等行业实行放松管制。这一时期产业组织理论的发展可谓百家争鸣，有关认知和分析方法的积累已经相当丰富，理论框架、计算模型、案例分析和政策制定的结合也基本达到了较好的程度。1968 年斯蒂格勒《产业组织》一书的问世，标志着芝加哥学派在理论上的成熟。可竞争市场理论是在 1975—1982 年发展起来的，主要代表人物鲍莫尔（W. J. Baumol）、帕恩查（J. C. Panzar）和韦利格（R. D. Willing）于 1982 年出版了《可竞争市场与产业结构理论》一书。不少研究将博弈论应用到产业组织理论模型的研究中，被称为新产业组织理论。1988 年泰勒尔发表的《产业组织理论》，是这一时期该领域的主要研究成果。

二、新产业组织理论的兴起

20 世纪 90 年代以后，国际竞争压力的逐渐增强使产业组织理论的研究者们不得不在世界经济一体化的背景下重新考虑该理论的发展方向。垄断与竞争利益纷争下，各类事件接踵而来，例如被称为跨世纪审判的美国司法部与 19 个州对微软公司的诉讼案，以戴姆勒—克莱斯勒、波音—麦道等著名合并案为代表的国际性行业整合，各国对自然垄断行业的改革及 21 世纪初发生的安然、世通公司事件等，这些事件对产业组织理论的发展提出了新的要求。囿于自身的理论缺陷，传统产业组织理论及 SCP 范式逐渐衰微，新产业组织理论（theory of industrial organization）顺势兴起。

相对于传统产业组织理论而言，新产业组织理论具有如下特点：从重视市场结构的研究转向重视市场行为的研究，即由“结构主义”转向“行为主义”，突破了传统产业组织理论单向、静态的研究框架，建立了双向的、动态的研究框架；引入博弈论，并使之成为新产业组织理论研究的统一方法，其中非合作博弈论及其分析方法居于统治地位。新产业组织理论在寻求与新古典微观经济理论更加紧密结合的同时，引入了现代微观经济学的最新成果，从理论基础、研究方法和政策主张三个方面对传统产业组织理论进行了创新。

（一）新的理论基础：交易费用理论

新产业组织理论是建立在交易费用理论基础上的。现代经济学家对企业的看法是以“自由”契约为基础的。其基本思想可以简述如下：现代化的生产要求人们分工和专业化，由此必然导致每个人掌握的信息具有差异性。由于人们之间的利益相互冲突，为了协调经济活动、取得高效率，因而对经济组织形式的选择至关重要。在自由市场经济条件下，人们的经济活动是在买卖双方平等的基础上、以自愿的契约形式来完成的。新古典经济学认为，经济活动中不存在任何摩擦，即交易费用为零。交易费用理论认为，交易费用不但存在且不可忽略，而且往往起着决定性的作用。现代企业理论的基本假定是，在市场上所观察到的契约形式都可以看作是在既定的信息制约下，使专业化的生产要素之间的交易费用极小化的反映。市场和企业为相互替代而不相同的交易机制，因而企业可以取代市场实现交易，以减少交易费用；市场交易费用的存在决定了企业的存在。企业在内化市场交易的同时还会产生额外的交易费用（管理费用）。当管理费用增加的与市场交易费用节省的相当时，企业的边界趋于稳定（不再增长扩大）。在科斯的基础上，威廉姆森进一步提出了企业的边界问题。企业的适度边界不单单由技术因素决定，而是由技术、交易费用和组织费用等因素共同决定的。在假设人的有限理性和机会主义的基础上,威廉姆森提出了以资产专用性、交易频率和不确定性三个维度来刻画交易费用的方法,并利用这种方法提供了一个区分企业、市场和混合组织最佳边界的分析框架。具体地,由于人类行为具有有限理性和机会主义倾向、未来的不确定性和资产专用性,且市场交易环境十分复杂,因而达成一项契约的交易费用很高。在明确区分了企业的生产费用和组织管理费用后,威廉姆森通过模型说明企业成长的边界或效率边界取决于总费用的大小,而非计算单纯的生产费用或组织管理费用。当市场交易费用高于将供需环节纳入同一企业内部进行统一管理和支配的管理费用时,交易双方就会产生兼并、联合的意向和动机,企业的规模和边界也就由此发生横向扩张;而横向扩张超过一定的限度,以至于企业的组织管理费用超过市场上的交易费用时,企业的规模就趋于缩小。因此,最小化交易费用是企业规模变动的真正原因。研究企业的适度规模问题,就是要在企业和市场这两种治理结构间寻找一种合理的结合方式(威廉姆森,1999)。交易费用理论也构成此后新规制理论的基础。

(二) 新方法的引入

早期产业组织理论的研究重点集中于市场结构问题,在对市场结构的研究中,主要采用静态的实证分析方法,以既定的产业结构为前提,对市场结构(行业集中度)与产业或企业利润的关系进行估计来研究某一行业的结构—行为—绩效,但早期 SCP 分析缺乏坚实的理论基础。它过于依赖经验性的统计分析,缺乏理论依据和成熟的关于寡头市场的分析模型,充其量只是对大量观察的经验性描述或仅仅是理论上的某种推测。新产业组织理论认为,市场结构由企业规模决定,企业规模取决于交易费用的高低,交易费用的高低则取决于交易活动所具有的复杂程度和不确定性,而这一切又都源自交易者的行为属性。因此,研究重点就从结构环节转向了行为环节。由于行为属性具有很强的不确定性,企业之间的行为会相互影响,传统的实证研究方法很难再沿用,因此采用推理演绎为主的研究方法。产业组织理论的研究方法很多,而对新产业组织理论影响最大的是博弈论(game theory)分析方法。除了提供一个正规的产业组织学的理论基础之外,博弈论模型还为有关企业行为和市场绩效的经验性研究提供了精确的指导。伴随着理论层次上对博弈论的广泛重视,除了非合作博弈论仍将在产业组织理论中扮演主要的角色外,网络博弈和合作—非合作混合博弈日益渗透到产业组织的分析中。20 世纪 80 年代后期,新一轮的经验研究(包括计量经济学分析、案例研究和实验经济学三个方面)开始出现。案例研究尤为引人瞩目,实验方法也得到广泛使用。

(三) 新规制理论兴起

在政府规制问题上,主张“结构主义”的哈佛学派遵循了西方主流学派的观点,对政府规制的必要性和有效性深信不疑。但是,他们将政府政策看成是影响经济活动的外生变量,并未对政府规制的实际效果、政府规制的动机和成本等问题做系统研究。以斯蒂格勒为代表的学者提出的政府规制理论刻画了政府规制过程中各利益集团的相互行为关系,它将政治学的有关理论及分析方法引入对政府规制目标和效果的研究中,但未将政治家的作用很好地整合到其理论模型中,也忽视了政策制定和执行过程中所存在的信息不对称问题。

20 世纪 80 年代后,产业组织理论中的新规制理论兴起。它的研究主题从“为什么要规制”和“规制代表谁的利益”转变为“如何有效规制”问题,这一转变是伴随着信息经济学和博弈论的发展进行的,也是力图克服以斯蒂格勒为代表的学者提出的政府规制理论的缺陷。新规制经济学从规制者角度出发,认识到规制环境里存在着三种规制性约束,即信息约束、交易约束、行政或政治约束。一个令人满意的规制理论应该反映规制者和企业所面临的信息结构、约束条件和可行的工具。新规制理论实现了如下两点突破:一是引进信息不对称,建立起规制俘获的委托代理分析框架;二是打开了规制机构的"黑箱",将其分为规制机构(监督者)和国会(委托人)两层。其中,国会追求社会福利最大化,而规制机构则以自身利益最大化为目标,它可能被规制企业或其他利益集团俘获而与之合谋。不难发现,新产业规制经济学的理论基础是博弈论、信息经济学和交易费用理论。

(四)新产业组织理论的拓展

20 世纪 90 年代以来,产业组织理论进入新的快速发展时期,产业组织理论在传统研究领域深化的同时,也不断拓展了诸多新的研究领域,主要体现在以下几个方面:

1. 双边市场理论

自 21 世纪以来,学者们的研究逐步从传统的单边市场理论转向双边市场理论。首先是许多实证研究证明了间接外部性和双边市场的存在。与传统单边市场不同,双边市场具有市场间的网络外部性(参与者之间的网络外部性)和互补性(同时向两边用户销售具有相互依赖性和互补性的产品或服务)。双边市场形态中的平台企业具有很多不同于单边市场形态中企业的行为特点,这是传统的市场理论所无法合理解释的,比如在定价问题上,平台企业是按照价格总水平来进行决策,其针对两边用户的价格不反映边际成本及其变化。这说明,传统企业基于边际成本等于边际收益的定价原则不能简单地适用于双边市场形态。同时,由于双边市场的总价格由两部分构成,任何一边用户的价格可以很低、为零甚至为负,因而非对称价格结构是一个普遍特点。在竞争优势问题上,传统的单边市场中实施规模化战略是增强企业竞争能力、取得并保持市场势力的一个重要途径;然而,在双边市场中,没有证据证明快速建立市场份额可以阻止其他企业进入和保持主导产业的先发优势。

2. 企业边界研究

企业边界,简单来说是指企业在与市场的相互作用过程中所形成的业务范围。从科斯始创以来,现代企业理论的研究一直围绕企业的边界展开。交易成本和管理成本的比较被认为是传统企业理论中分析企业边界的基本方法。之后,资产专用性、敲竹杠和不完全合约相继被学者们用来进一步阐述这个问题。企业契约说的兴起让人们突破了企业法律边界的限制,开始研究企业的实际边界。从企业边界和规模决定的角度,西蒙认为,企业的规模取决于企业组织内部决策分工和协作的效率边界,而企业的决策分工与协作的效率又取决于企业作为一个整体的知识和能力积累状况。潘罗斯(Pemose,1959)和蒂斯(Teece,1995)等认为,企业的边界取决于企业管理者拥有的知识和(或)企业能力。换言之,企业在生产上的能力差异性在一定程度上可以解释企业边界如何确定(Foss,1996)。而以纳尔逊和温特为代表的学者提出的企业演化理论重视企业战略动态和行为分析,该理论认为既可以"遗传"又可以(通过搜寻和创新)调整的企业"惯例"是决定企业边界及其演进的基本要素。随着经济的发展和组织结构的演进,原本清晰明了的企业边界变得逐渐模糊,新科技的涌现也为企业边界的研究提供了新的视角。例如,互联网的出现和发展是现代经济社会的一个标志性进程,它极大地改变着企业的现有边界。互联网应用带来的网络外部性会导致企业横向边界和纵向边界的同时变动。

除此之外,新产业组织理论还关注企业进入壁垒及其福利效应、产品差别化、价格歧视等策略性行为研究,以及上下游企业之间产品交易的纵向约束等相关问题。

与传统的产业组织理论不同,新产业组织理论以交易费用理论和博弈论等新的理论和方法为基础,在研究广度和深度上,极大地拓展了产业组织理论。在企业问题上,新产业组织理论用交易费用分析来说明企业的规模和内部的组织形式,揭示了企业的内部治理结构和外部市场机制的相互关系;在市场机制及其作用上,新产业组织理论指出市场机制的作用是有限的,在很大程度上可以被企业的治理结构所替代,利用市场机制需要付出代价;在政府干预问题上,新产业组织理论认为,由于信息外部性和协调外部性引起的市场失灵,需要政府实施产业政策,同时,作为决策主体的政府也受有限理性的机会主义倾向的支配和影响,政策的制定和实施既要考虑成本问题,又要考虑实施中有限承诺问题。此外,新产业组织理论克服了作为传统产业组织理论基础的 SCP 分析范式的缺陷,凭借其对寡头市场的一系列分析及其成果,产业组织理论的发展得以成功地实现向正统经济学的回归。

专栏2-1

工业 4. 0 战略计划下的产业组织变革方向

按照《德国工业 4. 0 战略计划实施建议》的设想,伴随着新产业革命中数字化、智能化制造技术和物联网、服务网在制造业中的应用,企业可以把它们的机器、存储系统和生产设备融入信息物理系统(CPS)中,利用嵌入式制造系统在工厂和企业之间实现业务流程的横向、纵向及贯穿整个价值链的端到端的工程数字化集成。企业间的集成将不再依赖改变所有权实现。以智能工厂为核心的全球生产网络将使社会生产表现出显著的网络经济特征,从而使产业组织形态由大企业主导型和供应链主导型向产业生态主导型转变。

第三节　产业组织理论的主要流派

西方产业组织理论在发展过程中共出现过三个主要的学派,即哈佛学派(Harvard school)、芝加哥学派(Chicago school)和新奥地利学派(Neo-Austrian school)。

一、哈佛学派的结构主义理论

(一) 哈佛学派理论体系的形成

最早的产业组织理论见于哈佛大学的梅森(E. Mason)教授和其弟子贝恩(J. Bain)的相关研究中。1959 年,贝恩所著的第一部系统阐述产业组织理论的教科书《产业组织》出版,标志着哈佛学派正式形成。哈佛学派认为,市场竞争与规模经济存在矛盾,为实现有效竞争,即形成既有利于维护竞争又有利于发挥规模经济作用的竞争格局,就要通过政府的公共政策。

梅森(E. Mason)归纳出两大类基本的有效竞争标准——市场结构标准和市场绩效标准。继梅森的研究之后,一些经济学家将该标准进一步扩展为市场结构标准、市场行为标准和市场绩效标准。梅森的弟子贝恩(J. Bain)首先用 4 家企业的市场集中度测量市场结构、用回报率测量绩效,考察了1936—1940年美国的42个样本制造业,并将它们分为两组:一组是CR_8(8家最大企业的市场集中度)大于70%的21个产业;另一组是CR_8小于70%的另外21个产业。调查结果显示,这两个不同集中度的产业群之间存在着明显的利润率差异,前者利润率平均为11.8%,而后者平均只有7.5%。据此,贝恩认为如果存在着几种市场结构,厂商就有可能成功地限制产出,把价格提高到正常收益以上的水平。在哈佛学派看来,在具有寡占或垄断市场结构的产业中,由于存在着少数企业间的共谋、协调行为,以及通过高进入壁垒限制竞争的行为,削弱了市场的竞争性,其结果往往是产生超额利润,破坏资源配置效率,这就是"集中度—利润率假说",即如果具有市场支配力的企业增加,整体经济就会受到垄断的侵害。因此该假说主张,必须采取企业分割、禁止兼并等直接作用于市场结构的公共政策,以恢复和维护有效竞争的市场秩序。贝恩的第二项研究是用进入壁垒来测量市场结构,他检验了美国20个制造业的进入壁垒和利润的关系,结果进一步发现了集中度和利润之间的正相关性关系,并发现平均回报率在高壁垒条件下明显高于低壁垒的现象。围绕这些经验研究结论,贝恩建立了市场结构决定市场行为,特别是市场绩效的理论假定。所谓市场结构主要是涉及影响竞争过程的市场特征,强调进入壁垒条件,包括厂商的规模及其分布、产品差异化程度、厂商的成本结构及政府管制程度;行为主要包括产品定价和非价格行为。贝恩强调市场结构影响单个厂商的经济行为,包括直接影响和间接影响两个方面:① 直接影响,如厂商的内部组织结构,包括用工策略、工作条件等;② 间接影响,如厂商内部资源配置及其产品定价和竞争策略。绩效则主要是通过规范的"好坏"标准对满足特定目标的经济行为的评价。完整的理论逻辑框架见图2-1。

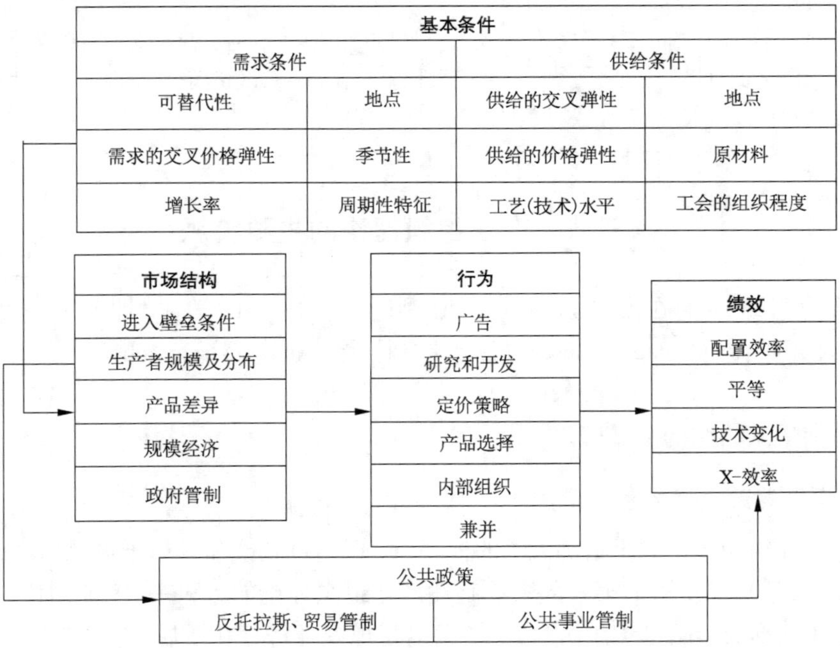

图2-1 贝恩结构—行为—绩效范式的理论框架①

① 肯尼斯·W.克拉克森,罗杰·勒鲁瓦·米勒:《产业组织:理论、证据和公共政策》,华东化工学院经济发展研究所,译.上海:上海三联书店,1989年,第69页。

谢勒(1970)吸收和发展了贝恩的观点,在《产业市场结构和经济绩效》一书中,进一步揭示市场行为与市场绩效之间的关系,总结了有关市场行为,特别是价格形成、广告活动、研究开发等方面的研究成果,弥补了贝恩对市场行为论述的不足,并考察了微观和宏观周边条件对市场结构、市场行为和市场绩效的影响。至此,哈佛学派的"市场结构—市场行为—市场绩效"范式(SCP 分析框架)形成了,这三个要素之间存在着密切的单向因果关系:市场结构决定企业的市场行为,而企业行为产生市场绩效。在分析框架中突出市场结构,在研究方法上偏重实证研究,这是哈佛学派的两个重要特征。在贝恩等看来,寡占的市场结构会产生寡占的市场行为,进而导致不良的市场绩效,特别是资源配置的非效率,因此有效的产业组织政策首先应该着眼于形成和维护有效竞争的市场结构,并对经济生活中的垄断和寡占采取管制措施,哈佛学派的这种主张对美国为首的西方发达市场经济国家反垄断政策的开展和强化都产生过重大的影响。

(二)哈佛学派理论的政策主张

哈佛学派的反垄断政策主张主要体现在以下三个方面:第一,强烈要求实施反垄断政策,对反垄断的市场结构,要求在考虑规模经济和技术进步的情况下给予结构性矫正;对自然垄断,则必须关注其垄断定价所带来的低效率;对高度集中产业中大厂商勾结所形成的市场势力,也要给予特别关注。第二,要求政府采取严厉的法令,管制企业间的联合和并购行为,不论何种形式的兼并,都要考虑由此产生的效率变化。第三,要求政府严格执行对限制性交易的反托拉斯法。哈佛学派认为,高度集中的市场中容易达成垄断共谋并限制产出、固定价格、市场协议分割、默契的价格领导等行为,并会影响市场绩效,所以,必须由法令来限制这类行为。

二、芝加哥学派的产业组织理论

20 世纪 60—70 年代,美国经济在国际上的竞争力日趋下降,经济中出现了"滞胀"现象,不少研究者和分析家将导致经济不景气的主要原因归咎于哈佛学派主张的强硬的反垄断政策,于是从 20 世纪 70 年代后期开始,以斯蒂格勒(J. Stigler)为代表的一些芝加哥大学学者对哈佛学派的观点展开了激烈的抨击,并逐渐形成了产业组织理论中的"芝加哥学派"。

(一)芝加哥学派的主要观点

芝加哥学派在理论上继承了奈特(Knight)以来芝加哥传统的经济自由主义思想和社会达尔文主义,信奉自由市场经济中竞争机制的作用,相信市场力量的自我调节能力,认为市场竞争过程是市场力量自由发挥作用的过程,是一个适者生存、优胜劣汰,即所谓"生存检验"的过程。他们主张国家应该尽量减少对市场竞争的干预,把它仅仅限制在为市场竞争过程中确立制度框架的条件上,并认为市场均衡是不能通过人为的政策干预实现的,而只能通过市场竞争过程,强迫经济主体不断适应这种本身也在不断变化的市场均衡,尽管这样的市场均衡在现实中难以实现,但是,不受任何干预的竞争过程始终趋向这种均衡。他们强调新古典学派价格理论在产业活动分析中的实用性,坚持认为产业组织及公共政策问题仍然应该从价格理论的角度来研究,力图重新把价格理论中完全竞争和垄断这两个传统概念作为剖析产业组织问题的依据,并应用产品差别化、进入壁垒等新概念解释哈佛学派在产业分析中难以解释的问题，从而与哈佛学派在方法论上形成鲜明的对比。

在高集中度的市场结构中通常存在的高额利润究竟是来自垄断势力还是来自大企业的高效率，这是芝加哥学派与哈佛学派争论的一个焦点。芝加哥学派认为，即使市场中存在着某些垄断势力或不完全竞争，但只要不存在政府的进入规制，这种不均衡状态在现实中通常也只能是暂时的。例如，在高集中度的市场中，如果企业之间采取秘密的卡特尔等共谋或协调行为，也许就可以获得高利润率。但是，即便这种由高集中度形成的市场势力导致的垄断发生，但这一高利润率会因为新企业的大量进入或卡特尔协定的破裂而难以长期为继。因此，按布罗曾的话说，高集中度市场上企业获得高利润是市场处于非均衡状态时的暂时现象，它会随市场趋向均衡而消失。既然高集中度部门获得高利润不是长期稳定的现象，就不存在高额垄断利润和作为其基础的垄断势力。

在传统的哈佛学派的SCP分析框架中，市场结构是基本决定因素，不同市场结构会产生不同的市场绩效。而芝加哥学派则认为，市场绩效起着决定性的作用，不同的企业效率形成不同的市场结构。正是由于一些企业在剧烈的市场竞争中能取得更高的生产效率，所以，它们才能获得高额利润，进而促进企业规模的扩大和市场集中度的提高，形成以大企业和高集中度为特征的市场结构。他们断言，高集中度市场中的大企业必然具有高效率，而产生这种高效率的主要原因在于大规模生产的规模经济性、先进的技术和生产设备、优越的产品质量及完善的企业组织和管理等因素。德姆塞茨指出，在竞争的压力下，如果明显不存在有效的进入壁垒，那么产量集中到少数几家企业手中，似乎只能是由于这些企业在生产和销售产品方面有优越性。布罗曾也认为，集中能够持续，只是因为它能够带来效率，或者只是优越的经营管理的必然结果。在芝加哥学派看来，如果一个产业持续出现高利润，这完全可能是该产业的企业中高效率因素作用的结果，而不是像哈佛学派所指出的那样，是因为产业中存在垄断势力。因此，即使市场是垄断的或是高度寡占的，只要市场绩效是良好的，政府规制就没有必要。在这里，芝加哥学派特别注重判断集中及定价结果是否提高了效率，而不是像结构主义者那样只看是否损害了竞争。

德姆塞茨等通过许多实证研究批判了哈佛学派的“集中度—利润率”假说，指出高集中度产业中的高利润率与其说是资源配置低效率的指标，倒不如说是生产效率的结果。德姆塞茨认为，集中度与利润率的正相关很可能并不反映高集中度产业内主要大企业的更高效率和更低的成本。因为如果市场集中和大企业利润率的正相关关系是协调定价和价格上升的结果，那么按照这种逻辑，产业寡头垄断定价行为能获得利益，即与它们的利润率相关。德姆塞茨通过比较不同集中水平、规模的企业来说明利润率并没有随不同产业集中程度的上升而提高，这表明高度集中导致企业垄断、勾结定价，从而获得垄断利润的假定并不符合实际情况。布罗曾的研究也表明，贝恩于1951年最初研究的42个产业中，高度集中的产业群（$CR_8>70\%$）和较不集中产业群（$CR_8<70\%$）间存在4.3%的利润差异，到20世纪50年代中期，这一利润差异已降至仅为1.1%。因此，在芝加哥学派看来，如果高度集中的市场上长期出现高利润率，只能说明该市场中大企业的经营具有高效率。因为不是建立在高效率经营上的高利润水平，都会招致其他企业的大量进入，从而使利润率很快降至平均水平。正是各个企业通过合理的选择采取最优行为的结果，即在适者生存的法则下，效率高的企业的市场占有率不断扩大，才导致高集中度市场的出现。从这一立场出发，芝加哥学派对哈佛学派的SCP分析框架进行了猛烈的抨击，认为与其说存在着市场结构决定市场

行为，进而决定市场绩效这样的因果关系，倒不如说是市场绩效或市场行为决定市场结构。

20世纪70年代以后，由于传统产业国际竞争力日趋减弱，美国经济出现了大量的财政赤字和贸易赤字，一些重要产业的生产活动向国外转移，发生了所谓的产业空心化现象。许多人士认为，实施过分严格的反垄断政策和过分且无意义的规制政策是使美国经济丧失活力的重要原因。1981年，里根就任美国总统后，任命信奉自由主义的贝格斯特(Baxter)和米勒(Miller)分别担任美国司法部反托拉斯局局长和联邦贸易委员会主席，其后波斯纳又被任命为联邦法院的法官，芝加哥学派成为美国垄断政策的主流，并直接推动了美国反垄断政策的重大转变。20世纪80年代反托拉斯局提起诉讼的案件几乎都是卡特尔案件。1981—1985年反托拉斯局提起诉讼的垄断行为案仅3件，同期提起诉讼的合并案28件，比以往都有了大幅度减少，联邦贸易委员会的反托拉斯案也同样大幅度减少。20世纪80年代美国这一系列的变化被人们称为反垄断政策的"芝加哥革命"。

（二）芝加哥学派的反托拉斯主张

一个政府对其合意的市场绩效所能够做的事情就是不参与，要让市场力量自动起调节作用，这一直是芝加哥学派的产业经济学家所坚持的政策主张。他们对政府在众多领域的市场干预政策的必要性持怀疑态度，认为应尽可能地减少政策对产业活动的干预，以扩大企业和私人的自由经济活动的范围。他们主张放松反托拉斯法的实施和政府规制政策。芝加哥学派的这种反垄断政策立场与20世纪60年代以来积极提倡实施严厉的反垄断政策的哈佛学派形成了鲜明的对立。除个别部门外，芝加哥学派在原则上反对政府以各种形式对市场结构进行干预，反对哈佛学派所主张的对长期存在的过度集中的大企业采取分割政策和实行严格的兼并控制的做法。芝加哥学派认为，大企业的形成和生产的集中是通过企业内部或外部增长来实现的。企业内部增长无非表明这些企业具有超越竞争对手的生产效率，如果对这样一种通过内部增长形成的大企业进行分割，就等于破坏了效率增长的源泉。同样，兼并是企业实现外部增长的基本途径，兼并的结果会使社会资源从经营不善、效率低下的企业向具有生存能力、效率高的企业转移，从而提高了资源的配置效率。只要不存在人为的市场进入规制，潜在的竞争压力就会迫使兼并后的大企业仍然处于竞争的压力之下，因此，除了个别情况(如高度寡占市场上的横向兼并)以外，政府没有必要对企业兼并采取严格的控制政策。芝加哥学派认为，反托拉斯政策的重点应放在对企业的市场行为进行干预上，其中主要是对卡特尔等企业间价格协调行为和分配市场的协调行为实行禁止和控制，因为这些市场行为限制了产业发展，因而未能提高生产效率，从而损害了消费者福利。

三、新奥地利学派的产业组织理论

新奥地利学派的产业组织理论是建立在门格尔(Carl Menger)、庞巴维克(Eugen Bohn-Bawark)创始的奥地利经济学派的传统思想和方法之上的。代表人物包括米塞斯(L. Mises)及其最重要的学生和追随者哈耶克(F. A. Hayek)，以及在英国和美国曾受教于他们的柯兹纳(L. M. Kirzner)、罗斯巴德(M. N. Rothbard)、阿门塔诺(D. T. Armentano)、斯巴达罗(L. M. Spadaro)、利特柴尔德(S. C. Littlechild)、里奇(W. D. Reekie)等。虽然被称为新奥地利学派，但他们实际上都活跃在美国和英国的学术界。还有一些对新奥地利学派产业组织理论做出贡献的经济学家,尽管他们并不认为自己属于新奥地利学派,但却发展了新奥地利学派的一些重要观点,如熊彼特(Schumpeter)、博克(R. Bork)、德姆塞茨(Demsetz)和布罗曾(Brozen)等。

（一）新奥地利学派的方法论特征

新奥地利学派对传统的哈佛学派的反垄断政策基本持批判态度,就这一点而言,它与芝加哥学派有共同之处,但同时他们还否定作为新古典经济学核心的价格理论。新奥地利学派致力于个人行为逻辑分析,他们着重研究逐步的过程分析,而不是注重未必实际存在的静态一般均衡。而且,对奥地利学派来说,"研究目标"是从个人效用和行为到价格的非线性因果传递,而不是为人所熟知的新古典主义数学函数的相互决定。因此,新奥地利学派虽然和芝加哥学派一样也信奉自由主义,赞赏市场有秩序的结构,但在理解这种结构实际是怎样取得时,又与新古典主义有分歧。他们是按照自己独有的方法论对市场过程进行剖析,与芝加哥学派相比,其基础理论有很大的区别,这是新奥地利学派最主要的特征。

新古典学派的价格理论,是通过在一定前提下的均衡分析来对市场进行剖析。这种理论的基本出发点,是把经济学作为客观的科学,等同于自然科学,并模仿物理学的分析方法来构筑经济理论模型。新奥地利学派的学者对新古典经济学的这种分析方法进行了批判,认为运用这种方法难以真正逼近和解释市场经济的本质。他们把经济学看作不同于自然科学的所谓"人类行为科学"的一个领域,自然科学的研究对象主要是自然现象,自然现象通常存在着某种规律性,因此,不但可以用数量化方法表示,而且可以通过实验来验证;而作为人类行为科学的经济学,所研究的本质上是与自然现象不同的经济现象。因此,不加批判地将物理学的方法应用于社会科学现象,在新奥地利学派看来是不合适的。

米塞斯在1996年出版的《人类行为学》一书中详细论述了新奥地利学派的这种方法论。在米塞斯看来,与自然科学不同,经济规律是通过对一些不言而喻的公理(诸如人类生存和追求的目标)进行逻辑推论而发现的。历史事件是许多因素造成的复合结果,它们并不是简单一致的事件,并不像实证主义图式那样可用来检验理论。因此,在经济学领域采用与自然科学相同的工具进行分析是不合适的。从这一观点出发,米塞斯在拒不采用和极力否定作为经济分析工具的现代数学方法的同时,主张任何经济现象都应该运用人类行为科学的方法,按照"人类行为是实现其目的的合理行动"这一公理通过语言演绎来予以说明。

（二）新奥地利学派的主要观点

新奥地利学派在理解市场时强调正在进行的经济过程,而不是新古典主义的均衡分析。他们认为现代的竞争均衡所假设存在的情况,其实应该是竞争过程的结果。这是他们对新古典经济学派价格理论最大的挑战。在新奥地利学派看来,完全竞争理论从各种假设情形出发是本末倒置的,没有对竞争过程做出任何有用的解释。哈耶克指出,完全竞争概念的问题在于它描述了一个均衡的状态,却不谈导致均衡的竞争过程。"竞争"一词本来的含义是为某种利益相互争夺、竞争。本来在现实经济生活中,各企业围绕产品质量、价格、成本和新产品开发你争我夺、互相竞争,这一对抗性过程才是竞争的本意。但完全竞争概念夺走了企业与动词"竞争"理所当然结合在一起的一切行为过程。在完全竞争模型中,企业不提高或降低价格,不区分产品,不做广告宣传,也不试图针对其竞争者而改变成本结构,或者做一些在动态经济过程中企业应做的任何其他事情。完全竞争理论在其定义中完全排除了所有这些竞争因素,而仅仅描述了作为竞争结果的均衡状态。因此,完全竞争实际上意味着没有一切活动,这一概念本身是有竞争之名而无竞争之实的。

与在许多其他领域一样,新奥地利学派的产业组织理论的基础是奈特式的不确定概念。在不确定的环境中,不是所有的未来自然状态都能被赋予一个概率。不确定性使得完全竞争模型无法用来解释现实的市场经济,因为这种竞争分析的基本前提之一,就是市场参与者都具有充分掌握市场信息和知识的能力及条件,而不存在不确定性,即所谓"信息的完全性"。新奥地利学派认为,完全竞争理论的这一前提不仅是非现实的,还会误导人们,因为如果在现实经济生活中存在完全信息,那么可利用资源的有效配置这一最重要的经济问题就可立即迎刃而解。实际上,政府和个人都不可能掌握完备的知识及信息,这不仅是因为知识和信息是分散在千百万人的脑海中的,同时还因为这些知识和信息是千变万化的。因此,经济运营的根本问题就在于如何发现和利用分散的知识及信息,使资源运用于社会有用度更高的方面,而这只有通过竞争的市场才能实现。哈耶克提出:"市场秩序之所以优越,这个秩序之所以照例要取代其他类型的秩序(只要不受到政府权力的压制),确实就在于它在资源配置方面运用着许多特定事实的知识,这些知识分散地存在于无数人的中间,是任何一个人都无法完全掌握的。"新奥地利学派把市场过程看作分散的知识和信息的发现过程,认为如果不从知识和信息的不完全性出发,就不可能真正把握市场经济的本质。

在新古典主义理论中,企业家的作用是静态和被动的,这反映了该理论强调的是完全信息和完全市场,这种市场会进行一切必要的协调,这使管理和决策变得无足轻重,企业家的干预也变得可有可无。新奥地利学派则从不完全信息出发,在理解市场时强调过程学习和发现,认为竞争性市场过程是分散的知识、信息的发现和利用过程,因而他们特别强调企业家及其创业精神在这一过程中的重要作用,强调在竞争的市场上企业家的行为是如何指导资源的流动以最好地满足消费者的需要的。柯兹纳充分发展了米塞斯的人类行为概念,认为经济生活的手段与目的的关系并非一成不变,而要受有创造性的人的行为的制约,他将这种创造性的作用定义为创业精神。创业精神本质上是发现新的然而是人们希望得到的需要,以及满足这些需要的新资源、新技术或其他手段的能力。在要素投入价格低于最终产品价格的市场状态下,本来就存在着获利机会,而企业家就是发现这些市场上已经存在但未被注意的机会,并通过比其他人更好地满足消费者来利用这些机会的人。在柯兹纳看来,市场不均衡是因为市场参与者的无知,即存在着未被发现或因为信息不完全造成错误决策而失去获利的机会。按照这种观点,市场过程实际上也就是不均衡的调整过程,而企业家则在这一过程中起着维护均衡的作用。良好的经济绩效只有不断地通过这一试错过程,通过学习和发现知识才能得以实现。由于这一过程被认为是有益的和必要的,因而新奥地利学派的学者们强烈反对政府对产业的过多干预,认为政府的知识和信息也是不完全的,政府的干预反而会扭曲市场调整过程,最终损害经济基础绩效。

(三)新奥地利学派对反垄断政策的批判

新奥地利学派从市场是对抗性过程这一基本观点出发,对哈佛学派的结构主义政策进行了猛烈的抨击。在新奥地利学派看来,竞争的强弱是无法用集中度或企业数和市场占有率这些尺度来衡量的,因为竞争源于企业家的创业精神,而这种创业精神又是其他企业所无法夺走的。因此,只要确保有自由的进入机会,充满旺盛创业精神的市场就能形成充分的竞争压力,而与该市场的集中度高低无关。对于产品差别化,新奥地利学派认为与其把它看作影响垄断程度的一个因素,倒不如看作正常竞争的一个重要手段。企业常常凭借这一手段来发现和利用新的利润机会,消费者也正是借此获得最大的满足。因此,产品差别化是市场过程中不可或缺的重要因素,是竞争的具体体现。对于进入壁垒的观点,新奥地利学派与哈佛学派也存在着很大的分歧:新奥地利学派认为,传统的作为进入壁垒因素的规模经济性、产品差别化和绝对费用等都不能排除竞争,因为新企业能否进入市场根本上取决于企业家的努力,只要新企业的供给符合消费者的需求,进入的大门就始终是敞开的,在他们看来,唯一的进入壁垒是政府的进入规制政策和行政垄断政策。因此,最有效的促进竞争的手段应该是废除那些过时的规制政策和不必要的行政垄断。

新奥地利学派和哈佛学派在对待反垄断和规制政策上的分歧也反映在他们对两种不同经济效率的性质和重要性的不同看法上。哈佛学派强调配置效率,即完全竞争标准和平均利润率形成的重要性;而新奥地利学派则认为,人类福利的提高源于新产品技术的引入。对企业内部生产效率优势的强调,使新奥地利学派比其他经济学派对大规模的企业组织甚至享有一定垄断优势而生存下来的最有效率的企业持更为宽容的态度。哈耶克对画地为牢的垄断和以高效率为基础的垄断加以区分,认为前者的代价超过了必要,但后者并无坏处,因为某一个提供相同或类似商品或服务的企业有了更高的效率,垄断就会消失或被迫调整,以适应市场条件。他们认为,由于存在新企业、新管理和新思维的竞争威胁,因而即便是垄断企业,其地位也是摇摆不定的。

四、可竞争市场理论

(一)可竞争市场理论的假设条件和基本内容

可竞争市场理论(theory of contestable markets)又称可竞争性理论(contestability theory),形成于20世纪70年代末80年代初。与其他经济理论一样,可竞争市场理论的出现反映了一定的时代背景。20世纪70年代以后,对政府规制特别是进入规制所导致的不公平及规制制度本身低效率的批评越来越多。同时,以计算机和电子技术为中心的技术革命的兴起,以及由此导致的经济管理业务中系统技术的普遍运用,使得原来政府对航空、通信、汽车运输等产业进行规制的依据不断淡化。因此,美、英等发达市场经济国家出现了放松规制的倾向,而可竞争市场理论则成为这种政策转换的重要理论支柱。

可竞争市场理论作为对传统SCP范式的批判,在价格理论、产业组织理论等方面都提出了极具创新意义的见解,在西方学术界引起了较大的反响,并对政府规制体制改革有相当大的影响。可竞争市场理论是20世纪80年代初美国等西方发达国家放松规制的主要依据。它的假设条件和基本内容是美国著名经济学家威廉·鲍莫尔(William J. Baumol)在1981年12月29日就职美国经济学会主席的演说中首次提出的,他认为可竞争市场是完全竞争市场的一般化,可以代替完全竞争衡量市场绩效。鲍莫尔及帕恩查(J. C. Panzar)、韦利格(R. D. Willig)等在芝加哥学派产业组织理论的基础上,于1982年合作出版了《可竞争市场与产业结构理论》一书,系统地阐述了可竞争市场理论,标志着系统化的可竞争市场理论的形成。该理论认为,可竞争市场存在"打了就跑"(hit-and-run)的潜在威胁,潜在的竞争压力可以产生社会合意的市场绩效,在可竞争市场上政府规制完全没有必要。

可竞争市场理论的基本假设条件包括:① 企业进入和退出市场(产业)是完全自由的,相对于现有企业,潜在进入者在生产技术、产品质量、成本等方面不存在劣势。② 潜在进入者能够根据现有企业的价格水平评估进入市场的盈利性。③ 潜在进入者能够采取“打了就跑”的策略,甚至一个短暂的盈利机会都会吸引潜在进入者进入市场参与竞争;而在价格下降到无利可图时,他们会带着已获得的利润离开市场,即它们具有快速进出市场的能力,更重要的是,他们在撤出市场时并不存在沉没成本,所以不存在退出市场的障碍。

可竞争市场理论的主要内容可概括为以下两点:第一,在可竞争市场上不存在超额利润。这对寡头垄断企业或完全垄断企业也不例外。其理由是显而易见的,因为任何超额利润都会吸引潜在进入者以同样的成本与垄断企业分割市场份额和利润,潜在进入者即使制定比现有企业更低的价格也能获得正常利润,甚至部分超额利润。在垄断企业做出价格下降的反应前,消费者会因潜在竞争者提供较低的价格而购买其产品。因此,垄断企业只能制定超额利润为零的“可维持价格”(sustainable price),以防止潜在进入者与其发生竞争,即垄断不阻碍市场的竞争性,潜在竞争的可能性决定了垄断企业的定价原则会从获取垄断利润为目标的垄断高价原则转化为可维持价格原则。第二,在可竞争市场上不存在任何形式的生产低效率和管理上的低效率。在新奥地利学派看来,市场过程也是自然淘汰的过程,只要不是因为行政干预,垄断企业实际上是经历了市场激烈竞争而生存下来的最有效率的企业。环境的不确定性使垄断企业的垄断地位并非一成不变,一切新的变革都可能使垄断企业落伍或被迫调整。因此,虽然从短期看,现有企业可能存在低效率现象,但从长期看,潜在进入者的威胁会迫使现有企业消除生产和管理上的低效率问题。

可竞争市场理论认为,良好的市场效率和技术效率等市场绩效,在传统哈佛学派思想的市场结构以外仍然是可以实现的,而无须众多竞争企业存在。它可以是寡头市场,甚至是独家垄断市场,但只要保持市场进入的完全自由,只要不存在特别的进入市场成本,潜在竞争的压力就会迫使任何市场结构条件下的企业采取竞争行为。在这种环境下,包括自然垄断在内的高集中度的市场结构都是可以和效率并存的。

(二)可竞争市场理论的方法论特点

可竞争市场理论是以完全可竞争市场及沉没成本等概念为中心,来推导有效率产业组织的基本态势及其内生的形成过程。所谓完全可竞争市场,是指市场内的企业从该市场退出时完全不用负担不可回收的沉没成本,从而能够完全自由地进入和退出市场。由于企业进入和退出市场是完全自由的,因此,相对于现存企业,潜在进入者在生产技术、产品质量、成本等方面并不存在任何劣势。可竞争市场是相对于传统的完全竞争概念所提出的一种理念性的市场概念,是新古典主义关于完全竞争理论的发展。但与完全竞争必须满足存在大量且小规模的买者和卖者,而且不存在产品差别化和进入壁垒等市场结构条件不同,可竞争市场可以不依存于这种特殊的市场结构。即使市场上仅有独家垄断企业,并没有其他竞争对手,这家垄断企业所能获取的资本收益率也不会高于完全竞争市场下众多企业所能获取的正常收益率,因为任何能使垄断企业获取高于资本正常收益的垄断定价行为,都会立即招致其他竞争者的进入。可以看出,潜在进入者的威胁就足以使边际成本定价成为完全可竞争市场均衡的一个条件,因此,可竞争市场条件下理想的竞争,可以作用于所有的市场结构形态。按鲍莫尔等的定义,在完全竞争市场中,不存在斯蒂格勒意义上的进入壁垒,即不存在现存企业进入时不用负担,而只有其后进入的新企业必须负担的费用。新企业进入时不但能够获得必要的生产技术和充分的需求,而且不存在政府规制等人为的进入壁垒。从这一定义出发,市场是不是可竞争的,仅仅取决于是否存在沉没成本,而与产业内企业数量的多少无关。所谓沉没成本,是指企业进入市场所投入的、退出该市场时不能收回的那部分投资,如退出企业所持有的生产设备和厂房建筑物,尽管可以出让或改变用途,但由于出让价格较低或使用价值减少而不能回收的投入费用部分,或难以回收因而只能做处理的有形资产的未折旧部分,以及用于研发、广告、员工教育培训等形成无形资产的支出(这部分支出因其专用性而不能转作他用,所以难以回收)等。由此可见,鲍莫尔等所特别重视的沉没成本,其沉没的程度主要取决于所投入资本向其他市场转移或资产出让回收的可能性,而与所投入固定费用的多少无关。无论固定费用或资产的未折旧部分有多少,只要能够回收,就不是沉没成本。民用航空飞机就是一个典型的例子。如果进入、退出不存在人为规制,原来往返于两城市之间的班机,可以很容易从该航线(市场)退出而进入以这两个城市中的任何一个城市为起点的新航线,而在原有航线中并无费用沉没。

沉没成本的大小决定了企业从市场退出的难易程度,从而影响着企业的进入决策。因为一旦进入后退出时的沉没成本越大,企业退出就越困难,企业制定进入决策时就越小心谨慎。因此,沉没成本越大,外部企业进入市场的压力就越大,进而现存企业的压力就越小。在这一点上,鲍莫尔等提出的可竞争市场理论,与传统的产业组织理论中将规模经济性、产品差别化和绝对费用差别等作为进入壁垒的决定因素的做法有很大差别。在完全可竞争市场上,由于沉没成本为零,因此,潜在进入者为了追求利润会迅速地进入任何一个具有高额利润的部门,并能够在现存企业对进入做出反应前无摩擦地快速撤出,而且并不因此耗费额外的成本。凭借这种攻击性行为进入市场的企业在该产业中滞留时间的长短,通常取决于现存企业的反应时间。但是,即使是一个短暂的获利机会,也会吸引潜在进入者进入,并在现存企业对价格做出任何反应之前站稳脚跟。最后,由于退出市场是完全自由和无成本的,因此,当现存企业做出报复反应使价格下降到无利可图时,它们会带着获得的利润离开市场。这种进入和退出甚至可以重复多次,直到消除任何垄断的超额利润。可见,可竞争市场无法拒绝那种“打了就跑”的进入者。就如鲍莫尔所言:“即便转瞬即逝的盈利机会也不会被潜在的新进入者所忽视,因为他能在价格发生变动之前进入市场取得收益,然后在气候变得恶劣时不付任何代价地离开市场。”由于在可竞争市场上这种闪电般的进入和退出压力经常存在,因此,无论是垄断市场还是寡占市场,任何企业都不能维持垄断带来的超额利润的价格。潜在进入者能够根据市场现行的价格水平评估进入市场的盈利可能性。如果现存企业不是保持最有效率的生产并把价格维持在竞争水平,其利润和需求就会被突如其来的进入者夺去,因为任何超额利润都会吸引潜在进入者以同样的成本与现存企业分割市场份额或利润,使潜在进入者即使制定比现存企业更低的价格也能获得正常利润甚至部分超额利润。因此,即便是独家垄断的企业,也只能制定超额利润为零的可维持价格,以防止潜在的竞争者进入市场与其发生竞争。同样,在可竞争市场上现存企业也不能维持任何形式低效率的生产组织,因为生产和管理上的低效率都会增加不必要的成本,会吸引效率高的潜在竞争者进入市场。这些潜在竞争压力的存在,迫使现存企业无论处在何种市场结构形态中都只能遵循可维持定价原则和保持高效率的生产组织。而可竞争市场的均衡,就是在现存企业的价格和市场地位的这种可持续条件下达到的,这时有效率的产业组织成为一种内生的结果。

与芝加哥学派的观点类似,可竞争市场理论依据的仍然是新古典经济学的均衡分析方法,并强调长期分析。从长期看,可竞争市场均衡是一种市场进入和退出均为静态的均衡,在位的企业由于不亏损而不会退出市场,潜在进入企业由于不存在高额利润而不会加入,因此能够实现资源和福利的优化配置。也就是说,一方面,处于现存市场上的企业不存在退出市场的动机,因为它们都没有亏损;另一方面,处于潜在竞争地位的企业也不存在进入这个市场的动机,因为这个市场不存在高额利润。可竞争市场上这两个必要的市场均衡特征导致了如下结果:① 市场上所有企业的超额利润为零;② 没有一家企业的边际成本大于市场价格;③ 如果市场上至少有两家企业,那么没有一家企业的边际成本小于市场价格;④ 市场上现存企业总产出的成本最小,否则将有新的企业进入。这表明可竞争市场即使在寡占,甚至垄断条件下,也可以实现最佳福利目标。在可竞争市场上,数量相对较少、从事多产品生产的企业仍然可以通过在不同的市场交叉经营,充分发挥规模经济和范围经济的作用,实现资源最优配置及技术进步,在这里,正是潜在进入者的潜在竞争而不是现存企业之间的竞争,把完全可竞争市场的均衡推向了福利最优化。

(三) 可竞争市场理论的政策主张

按照可竞争市场理论,在近似的完全可竞争市场上,自由放任政策比通常的反托拉斯政策和政府规制政策更为有效。传统的观点认为,少数几家大企业纵向兼并或横向兼并会带来垄断弊端,而在可竞争市场条件下,大企业的兼并会充分发挥规模经济和范围经济的作用,实现资源优化配置,依靠技术进步减少沉没成本,提高经营效率。因此,政府的竞争政策应该着重于保证充分的潜在竞争压力,消除人为的不必要的进入和退出壁垒,而不是只重视市场结构的反垄断和规制政策。当然,可竞争市场理论并不认为无约束的市场能够自动解决一切经济问题,也不认为所有实质上的政府规制和反托拉斯措施都是不应该的,都是有害的干预。但在鲍莫尔等看来,政府的竞争政策与其说应该重视市场结构,倒不如说更应该重视是否存在充分的潜在竞争压力,而确保潜在竞争压力存在的关键是要尽可能减少沉没成本。为此,他们主张一方面积极研究能够减少沉没成本的新技术、新工艺;另一方面要排除一切人为的不必要的进入和退出壁垒。

可竞争市场理论的前提是沉没成本很小或为零,沉没成本是决定能否形成可竞争市场的关键因素。为此,政府可以实行以下相关政策:① 鼓励技术创新。替换需要大量沉没成本的技术,使设施更具流动性和共享性。② 制定沉没设施的接入政策。接入政策应确保所有厂商能够同等接入沉没设施。如果沉没设施为私人所有,规制机构应保证所有希望接入沉没设施的厂商以同样的合理价格接入;如果沉没设施为公共机构所有,规制应保证所有私人用户的平等接入。③ 政府负担部分沉没成本,而不是由提供相应服务的厂商独立负担沉没成本。④ 隔离沉没成本。沉没成本往往只占相应产业的一部分,如航空运输的机场部分是沉没的,在经济允许的范围内,可以将沉没部分与其余部分隔离,对沉没部分进行规制或让公共机构运营,而其余部分由市场运行。⑤ 尽可能减少沉没成本,如税收鼓励快速折旧和旧工厂的再使用等。

专栏2-2

工业4.0战略计划下的产业组织变革方向

1978—2008年，中国经历了重大的经济体制改革，经济管理体制从基本覆盖所有经济活动的计划管理体制逐步转向与现代市场制度相匹配的治理体制，《中华人民共和国反垄断法》的颁布和实施标志着中国竞争政策的框架的形成。中国商务部在2009年禁止可口可乐收购汇源案；国家发改委在2015年公布了高通公司滥用市场支配地位一案，高通公司被处以60.88亿元人民币罚款；原工商总局2016年公布了利乐垄断案，利乐被处以6.68亿元人民币罚款……这些垄断案件的公布，不仅在社会各界产生了较大影响，也进一步激发了人们对反垄断的关注。

本章提要

本章主要介绍了产业组织的内涵特征及理论渊源，分阶段系统梳理了产业组织理论形成和发展的历史背景、代表人物、形成条件、发展方向和主要成果；并简述了世界经济一体化背景下新产业组织理论的形成和发展。本章还梳理了产业组织理论发展过程中产生的几个代表性的理论流派，包括梅森(E. S. Mason)、贝恩(J. S. Bain)等为代表的哈佛学派，以斯蒂格勒(V. Stigler)、德姆塞斯(H. Demsetz)、波斯纳(R. Posner)等为代表的芝加哥学派，以米塞斯(L. Mises)、哈耶克(F. A. Hayek)等为代表的新奥地利学派，以鲍莫尔(W. J. Baumol)等为代表的在芝加哥学派的基础上提出的可竞争市场理论等，并重点介绍这些理论流派和理论的基本观点和主要政策主张。

重要术语

产业组织；马歇尔冲突；双边市场；哈佛学派；SCP范式；芝加哥学派；新奥地利学派；可竞争市场理论

思考题

1. 产业组织的内涵是什么？
2. “马歇尔冲突”指的是什么？产业组织理论是如何在这一冲突下形成和发展的？
3. 简述产业组织理论的渊源。
4. 哈佛学派SCP分析框架的主要思想是什么？其政策主张又是怎样的？
5. 芝加哥学派和哈佛学派的政策主张有什么差别？
6. 可竞争市场理论的政策主张是什么？

第三章　SCP 框架

SCP 分析框架，即市场结构（structure）—市场行为（conduct）—市场绩效（performance）的分析框架，该理论对于研究产业内部市场结构、主体市场行为及整个产业的市场绩效具有现实的指导意义。本章首先介绍市场结构、市场行为、市场绩效的基本概念和类型，分析市场结构的集中度测算指标及产品差异化和进退壁垒的含义、影响因素及其对市场结构的影响；其次，简述企业在市场上的三种行为——价格竞争行为、非价格竞争行为和组织调整行为；再次，探讨市场绩效的评价指标与综合评价；最后，介绍哈佛学派传统的 SCP 分析框架及其框架的修正。

第一节　市场结构

本节主要介绍市场结构的含义与分类、市场集中度的衡量指标，以及产品差异化和进退壁垒的含义、影响因素及其对市场结构的影响。人们一般粗略地把市场结构划分为完全竞争、完全垄断、垄断竞争和寡头垄断四种，也有学者根据行业集中度指标划分市场结构。衡量市场集中度的指标有综合反映企业数量和资源份额非均等的指标、单纯反映市场份额非均等的指标、单纯测量企业数量的指标、反映共谋潜力的指标。产品差别化主要通过影响市场集中度和市场进入壁垒来影响市场结构，企业可在产品主题、品牌、价格等方面实现差别化。进退壁垒影响企业的进入与退出，进而影响市场结构。

一、市场结构的含义与类型

（一）市场结构的含义

市场结构（market structure）有狭义和广义之分。狭义的市场结构是指买方构成市场，卖方构成行业。广义的市场结构是指一个行业内部买方和卖方的数量及其规模分布、产品差别的程度和新企业进入该行业的难易程度的综合状态，也可以说是某一市场中各种要素之间的内在联系及其特征，主要包括四种关系：供给者之间（包括替代品）；需求者之间；供给者和需求者之间；市场上现有的供给者、需求者与正在进入该市场的供给者、需求者之间。

专栏3-1

煤炭行业供给侧改革任重道远

2015—2017 年，我国煤炭行业累计淘汰落后产能约 5 亿吨，市场供需与行业盈利状况明显好转，供给侧改革成果初现，短期行业调控应由控产量向保供应转移，国家发改委建议电厂煤炭长协合约占比75%。

煤炭行业的全面转型是长期和艰巨的挑战,全国煤炭产能过剩的态势并没有根本改变,预计未来3年仍有超过3亿吨的去产能任务待完成,行业实现扭亏但尚未完全脱困,解决行业高负债、人员冗余等问题仍待时日。当前煤炭行业已步入供需格局深刻调整阶段,生产重心向晋、陕、蒙、宁地区集中(约占总产量近7成),不排除部分区域、时段仍会出现供给紧张,同时可再生能源的快速发展和成本下降使煤炭市场的不确定性增加,煤炭行业应加强控制供给力度,同时推进上下游跨行业重组,稳定市场预期和价格。

资料来源:陈婉.煤炭行业供给侧结构性改革任重道远[J].环境经济,2019(10):36-39.

（二）市场结构的类型

从根本上说,市场结构是反映市场竞争和垄断关系的概念。在西方微观经济学发展的过程中,自张伯伦、罗宾逊夫人提出垄断竞争理论,根据不同产业的市场垄断与竞争程度划分为四种不同类型的市场结构后,贝恩(Joe S. Bain)、植草益(Masu Uekusa)等著名学者在对本国产业市场不同的生产集中度做实证分析研究的过程中,将不同垄断与竞争程度的市场结构进一步具体化为实用性更强的不同等级的竞争型和寡占型市场结构。

1. 四种基本市场结构类型

根据市场中企业数量和进入市场的难易程度,一般把市场结构划分为完全竞争、完全垄断、垄断竞争和寡头垄断四种类型。

(1) 完全竞争

完全竞争市场是指竞争不受任何干扰的市场,需要满足以下假设条件:

① 产业集中度很低。市场上有大量的买者与卖者,没有一个买者与卖者对市场价格有显著影响。

② 产品同一性高。所有企业生产的产品都是同质的,具有完全的可替代性,且买方不对其中的产品有特别的偏好。

③ 不存在任何进入与退出的壁垒。企业进入和退出市场都是完全自由的。

④ 完备信息。所有的买者和卖者都掌握与交易有关的一切信息。

(2) 完全垄断

与完全竞争相对的另一个极端的市场结构是完全垄断,即只有一个买者或卖者的市场。垄断有卖方垄断和买方垄断,但是在经济学中通常只分析卖方垄断,并且总是假设买方是价格接受者。完全垄断的市场结构的特点如下:

① 产业的绝对集中度为100%,因为市场上只有一个提供产品的企业。

② 没有替代产品,产品的需求交叉弹性为零。

③ 进入壁垒非常高。

(3) 垄断竞争

垄断竞争是一种不完全竞争,是一种介于完全竞争和完全垄断之间的市场结构,比较接近现实情况。这种市场结构有以下特点:

① 产业集中度较低。市场上有大量的企业,企业的市场占有率低。

② 产品存在差异,企业享有一定的定价自主权。

③ 进入和退出壁垒很低。

(4)寡头垄断

寡头垄断市场是指少数大企业控制着产业市场大部分产品的供给,它们具有较高的市场份额。这是一种介于完全竞争和完全垄断之间、以垄断因素为主,同时又具有竞争因素的市场结构。它的主要特点如下:

① 产业集中度高。

② 产品基本同质或差别较大。存在两种情况:一种是几个大企业提供的产品基本同质,没有大的差别,相互之间依存度很高;另一种是产品有较大差别,彼此相关度较低。

③ 进入和退出壁垒较高。

专栏3-2

中国移动正式成为寡头垄断企业

2018 年 10 月是通信历史上重要的关键时间点。根据中国电信发布的 2018 年前三季度财报数据显示,其有线宽带用户实总数为 1.44 亿户,今年净增 1 031 万户,首次低于中国移动的 1.468 19 亿宽带用户数。

在中国的通信市场,移动市场一直是中国移动的天下,而固网宽带是中国电信的天下,现在中国电信的时代正式结束,中国移动则是开启了一个全新的时代——不但实力最强、盈利能力最强、用户数最多,而且还有了最多的固定宽带用户数。这说明中国的通信市场也即将开启一个赢家通吃的局面。

资料来源:E 网走天下.一个通信时代的终结,一个行业的标志转折点[EB/OL].搜狐网,2018-11-01.

2. 贝恩的市场结构分类

贝恩依据产业内前四位和前八位的行业集中度指标对不同垄断、竞争程度的产业的市场结构进行分类(表 3-1)。行业集中度是指行业内规模最大的前几位企业的有关数值(可以是产值、产量、销售额、销量、职工人数、资产总额等)占整个行业的份额。

表 3-1 贝恩的市场结构分类

市场结构	C_4 值	C_8 值
寡占Ⅰ型	$85 \leq C_4$	
寡占Ⅱ型	$75 \leq C_4 < 85$	$85 \leq C_8$
寡占Ⅲ型	$50 \leq C_4 < 75$	$75 \leq C_8 < 85$
寡占Ⅳ型	$35 \leq C_4 < 50$	$45 \leq C_8 < 75$
寡占Ⅴ型	$30 \leq C_4 < 35$	$40 \leq C_8 < 45$
竞争型	$C_4 < 30$	$C_8 < 40$

资料来源:J. S. 贝恩. 产业组织[M]. 东京:丸善出版社,1981:141-148.

3. 植草益的分类方法

由于各国国情不同,各国学者对本国产业垄断、竞争分类的具体标准不尽相同,但与贝恩的划分基本一致。日本著名学者植草益运用日本1963年的统计资料,对不同的市场结构做出如下分类,见表3-2。

表3-2 植草益的市场结构分类

市场结构		C_8 取值范围	产业规模情况(亿日元)	
粗分	细分		大规模	小规模
寡占型	极高寡占型	$70 < C_8$	年生产额 >200	年生产额 <200
	高、中寡占型	$40 < C_8 < 70$	年生产额 >200	年生产额 <200
竞争型	低集中竞争型	$20 < C_8 < 40$	年生产额 >200	年生产额 <200
	分散竞争型	$C_8 < 20$	年生产额 >200	年生产额 <200

资料来源:植草益.产业组织论[M].东京:筑摩书房,1982:16.

二、市场集中度

(一)市场集中度的含义与影响因素

1. 市场集中度的含义

通常使用企业数量来刻画市场结构,行业中只有一家企业可能意味着垄断,有少数几家企业可能意味着寡头,许多企业接近于完全竞争。实际上,企业数量并不是一个令人满意的度量竞争状态的指标。如包含几百个企业的产业可能被少数几个企业操控,这个产业可能具有更强的垄断性。如果假设企业规模分布信息较好地反映了企业在市场中的地位或势力,那么综合反映企业数量及其规模分布的信息的集中度数据就能够描述市场竞争的激烈程度。市场集中度是用于表示在特定产业或市场中,卖者或买者具有怎样的相对的规模结构的指标,所以它与市场中垄断力量的形成密切相关,因而产业组织理论把市场集中度作为考察市场结构的首要因素。

2. 市场集中度的影响因素

(1)规模经济水平

规模经济是指在一定时期内,随着生产规模的扩大,企业单位成本下降,从而带来利润水平的提高。规模经济反映了生产要素的集中程度、配置比例与经济效益之间的关系,某一产业规模经济水平越高,竞争力就越强,市场占有率也就越高。在某个特定市场容量不变的情况下,少数企业的规模越大,市场集中度就越高。

(2)市场容量

在正常情况下,某一产业或产品的市场容量越大,企业拓展市场的余地就越大,新企业越容易进入,大企业所占市场份额可能就越小,市场集中度可能越低;反之,某一产业或产品的市场容量不变或减少,则会提高市场集中度。

专栏3-3

规模经济政策之企业并购政策

企业并购是政府用来抑制企业间过度竞争，形成大规模企业，提高市场集中度以实现规模经济的重要手段。

在20世纪60年代，日本政府成功地运用了这一产业组织政策。当时，日本正处于从贸易保护体制向自由贸易体制过渡的时期，但那时日本企业规模普遍较小，不能有效利用规模经济，因而其成本高于当时经济发达国家；而且，大量的小规模企业间存在着过度竞争，这就影响了技术进步和产品质量的提高。这种状况意味着日本企业无法与强大的国际垄断企业相竞争。日本政府为了从根本上改变这种不利状况，积极推行企业并购政策，以实现企业集中化，建立规模经济体制。20世纪60年代是日本企业并购政策全面贯彻的时期，这一以增强国际竞争力为基本目标的并购运动一直持续到70年代前期。在这一过程中曾出现过两次高潮，一次在1963年，企业并购数量近千起，另一次在1966—1973年，年并购数量超过千起。这对日本后来优化产业组织、发挥规模经济效益、提高企业在国际市场上的竞争力产生了重大影响。

资料来源：陈淮. 日本产业政策研究[M]. 北京：中国人民大学出版社，1991：209－215.

（二）市场集中度的主要衡量指标

1. 综合反映企业数量和资源份额非均等的指标

（1）绝对集中度

最基本的市场集中度指标是绝对集中度，通常用在规模上处于前几位的企业的生产、销售、资产或职工的累计数量占整个市场的生产、销售、资产或职工总量的比重来表示。其计算公式为

$$CR_n = \frac{\sum_{i=1}^{n} X_i}{\sum_{i=1}^{N} X_i} \tag{3-1}$$

式中，CR_n 表示市场上规模最大的前 n 家企业的市场集中度（一般来说，n 为4～8，最常见的是 CR_4）；X_i 为按照份额大小排列的第 i 家企业的生产额、销售额、资产额或职工人数；N 为市场上卖方企业数目（计算买方集中度时为买方的数目）；$\sum_{i=1}^{n} X_i$ 表示前 n 家企业的生产额、销售额、资产额或职工人数之和；$\sum_{i=1}^{N} X_i$ 表示市场上所有企业的生产额、销售额、资产额或职工人数之和。

CR_n 接近于0，意味着规模最大的前 n 家企业仅供应了市场很小的部分；相反地，CR_n 接近于1，意味着非常高的集中程度。

（2）*HHI*

HHI，也称赫芬达尔—赫希曼指数（A. O. Hirschman－O. C. Herfindahl index），其计算公式为

$$HHI = \sum_{i=1}^{n} \left(\frac{X_i}{X}\right)^2 = \sum_{i=1}^{n} S_i^{\ 2} \tag{3-2}$$

式中,X 代表市场总规模;X_i 代表企业 i 的规模;$S_i = X_i/X$,表示第 i 家企业的市场占有率;n 为该产业内的企业数量。

当市场由一家企业独占,即 $X_i = X$ 时,$HHI = 1$;当所有企业规模相同,即 $X_1 = X_2 = \cdots = X_n = X/n$ 时,$HHI = 1/n$。产业内企业规模越是接近,且企业数越多,HHI 就越接近于0。HHI 对规模较大的前几家企业市场份额变化特别敏感,因此,HHI 在市场集中度的研究中,作为一个能综合反映产业内企业规模分布的指标而被广泛应用。

2. 单纯反映市场份额非均等的指标

相对集中度是反映产业内企业的规模分布状况的市场集中度指标,常用洛伦茨曲线和基尼系数表示。

洛伦茨曲线表示的是市场占有率与市场中由小企业到大企业的累计百分比之间的关系,见图3-1。图3-1中,横轴表示从最小企业开始的企业累计百分比,纵轴表示这些企业销售额占市场销售总额的百分比。洛伦茨曲线反映产业内全部企业的市场规模分布情况。当行业内所有企业的规模都相同时,洛伦茨曲线与图中的对角线重合,因此这条对角线又被称为均等分布线;当企业的规模不完全相同时,洛伦茨曲线是对角线下方的一条曲线。一般来说,曲线越偏离对角线凸向右下角,即表明企业规模分布的不均匀度越大,市场集中程度越高。

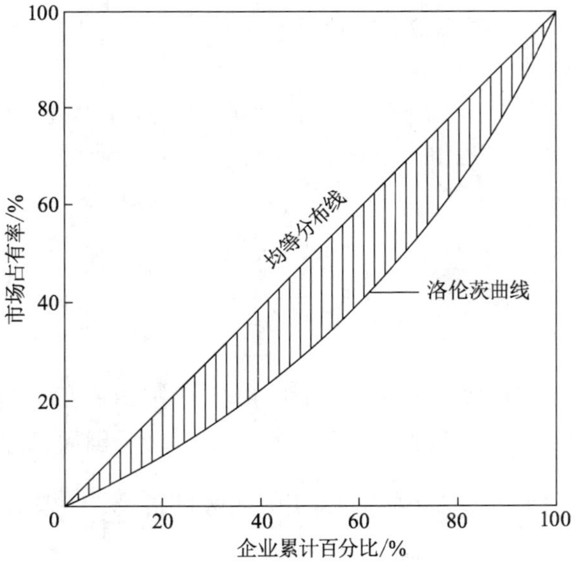

图3-1 洛伦茨曲线

基尼系数也是一种建立在洛伦茨曲线的基础上的相对集中度指标,等于均等分布线与洛伦茨曲线之间的面积(图3-1中阴影部分)与以均等分布线为斜边、以横轴和纵轴为直角边构成的三角形面积之比,即

$$基尼系数 = \frac{均等分布线与洛伦茨曲线之间的面积}{均等分布线以下的三角形面积} \tag{3-3}$$

基尼系数在0~1之间变动。基尼系数等于0,意味着所有企业规模完全相等;反之,基

尼系数越大,意味着阴影部分面积越大,则企业规模分布越不均匀。

与产业集中度指标相比,洛伦茨曲线和基尼系数作为相对集中度指标,可以反映出某一特定行业市场上所有企业的规模分布状况,但是它们也有一定的局限性。第一,洛伦茨曲线和基尼系数是对特定市场中企业规模分布情况的一种相对度量,而不是绝对度量,所以两家各自拥有 50% 市场占有率的企业组成的市场,会与 100 家各自拥有 1% 市场占有率的企业组成的市场具有相同的洛伦茨曲线,即均等分布线,然而,这两种情况下的市场结构性质是完全不同的;第二,当两条不同形状的洛伦茨曲线所围成的面积相等时,所计算出来的基尼系数的大小也相等,因此,基尼系数并不能代表某一特定市场中唯一的一种企业规模分布的状况。由于洛伦茨曲线和基尼系数存在这样的缺陷,因而在使用它们衡量市场集中度和判断市场结构时,需要综合分析后再给出相应的结论。

3. 反映共谋潜力的指标

(1) 绝对集中度差分 MCR_8

米勒(Miller)等提出边际卖方集中度概念,代表第五到第八大企业的累计份额。隐含的假设是,MCR_8越大,共谋发生的机会越少,共谋的效果越差。

(2) 相对集中度差分 MCR_8/CR_4

如果 CR_4不同,那么相同的 MCR_8的影响会有较大的差异。当 CR_4升高,MCR_8也升高时,MCR_8/CR_4也可以看作与共谋潜力反方向变化。现实生活中,CR_4往往会影响 MCR_8:当 CR_4很高或很低时,MCR_8都会比较低,从而影响 MCR_8/CR_4的理论价值。

面对诸多市场集中度指标,一些学者曾经调查了各种集中度指标在统计上的关系,然而结果并不令人满意,这些市场集中度指标的相关性存在较大差异,市场集中度的实证研究不能取代理论分析。

三、产品差异化

(一) 产品差异化的含义与影响因素

1. 产品差异化的含义

所谓产品差异化,是指企业在其提供给顾客的产品上,通过各种方法引发顾客偏好的特殊性,使顾客能够把它同其他竞争性企业提供的同类产品有效地区别开来,从而达到使企业在市场竞争中占据有利地位的目的。

根据以上定义,产品差异化是一种有效的非价格竞争手段。除了完全竞争市场和完全垄断市场以外,通常产品差异化是普遍存在的。企业对于那些与其他产品存在差异的产品拥有绝对的垄断权,这种垄断权构筑了其他企业进入该市场或行业的壁垒,使企业形成竞争优势。同时,企业在提供产品过程中的特殊性,形成了消费者的偏好和忠诚。这样,产品差异化不但迫使外部进入者耗费巨资和精力去征服现有客户的忠实性,而且在同一市场上使本企业与其他企业区别开来,因此,产品差异化对于企业的营销活动具有重要意义。

2. 产品差异化的影响因素

① 产品的物理性差异。产品的用途本质相同,但性能、构造、外观等有所不同,直接影响产品的使用效果。

② 买方的主观差异。由于企业的广告、宣传等促销活动而引起买方对这一产品偏好；或买方受消费潮流的影响而对某种产品产生偏好；或者由于买方对产品不够了解而产生主观差异。

③ 对买方的服务差异。向买方提供的有关信息、发送服务、技术维修服务、信用支持等服务的差异。

④ 地理位置差异。因企业或销售点的位置不同而给买方带来的购买时间、方便程度、运输成本的差异。

⑤ 特殊促销活动差异。如赠礼品、配附件、进行有奖销售等活动而造成买方在产品选择上的差异。

（二）产品差异化的动因与策略

1. 产品差异化的动因

通过产品差异化，企业就可以寻找到属于自己的稳定的目标市场，它所生产的产品被其他竞争性产品替代的可能性也就降低了，使市场结构向着垄断竞争的趋势发展，最终甚至可能导致寡头垄断和完全垄断的市场结构。

2. 产品差异化的策略

企业进行产品差异化的方法很多，归纳起来，有以下四个方面：

（1）产品主体差异化

一般而言，同类竞争性产品的核心产品部分是基本一致的，也正是这种一致性使这些产品相互之间形成了一定的可替代性。然而，它们的中间产品和延伸产品部分却给企业提供了一个很大的产品差别化空间，比如企业为各自的产品设计不同的外观和包装，通过提供不同的服务让顾客对产品产生不同寻常的感觉等。产品主体差异化是企业最经常使用的差异化手段，也往往是最有效的一种手段。

（2）品牌差异化

品牌差异化也可以被看成是产品主体差异化的一个部分，但是由于近年来企业普遍对品牌策略给予了更高程度的重视，所以把它作为一种独立的差异化手段。品牌差异化，不仅仅是要企业给自己的产品设计和注册一个不同的品牌名称，更要强调这个品牌名称必须能够让顾客对企业或企业的产品产生有效的联想。

（3）价格差异化

价格差异化也是一种非常普遍而易操作的差异化手段。企业通过为自己的产品制定不同的价格，来提示顾客本企业产品差异的存在。比如，有的企业把自己的产品定位于高档产品，它的价格往往高于其他同类竞争性产品。而有的企业采取市场跟随者的竞争策略，在模仿领先者产品主体特征的同时，它的产品价格就始终与市场领先者产品的价格保持一定的距离。

（4）渠道差异化

渠道是企业分销产品的路径，通过为自己的产品选择不同的分销途径，也可以实现一定程度的产品差异化。例如，有的企业是通过第三方中间商（包括批发商和零售商）销售产品；有的企业通过自己建立的零售店直接把产品销售给客户；有的企业采取无店铺销售方式，即没有零售网点，而是通过企业的销售人员直接与顾客打交道；有的企业采用特许经营的分销网络方式等。

专栏3-4

化妆品企业产品差异化策略

近几年我国化妆品市场始终保持持续、快速增长。截至2009年,我国已经成为仅次于日本和美国的世界第三大化妆品消费市场。然而令人遗憾的是,国内的中高端化妆品市场几乎被跨国品牌所占领,本土品牌基本被打压在低端市场,利润空间十分有限。与跨国企业相比,本土化妆品企业无论是从资本实力、产品组合,还是从产品研发、品牌影响等方面都处于相对劣势的地位。产品组合单一、同质化现象严重、市场定位重复、营销手段单一成为制约众多本土化妆品企业发展的重要因素。

化妆品行业是产品差异化效果明显的行业。消费者对化妆品需求的多样性和可引导性,化妆品市场规模的不断扩张,以及化妆品产品特征复杂、更新速度快、产品细分成为主流特点,都为企业通过产品差异化策略为消费者提供更优的效用、实现买方价值的提高、积累优势资源、提升企业竞争力提供了有利的条件。纵观现阶段国内化妆品市场,知名本土品牌的共同特点之一就是合理利用产品差异化策略,细分市场或创造市场,走品牌突围之路。

资料来源:吴中琳.我国化妆品企业产品差异化的策略研究[D].上海:上海师范大学,2009.

四、进退壁垒

(一)进入壁垒的含义与分类

1. 进入壁垒的含义

在产业组织理论的发展过程中有三个主要的理论学派,即结构主义学派、效率学派和新产业组织学派。各个学派在进入壁垒的含义和影响因素上存在着不同的认识,因此形成了不同的观点。

结构主义学派代表人物贝恩首次把进入壁垒纳入了产业组织理论的研究范畴,他对进入壁垒做了开创性的定义:“进入壁垒(barriers to entry)是和潜在进入者相比,市场中现有企业所享有的优势。这些优势是通过现有企业可以持久地维持高于竞争水平的价格而没有导致新企业的进入反映出来的”。

效率学派代表人物斯蒂格勒(Stigler,1968)在研究企业规模的决定因素时,对进入壁垒做了这样的定义:“进入壁垒是一种生产成本(在某些或某个产出水平上),这种成本是打算进入一个行业的新企业必须负担,而在位企业无须负担的”。

新产业组织学派主要关注策略性进入壁垒,强调在位企业的主动性,利用在位优势实施策略性行为,进而阻止潜在进入者进入市场。

随着进入壁垒理论的深入研究,许多学者从福利角度对进入壁垒进行了研究。冯·威泽克对斯蒂格勒关于进入壁垒的定义做了如下的进一步改进:“进入壁垒是必须由一个寻求进入某一产业的企业而不是由已经在产业内的企业承担的企业成本。从社会的观点来看,这种生产成本意味着资源配置的扭曲。”这一定义强调有损社会福利的进入壁垒才构成进入壁垒。

2. 进入壁垒的分类

根据进入壁垒的成因可以将其分为结构性进入壁垒和策略性进入壁垒两类。

(1) 结构性进入壁垒

结构性进入壁垒是指企业自身无法支配的、外生的,由产品技术特点、资源供给条件、社会法律制度、政府行为及消费者偏好等因素所形成的壁垒。

结构性进入壁垒是传统产业组织理论研究的重点,构成进入壁垒的结构性因素主要有规模经济、绝对成本优势、网络效应、产品差异化和政策法律制度等。

(2) 策略性进入壁垒

策略性进入壁垒即进入阻挠,是指产业内在位企业为保持在市场上的主导地位,获取垄断利润,利用自身的优势通过一系列有意识的策略性行为构筑起的防止潜在进入者进入的壁垒。

现实中的进入壁垒并不是由单一因素构成的,往往是由多种因素综合形成的,既包括结构性因素又包括策略性因素。

(二) 退出壁垒的含义及其形成因素

1. 退出壁垒的含义

从理论上讲,当某一企业在市场竞争中被其他企业击败,就应该退出该产业或市场。所谓退出是指某个企业停止作为卖方而从某个产业撤退的行为,包括转产或破产两种方式。但在实际运作中,一些企业由于受到各种因素的限制却很难从原有的产业中退出。所谓退出壁垒(barriers to exit),就是企业在退出某个行业市场时所遇到的阻碍。研究退出壁垒也很有必要,因为行业市场退出壁垒的高低会影响企业进入市场的决策,如果退出行业的成本高昂,企业进入市场的动机就会削弱。

2. 形成退出壁垒的因素

(1) 资产的专用性

企业的固定资产中有通用性资产、半通用性资产和专用性资产。与之相应,企业员工的技能也有类似的性质。因此当企业决定转产时,必须面对半通用性资产和专用性资产处置和变现的损失。沉没成本一经发生,必然产生一种实际净损失,它的大小一般与资产专用性成正比,即专用性越强,沉没成本就越大。较大的沉没成本致使资产清算价值下降、转移成本上升,企业主动退出产业的动机也就越弱。

(2) 支付相关退出费用

企业退出现有产业时通常要支付给律师、会计师、资产评估师等专业人员高额费用。要向职工支付安置费用,有时为了让工人改行,还需要支付培训费用和行政费用。如果企业退出某一产业,单方撕毁原先签订的购买原材料及推销产品的长期合同将会被罚款。企业要承担宣布退出决定后客户退货、供应商取消优惠、职工生产率下降等损失。

(3) 企业总体战略受损

实行多元化战略的企业要退出某一特定业务,可能会导致企业总体战略的损失。这一特定业务可能是企业标志和形象的中心,可能会损害企业与主要分销商的关系,削弱企业总体购买能力,妨碍企业销售其他产品,动摇资本市场对企业的信心,从而引发市价的大跌,进而影响企业纵向整合的其他环节等。

（4）政策或法律的限制

政府为了维护经济和社会的稳定，往往通过制定政策和法规来限制生产某些产品的企业从产业内退出。例如，在电力、邮电、煤气等提供公共产品的产业中，各国政府都制定相应的政策和法规来限制企业的退出。因此，政府（尤其是产业结构单一的地区）会设法阻止企业退出所在产业。

第二节　市场行为

本节主要介绍企业的三种市场行为：① 主要以控制和影响价格为基本特征的定价行为和价格协调行为；② 以研究与开发、形成产品差异、促销为基本内容的非价格竞争行为；③ 以产权关系和企业规模变动为基本特征的组织调整行为。

一、市场行为的含义

市场行为是指企业在充分考虑市场的供求情况及其与其他企业的关系的基础上所采取的战略决策行动，目的是提高市场占有率并获得更大的利润。企业的市场行为受市场结构的影响并直接影响市场绩效，同时市场行为对市场结构具有反作用，会影响市场结构的状况和特征。

企业的市场行为是为其实现一定经营目标所做出的现实反应，受到企业外部因素的制约。企业的经营目标是驱使企业采取某种市场行为的直接决定因素，它是企业市场行为的动力源泉，同时也是企业行动的准则。

二、市场行为的类型

寡占市场条件下卖方的基本市场行为通常可以分成价格行为、非价格行为和组织调整行为三类。价格行为包括价格竞争行为和价格协调行为，具体来说包括价格歧视、掠夺性定价和卡特尔等；非价格竞争是相对于价格竞争的一种竞争形式，实际上是产品差异化策略的具体实施；企业的组织调整行为主要表现为并购。相对于价格竞争行为，非价格竞争行为和组织调整行为有各自的优点，更有利于现代企业间的竞争。

（一）企业的价格竞争行为和价格协调行为

1. 价格竞争行为

价格竞争行为是一种基本的定价行为，从本质上看，价格竞争行为是企业行使的非合作策略行为。之所以称为非合作，是因为厂商试图通过改善自己相对于竞争对手的地位而使自己的利润最大化。在这一过程中，各厂商之间没有合作，每一个厂商只考虑使自己能够获得尽可能多的利润。非合作行为通常意味着增加一个厂商的利润而降低另外一些厂商的利润。

（1）价格歧视

在不完全竞争市场上，厂商能够自主定价，为追求最大利润会主动采取差别性定价行为。庇古最早对价格歧视进行了分类，他将价格歧视分为三类，即一级价格歧视、二级价格歧视和三级价格歧视，具体阐述见第五章第一节。

(2) 掠夺性定价

掠夺性定价又称驱逐对手定价，是某企业为了把对手挤出市场和吓退试图进入市场的潜在对手，而采取降低价格(甚至低于成本)的策略。这种策略性行为有以下三个重要的特征:① 在掠夺性定价中出现的价格下降，一般是暂时性的，在把竞争对手驱逐出市场之后，发起企业往往会再次把价格提升到可获经济利润的水平上;② 在掠夺性定价中企业发动暂时性降价，实质目的是要缩减供给量，而不是扩大需求量;③ 一般情况下，采用掠夺性定价策略的都是市场上实力雄厚的大企业。

掠夺性定价对市场结构的竞争性将产生极为不利的影响，因此，有些国家的法律规定这种行为是非法的，但是困境在于如何确定企业是否采用了掠夺性定价策略。为此，许多经济学家和法学家进行了研究，但大多数用来确定掠夺的标准都难以付诸实践。

2. 价格协调行为

竞争和合作是两种最基本的市场关系。在某些情况下，企业之间存在激烈的竞争而势不两立，但是在另外一些情况下，企业之间不得不相互妥协以求实现共同有利的目标。所谓价格协调，就是企业间关于价格调整的协定和共同行为。价格协调行为的目的在于限制价格竞争，共同控制市场，获取垄断利润。最基本的价格协调形式是卡特尔和价格领导制。

(1) 卡特尔

卡特尔又称为“串谋”或“共谋”，是指生产相似产品的独立企业为了控制市场、获取最大利润而联合起来的以提高价格、限制产量等为目的的一种组织。卡特尔主要有两种类型:一种是明确协定卡特尔，即有明确的文字协定;另一种是秘密协定卡特尔，即只有口头而无文字协定。

根据卡特尔协定的内容，可以将卡特尔分为价格卡特尔、条件卡特尔、生产数量限制卡特尔、销售卡特尔。其中价格卡特尔是最常见和最基本的卡特尔形式。

卡特尔能够获得超常的利润率，因为卡特尔能够像一个垄断者那样行事，获得垄断利润。但是卡特尔常常是不稳定的，单个卡特尔成员总是企图违约，暗中削价，即当卡特尔其他成员限产提价时，总有某些成员可以通过略微地增加产量，利用高价来获利;或者略微地降低价格来吸引更多的消费者。

当今，卡特尔在美国等国家都是非法的。因为卡特尔限制了竞争，破坏了价格机制在资源配置中的作用，造成了不公平的分配;但由于有时勾结可能产生高利润，以至于厂商不惜冒险违法行事。

(2) 价格领导制

由于公开的卡特尔是非法的，因此厂商常常寻求暗中的勾结。价格领导制是暗中配合的主要形式。价格领导制主要有支配型、低成本厂商和晴雨表式三种形式。

① 支配型价格领导制。在寡头垄断产业中，占支配地位的厂商往往拥有较大的生产规模、市场份额和较强的资本实力，因而可以按照自身的情况率先定价、确定产量，而后其他企业自愿或被迫跟随定价。

② 低成本厂商价格领导制。在这种形式中，率先制定价格的不是占支配地位的厂商而是低成本厂商。由于厂商的成本不同，低成本厂商可以按企业情况定价，即使定价较低，它仍可以获得高额利润。但是现实中由于反垄断法的限制，以及市场容量的扩大，低成本厂

商很难垄断市场,因此往往是高成本厂商获得较大的市场份额和较高的利润,而低成本厂商只能占有剩余的较小份额。

③ 晴雨表式价格领导制。在这种形式中,价格领导者不一定是占支配地位的厂商或低成本厂商,而是对市场情况、价格变动最为敏感的厂商,这些厂商率先调价,而后其他企业跟随调价。由于晴雨表厂商并不一定是大厂商,可能是某个小厂商,因此其他厂商并不总是跟随在晴雨表价格领导者之后。

(二) 非价格竞争行为

1. 非价格竞争行为的概念

竞争大致可分为价格竞争和非价格竞争两类。非价格竞争,是企业为顾客提供更好、更有特色,或者更能适合各自需求的产品和服务的一种竞争。与价格竞争行为不同,企业的非价格竞争行为不是通过降价和涨价或协调价格获得较高的利润,而是通过研究、开发及促销产品获得较高的利润。非价格竞争行为实质上是企业产品差异化策略的具体实施。

2. 非价格竞争行为的优势与特点

(1) 非价格竞争行为的优势

① 非价格竞争行为具有相对广泛的市场针对性和适应性。随着社会经济的发展和人们生活水平的提高,消费者需求的个性化、差异化、多样化、层次化、动态化已逐步成为当今市场消费的基本特征。单一的价格竞争行为已无法适应和满足当今市场需求。而非价格竞争行为则可以通过了解消费者需求的变化,不断按照消费者潜在的和现实的需求改进产品和营销策略,以丰富多彩的竞争手段和形式,满足消费者的消费需求,应对竞争者的挑战。

② 非价格竞争行为具有相对无限的竞争空间。价格竞争仅通过价格的升降来刺激消费,达到竞争的目的,而非价格竞争则可以通过产品升级、技术革新、质量改良、品牌建设、超值服务等多种手段来吸引消费者,以达到扩大产销量的目的。

③ 非价格竞争行为更具有市场开拓创新能力。价格竞争行为对市场的开拓主要表现为对消费者求廉心理的满足,通过低价刺激消费者对产品的购买需求,最终实现产销量的增加。非价格竞争行为以其竞争手段的多样性,针对需求的多样化和消费质量的提高来开展市场竞争。因此,非价格竞争行为的市场开拓能力是强劲的,具有创造性。

④ 非价格竞争行为突出了竞争的公平性和兼容性。价格通常是产品对消费者具有较强诱惑力和影响力的方面,但一味盲目降价,对消费者、企业乃至整个经济都是得不偿失的。非价格竞争行为通过增加科技投入、开发新产品、提高产品质量、提供优质服务等来满足消费者的不同需求。这样的竞争公平、公正、公开,有利于推进企业进步。同时,非价格竞争行为更容易使企业联合起来,互相兼容,形成良好的市场竞争环境。

(2) 非价格竞争行为的特点

作为社会化商品经济或发达商品经济阶段的产物,非价格竞争行为与此时的经济发展状况相适应,有其独有的特点,主要表现在以下方面:

① 非价格竞争行为实现了一种产品从单因素竞争向多因素竞争的转变。在价格竞争阶段,产品竞争主要是通过产品自身的因素完成的,自由竞争阶段的压低价格和垄断竞争阶段的抬高价格都是如此。随着产品逐渐丰富,同类产品之间的可选择性在不断增强,产品的质量也成了人们选择商品的主要标准。与此同时,商品的外观、包装等可视性因素及

延伸性因素,如服务等,都成了人们选择商品的依据。

② 非价格竞争行为从注重产品内在因素竞争向产品内外部因素相结合竞争转变。现代社会的发展,特别是信息传播技术的大力发展也在客观上为人们多方面、多渠道地选择商品提供了保证。过去产品的竞争主要靠产品的内在因素,即产品的性能品质等因素来完成,产品的宣传和传播主要靠人际传播来进行。而现在企业或产品通过广告宣传就可以被广大公众所认知,公众往往是通过产品来了解企业,或有时就是通过企业形象认识其产品、信赖其产品,这也正是现代名牌和企业形象战略不断得到普及和推广的主要原因。

③ 非价格竞争行为实现了销售方式从推销观念向营销观念再向竞争观念的转变。在早期的商品经济发展阶段,产品销售以推销为主,这种方式是企业为处理掉它所制造出来的产品所做的工作,是以产品为中心的销售方式;而营销则是以顾客为中心,注意观察消费者不断变化的需求,调整企业的产品、服务和分销方式以适应市场新的需求的销售方法,从而实现产品竞争中销售方式的改变。目前,竞争观念又取代了营销观念。企业的差别潜能、产品的市场定位与开发、信息沟通和营销策略就与价格的制定一起成了生产者实现产品竞争不得不考虑的内容。这种营销方法的改变,也正是非价格竞争行为的主要表现方式之一。

3. 非价格竞争策略

(1) 产品创新策略

随着社会的飞速前进,在今天知识经济时代的前提下,消费者对产品的要求越来越高,标准化产品统一的营销方式和水准已经远远不能满足他们的需求,价格因素在竞争中的影响降低,消费者开始关注产品的差异化及其更新换代的速度。

专栏3-5

禁售燃油车政策设计与实施

2017 年禁售燃油车政策引人注目,多国陆续推出了禁售时间表。中国开始研究禁售时间表也引起了行业的广泛关注。目前,电动车正处于导入期和关键技术爆发式发展的前期。高价车的续航里程可达 600 千米,续航能力已媲美燃油车。基础设施呈现爆炸式增长,全球充电桩接口总量从 2010 年的 2 万个增长到 2016 年的 189 万个,2017 年将进一步增长到 245 万个。预计 2030 年新能源车与燃油车可同台竞争。禁售政策的出台鼓励电动车企业,倒逼燃油车企业,极大地促进了汽车的转型与替代,并向社会释放出强烈的预期。

电动车代替燃油车是大势所趋,但禁售燃油车的影响因素众多,操作复杂,会带来能源结构的重构、产业链的颠覆、资产与就业岗位的转移,须顺势而为,审慎地搞好政策顶层设计。燃油车最终被电动车替代的决定性力量是技术进步和市场竞争。政府通过行政力量加快这一进程的最佳选择是支持电动车技术进步,推动基础设施建设,使电动车在经济性和便捷性上具有无补贴竞争力。此外,还应当从全生命周期来综合评估电动车的环保性。根据中国石油集团经济技术研究院的研究报告,全生命周期中,电动车的 PM 和 SO_x 排放量均高于燃油车。由于在行驶阶段新能源汽车的排放量较低,因此大城市推广电动车将有利于局部环境的改善,但对全国能源结构优化而言并非最优选择,只有解决了电力清洁化,电动车才有实质环保意义。

在技术与市场条件尚不具备的条件下，以剥夺消费者选择权方式，靠行政力量禁售违背市场规律，甚至成为政治派别博弈的工具，这样的方法是不可取的。应充分考虑到电动车对燃油车的替代是一个过程，需要与电力系统协同发展，不能一蹴而就。2016 年，全球汽车总销量为 9 385.6 万辆，电动车产量仅有 87 万辆；中国汽车总销量为 2 800.8 万辆，电动车产量仅有37.4 万辆。电动车要形成足够的生产能力，预计要到 2025—2030 年。对电动车形成的冲击，石油生产商和汽车生产商必须给予足够的重视，提早应对。

资料来源：中国石油经济技术研究院 2018 年研究报告。

(2) 产品品牌个性化

现代生活水平在不断提高，高技术含量和高档次的产品在不断增加，产品的差异化、品牌的个性化倾向越来越显著。除了质量、价格、外观等理性方面，消费者越来越强调产品的文化内涵、个性等感性方面的影响因素，这种感性因素的增加也加深了消费者对产品及品牌的理解和依赖。

(3) 产品服务竞争策略

美国著名市场营销学家莱维特曾说过："未来企业竞争的焦点不再是企业能为消费者生产出具有什么使用价值的产品，而是企业能为消费者提供什么样的附加价值，即服务。"销售服务竞争策略包括：① 服务个性化；② 服务精细化；③ 服务互动化；④ 服务知识化。

(4) 战略联盟

战略联盟是指两家或两家以上公司为了达到某些共同的战略目标而结成的一种网络式联盟。联盟成员各自发挥自己的竞争优势，相互合作，共担风险，在完成共同的战略目标后，这种联盟一般都会解散，其后为了新的战略目标，公司也可能与新的合作者结成新的联盟。

(5) 广告策略

随着经济的不断发展，买方市场格局逐渐稳定，广告越来越显示出其不可替代的价值与作用。广告是以促进销售为目的，由企业付出一定的费用，通过特定的媒体传播商品或服务等有关信息的大众传播活动。广告宣传的基本功能在于向消费者传递商品的信息，沟通生产者与消费者，以此促进商品销售。

(三) 企业的组织调整行为

企业的组织调整行为主要表现为企业的并购，它是指两个或两个以上企业变成一个企业的组织调整行为。通过并购，企业间发生产权关系的转移，从而实现资本集中、市场集中，这是企业外部成长的基本途径。

1. 融合与吸收并购

从并购的过程来看，并购可分为融合并购和吸收并购两种类型。前者是指参加并购的各企业协商同意解散原企业，共同组建一个新企业。后者则是指参加并购的企业中有一个吸收企业，其余企业宣布解散并被吸收企业吸收。吸收并购在我国通常被称为兼并。现实中，企业并购可以是实力相当的企业之间的并购，即通过并购建立起一个新的企业或公司，也可以是吸收式兼并或吞并，通常是大企业吞并一个或多个小企业。但如果小企业掌握特有的生产技术或其产品具有较大的市场潜力，它也可能兼并外强中干的大企业。

2. 横向、纵向与混合并购

从并购的形式来看,企业并购可分为横向并购、纵向并购和混合并购三种形式。

(1) 横向并购

横向并购又称水平并购,是指同一行业生产同种产品或提供相同服务的企业间的并购。水平并购的动因是追求规模经济,并购的结果是该行业内企业数量减少、企业规模扩大,从而限制竞争,显著提高新组建企业的市场份额。

(2) 纵向并购

纵向并购或称垂直并购,是指处于同一产业链上的上下游企业之间发生的并购,这些企业之间通常具有投入产出关系。向上游投入方向延伸的纵向并购称为"后向并购",例如钢铁企业对原材料企业的并购。向下游最终产出方向和销售阶段延伸的纵向并购称为"前向并购",例如生产汽车发动机的企业对汽车制造企业的并购。纵向并购的动因有很多,包括降低交易成本、降低生产销售的不确定性、充分利用技术经济联系、增强市场支配力等。

(3) 混合并购

实施多元化经营战略的企业往往会进行混合并购,它是指不同行业不同产品的生产企业之间的并购。具体而言,混合并购包括以下三种形式:① 产品扩张型并购,即进行并购的企业所生产的产品在功能上具有互补性;② 市场扩张型并购,即进行并购的企业所从事的是同一阶段的同一生产经济活动,但其顾客对象或市场区域不同;③ 纯混合型并购,即进行并购的企业在生产经营活动方面几乎没有任何联系。

3. 企业并购的动机与效应

(1) 协同经营动机

协同经营动机本质上是追寻优势互补的动机,即两个或多个企业通过并购整合成一个新的主体,从而创造更多的利润或财富,简而言之就是寻求"1 + 1 > 2"的动机。这一目标在有效并购下通常是可以实现的。从经济学的角度看,实施横向并购可以获得规模经济效应,实施纵向并购可以减少企业的机会主义行为与各种交易费用。

(2) 市场份额动机

企业的市场份额是其对市场控制能力的表现,随着企业市场份额的扩大,企业的垄断势力也在不断增强。寡头垄断不仅能给企业带来垄断利润,还能够使其保持一定的竞争优势。因此,追求市场份额扩大是许多并购活动的动机。

(3) 经营战略动机

随着市场经济的发展,竞争也越来越激烈与残酷。因此,生产某一种主导产品的企业不仅需要不断调整产品的市场定位,还必须制定长期发展战略,根据市场发展趋势有意识地进行企业并购,以实现产品或行业转移。这一过程不但隐含了实现规模经济效应的可能性,而且有利于开发未充分使用的管理能力。

(4) 资本运作平台动机

企业的发展不仅依靠产品经营,也靠资本经营,企业通过并购上市公司,可以直接介入资本市场,强化资本运作,顺利实现由产品经营到资本经营的转型。通过并购上市公司,企业实现借壳上市,企业以上市公司作为资本运作平台,采取增发、配股等方式使企业实现由强变大的转变,提高企业竞争力。

(5) 财务协同效应

财务协同效应是指在并购活动发生后,企业资金使用效率提高而带来收益的效应。税率、会计处理方法及证券交易等方面的内在规定是形成这种效益的重要原因,主要表现在以下几个方面:

① 通过并购不仅可以享受优惠税率,还可以实现合理避税。

② 在某些政策条件下,企业通过并购活动能够获得资金供给方面的一些优惠,比如免除部分利息、较低的贷款利率及延迟还贷等。此外,它还可能为一些由于行业因素导致缺乏投资机会的富余现金流提供一个良好的资金出口。

③ 预期效应。预期效应是财务协同效应的重要组成部分,是指并购活动使得股票市场对企业股票的评价发生改变,从而影响股票价格的效应。

专栏3-6

煤电巨头牵手 能源航母启航

2017 年 8 月 28 日,经党中央、国务院批准,中国国电集团公司与神华集团有限责任公司合并重组为国家能源投资集团有限责任公司(简称"国家能源集团")。时隔整整 3 个月,随着重组成立大会的召开,国家能源集团于 11 月 28 日正式成立,能源央企新"航母"诞生了。国家能源集团资产规模超过 1.8 万亿元,拥有 33 万名员工、8 家科研院所、6 家科技企业,形成煤炭、常规能源发电、新能源、交通运输、煤化工、产业科技、节能环保、产业金融 8 大业务板块。重组后的国家能源集团,同时拥有四个世界之最:① 世界最大的煤炭生产公司;② 世界最大的火力发电生产公司;③ 世界最大的可再生能源发电生产公司;④ 世界最大的煤制油、煤化工公司。并购的意义体现在以下两方面:

(1) 加快煤电一体化进程

煤电一体化之后,产业链上下游要素之间进行了整合,减轻了企业对市场价格变动的影响,让煤电行业进入更加可持续、稳定发展的状态。国家能源集团的成立将会对我国煤电行业产生巨大影响,会从根本上推动我国煤电一体化进程的加快,倒逼和引导着其他一些企业效仿重组,这也正是我国能源体制革命的重要方向。重组既是深化国企改革、推进中央能源企业优化布局结构的必然要求,也是推动能源结构调整转型升级、防范和化解煤炭煤电产能过剩的重大举措。这有利于理顺煤电关系、实现煤电一体化发展,提升企业整体盈利能力和经营效益;有利于缓解同质化发展、资源分散等突出问题,推动企业在更高层次、更高水平上实现资源优化配置;有利于发挥双方在产业链上下游的协同效应,形成煤电一体化经营机制;有利于进一步优化业务结构,提升绿色发展水平;有利于整合双方科技资源,加快关键技术突破;有利于统筹内部产能,加快落实煤炭、煤电去产能任务,提高煤电利用效率。

(2) 改变中国能源、电力格局

国家能源投资集团将改变中国能源格局,尤其对煤炭、电力、新能源行业影响深远,开创煤电一体化经营的新产业形态,对解决煤电矛盾具有借鉴意义。国家能源投资集团在清洁能源如风电、光伏、核能,以及煤化工、煤炭清洁高效利用等产业的优势资源、技术等将得到更加合理的配置,这对于传统能源企业的转型发展,不但在国内而且在全球范围内都具有重要示范意义。国家能源投资集团的正式成立并成功运转,将会在未来极大地影响我国的能源格局,特别是对于多年处于“顶牛状态”的煤电两家的状态，在未来的联营发展、合作共赢、稳价稳供等方面具有积极的示范效应，为我国能源结构调整、能源安全发展起到压舱石的作用，两家合体后形成的巨无霸旗舰可以实现资源有效整合、优势互补。

资料来源：煤电巨头牵手能源航母启航[N].人民日报，2017－11－29(10).

第三节　市场绩效

本节主要介绍市场绩效的概念及评价指标。市场绩效反映的是市场运行的效率，目前普遍用来衡量市场绩效的指标主要有利润率、勒纳指数、托宾 q 系数及产业技术进步率。广义的市场绩效不仅包括经济价值的衡量，还包括社会价值的衡量，表现为资源利用率的高低、技术进步的快慢、产业组织的技术效率和收入分配的公平与否。

一、市场绩效及其评价指标

（一）市场绩效的概念

在传统的 SCP 分析框架中，市场结构用来反映市场经济运行的基础与环境，企业的市场行为用来反映市场经济运行的过程与方式，而市场绩效则是用来反映市场经济运行的结果与成就。在产业组织理论中，市场结构与市场行为受到关注的原因是为了取得更好的市场绩效。

市场绩效是指某一产业在一定的市场结构下，通过一定的市场行为使其在价格、产量、成本、利润、产品质量、品种及技术进步等方面所达到的现实状态，本质上是市场运行效率的一种反映。其他学者对市场绩效也有类似的定义，如苏东水（2000）指出，市场绩效是指在一定的市场结构中，由一定的市场行为所形成的价格、产量、成本、利润、产品质量和品种及技术进步等方面的最终经济成果。

（二）市场绩效的评价指标

在 SCP 框架中，产业组织理论对市场绩效的衡量主要是用产业的利润率、勒纳指数、托宾 q 系数及产业技术进步率等指标来衡量的。

1. 利润率（收益率）

利润率指标是一个常用的衡量市场绩效的重要指标。在完全竞争市场假定中，企业只能获得正常利润，不存在超额利润，长期的高额利润一般总是与产业的垄断状况有关。因此可以通过产业或企业是否存在相对稳定的超额利润，对产业内市场结构效率是否达到最优做出基本的判断。这里，利润是指经济利润，即扣除机会成本后的利润。

利润率的计算公式为

$$R=\frac{\pi-T}{E}\times 100\% \tag{3-4}$$

式中，R 一般为税后资本收益率；π 为税前利润；T 为税收总额；E 为自有资本。

2. 勒纳指数（Lerner index）

勒纳指数是以市场势力为基础，判断与市场结构相关联的市场绩效的指标。该指标衡

量价格与边际成本之间的偏离程度，即企业能够将价格制定在高于边际成本的程度，计算公式为

$$L = (P - MC)/P \tag{3-5}$$

式中，L 为勒纳指数；P 为企业的价格；MC 为企业的边际成本。

勒纳指数在 0 ~ 1 之间变动。在完全竞争条件下，$L = 0$，表明企业是价格的接受者，价格等于边际成本，企业没有制定价格的能力；存在垄断情况下，L 会大一些，但不会超过 1，指数越大说明企业的市场势力越大，市场绩效越差。

3. 托宾 q 系数

托宾 q 系数是企业资产的市场价值与该企业资产的重置成本比率，计算公式为

$$q = \frac{R_1 + R_2}{Q} \tag{3-6}$$

式中，q 表示托宾 q 系数；R_1 表示企业的股票市值；R_2 表示企业的债券市值；Q 表示企业的资产重置成本。

该指标通过企业资产的市场价值变化来测量其经济绩效。$q > 1$，即企业的市场价值大于其重置成本，意味着该企业在市场中获得了超额利润，数值越大，说明企业的超额利润越多，该厂商造成的社会福利损失越大，市场绩效也越低。

4. 产业技术进步率

产业技术进步率是某一产出指标与相应的一种或多种要素投入量的比率，反映产业的生产效率。经济的增长依赖要素投入的增加和要素生产率的提高两个方面，同时要素生产率的提高反映了技术进步的状况。自索罗（Solow）将技术进步独立出来并以全要素生产率表示以后，经济学一般以全要素生产率来测量技术进步率。

全要素生产率是指因技术进步而使所有生产要素的效率得到了提高。以柯布—道格拉斯生产函数来分析经济增长，可以推导出如下的基本公式：

$$\frac{\Delta Y}{Y} = \alpha \frac{\Delta L}{L} + \beta \frac{\Delta K}{K} + \frac{\Delta A}{A} \tag{3-7}$$

式中，Y 为总产出；L，K 分别为劳动和资本的投入；A 为技术状况；参数 α，β 分别为劳动和资本在产出中的份额，反映它们的投入在经济增长中的重要性。该公式表示经济增长率由劳动增长率、资本增长率和全要素增长率三部分组成。

二、市场绩效的综合评价

市场绩效有广义与狭义之分，广义的市场绩效涉及对经济价值和社会价值的衡量；而狭义的市场绩效只涉及对经济价值的衡量，具体表现在资源利用率的高低、产业组织的技术效率的高低、技术进步的快慢及收入分配的公平与否等方面。在产业组织研究中，常用狭义市场绩效中涉及的有关指标来综合评价产业的市场绩效。下面将从以下三个方面展开对市场绩效的直接或间接评价。

（一）资源配置效率

资源利用效率是指要素的投入产出效率。而衡量资源利用效率的一个重要指标是企业内部效率。X—非效率理论认为，垄断性大企业由于外部市场竞争压力较小，内部组织机构庞大、层次多、关系复杂，以及所有权与经营权分离等，使得企业难以同时实现利润最大

化与费用最小化的目标,因此企业内部的资源配置是低效率的。除此之外,X—非效率指出,企业中还存在另一种类型的低效率:免受经济压力的厂商明显存在超额的单位生产成本。X—非效率的影响如图 3-2 所示。

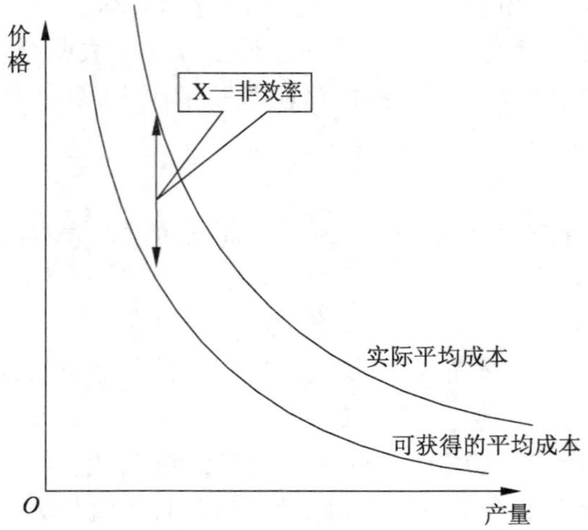

图 3-2　X—非效率的影响

从图 3-2 可看出,在 X—非效率的作用下,在每一产量水平上,产品的实际平均成本都超过其可获得的平均成本。产生 X—非效率的主要原因在于生产集中造成市场控制权的加强。一方面,生产集中可带来规模经济效应;另一方面,随着生产组织的膨胀,企业的管理成本也不断增加,从而使得总成本上涨,抵消了规模经济所带来的收益。

莱宾斯坦教授的 X—非效率理论还包含市场环境(*ME*)、企业组织(*EO*)及经济效率(*EE*)三个变量之间的关系。具体而言,经济效率是市场环境与企业组织的函数,表达式为

$$EE = f(EO, ME) \tag{3-8}$$

在市场环境给定(即假定没有市场竞争压力)的条件下,经济效率(即 X—非效率的程度)就完全取决于市场组织(即垄断企业)适应环境的情况。在没有竞争压力的市场环境中,经济效率的值只能是 X—非效率而不可能是 X—效率。

具体衡量:X—非效率导致的后果是实际成本高于所需的最低成本。

$$\text{X—非效率} = \text{超额成本}/\text{最低成本} \tag{3-9}$$

(二) 技术进步

技术进步反映的是动态经济效率,是经济增长的基本源泉,所以也成为衡量市场绩效的另一个重要指标。广义的技术进步包括除资金和劳动投入之外的所有有利于提高经济发展水平和效率的因素。狭义的技术进步是指发明、革新和技术转移及提高劳动生产率的因素。技术进步渗透于市场行为和市场结构的各方面,并且最终通过经济增长表现出来。

1. 企业规模与技术进步

不同规模的企业在技术进步过程中的作用和地位是研究产业组织和技术进步关系的重要内容。对于这个问题,不同经济学家的研究结论不尽相同。熊彼特等认为,大企业对技术进步的作用最大;而谢勒等的观点与熊彼特等完全相反,他们认为小企业在推动技术进步方面的作用更大。

本书认为,企业对技术进步的贡献大小不仅取决于企业的能力,还取决于企业的意愿和实际执行的效果。应该说,在研究和开发的投入能力方面,大企业确实比小企业强;但大企业和中小企业的作用经常是互相补充和联系的,正是小企业的技术发明和创新对处于垄断地位的大企业构成了一定程度的挑战和竞争压力,才加速了技术进步的进程。

2. 市场结构与技术进步

产业的市场结构与技术进步之间的关系也是产业组织理论所关注的问题。本书首先分析完全竞争和完全垄断这两种市场结构中的企业的创新收益,然后研究寡头垄断市场中企业技术创新行为的特点。

① 在成本和需求等初始条件相同时,完全竞争企业的创新预期收益高于完全垄断企业的创新预期收益。换言之,完全竞争企业比完全垄断企业的创新动力更强。

② 一般认为,在寡头垄断条件下,产品创新更快。主要原因是,具备了一定市场支配力量的寡头垄断企业更着眼于长期目标,他们愿意通过创新巩固垄断地位。但是,如果一个寡头垄断企业在市场上已经处于支配地位,那么通过加速技术创新所能得到的市场份额的潜力就很小,此类企业自然就不太可能成为积极的创新者。当然,如果处于支配地位的寡头企业受到积极创新的小企业威胁,那它就不得不加速技术创新以保持自己的领先地位。因此,本书认为在寡头垄断的市场结构中,企业数量较多则有利于加快技术创新的速度,占有较小市场份额的企业创新速度通常更快。

(三) 规模结构效率

产业规模结构效率也称产业组织的技术效率,反映产业经济规模和规模效益的实现程度,是市场绩效的重要方面。由于规模经济的存在,资源在产业间的分配状况影响着资源利用效率。产业规模结构效率是从产业内规模经济效益的实现程度的角度来考察资源的利用状况。

产业规模结构效率既与产业内单个企业的规模经济水平密切相关,也与产业内企业之间的分工协作水平的程度和效率有关。衡量某个特定产业的规模结构效率可从以下三个方面进行:

① 运用达到或接近经济规模的企业产量占整个产业产量的比例来反映产业内经济规模的实现程度。

② 运用实现垂直一体化的企业产量占流程各阶段产量的比例来反映经济规模的纵向实现程度。

③ 通过产业内是否存在企业生产能力的剩余来反映产业内规模能力的利用程度。

在市场经济发达的国家和地区,如美国、欧洲和日本,已经实现了产业规模经济水平的理想状态,即主要生产企业都是达到经济规模的企业,尤其是那些规模经济性显著的产业,如钢铁、石油化工、汽车、家电等。而在另外一部分产业中,存在着超经济规模的过度集中,贝恩发现,许多过度集中的产业中大企业的生产成本比规模较小的企业高,可见过度集中实际上降低了产业规模结构效率。

第四节　SCP 三者之间的关系

本节介绍哈佛学派的传统 SCP 框架及后来经济学家对传统 SCP 框架的修正。关注具有市场势力的个体行为这一问题的经济学家,如乔·贝恩(Joe S. Bain)、爱德华·梅森(Edward Mason),发展了"结构—行为—绩效"的产业经济分析框架,根据框架的基本观点,市场结构决定市场行为,市场行为决定市场绩效。但后来经济学家对传统SCP框架提出异议,认为其不符合实际情况,在修正后,市场结构、市场行为和市场绩效之间互为因果关系。

一、传统的SCP分析框架

关注具有市场势力的个体行为这一问题的经济学家,如乔·贝恩、爱德华·梅森,发展了"结构—行为—绩效"的产业经济分析框架,即极其著名的哈佛学派的产业经济学分析范式。该范式可以参见图3-3。

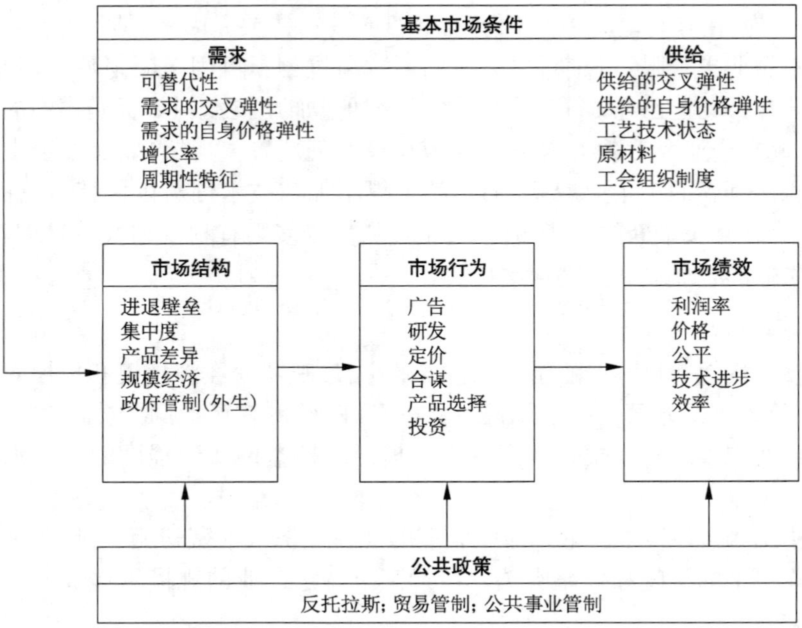

图3-3 传统的SCP分析框架

根据该框架的基本观点,市场结构决定市场中企业的行为,同时企业的行为又决定了市场绩效的各个方面,其影响方向是固定的。基本的市场条件包括市场需求和供给两方面的具体特征。决定市场结构的主要因素是指市场的集中度、产品差异、进退壁垒、规模经济、政府管制(外生)等。市场行为主要指企业的定价、产品选择、广告、研发、合谋等行为。市场绩效主要通过利润率、价格、效率、公平、技术进步等指标进行衡量。

二、SCP分析框架的修正

相对于哈佛学派对市场结构的强调和经验主义的研究方法,后来的经济学家对贝恩等构建的SCP框架提出了异议。他们认为,贝恩的市场结构决定论是不完善的,也是不符合现实情况的。因此,有必要对传统的SCP框架做出修正。芝加哥学派坚持依靠价格理论模型来解释市场行为和市场绩效,他们强调:结构、行为、绩效的关系是复杂的且有交互作用的;不同的企业由于效率不同,导致绩效不同,进而促进企业规模和市场集中度的变化。在 SCP 分析框架中,芝加哥学派与哈佛学派的差异在于:芝加哥学派注重判断高集中度的市场结构是否提高了企业的效率,而哈佛学派主要判断高集中度的市场结构是否损害了竞争。因此在产业组织政策上也提出了不同的主张:芝加哥学派强调让市场自动调节,扩大企业和私人的自由经济活动范围,减少政策对市场活动的干预。他们认为,生产集中于大企业有利于提高规模经济和生产效率,高利润完全可能是经营活动高效率的结果,而不受市场垄断的影响。这种政策立场与哈佛学派提倡的严厉的反垄断政策形成了鲜明的对比。

新产业组织理论在研究方向上不再强调市场结构,而是突出市场行为,将市场的初始条件及企业行为看作一种外生力量,并将市场结构看作内生变量,企业策略性的市场行为也会影响市场结构和市场绩效。1980 年以后,梯若尔将博弈论的研究方法引入产业组织研究领域,对整个产业组织的理论体系进行了重新构建,其特点是由结构主义转向行为主义,由传统的单向、静态的研究转向双向、动态的研究。修正后的市场结构、市场行为和市场绩效三者之间的逻辑关系如图 3-4 所示。

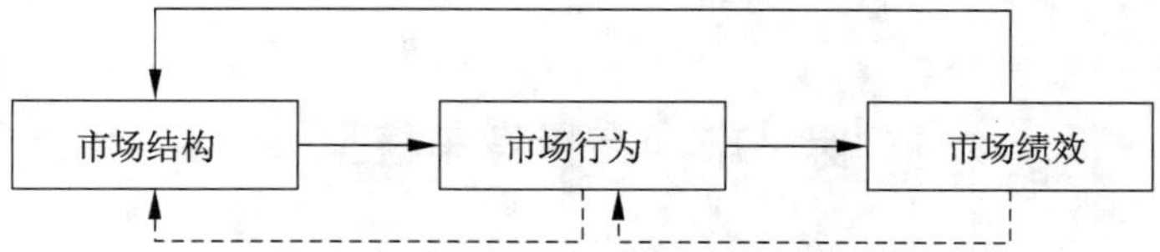

图 3-4　修正后的 SCP 分析框架

本章提要

本章主要介绍市场结构、市场行为和市场绩效的基本概念,阐述市场结构的基本类型和影响因素,分析市场价格行为、广告行为、兼并行为和企业技术进步等市场行为,探讨市场绩效及其评价指标,讨论 SCP 之间的关系。

重要术语

市场结构;产品差异化;进退壁垒;价格行为;非价格行为;组织调整行为;市场绩效;SCP 分析框架

思考题

1. 简述不同市场集中度指标的优点与不足。
2. 简述进入与退出壁垒的类型及影响因素。
3. 简述企业价格竞争行为与非价格竞争行为的区别与联系。
4. 如何评价市场绩效?
5. 简述传统的 SCP 分析框架及三者之间的关系。

第四章 寡头市场

不同于传统微观经济学着力于通过完全竞争和完全垄断两种极端化市场类型的比较研究，以论证竞争性市场更有利于稀缺资源的有效配置，本章更加关注现实市场竞争格局，现实的厂商既非市场价格的接受者，也非市场价格的制定者，厂商间生产的产品可能是同质的，也可能是异质的，厂商间的竞争除表现为价格竞争外，还表现为非价格竞争。潜在竞争者不可能零成本地进入相应行业，任何行政或经济壁垒从长期来看也不可能成为组织竞争的屏障。由此，本章将重点研究三种市场模型，包括产量竞争模型、价格竞争模型和合作竞争模型。

第一节 产量竞争模型

一、古诺模型——产量决策

古诺模型是在19世纪法国著名经济学家奥古斯丁·古诺(Augustin Cournot)于1838年出版的《财富理论的数学原理的研究》中提出的。针对两家相互竞争的矿泉水厂商如何决定产量的问题，为简单起见，古诺假设两家厂商进行的是静态博弈，即他们同时决定产量大小。模型的基本假设如下：

① 两家厂商的产品是同质的、无差别的。

② 厂商的决策变量是产量。

③ 厂商之间只进行一次竞争，并且他们同时进行生产决策。

④ 没有其他厂商进入。

(一) 古诺双寡头模型

有两个寡头垄断厂商，设 p 表示价格，Q 是产业的总产量，q_1 是厂商1的产量，q_2 是厂商2的产量，其中 $Q = q_1 + q_2$。

设市场反需求函数 p 为

$$p = a - Q \tag{4-1}$$

再假设两厂商生产产品的成本为0，则厂商1的利润为

$$\begin{aligned}\pi_1(q_1, q_2) &= pq_1 \\ &= [a - (q_1 + q_2)]q_1 \\ &= aq_1 - q_1q_2 - q_1^2\end{aligned} \tag{4-2}$$

于是，厂商1的利润最大化问题成为

$$\max_{q_1}[\pi_1(q_1, q_2)] = \max_{q_1}[aq_1 - q_1q_2 - q_1^2] \tag{4-3}$$

在 q_2 给定的情况下，π_1 对 q_1 取一阶偏导并令其等于0，得

$$\frac{\partial \pi_1}{\partial q_1} = a - q_2 - 2q_1 = 0 \tag{4-4}$$

从而可得厂商 1 利润最大化时的产量水平：

$$q_1 = \frac{a - q_2}{2} \tag{4-5}$$

式(4-5)表明：就关于厂商 2 的产量的任何给定值而言，厂商 1 都有某个最优的产量选择 q_1。我们也可以借助图 4-1 对式(4-5)进行深入理解。

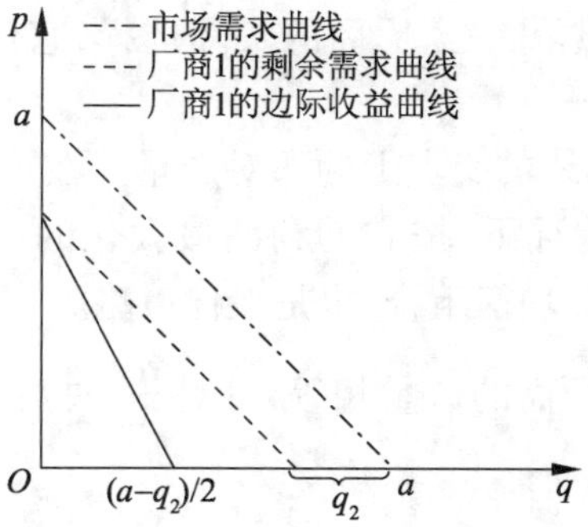

图 4-1　厂商面临的剩余需求

如图 4-1 所示，给定厂商 2 的产量 q_2，可以得到厂商 1 所面临的剩余需求曲线(把市场需求曲线向左平移 q_2 个单位得到)。厂商 1 对需求不能在厂商 2 提供的产量处得到满足的那些消费者拥有垄断地位，为了获得自身的利润最大化，厂商 1 在边际收益与边际成本相交处设定产量水平，即 $q_1 = \frac{a - q_2}{2}$。这一等式反映了厂商 1 可以根据厂商 2 的每一个可能的产量 q_2 确定自己的厂商最优反应策略，即厂商 1 有一个最优反应函数：

$$q_1 = R_1(q_2) = \frac{a - q_2}{2} \tag{4-6}$$

也就是说，对于厂商 2 的每一个产量 q_2，厂商 1 都会根据 q_2 确定能实现自身利益最大化的产量 q_1。

同理，我们可以求出厂商 2 的最优反应函数：

$$q_2 = R_2(q_1) = \frac{a - q_1}{2} \tag{4-7}$$

也就是说，对于厂商 1 的每一个产量 q_1，厂商 2 都会根据 q_1 确定能实现自身利益最大化的产量 q_2。

为了求得纳什均衡点，将式(4-7)代入式(4-6)得

$$q_1 = \frac{a}{3}$$

进而可得

$$q_2 = \frac{a}{3}$$

我们先考虑这样一个产量组合(q_1^*, q_2^*)，即$\left(\frac{a}{3}, \frac{a}{3}\right)$。假定厂商 2 的产量是 q_2^*，厂商 1

的最优产量水平就是 q_1^*;假定厂商 1 的产量是 q_1^*,厂商 2 的最优产量水平就是 q_2^*。换言之,产量组合(q_1^*,q_2^*)满足:

$$\begin{cases} q_1^* = R_1(q_2^*) \\ q_2^* = R_2(q_1^*) \end{cases} \tag{4-8}$$

式(4-8)这样一个产量水平的组合叫作古诺均衡。在古诺均衡中,每家厂商都在对另一家厂商的产量选择的预测既定的情况下实现利润最大化,而且,这些预测被证实处于均衡状态:每家厂商的最优产量选择正是另一家厂商预期它会生产的产量。在古诺均衡中,没有一家厂商会认为,一旦察觉另一家厂商的实际选择,它还有可能通过改变产量来增加利润。

古诺均衡就是两条反应曲线的交点上的那对产量。在这样一个点上,每家厂商都在另一家厂商的产量选择既定的情况下,按它的利润最大化的产量水平进行生产。在本博弈中,产量组合(q_1^*,q_2^*)就是纳什均衡组合,也是最佳策略。

在古诺均衡条件下,两个厂商的产量相等,都是$\frac{a}{3}$,总产量水平是 $Q = q_1^* + q_2^* = \frac{2a}{3}$,价格为 $p = a - Q = \frac{a}{3}$,利润均是$\frac{a^2}{9}$。

(二) 古诺均衡结果分析

前面已经推导出了双寡头市场条件下的古诺均衡,并证明了该均衡的稳定性。现在,我们再从另外一个角度来考察这个问题。如果两个厂商合谋,以总体利益最大化为目标来考虑市场的最佳产量,结果会如何呢?

在合谋的条件下,厂商 1 和厂商 2 整体的边际收益为 $MR = a - 2Q$,假设两厂商生产成本为 0。

设总产量为 Q,市场价格为 $p = a - Q = \frac{a}{2}$,总利润 $\pi = aQ - Q^2$。

令 π 对 Q 求一阶导数并使之等于 0,即 $a - 2Q = 0$。容易求出使得总利润最大的总产量 $Q^* = \frac{a}{2}$,$q_1^* = q_2^* = \frac{a}{4}$,最大总利润 $\pi^* = \frac{a^2}{4}$。

将此结果与两厂商独立决策、只追求自身利益时的博弈结果相比,总产量较少,而总利润较高。从这一结果,我们还可以得出结论:从两厂商构成的总体来看,两厂商合作、联合起来决定产量,对其效率更高。产出组合$\left(\frac{a}{4},\frac{a}{4}\right)$正是厂商 1 和厂商 2 合谋时的产出组合,但它并不是纳什均衡,因为双方都有动机改变自己的产量。所以,如果没有足够的强制力,这种合作是不可能实现的,也是不能自动实施的。但最终,厂商 1 和厂商 2 会沿着两条反应线而达到纳什均衡。

下面我们再考虑这样一种情况:假定有一方采取合作态度,生产 $q_1 = \frac{a}{4}$单位的产品,那么根据反应函数,另一方有足够的积极性将自己的产量定在 $q_2 = \frac{a - q_1}{2} = \frac{3a}{8}$上,此时其可得的利润为$\frac{9a^2}{64}$,大于遵守协议的利润。而此时另一方的利润只有$\frac{3a^2}{32}$,小于不合作的利润$\frac{a^2}{8}$。所以尽管双方都知道合作的好处,但最终都不得不接受不合作的结果。值得一提的是,这个不合作的结果对整个社会来说是有效率的,因为其增加了产量,降低了价格。

（三）趋向均衡的调整

古诺均衡具有稳定性,也就是说,如果厂商没有在古诺均衡点进行生产,那么它们也会自动调整产量直到古诺均衡。任一偏离(q_1^*,q_2^*)的点最后都会沿着两条最优反应线自动趋近于古诺均衡点。

（四）多家厂商的古诺均衡

假设现在处于古诺均衡中的厂商有数家,而不是两家。在这种情况下,我们试图在每家厂商对行业中其他厂商的产量选择都有预期的假设下描述均衡产量。假设有 n 家厂商($n>2$),所有厂商均满足本节开始的模型假设条件。令 $Q=q_1+\cdots+q_n$ 是行业的总产量。

对于厂商 i,它的利润函数为

$$\pi_i=p(Q)q_i-C(q_i) \tag{4-9}$$

式中,$C(q_i)$是厂商 1 的成本函数。

其边际收入函数为

$$MR_i(Q)=p(Q)+\frac{\mathrm{d}p(Q)}{\mathrm{d}Q}q_i \tag{4-10}$$

则"边际收益等于边际成本条件"就是:

$$p(Q)+\frac{\mathrm{d}p(Q)}{\mathrm{d}Q}q_i=MC(q_i) \tag{4-11}$$

将式(4-11)左侧第二项乘以 Q/Q,并稍作变换可得:

$$p(Q)\left[1+\frac{\mathrm{d}p(Q)}{\mathrm{d}Q}\frac{Q}{p(Q)}\frac{q_i}{Q}\right]=MC(q_i) \tag{4-12}$$

令 $s_i=\frac{q_i}{Q}$代表厂商 i 的市场份额,$\varepsilon=-\frac{\mathrm{d}Q}{\mathrm{d}p(Q)}\frac{p(Q)}{Q}$代表需求的价格弹性,式(4-12)可化简为

$$p(Q)\left(1-\frac{s_i}{\varepsilon}\right)=MC(q_i) \tag{4-13}$$

观察式(4-13),我们可以得到以下结论:

① 如果一家厂商所占的市场份额为 1,那么这家厂商就是垄断厂商,它面临的需求曲线就是市场需求曲线,因此,这家厂商的均衡条件就是完全垄断厂商的均衡条件。

② 如果厂商的数量非常多,则它所占的市场份额就等于 0,因此,这种厂商的均衡条件就转化成完全竞争厂商的均衡条件:价格等于边际成本。

专栏4-1

真实市场中古诺—纳什定价的案例

在20世纪80年代,赫尔普曼和克鲁格曼提出了“国际贸易市场是不完全竞争市场”的理论。之后,一些经济学家检验了国际贸易市场是否表现为竞争市场。Deodhar和Sheldon检验了德国香蕉进口市场,以此判断该产业是表现为一个竞争产业、一个有效的垄断卡特尔还是寡头垄断的形式。三家大型跨国公司——联合商标、标准果品和Del Monte控制了德国72%的香蕉市场。Deodhar和Sheldon检验了1970—1992年的产业定价行为究竟符合竞争市场行为、垄断市场行为还是寡头垄断市场行为。基于他们的分析,Deodhar和Sheldon否定了竞争行为和垄断行为的假设,但不能排除古诺—纳什定价行为。他们总结道:“事实上,厂商证实了古诺—纳什行为,因此它们的定价都高于边际成本。”

二、无限重复古诺模型——长期竞争决策

(一)基本概念

在现实经济生活中,寡头垄断市场往往是一种相当稳定、可维持很长时间的市场类型,只要各寡头认为同样的市场格局会持续下去,都没有对变化的明确预期,则寡头之间年复一年的产量竞争就可看作无限次重复博弈,即无限重复古诺模型。

(二)均衡分析

由无限次重复博弈定理可知,对于无限次重复博弈来说,即使原博弈只有唯一的纯策略纳什均衡,也有可能用触发策略构造出效率较高的均衡,实现一次性博弈和有限次重复博弈都无法实现的潜在合作利益。因此,垄断产量在一次性静态博弈及有限次重复博弈中虽不可能实现,但在无限次重复博弈中却可能实现。博弈方的行为选择越多,重复博弈的路径越多,在无限次重复博弈中实现较高效率均衡的机会也会越多。

1. 支持垄断产量的条件

构造触发策略,使其被两厂商都采用时构成一个子博弈完美纳什均衡:在第一阶段生产垄断产量的一半$q_m/2$(q_m为完全垄断状态下的均衡产量);在第t阶段,如果前$t-1$阶段的结果都是$(q_m/2, q_m/2)$,则继续生产$q_m/2$;否则生产古诺产量q_c。双方都采用上述触发策略的博弈路径为每阶段生产产量$(q_m/2, q_m/2)$,双方每阶段的收益都是$\pi_m/2$。

设厂商1已采用该触发策略。

第一,如果厂商2也采用该触发策略,则每期收益为$\pi_m/2$,无限次重复博弈总收益的现值为

$$(\pi_m/2)(1+\delta+\delta^2+\cdots)=\pi_m/[2(1-\delta)]$$

第二,如果该厂商2偏离该触发策略,采用偏离产量q_d,假定$p=a-bq$,单位产品生产成本为c,则q_d必须满足:

$$\max_{q_d}\{[a-b(q_m/2+q_d)]q_d-cq_d\}=\max_{q_d}\{-bq_d^2+(a-bq_m/2-c)q_d\}$$

解之,得$q_d=a/2b-q_m/4-c/2b$。此时厂商2的收益为π_d,高于不偏离触发策略时该阶段

的收益。但是,从下一阶段开始,厂商1将报复性地永远采用古诺产量 q_c,故厂商2也永远被迫采用 q_c,以后各阶段收益为 π_c。这种情况下厂商2总收益的现值为

$$\pi_d+\pi_c(\delta+\delta^2+\cdots)=\pi_d+\pi_c\delta/(1-\delta)$$

当 $\pi_m/[2(1-\delta)]\geqslant\pi_d+\pi_c\delta/(1-\delta)$ 时,上述触发策略是厂商2对厂商1的同样触发策略的最佳反应,否则偏离是厂商2的最佳反应。

2. 加大惩罚力度,提高合作水平

构造 δ 较小时能实现高效率子博弈完美纳什均衡的触发策略:在第一阶段生产垄断产量的一半 $q_m/2$;在第 t 阶段,如果第 $t-1$ 阶段的结果为 $(q_m/2,q_m/2)$,则继续生产 $q_m/2$,如果第 t 阶段厂商2偏离触发策略,则厂商1的生产量为 x。其中 x 为比古诺产量 q_c 更高的待定惩罚性高产量。双方都采用上述触发策略的博弈路径为每阶段生产产量 $(q_m/2,q_m/2)$,双方每阶段的收益都是 $\pi_m/2$。

设厂商1已采用该触发策略。

第一,如果厂商2也采用该触发策略,则每期收益为 $\pi_m/2$,无限次重复博弈总收益的现值为 $\pi_m/[2(1-\delta)]$。

第二,如果厂商2偏离该触发策略,则宜采用偏离产量 $q_d=a/2b-q_m/4-c/2b$。此时厂商2的收益为 π_d,高于不偏离触发策略时该阶段的收益。但是,从下一阶段开始,厂商1将采用 x 加以惩罚,如果此时厂商2也采取同样的产量 x,则厂商2的收益为 $\pi_x=x(a-b\cdot 2x)-cx=-2bx^2+(a-c)x$。假设此后合作重新开始并继续下去,双方都不再偏离合作 $(q_m/2,q_m/2)$ 直到永远,则后面所有阶段的收益与双方从一开始就合作的收益完全相同。

当 $\pi_m/2+\pi_m\delta/2\geqslant\pi_d+\pi_x\delta$ 时,上述触发策略是厂商2对厂商1的同样触发策略的最佳反应,否则偏离是厂商2的最佳反应。从该不等式看,厂商2是否偏离不仅取决于 δ,还取决于厂商1用于惩罚的产量 x,故加大惩罚力度可提高合作水平。

因此可以得出结论:在无限次重复古诺模型中,通过构造合适的触发策略,可提高厂商合作水平,实现较高效率的均衡。不同条件下,不同的触发策略可实现子博弈完美纳什均衡,实现的效率也会有所不同。

三、斯坦柯尔伯格模型——产量领先决策

我们知道,本节第一部分介绍的古诺模型是同时博弈,即厂商同时对产量进行决策,这一部分要介绍的是动态博弈,厂商分别选择产量。在产量领导的情况下,一家厂商在另一家厂商之前做出选择。我们把这种情况称作斯坦柯尔伯格模型。

斯坦柯尔伯格模型经常用于描述这样一个产业。例如,IBM公司经常被看成是计算机行业中处于支配地位的厂商。通常,小厂商的行为模式是等待IBM公司宣布新产量,然后再相应地调整它们自己的产量决策。在这种情况下,我们可以认为IBM充当斯坦柯尔伯格领导者的角色,行业中的其他厂商则都作为斯坦柯尔伯格追随者。

现在我们假设厂商1是领导者,产量是 q_1。厂商2是追随者,产量是 q_2。则厂商1和厂商2的产量之和为 q_1+q_2,价格是由 q_1+q_2 决定的,因此我们将价格记为 $p(q_1,q_2)$。

领导者应该选择什么产量才能实现利润最大化呢?答案取决于他认为追随者将对他的选择做出怎样的反应,假设领导者预期追随者试图也实现利润最大化。

在斯坦柯尔伯格模型里,起支配作用的是领导型厂商的产量决策。那么,领导型厂商该如何定产量才能实现利润最大化呢？首先,在领导者的选择既定的情况下,追随型厂商是会做出反应的,于是,领导者会充分估计到自己做出的产量计划所产生的追随型厂商的反应函数。也就是说,领导者为了合理做出自己的生产决策,就必须考虑追随者的利润最大化问题。

(一)追随者的问题

对于追随者来说,q_1 是一给定的量,这样,追随者的利润最大化问题便为

$$\max_{q_2}[\pi_2(q_1,q_2)]=\max_{q_2}[p(q_1+q_2)q_2-c_2(q_2)]$$

解这一问题,可得到追随者利润极大化的一阶条件,即边际收益等于边际成本。这个一阶条件可以写成:

$$MR_2=p(q_1+q_2)+\frac{\mathrm{d}p(q_1+q_2)}{\mathrm{d}q_2}q_2=MC_2$$

由一阶条件,可以解出追随者的反应函数:

$$q_2=R_2(q_1)$$

(二)领导者的问题

一旦领导者知道自己给出的产量 q_1 会影响追随者的产量选择 q_2,那么领导者就会给出一个对自己有利的 q_1,以使自己的利润最大。这样,领导者的利润最大化问题便为

$$\max_{q_1}[\pi_1(q_1,q_2)]=\max_{q_1}[p(q_1+q_2)q_1-c_1(q_1)]$$

$$q_2=R_2(q_1)$$

也就是

$$\max_{q_1}\{\pi_1(q_1,q_2)\}=\max_{q_1}\{p[(q_1+R_2(q_2)]q_1-c_1(q_1)\}$$

其中,市场总产量为 $Q=q_1+R_2(q_1)$,它完全取决于 q_1。当 q_1 满足 $MR_1=MC_1$ 时,厂商1达到自身利润最大化,从而有:

$$MR_1(q_1)=p+\frac{\mathrm{d}p}{\mathrm{d}Q}\left(1+\frac{\mathrm{d}q_2}{\mathrm{d}q_1}\right)q_1=MC_1(q_1)$$

由此可以解出均衡时厂商1的产量 q_1^*。

因此,对于斯坦柯尔伯格模型,必须采用逆向归纳法,首先分析追随者的反应函数,然后把这个反应函数纳入领导型厂商的决策过程中,从而推导出领导型厂商的最优产量决策。

第二节　价格竞争模型

一、伯川德模型——价格决策

在古诺模型中,我们假定厂商选择他们的产量,而让市场决定价格。在其提出后的45年,即1883年,伯川德提出:古诺模型无法明确解释价格决定的机制,因此古诺模型中假设厂商选择产量作为决策变量是不合适的,应该选择价格作为决策手段。因此,伯川德提出了寡头市场中的价格博弈模型,即伯川德模型。在伯川德模型中,厂商是他们价格的制

定者，而让市场去决定销售的数量。

伯川德模型的基本假设如下：

① 两家厂商的产品是同质的、无差别的。

② 厂商的决策变量是价格。

③ 厂商之间只进行一次竞争，并且他们同时进行定价决策。

④ 没有其他厂商进入。

（一）伯川德均衡

假设厂商 1 和厂商 2 的产品价格分别为 p_1 和 p_2，边际成本均为 c，需求函数是 $q=a-bp$。首先分析厂商所面临的需求情况。由于产品是同质的，所以消费者将购买价格较低的产品。也就是说，如果 $p_1<p_2$，厂商 1 将获得全部市场份额；如果 $p_1>p_2$，厂商 1 的市场份额为零；如果 $p_1=p_2$，市场份额将会平均分配。因此，对于厂商 1 而言，需求函数为

$$q_1(p_1,p_2)=\begin{cases}a-bp_1 & (p_1<p_2)\\ \dfrac{a-bp_1}{2} & (p_1=p_2)\\ 0 & (p_1>p_2)\end{cases}$$

那么伯川德均衡是什么样的呢？可以证明，均衡结果是 $p_1=p_2=c$，具体分析过程如下。

首先，价格不低于边际成本，因为任何一家厂商的减产都能使它的利润增加。假设两家厂商都按高于边际成本的某个价格 p 出售产品。考虑厂商 1 的情况，此时厂商 1 有动机降价，使得价格为 $p-\varepsilon$，其中 ε 是个微小的量；而厂商 2 的价格仍保持在 p 不变，那么，所有的消费者就都会购买厂商 1 的产品。也就是说，如果厂商 1 真的认为厂商 2 会索要高于边际成本的价格 p，那它就总能因为把它的价格降至 $p-\varepsilon$ 而获益。但厂商 2 也可以做相同的推理。因此，任何高于边际成本的价格都不可能是均衡价格，唯一的均衡只能是竞争均衡。

下面我们来分析为什么 $p_1=p_2=c$ 时能实现均衡。在这种情况下，没有哪个厂商能够通过偏离均衡价格而获利。因为如果提高价格，那么销量将为零，利润也为零；如果降低价格，销量会增加，获得整个市场，但是利润会下降，因为此时价格低于单位生产成本。因此，$p_1=p_2=c$ 是纳什均衡结果。此时两家厂商的价格相同并等于边际成本 c，厂商的超额利润为零，但是仍有正常利润。

伯川德均衡的含义在于，价格战必定使得每家厂商都按照“价格 = 边际成本”的原则来经营，即只获取正常利润。

（二）伯川德悖论

伯川德均衡的结论告诉人们，如果同行业中的两家厂商经营相同的产品，且成本相等，则最终的均衡价格一定等于边际成本。然而我们看到，事实上市场上厂商间的价格竞争往往并没有使均衡价格降到等于边际成本，而是高于边际成本，厂商仍是获得超额利润的。这种情况被称为“伯川德悖论”，那么为什么现实生活里达不到伯川德均衡呢？我们从以下几个方面考虑这个问题：

① 厂商的生产能力是有限制的，所以，只要一个厂商的全部生产能力可供量不能全部

满足社会需求,则另一个厂商对于剩余的社会需求就可以收取超过边际成本的价格。假如市场上只有厂商 1 与厂商 2 两家厂商,生产的边际成本都为 c,设厂商 1 生产的全部可供量小于价格为 c 时的需求量。在这种条件下,$p_1 = p_2 = c$ 就不是一个均衡的价格体系。这是因为即使厂商 1 按 $p_1 = c$ 出售商品,但仍有一部分社会需求无法得到满足,仍然得转而购买厂商 2 生产的产品。如果厂商 2 收取的价格 p_2 大于 c,消费者仍需支付 p_2。

② 伯川德均衡的证明是依赖于两家厂商的相竞降价来追求消费者对于降价的反应这一逻辑基础的。然而,如果伯川德模型只是一个同时的价格博弈,则不应包括一家厂商降价造成的消费反应这样一个带时序性的博弈过程。如果要分析价格博弈中的时序性,即分析两家企业相竞降价的序列后果,则马上会遇到一个问题:当一家厂商看到自己降价之后会引起另一家厂商以更低的定价竞争,这家厂商还敢降价吗?每一家厂商都得考虑由于长期价格战而带来的损失。因此,厂商可能会因怕降价引发长期的价格战而在$p_1 = p_2 > c$ 的某一点达成协议。

③ 产品差异化。伯川德均衡是假定厂商间的产品是同质的,是完全可以相互替代的,这会引发厂商间的价格战,使价格往边际成本靠拢。但事实上,厂商间在产品上是有差异的,或者即使出售同一产品,在服务上也可以大有差别,并且有些厂商又占有地域上的优势。这样,如果厂商 1 的定价为 $p_1 = c$,厂商 2 因为地域上有一定的优势,定价为 $p_2 = c + \varepsilon$ 也是可以的。

二、艾奇沃思模型——生产力约束

在前面的分析中,我们都假设厂商不存在生产能力约束。但事实上,对于一些厂商来说,短期内它们的生产能力是固定的,要通过超生产能力来增加产出,必须付出较大代价。常见的例子有酒店、电影院、饭馆等。例如,在短期内,酒店的房间数是固定的,它能够接纳的客人数量有上限。当厂商的生产能力存在约束时,竞争情况也将发生相应的变化,伯川德悖论有可能不复存在。艾奇沃思(Edgeworth)在 1897 年发表的论文《关于垄断的纯粹理论》中指出,由于现实生活中厂商的生产能力是有限制的,所以只要一个厂商的生产能力可供量不能满足全部的社会需求,那么另一个厂商对于剩余的需求就可以收取超过边际成本的价格。

在下面的分析中,我们保持伯川德竞争的一些基本假设:两家厂商同时制定价格,边际成本相同并保持不变(不失一般性,可假设边际成本为 0),产品是完全相同的,市场需求函数为 $Q = D(p)$。但是我们要增加一个假设条件,即每个厂商都存在生产能力约束 k_i。可以证明,如果没有哪一个厂商能够满足全部的市场需求,即 $k_i < D(0)$,那么$(p_1 = c, p_2 = c)$就不会是市场均衡结果,两个厂商都有动机提高价格,从而获得正收益。

首先分析厂商面临的需求情况。假设厂商 1 制定的价格低于厂商 2,但是由于生产能力约束,不能满足全部的市场需求:$p_1 < p_2, D(p_1) > k_1$。在这种情况下,厂商 1 面临的需求函数为 k_1,而厂商 2 将面临剩余需求函数 $D(p) - k_1$。总结起来,厂商 i 的需求情况有如下三种可能:

① 如果 $p_i < p_j$,那么 q_i 取决于 $D(p_i)$和 k_i 的相对大小。

② 如果 $p_i > p_j$,那么 q_i 取决于市场上是否还存在未满足的需求。

③ 如果 $p_i = p_j$,那么假设需求是根据相对生产能力大小而分配的。

在分析了厂商的需求情况之后，下面我们研究存在生产能力约束时的伯川德竞争均衡结果。

将古诺竞争时厂商的最优反应函数分别记为 $R_1(q_2)$ 和 $R_2(q_2)$。根据生产能力与最优反应函数的关系，有如下三种情况。

情况一：$k_1 \leqslant R_1(k_2), k_2 \leqslant R_2(k_1)$

在这种情况下，当竞争对手的产量为最大生产能力时，没有一个厂商能够生产超过最优反应的产量。纳什均衡价格为 $p_1 = p_2 = p$，其中 $p = P(k_1 + k_2)$。在均衡价格水平上，市场需求等于两家厂商的联合生产能力。这时候，没有哪一个厂商有动力偏离均衡价格。以厂商1为例，它不可能降低价格，因为由于生产能力的限制，销量是固定的，降价只能造成利润减少。厂商1也不可能提高价格，因为给定厂商2生产并销售 k_2，厂商1的利润最大化方案应该是生产 $q_1 = R_1(k_2)$，但是由于 $k_1 < R_1(k_2)$，因此厂商1只能生产 k_1，并制定相应的价格，提高价格只会让它更远地偏离利润最大化价格和产量。

情况二：$k_1 \geqslant D(0), k_2 \geqslant D(0)$

此时生产能力约束不起任何作用，两家厂商都有足够的能力来满足边际成本定价时的市场需求（我们已经假定边际生产成本为0）。因此这种情况下的均衡结果与之前的伯川德悖论是相同的，两家厂商制定的价格都等于边际生产成本。

情况三：$k_i > R_i(k_j), k_i \geqslant k_j, k_j < D(0)$

这种情况又可以分为两种情形，但是这两种情形是完全对称的，因此我们只分析其中一种。此时市场中存在一大一小两家厂商，厂商1的生产能力大于厂商2，并且以边际成本定价时，厂商2没有足够的生产能力来满足全部的市场需求。

考虑以下几种可能的均衡结果：

① $p_1 = p_2 = c = 0$。这并不是均衡结果，因为厂商1可以通过提高价格而增加利润。如果厂商2制定 $p_2 = 0$ 并生产和销售 k_2，那么厂商1的利润最大化价格为 $p_1 = p^h$，此时产量 $q_1 = q^h = R_1(k_2)$，从而 $p^h = P[R_1(k_2) + k_2]$。事实上，在面临剩余需求时，厂商1的定价方式类似于垄断厂商。

② $p_1 = p_2 = p > 2$，且 $p > P(k_1 + k_2)$。在这个价格水平上，需求小于总的生产能力，因此至少有一家厂商不能以全部生产能力生产，该厂商就有动机降低价格。但是，也有可能在某些价格水平上，厂商2以全部生产能力生产，价格较低，为 p^l；而厂商1面临剩余需求，并不是降低价格以获得更多市场份额，而是制定高价 p^h，使自己利润最大化。

③ $p_1 = p_2 = p > c$，且 $p < P(k_1 + k_2)$。在这个价格水平上，市场需求超过了总的生产能力。厂商1没有动机降价，但是当它面临剩余需求曲线时，通过制定高价 $p_1 = p^h$，可以使自己的利润增加。因此厂商1有动机提高价格。

④ $p_1 > p_2 > c$。这同样不是均衡结果，因为低价格厂商通过提高价格（只要不超过高价格厂商）就可以增加利润。

因此，对于 $p_1 = p_2 = p > 2, p_1 = p_2 = p > c, p_1 > p_2 > c$ 中的任何一种情况，至少有一家厂商有动机偏离原定的价格水平。而上面三种情况概括了两家厂商所有可能的定价方式，这就说明在情况三中，不存在“纯粹纳什均衡”。两家厂商轮流降价，直到有一家厂商发现将价格提高到 p^h 是最优的，然后新一轮降价又开始。这种偏离方式被称为“艾奇沃思循环”。

三、豪泰林模型——产品决策

厂商为了保证自己占有细分市场甚至获得更多的市场份额,通常会想方设法地使自己的产品与其他厂商有所区别,产品差异性正成为现代厂商竞争的重要手段。在这种情况下,价格将不再是消费者感兴趣的唯一变量,不同的消费者对不同厂商的产品有着不同的偏好。为了解决差别产品的价格竞争问题,豪泰林(Hotelling)提出了一个空间选址模型来解释厂商的定价行为。

在豪泰林模型中,产品在物质性能上是相同的,但在空间位置上有差异。不同位置上的消费者要支付不同的运输成本,他们关心的是价格与运输成本之和,而不单是价格。

假设有一个长度为 1 的线性城市,消费者均匀地分布在区间[0,1]内,分布密度为 1。有两家商店,分别位于城市两端,商店 1 在 $x=0$ 处,商店 2 在 $x=1$ 处,两家商店出售物质性能完全相同的产品(图 4-2)。每家商店提供单位产品的成本为 c,消费者购买商品的运输成本与离商店的距离成正比,单位距离的运输成本为 t,住在 x 处的消费者若去商店 1 采购要花费 tx 的运输成本,去商店 2 采购要花费 $t(1-x)$ 的运输成本。假定消费者具有单位需求,即要么消费 1 个单位产品,要么零消费。

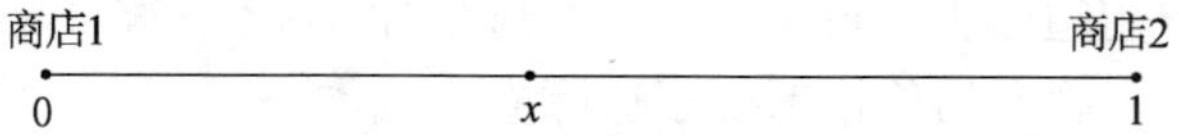

图 4-2 豪泰林模型

我们考虑两家商店之间的价格竞争博弈,商店 1 和商店 2 是博弈中两个参与人。

假定 1:两家商店同时制定自己的销售价格,商店 1 和商店 2 可选择策略为各自的价格 p_1, p_2。

假定 2:该城市区域内的每一个消费者都需购买这样一个单位的产品。

设 $D_i(p_1, p_2)$(其中 $i=1,2$)是对两家商店的需求,则两个参与人的得益分别为

$$U_1 = D_1(p_1, p_2) \cdot (p_1 - c)$$

$$U_2 = D_2(p_1, p_2) \cdot (p_2 - c)$$

考虑如果有一个在特定的点 x 处的消费者,对其来说到商店 1 与到商店 2 购物是无差别的,那么如果我们想得到两家商店的需求函数,则该点 x 应该满足:

$$p_1 + tx = p_2 + t\ (1 - x) \tag{4-14}$$

这样,所有在点 x 左边的消费者将在商店 1 购买,所有在点 x 右边的消费者将在商店 2 购买,由于居民分布密度为 1,每个消费者都消费一个单位产品,则消费需求分别为 $D_1 = x \times 1 \times 1 = x$;$D_2 = 1 - x$。经由式(4-14)可求解 x,从而得到 D_1, D_2,具体如下:

$$D_1(p_1, p_2) = \frac{p_2 - p_1 + t}{2t} \tag{4-15}$$

$$D_2(p_1, p_2) = \frac{p_1 - p_2 + t}{2t} \tag{4-16}$$

所以商店 1 与商店 2 的得益函数分别为

$$U_1(p_1, p_2) = (p_1 - c)D_1 = \frac{1}{2t}(p_1 - c)(p_2 - p_1 + t) \tag{4-17}$$

$$U_2(p_1, p_2) = (p_2 - c)D_2 = \frac{1}{2t}(p_2 - c)(p_1 - p_2 + t) \tag{4-18}$$

我们同样用反应函数求该博弈的均衡。令 U_i 对 P_i 求偏导并使之等于0,得

$$\frac{\partial U_1}{\partial p_1}=\frac{1}{2t}(p_2+c+t-2p_1)=0 \tag{4-19}$$

$$\frac{\partial U_2}{\partial p_2}=\frac{1}{2t}(p_1+c+t-2p_2)=0 \tag{4-20}$$

联立式(4-19)、式(4-20)得出最优解:

$$p_1^*=p_2^*=c+t \tag{4-21}$$

则两个商店的均衡得益为

$$U_1=U_2=\frac{t}{2} \tag{4-22}$$

此处将消费者的位置差异解释为产品差异——消费者购买产品的旅行成本,根据以上分析可以得出以下三个结论:第一,旅行成本越高,产品的差异就越大,均衡价格及均衡利润也就越高。其原因在于随着旅行成本的上升,每家商店对附近消费者的垄断力加强,商店之间的竞争越来越弱,消费者对价格的敏感度下降,从而每家商店的最优价格更接近于垄断价格。第二,如果消费者很挑剔,能够识别并且特别在意不同商店产品间的细微差别,那么他就必须付出代价,花更多的钱购买自己想得到的产品。第三,当旅行成本为0时,不同商店的产品之间具有完全的替代性,没有一家商店可以把价格定得高于成本,此时豪泰林模型的结论则与伯川德模型的结论一致。

在以上分析中,假定两家商店分别位于城市的两端,具有很强的抽象性,但是在实际应用中却有高度实用性。我们可以将两家商店之间的距离看作任何一类产品中不同消费者所关注的某一方面的差异程度,例如同类商品不同品牌之间的偏好差异、咨询差异及购买商品时所接触到的服务差异。

四、塞罗普圆周模型

豪泰林模型主要解释了“线性城市”中企业是如何进行选址和定价的,事实上,豪泰林模型在实际生活中的应用相当广泛,可以用于解释不同的消费者对于商品某一特性的偏好差异。而本节的塞罗普圆周模型实际上是对豪泰林模型的进一步扩展,假设消费者是以密度为1均匀地分布在周长为1的“圆形城市”上,“圆形城市”是一个封闭的体系,很好地克服了线性城市模型的缺陷,保证了均衡的存在性。

(一)基本假设

① 市场上 n 家厂商都是沿着圆周进行选址的,所有厂商均可以自由地进入市场,且各厂商销售的商品是完全相同的。消费者均匀地分布在圆周上,每个消费者只购买一个单位的产品,对于消费者而言,其根本目的是实现购买价格与交通成本之和最小化。

② 变量设定。

a. 消费者购买商品单位距离的运输成本为 t;

b. 商品价格为 p;

c. 厂商边际成本为 c(每个厂商的边际成本相同);

d. 厂商的市场需求为 d;

e. 厂商进入市场的固定成本为 F;

f. 厂商 k 进入市场的利润为 $(p_k - c)d_k - F$；不进入市场则利润为 0。

（二）模型的建立过程

在这个过程中，我们一共要考虑两个阶段的博弈。第一阶段，对于任何厂商而言，一定会经过深入考察，最终决定是否进入该市场。而任何一个厂商都是为了争取获得更高的利润，其中追求空间差异化是谋取产品差异化的一种主要途径。所以根据豪泰林模型，这些厂商并不选择他们的地址，而是等距离地分布在一个圆周上面，如图 4-3 所示。第二阶段，在地址确定的情况下，厂商之间会在价格上进行相互竞争。

简单来说，当市场上厂商数量足够多的时候，虽然他们之间是相互竞争的关系，但是对于其中某一个厂商而言，它真正的竞争对手只有在它左右两侧的两个厂商。将圆形城市里的一部分拉成一条直线来进行分析，假设我们分析的厂商为 k，那么位于其左右两侧的厂商分别为 $k-1$ 和 $k+1$，如图 4-4 所示。

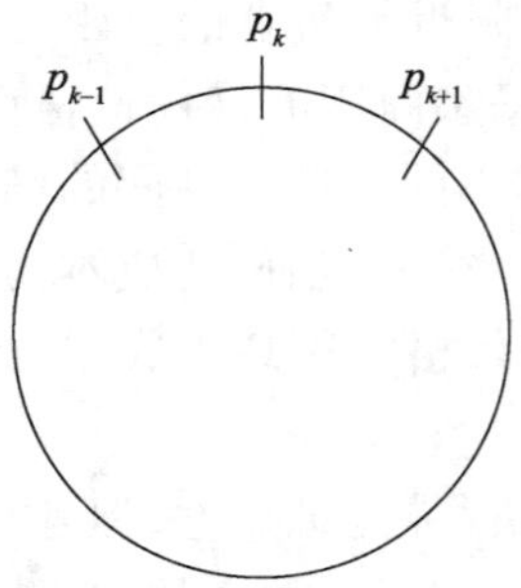

图 4-3 塞罗普圆周模型中的厂商分布

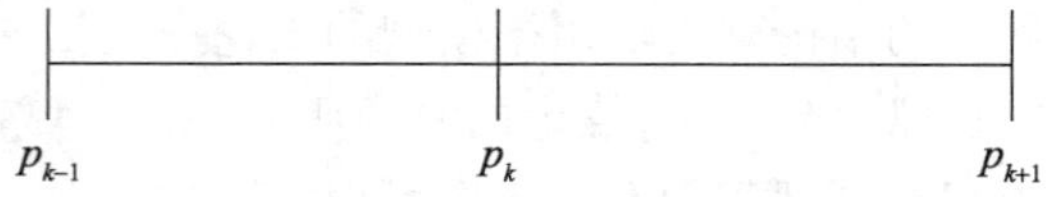

图 4-4 塞罗普圆周模型中的价格博弈

n 家企业均匀、对称地分布在圆周上，两个相邻的厂商之间距离为 $1/n$，处于两厂商之间的消费者离任意一家厂商的距离为 $x \in (0, 1/n)$。对厂商 i 和它相邻的企业而言，当满足式

$$p_k + tx = t(1/n - x) \tag{4-23}$$

时，从两个厂商购买商品对消费者来说是无差异的。由于对称性，事实上厂商 i 面临的需求可以写为

$$d_k = 2x = \frac{p - p_k}{t} + \frac{1}{n} \tag{4-24}$$

此时企业 k 所获得的利润为

$$\pi_k = (p_k - c)\left(\frac{p - p_k}{t} + \frac{1}{n}\right) - F \tag{4-25}$$

对于理性的厂商而言，自然要追求利润最大化，即 $\max\left[(p_k - c)\left(\frac{p - p_k}{t} + \frac{1}{n}\right) - F\right]$，故对式(4-25)求一阶导数并使其等于 0，则有

$$p + \frac{n}{t} - 2p_k + c = 0 \tag{4-26}$$

又因为 $p = p_{k+1} = p_{k-1}$，所以

$$p = \frac{t}{n} + c \tag{4-27}$$

由上述结果表明，边际利润$(p-c)$随企业数目n的增大而减少，市场上存在的企业越多，企业之间的竞争越激烈，因此获得边际利润越少。但现存企业获得正利润必然会吸引新的企业进入市场，直至最终每家企业都只能获取零利润。对市场而言，满足均衡的条件是企业获得零利润，同时各企业的价格相同，即

$$\begin{cases}(p_k-c)\left(\dfrac{p-p_k}{t}+\dfrac{1}{n}\right)-F=0\\ p=p_k\end{cases} \tag{4-28}$$

由式(4-28)不难算出，在市场达到均衡时的企业数目和价格分别为

$$n^*=\sqrt{t/F} \tag{4-29}$$

$$p^*=c+\frac{t}{n}=c+\sqrt{tF} \tag{4-30}$$

由此可见，厂商数量与运输成本成正向关系，与固定成本成反向关系。当运输成本提高的时候，消费者不愿意选择离自己较远的厂商购买商品，这就会使得新的厂商进入市场；而当固定成本提高以后，厂商进入市场的成本变高了，因而导致厂商数量减少。显然运输成本与固定成本增加，边际利润也随之增加。

再从厂商的角度进行分析，厂商的目的是追求成本的最小化，也就是要使固定成本和消费者的运输成本最小，即$\min\left[nF+nt\left(2\int_0^{1/2n}x\mathrm{d}x\right)\right]$。

对n求一阶导数并令其为0，可得

$$n=\frac{1}{2}\sqrt{t/F}=\frac{1}{2}n^*$$

由此可见，最优的厂商数量是此模型均衡厂商数量的一半，市场竞争造成太多的厂商和品牌进入市场。

第三节　合作竞争模型

一、串谋的差别产品价格竞争

当两家企业生产的产品不可完全替代时，伯川德竞争的结果会是什么样子呢？下面我们运用本章第二节中介绍的豪泰林空间竞争模型来分析存在产品差异时的伯川德竞争。

假设存在N个消费者，他们均匀地分布在一个线性空间（设一英里长）上。有两家商店，分别坐落在空间的两端$x=0$和$x=1$处，x为与商店点O之间的距离。除了销售地点不同外，两家商店销售的产品完全相同，并且同时制定价格，分别为p_1，p_2。单位距离的交通成本为t，消费者对产品的保留价格为v，每个消费者只购买一件产品。

对于位于x_m处的消费者来说，其到商店1购买或到商店2购买，二者之间是无差异的，即

$$v-p_1-tx_m=v-p_2-t(1-x_m)$$

解得

$$x_m(p_1,p_2)=\frac{p_2-p_1+t}{2t}$$

对于商店1,它面临的需求函数为

$$D_1(p_1,p_2)=x_m(p_1,p_2)\cdot N=\frac{p_2-p_1+t}{2t}N$$

利润函数为

$$\pi_1(p_1,p_2)=(p_1-c)\cdot D_1(p_1,p_2)=(p_1-c)\frac{p_2-p_1+t}{2t}N$$

对于商店2,它面临的需求函数为

$$D_2(p_1,p_2)=[1-x_m(p_1,p_2)]N=\frac{p_1-p_2+t}{2t}N$$

利润函数为

$$\pi_2(p_1,p_2)=(p_2-c)\cdot D_2(p_1,p_2)=(p_2-c)\frac{p_1-p_2+t}{2t}N$$

两家商店同时定价,使得自己的利润最大化,因此有

$$\begin{cases}\dfrac{\partial\pi_1(p_1,p_2)}{\partial p_1}=0\\[2ex]\dfrac{\partial\pi_2(p_1,p_2)}{\partial p_2}=0\end{cases}$$

解得

$$\begin{cases}p_1^*=\dfrac{p_2^*+c+t}{2}\\[2ex]p_2^*=\dfrac{p_1^*+c+t}{2}\end{cases}$$

即

$$p_1^*=p_2^*=c+t$$

此时两家企业的利润为

$$\pi_1=\pi_2=\frac{t}{2}N$$

总而言之,产品差异化可以解决伯川德悖论。如果不同企业生产的产品是有差异的,那么产品之间就不是完全替代的,此时消费者对不同企业的产品有着不同的偏好,价格并不是他们感兴趣的唯一变量。在存在产品差异的情况下,均衡价格不会等于边际成本,并且当产品差异程度越大时,价格竞争就越不激烈,企业拥有越大的市场力量。

二、卡特尔模型——公开勾结

下面我们用一个三阶段的博弈来说明卡特尔的组建及执行。

阶段一:参与阶段。在这个阶段,每个企业都单独决定是否加入卡特尔联盟。假设N个企业中有$M(M>1)$个决定加入卡特尔联盟,那么非卡特尔成员的企业数量为$K=N-M$。

阶段二:商议阶段。在这个阶段,卡特尔联盟开会商议产量配额问题,最终决定各个成员企业的生产产量。

阶段三:产出阶段。在这个阶段,卡特尔成员按照第二阶段所设置的配额进行生产,非

卡特尔成员的企业自己选择产量,最终所有的产品均以市场出清价格进行交易。

我们采用逆向归纳法来解出该博弈的均衡解。

首先分析阶段三。设 Q_M 为卡特尔联盟的总产量,Q_K 为非卡特尔成员企业的总产量。那么对于非卡特尔成员的企业来说,它们所面临的剩余市场需求函数为

$$P=(A-BQ_M)-BQ_K$$

非卡特尔成员的企业之间进行古诺竞争,根据之前的分析,均衡时每个非卡特尔成员企业的产量为

$$q_i^K=\frac{(A-BQ_M)-c}{B(K+1)}=\frac{A-c}{B(K+1)}-\frac{Q_M}{K+1}$$

非卡特尔成员企业的总产量为

$$Q_K=Kq_i^K=\frac{K}{K+1}\left(\frac{A-c}{B}-Q_M\right)$$

接着分析阶段二。对于卡特尔联盟来说,它所面临的市场需求函数为

$$P=(A-BQ_K)-BQ_M$$

将 Q_K 代入可得

$$P=A-B\left[\frac{K}{K+1}\left(\frac{A-c}{B}-Q_M\right)\right]-BQ_M=\frac{A+cK}{K+1}-\frac{B}{K+1}Q_M$$

从而卡特尔联盟的边际收益函数为

$$MR_M=\frac{A+cK}{K+1}-\frac{2B}{K+1}Q_M$$

为了使卡特尔联盟的总利润达到最大化,必须满足边际收益等于边际成本。由于边际成本 $MC=c$,因此有

$$c=\frac{A+cK}{K+1}-\frac{2B}{K+1}Q_M$$

解得卡特尔联盟的总产量为

$$Q_M=\frac{A-c}{2B}$$

每个卡特尔成员企业的产量为

$$q_i^M=\frac{A-c}{2BM}$$

每个非卡特尔成员企业的产量为

$$q_i^K=\frac{A-c}{B(K+1)}-\frac{A-c}{2B(K+1)}=\frac{A-c}{2B(K+1)}$$

非卡特尔成员企业的总产量为

$$Q_K=\frac{K}{K+1}\cdot\frac{A-c}{2B}$$

因此,市场均衡时,总产出为

$$Q=Q_M+Q_K=\frac{(2K+1)(A-c)}{2B(K+1)}$$

市场均衡价格为

$$P = A - BQ = \frac{A + c(2K+1)}{2(K+1)}$$

通过计算可得,每个卡特尔成员企业的利润为

$$\pi_i^M = \frac{(A-c)^2}{4B(N-K)(K+1)}$$

每个非卡特尔成员企业的利润为

$$\pi_i^K = \frac{(A-c)^2}{4B(K+1)^2}$$

至此,我们已经讨论了第二和第三阶段的均衡结果,即非卡特尔成员企业生产多少、卡特尔成员企业生产多少及各自利润为多少。那么,自然而然就会产生一个问题:在第一阶段,会有多少企业想要加入这个卡特尔联盟?

这个问题的解决需要两个条件:① 内部条件,即如果卡特尔内部的成员离开卡特尔联盟,那么它所获得的利润不会高于在卡特尔联盟里能得到的利润;② 外部条件,即非卡特尔成员加入卡特尔联盟不会获得更大的好处。满足这两个条件就能达到子博弈完美纳什均衡。

首先考虑第一个条件。有可能所有的企业都加入卡特尔联盟吗?假如是这样的话,那么每个卡特尔成员企业的利润为

$$\pi_i^M = \frac{(A-c)^2}{4BN}$$

假设有一家企业选择不加入卡特尔联盟,那么这家企业的利润为

$$\pi_i^K = \frac{(A-c)^2}{16B}$$

对比上面两式,我们可以得出结论:只有当 $N \leqslant 4$ 时,加入卡特尔联盟的利润才不小于留在联盟之外能获得的利润。这意味着:当卡特尔联盟可以作为斯坦柯尔伯格领导者时,所有企业都偏好于加入卡特尔联盟的充要条件是市场中企业的数量 $N \leqslant 4$。当企业数量增加时,完全的卡特尔是不可能出现的,因为此时至少有一个企业没有利润动机来加入卡特尔联盟。这个结论与现实生活是比较接近的,实际生活中卡特尔联盟的成员数很少超过 4 个。

当市场中企业的数量 $N > 4$ 时,我们必须考虑多少企业会加入卡特尔联盟,即 M 为多少。对于一个有着 $M < N$ 个成员的卡特尔联盟,如果要成为一个可置信的斯坦柯尔伯格领导者,那么第二阶段所商议的产量配额必须严格小于这些成员企业单独行动时的产量,即 $q_i^M < q_i^c$,其中 q_i^c 为古诺纳什均衡产量。如果卡特尔联盟所分配的产量配额大于这些企业在非合作情况下的产出,那么这个配额就是不可信的。前面的式子可改写为

$$q_i^M = \frac{A-c}{2BM} = \frac{A-c}{2B(N-K)}$$

于是 $q_i^M < q_i^c$ 等价于 $K < \frac{N-1}{2}$,这个式子说明,当市场中的企业数量 $N > 4$ 时,如果卡特尔联盟在第二阶段想要成为可信的斯坦柯尔伯格领导者,那么在第一阶段,卡特尔联盟必须拥有多于半数的企业。这就意味着,如果产业中的企业数量较多的话,组成一个卡特尔就比较困难了。假设产业中有 20 家企业,那么卡特尔联盟至少要包括 11 家企业。这么多企业

要一致行动并不是一件容易的事，特别是这些活动大部分要秘密进行。

Selten(1973)分析指出，当且仅当外部非卡特尔成员企业的数量满足$\frac{N-3}{2}\leqslant K\leqslant\frac{N-2}{2}$时，卡特尔联盟才能同时满足内部稳定和外部稳定条件。由于K必须为整数，因而此式通常就决定了K的值。例如$N=10$时，根据此式可得$3.5\leqslant K\leqslant 4$，因此$K=4$。

三、价格领导模型——暗中勾结

价格领导模型与斯坦柯尔伯格模型相似，区别在于，在价格领导模型中领导企业先宣布其价格决策，而不是产量决策。但是，在宣布其价格决策之前，领导企业仍然要充分考虑追随企业对此所做出的反应。因此，在分析价格领导模型时，必须与分析斯坦柯尔伯格模型一样，遵循"逆向归纳"的原则，首先分析追随企业对领导企业定价的反应，然后再分析领导企业的最优定价决策。

假设市场的需求函数为$P=P(q_1+q_2)$，企业1(领导企业)和企业2(追随企业)的成本函数分别为$C_i(q_i)$，q_i为企业$i(i=1,2)$的产量。如果领导企业宣布其产品定价为p，那么均衡时，追随企业的产品价格也为p。这是因为，如果追随企业的定价高于领导企业，那么它的产品不会有需求；而如果追随企业的定价低于领导企业，那么整个市场需求将会转向追随企业，但此时追随企业已经名不副实，成为"领导企业"了。因此，在均衡时，追随企业只能接受领导企业的定价。对于追随企业来说，在价格为p时，它的利润函数为

$$\pi_2=pq_2-C_2(q_2)$$

为了实现利润最大化的目标，追随企业必须选择产量q_2，使得边际收益等于边际成本，即

$$MR_2(q_2)=MC_2(q_2)$$

由于$MR_2(q_2)=p$，因此，有

$$MC_2(q_2)=p$$

此式实际上就确定了追随企业的供给函数$q_2=S_2(p)$。此时，对于领导企业而言，它所面临的需求是市场的残差需求，记为$R(p)$。根据以上分析，有

$$q_1=R(p)=D(p)-S_2(p)$$

而利润最大化原则要求领导企业的边际收益和边际成本也必须满足$MR_1(q_1)=MC_1(q_1)$，从而可以解出q_1及相应的价格水平p。

本章提要

寡头垄断市场有一些基本特征。首先，与完全竞争市场不同，寡头垄断市场上只有少数几个大的厂商在相互竞争。其次，由于厂商数量少，因而每个厂商的行为都对市场和其他厂商产生影响，也就是说，厂商间的策略性相互作用非常重要。最后，寡头垄断市场可分为纯粹寡头垄断市场和差异化寡头垄断市场两类。

在纯粹寡头垄断市场上，厂商生产同质产品，如石油市场，不同厂商生产的石油是大同小异的；在差异化寡头垄断市场上，厂商生产异质产品，如汽车市场，不同厂商制造的汽车

在外观、性能上都有很大差异。在研究寡头垄断市场时，我们把厂商之间的策略性行为简化为几个典型的模型，并进行相应的应用举例。

重要术语

寡头市场；古诺模型；伯川德模型；斯坦柯尔伯格模型；价格领导模型；卡特尔模型；艾奇沃思模型；豪泰林模型；塞罗普圆周模型

思考题

1. 针对古诺模型经常有以下三种批评意见：① 企业通常制定的是价格而不是产量；② 企业通常不是同时决策；③ 企业经常无视对手的成本。实际上，他们在决策时不用纳什均衡的概念。你怎么看待这些评论？

2. 给定市场反需求函数为 $P(Q)=50-2Q$，其中 $Q=q_1+q_2$。产业中两个企业的成本函数均为 $C(q_i)=2q_i$。企业为古诺竞争者。

(1) 定义企业的最佳反应函数，并推导出各个企业的反应函数。

(2) 计算每个企业在古诺均衡状态下的产出与利润，并求出市场出清时的价格。

3. 对于炼油业、网络接入服务业、保险业这三种行业，伯川德模型和古诺模型更适合哪一个产业的实际情况？

4. 证明：当厂商个数 $J>2$ 时，在伯川德模型的任一纳什均衡里，所有的销售都发生在价格等于成本时。

5. 探讨一个生产同类产品的双寡头垄断的情况。企业 1 以一个单位的劳动力和一个单位的原材料生产一个单位的产品。劳动力和原材料的成本分别为 w 和 r，需求为 $p=1-q_1-q_2$，各企业进行产量竞争。请计算古诺均衡。

6. 行业中有三家一样的企业。需求为 $1-Q$，这里 $Q=q_1+q_2+q_3$，边际成本为 0。

(1) 计算古诺均衡。

(2) 阐明如果三家企业中有两家合并（变成了双寡头行业），合并企业的利润减少。

(3) 如果三家企业合并，将发生什么情况？

7. 假设市场需求函数为 $P=P(Q)=a-bQ$，$Q=q_1+q_2$。两家企业生产相同的产品，其成本函数为 $C_i=cq_i$，$i=1,2$。请分别计算斯坦柯尔伯格均衡和古诺均衡，并进行比较。

第五章 竞争策略

本章从现实世界出发,认为企业间的竞争策略既包括价格竞争又包括非价格竞争策略。本章所讨论的价格竞争策略主要面向消费者而制定的价格歧视和非线性定价,目的是攫取消费者剩余,增加企业利润。本章所讨论的非价格竞争策略主要分析了广告和企业并购两种常见策略。

第一节 价格歧视

价格歧视实质上是一种价格差异,通常指商品或服务的提供者在向不同的接受者提供相同等级、相同质量的商品或服务时,在接受者之间实行不同的要价。当然,不同的要价不是由于成本的不同造成的,例如运输成本的不同。如果不同的要价反映的是不同的成本,那么不同的价格就不是价格歧视;相反,相同的价格才是价格歧视。因此为了方便分析,这里假设价格产品的边际成本函数为常数。

传统上按照英国著名经济学家庇古的价格差别程度分类,价格歧视可分为一级价格歧视、二级价格歧视和三级价格歧视三个等级。本节将在一个统一的两个或两类消费者($i=1,2$)的框架下对这三类价格歧视的福利效应进行阐述和分析。

一、一级价格歧视

(一)基本概念

一级价格歧视又称完全价格歧视,就是每一单位产品都有不同的价格,即假定垄断者知道每一个消费者对任何数量的产品所要支付的最大货币量,并以此决定其价格,所确定的价格正好等于对产品的需求价格,因而获得每个消费者的全部消费剩余。这是一种极端的情况,现实中很少发生。

(二)福利效应

为简便起见,我们考虑消费者具有不同的向下倾斜的需求曲线的市场情形。要实行完全的价格歧视,垄断者必须了解每个潜在消费者的需求,并且阻止消费者进行产品差价间的套利;同时,垄断者还要杜绝消费者进行讨价还价的可能。当上述条件都具备时,垄断者可用两种简单的机制实行完全价格歧视。

一级价格歧视使消费者剩余为零,垄断者完全占有消费者剩余,并且能够达到边际支付意愿等于边际成本的帕累托最优条件,故完全价格歧视能够达到社会总福利最大。因此,相对于没有价格歧视下的同一垄断定价,增加了社会福利。

在完全价格歧视的情况下之所以能够达到社会最优的状态,是由于我们假设垄断者具有完全的信息，并能够排除套利和讨价还价的可能。然而，在现实生活中，由于信息等各方面的问题，一级价格歧视通常是难以实行的。高需求消费者可以假装成低需求者购买相应单位的产品，因而可以获得一定的消费者剩余。如果是这样，垄断者就不能进行价格歧视了。因此，垄断者为了实现利润最大化，可以利用消费者的个人特征信息或制定一系列价格数量组合，然后由消费者自己选择适合的组合。由此，我们转向不完全的价格歧视分析。

专栏5-1

哈佛大学的教育公平与完全价格歧视

世界顶级学府——哈佛大学对本科生的收费制度类似于完全价格歧视。作为美国的顶尖高校，其学费也是高得惊人。2009—2010 年哈佛大学的最新学费是 33 396 美元，加上食宿费和其他费用，全年 52 000 美元。如此高昂的学费即使是中产阶级的美国家庭也难以承受。不过，哈佛大学根据学生家庭收入情况，实行了差别的学费制。如果学生的父母年收入在 18 万美元以上，学生得交 33 396 美元学费；年收入在 12 万美元到 18 万美元之间，交 12 000 美元到 18 000 美元；家庭年收入在 12 万美元以下的，可免学费。而收入在 6 万美元以下的，还可以得到全额的财政资助，真正实现了不让学生因经济困难而不能就读的情况。

二、二级价格歧视

（一）基本概念

二级价格歧视是指销售者对购买者偏好的多样性有所了解，但是不能观察到每一位特定顾客的特性。即便如此，仍然有可能通过提供一系列包括价格和各种条款的销售合同，在不同的购买者之间进行价格歧视。比如常见的数量歧视，从购买者的角度看，存在自我选择机制。

（二）福利效应

二级价格歧视是根据量来定价的，价格根据需求量的变化被分成几大类。与一级价格歧视相比，生产者只能占有部分消费者剩余。二级价格歧视能否实现完全竞争市场的资源配置效率，使社会总福利达到最大化，取决于价格最低的一段需求量的定价是高于还是低于厂商的边际成本，若高于厂商的边际成本，则会造成社会总福利净损失；若刚好等于厂商的边际成本，则社会总福利达到最大化，没有社会福利净损失。

三、三级价格歧视

（一）基本概念

三级价格歧视是指在不同市场上采用不同的线性价格，但在同一市场上支付的价格是相同的。常见的三级价格歧视的例子有火车票的学生价格与非学生价格。这些不同市场的划分通常根据消费者的一些可辨别特征（如年龄、居住地、职业、身份等）进行。

（二）福利效应

由上文可知，可以根据上述特征把总需求划分成 m 个群体或市场，但对每个群体中的单个消费者的需求情况无法确知，知道的只是这 m 个群体就有 m 个不同的市场需求曲线。因此，垄断者再根据边际收益等于边际成本决定在各个市场上的价格，即

$$MR_i(x_i) = MC\left(\sum_{i=1}^{m} x_i\right) = c$$

这又等价于逆弹性法则的定价策略，即

$$\frac{p_i - c}{p_i} = \frac{1}{\varepsilon_i}$$

式中，ε_i 表示第 i 个市场需求弹性。

在只有两种类型的消费者情形下，三级价格歧视的定价策略如图 5-1 所示。在具有低需求弹性的市场 1 上，垄断者收取较高的价格；在具有高需求弹性的市场 2 上，垄断者收取较低的价格。

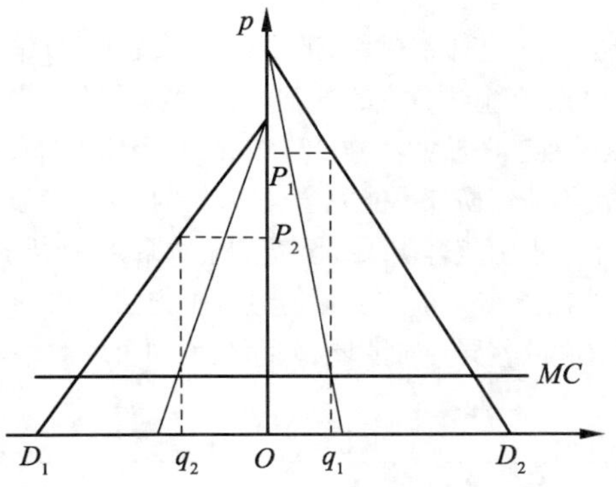

图 5-1　三级价格歧视

三级价格歧视在现实生活中非常常见，例如电影院对会员提供优惠的折扣，而对非会员实行全价售卖；绝大部分公园或旅游景点对学生提供半价的优惠，而对非学生则收取全价。

专栏5-2

价格歧视在现实经济生活中的体现

价格歧视的实施方式与信息密切相关，一级价格歧视对信息量的要求最大，三级价格歧视次之，二级价格歧视对信息量的要求最小。现实生活中，一级价格歧视不大可能发生，而二级价格歧视和三级价格歧视非常普遍。

1. 价格歧视在电信业中的体现

电信业定价实践中普遍存在着价格歧视的现象，具体表现在顾客购买其产品或服务时所面临的多种资费选择方式。选择资费的定价模式实际上是由多个二部资费定价方案组成，且二部资费中还可进一步包括分时段资费和分距离资费。所谓二部资费是指价格方案由两部分构成，

一是与电信用户通信时间无关的基本费,如"月租费";二是按通信时间支付的从量费。日常的工作生活规律决定了人们在不同时段对通信服务需求的不同,通过在不同时段制定不同的资费标准,厂商达到了三级价格歧视的目的。更进一步,通过制定包含多个二部定价的选择资费,对高需求者索取较低的边际价格(从量费)和较高的基本费,对低需求者索取较高的边际价格和较低的基本费,厂商又达到了二级价格歧视的目的。可见,通过将分时段定价和二部定价相结合,电信业厂商实际上对用户同时实施了三级和二级价格歧视。

2. 价格歧视在电子商务中的体现

与实物市场相比较,电子商务市场的价格歧视无论是表现形式还是适用程度都呈现出不同的特点。其具体表现为:一是个人化定价,对应于实物市场的一级价格歧视,即以不同的价格向每位用户出售,而销售商可以获得用户的全部详细资料;二是版本划分,对应于实物市场的二级价格歧视,即提供一个产品系列,让用户选择适合自己的版本;三是群体定价,对应于实物市场的三级价格歧视,即对不同群体的消费者设置不同的价格,网络外部效应、数字产品的锁定效应和共享效应使得在电子商务市场上实行三级价格歧视更加具有优势。

3. 价格歧视在民航业中的体现

航空公司通过严格地运用一些限制条件,把具有不同支付意愿的旅客划分为不同的群体,达到了三级价格歧视的目的。在上述分类的基础上,再根据提供的服务等级不同,在质量维度上对消费者实行二级价格歧视。民航业实施价格歧视的主要措施有:针对低价格机票设定提前购买或最短停留期限,规定不能退换或不能完全退换;针对非经停航班、经停航班、衔接航班,在某些具体时刻实行折扣;采用吸引旅客购买经济舱的全价票,如提供头等舱及公务舱的服务,对经济舱全票价旅客提供附加服务等。航空公司通过以上方法使市场上的旅客更加明确地被分化为不同的群体,使群体之间的差异更加明显,从而在不同市场对基本相同的服务实行更有效的价格歧视。

四、价格歧视的局限

垄断厂商实行价格歧视通常受到三个因素的制约,分别是套利的可能性、不对称信息及讨价还价的能力。

(一)套利的可能性

如果对不同的消费者和不同购买量收取不同的价格,那么进行套利交易将是有利可图的。如果套利是可能的,那么价格歧视将难以实行。但是交易成本的存在减少了套利的可能性,所以价格歧视不会被完全排除出去,如出口转内销的商品可能不被厂家认可,从而没有售后服务的保证,因而阻止了套利的行为。另外,很多产品的特性也使得套利难以进行,如医疗服务。同时,厂家也会使用多种手段防止套利,如通过担保、掺杂、签订合同、垂直一体化的方式来组织转卖。

(二)不对称信息

价格歧视的第二个条件是不对称信息,即隐藏信息。由于每个消费者的支付意愿属于私人信息,因而垄断者不可能完全了解每个消费者的需求。但还是有一些消费者的个人特征可供利用,如年龄、职业、身高等特征。另外,垄断者可能知道有各种类型消费者群体的分布,但是不能辨别出哪个消费者属于哪一类型。因而垄断者可以通过一些自选择的菜单组合，甄别出不同的消费者，如使用优惠券等手段。

（三）讨价还价的能力

价格歧视的第三个限制条件是讨价还价的能力，即有限的承诺能力或威胁的可行性。如果垄断者实行的是要么接受、要么放弃的销售计划，那么，它宣布放弃的威胁其实是不可信的。在消费者已经拒绝了垄断者原先的出价并开始讨价还价时，垄断者为了避免失去有利可图的顾客将愿意进行谈判，如果卖者想在交易中得到所有的潜在利益，那么就必须在出价已被拒绝时做出一定不参与谈判的可信承诺。在很多情况下，垄断者通过委托销售的办法来解决。

专栏5-3

航空公司的收益率管理

航空公司通常通过制定一些限制性条件将不同类型的旅客区分开来并分别定价。这些限制通常包括：① 提前购票限制。商务旅客往往临时决定出差旅行，提前较长时间购票的可能性不大，而游客通常会较早安排休闲度假计划。因此大多数折扣机票都会有提前购票的限制，航空公司会根据不同折扣幅度要求旅客必须提前一周、两周、一个月、两个月或更长时间购买机票。② 在外停留时间限制。商务旅客通常来去匆匆，很少能在外地停留一周以上的时间，同时也不太愿意在外地度过周末。而休闲度假旅客大都愿意利用周末假期出游，且多数游客的度假时间长达一周以上。因此很多折扣机票对旅客在外停留的时间有限制，有的要求持往返打折机票的旅客在外地度过周末，有的要求最短停留时间为一周。③ 退票、签转和更改航班限制。商务旅客行程常有变化，退票、签转和更改航班的事情常有发生。因此航空公司一般不会限制持全价票的商务旅客退票、签转或更改航班，而对持折扣机票的游客，通常会做出限制，例如不得签转和更改航班、提高退票手续费直至不可退票。④ 出发时间限制、同日中不同时段航班时间分布限制。受时段出行方便与否、是否为白天等条件限制越多的产品显然对旅客的效用越小。

第二节　非线性定价

除了价格歧视手段外，垄断者还可以使用更为广泛的定价策略，如两部定价、搭售和捆绑销售等非线性定价策略。同时，非线性定价有两个重要的特征：一是发掘并模型化了消费者的异质性；二是可以同时提高生产者和消费者的福利，实现帕累托改进。因此，相对于传统的边际成本定价这种线性定价模式而言，非线性定价不论在理论上还是在实践上都是一种极大的创新。这些定价策略对于试图对自然垄断企业进行管制的政策制定同样具有重要的参考价值。本节具体介绍两部定价制与捆绑销售策略。

一、两部定价制

（一）基本概念

两部定价制是指垄断者对某种商品的销售设定一个固定费用和产品单价。消费者要消费该垄断厂商的产品，首先需要支付这一固定费用以取得消费资格，然后在消费时购买一单位商品，支付一个统一的产品价格。这种定价策略在现实生活中很常见，例如一些公园的门票和里面单个项目的收费、手机的每月固定费和通话费等。

（二）福利效应

与价格歧视分析相一致，假设有两种类型的消费者：低需求消费者 1 和高需求消费者 2。消费者 i 的需求函数为 $D_i(P)$，反需求函数满足 $P_2(x)>P_1(x)$，厂商的成本为不变的边际成本 c。因此在两部定价制下，垄断者制定一个统一的价格 P，并把在此价格下低需求消费者剩余 $S(P)$ 作为固定收费。消费者 i 在价格 P 下会购买 $x_i=D_i(P)$。因此在两部定价制下，垄断者的最大化问题为 $\max\limits_{P}\{2S(P)+(P-c)[D_1(P)+D_2(P)]\}$，求导可得两部定价下垄断者最大化利润的价格为

$$P^{*}=c-\frac{D_2(P^{*})-D_1(P^{*})}{D_1'(P^{*})+D_2'(P^{*})}$$

显然，$P^{*}>c$，易知，在支付相同的固定费用后，购买数量越多的消费者，其单位产品的价格越低。

如图 5-2 所示，在垄断者最大化利润时，设定的价格高于产品生产的边际成本，因而两部定价还存在社会福利的净损失，这主要是由于消费者是异质的。如果所有消费者都是相同的（同质的），两部定价可以达到一个社会最优的资源配置结果。因此，此时垄断者可以设定一个等于边际成本的价格，而固定费等于消费者在价格为 c 时的消费者剩余。

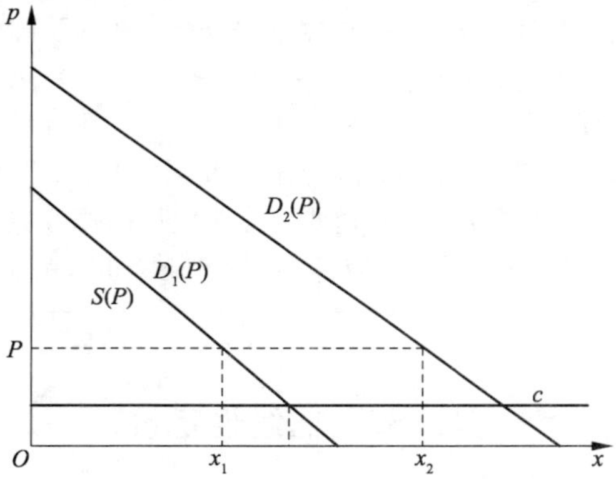

图 5-2　两部定价制

其次，我们还可以得到如下的结论：在两部定价制下，垄断者的利润比统一的线性价格情形下的高，因为垄断者在两部定价制下同样可以达到在线性价格下的销售价格和数量，而其中的一部分消费者剩余却被垄断者赚取。如果 P_m，P_t 和 P_c 分别代表垄断的线性价格、两部定价制下的价格和社会最优的竞争性价格，那么有 $P_m>P_t>P_c=c$。因为在垄断价格 P_m 下，价格的微小下降会导致 $(P_m-c)[D_1(P_m)+D_2(P_m)]$ 几乎为零的下降，而消费者剩余 $2S(P_m)$ 却有一个相对大的增加，因而，在两部定价制下，垄断者会把价格从 P_m 降到 P_t。在这里，不但垄断者的利润会增加，而且整体的社会福利水平也会比线性定价下的高。这个结果对于管制定价具有启发意义。

专栏5-4

北方城市的供热收费

天津、长春等城市的热力公司先后实施两部制热价，西安市热力公司2005年冬开始对已安装暖气流量表的居民用户，试行新的热价收费制度，热价由固定费用和可变费用两部分构成，固定费用按建筑面积计算，可变费用则按实际热量收取。具体计算公式：居民采暖费用=固定费用+可变费用；固定费用=热量热价（4元/每月每平方米）×建筑面积×60%；可变费用=热量表读数×热价（每百万千焦22元）×40%。针对不同的建筑面积收取不同的固定费。上述热价收费不但实现了两部定价制，而且类似于完全价格。

二、捆绑销售

（一）基本概念

企业也通常以打包的形式销售产品，如办公软件、健身房的年卡、某歌星的专辑唱片等。我们把诸如此类的打包销售称为捆绑销售。通常，企业可以采用的捆绑策略有纯捆绑策略和混合捆绑策略两种。纯捆绑策略是指企业只销售按固定比例打包的商品组合。混合捆绑策略是指既销售按固定比例打包的商品组合，也单独出售组合中的单个商品。

（二）福利效应

对于捆绑销售的福利效应分析，我们可做出如下假定：

① 技术：假设有两种商品1和2，不存在固定成本，且供应每种商品的边际成本恒为 c_1 和 c_2。因而提供一个商品组合的边际成本为 $c_B=c_1+c_2$。

② 不可分性：消费每种商品的第二个单位的效用为零。

③ 独立性：打包商品组合的保留价格 r_B 等于两种商品的保留价格（r_1 和 r_2）之和。

因此，面对上述的需求和成本结构，垄断者至少有三种定价策略，即分别定价策略、纯捆绑定价策略和混合捆绑定价策略。分别定价策略就是厂商在各个分市场上根据利润最大化的原则定价，这相当于每个市场上的垄断线性定价。令分别定价策略下的定价为 P_1 和 P_2；捆绑销售的定价为 P_B，混合捆绑的定价为 P_1^*，P_2^* 和 P_B 组合。这三种定价策略把具有不同保留价格的消费者分成不同的群体。这在一个消费者对两种商品的保留价格坐标上如图5-3所示。

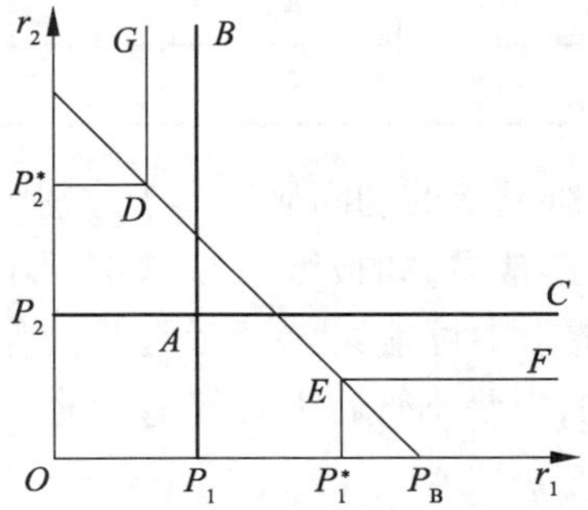

图5-3 捆绑销售举例

分别定价策略设定的价格 P_1 和 P_2 把消费者分成了四个群体：不购买任何一种产品的 OP_1AP_2，只购买其中一种产品的 P_1AC 和 P_2AB，以及购买两种产品的 BAC 类消费者。而纯捆绑策略就只把消费者分成两类：保留价格之和大于 P_B 和小于 P_B 的。混合捆绑策略把消费者分成四类：不购买任何商品的 $OP_1^*EDP_2^*$，只购买商品 1 的 P_1^*EF，只购买商品 2 的 P_2^*DG，以及购买商品组合的 $GDEF$ 类消费者。然而究竟上述哪一种策略可以带来更大的利润及社会的福利改善呢？不同策略的优劣取决于消费者保留价格的分布和商品生产的成本结构。

为了具体，我们不妨假设有 A，B，C 和 D 四个消费者，他们对商品 1 和 2 的保留价格分别为(10,85)，(40,55)，(50,45)和(85,10)。两种商品的成本分别为(20,30)。四个消费者的保留价格分布和成本结构如图 5-4 所示。

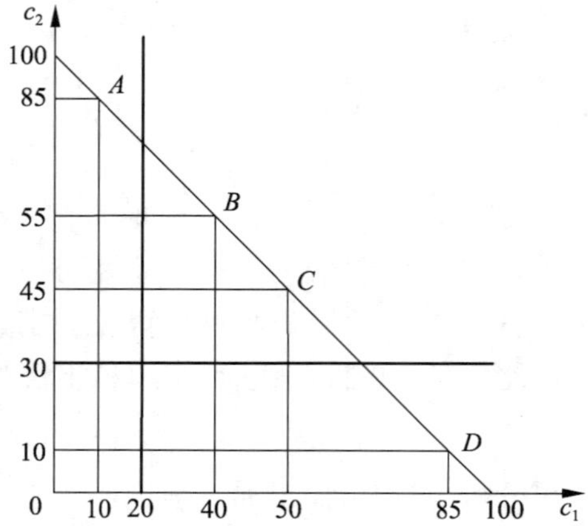

图 5-4　假设的四个消费者的保留价格分布和成本结构

1. 纯捆绑策略

现在假设市场上只有 B 和 C 两个消费者。此时如果垄断者只能单独定价，那么它对商品 1 和 2 制定的利润最大化的价格分别为 $P_1=40$ 和 $P_2=45$，从两个市场获得的总利润为 70。如果垄断者使用纯捆绑销售策略，即将商品 1 与 2 一起打包销售，则最大化利润的组合价格为 $P_B=95$，此时可得利润 90。这些信息总结在表 5-1 中。

表 5-1　纯捆绑销售策略利润

定价策略	P_1	P_2	P_B	利润
分别定价策略	40	45	—	70
纯捆绑策略	—	—	95	90

从表 5-1 可以看出，实行捆绑销售的利润显然高于分别定价策略。

捆绑销售在现实生活中非常常见，如报纸、杂志等将不同版面及不同作者和风格的文章捆绑在一起，在一份报纸或杂志中可能某位读者喜欢的作者或关注的版面只有少数几个，而大多数都是可看可不看的，但是不管看不看其他人的作品或其他版面，此读者都得为之付费。

另外，捆绑销售通常也不限于对不同产品的捆绑，要么接受、要么放弃的选择也可以看作捆绑销售,即对同种商品不同数量的捆绑。如果把同种商品前面消费的单位看作一种商品,而后面消费的商品看作另外一种商品,这同样满足对捆绑消费分析的三个假设。例如,药店销售的瓶装药水,通常超过消费者的实际需求数量;公交、地铁、公园的月票等,通过数量捆绑来赚取消费者剩余。

2. 混合捆绑策略

在现实生活中,很多产品的销售并不是按上面所分析的纯捆绑策略进行的。厂商既提供捆绑的组合商品,同时也单卖各种商品,如中餐里既有全套餐的桌位,也有点菜的选择,这时厂商的销售策略就成了混合捆绑策略。

现在假设市场上有 A,B,C,D 四个消费者,其保留价格同上。在分别定价的情况下,垄断者最大化利润的价格为 $P_1=85$ 与 $P_2=85$,利润总量为 120。纯捆绑策略下的定价是垄断者对商品打包定价 95,获得利润 180。在混合捆绑策略下,垄断者对商品打包定价 95,而对商品 1 的定价为 85,对商品 2 的定价也为 85,此时达到了最大化利润 210。这些信息总结在表 5-2 中。

表 5-2 混合捆绑销售策略利润

定价策略	P_1	P_2	P_B	利润
分别定价策略	85	85	—	120
纯捆绑策略	—	—	95	180
混合捆绑策略	85	85	95	210

显然,混合捆绑策略的利润要高于分别定价策略和纯捆绑策略。从这里我们还可以看到,混合捆绑策略不仅实现了企业利润最大化,还得到了社会最优配置状态。在此,混合捆绑策略之所以能够获得更高利润,是由于纯捆绑策略供应了那些在社会最优状态下不被供应的产品,即那些保留价格低于生产成本的产品,因而导致利润的损失。但是不是所有的混合捆绑策略都优于纯捆绑策略和分别定价策略呢?

事实上,与分别定价策略相比,混合捆绑策略或纯捆绑策略不一定会带来垄断者更高的利润。它们之间利润的高低与福利影响的结果与产品的成本分布和消费者的保留价格分布有关。因此,面对不同的成本和消费者群体,各个策略各有优劣。从整体的福利影响来看,有一点可以肯定,那就是如果纯捆绑策略或混合捆绑策略比分别定价策略带来的产出增加,并且出售的产品中没有消费者对其保留价格低于成本出售,那么捆绑销售通常会带来社会福利的增加。

第三节 广告策略

广告即"广而告之"之意。广告作为一种传递信息的活动,它是企业在促销中应用最广的促销方式和营销手段。它的目的是让客户知道相关信息,以便扩大市场销售量,但需要企业付出一定的费用。广告策略是指实现、实施广告战略的各种具体手段与方法,是战略的细分与措施。常见的广告策略有产品策略、市场策略、媒介策略和广告实施策略四类。本节首先介绍广告产品的定位策略,其次是广告策略的主要类型,最后为其市场细分。

一、广告产品定位策略

广告产品定位策略的具体运用主要分为实体定位策略和观念定位策略两大类。

（一）实体定位策略

所谓实体定位策略，就是在广告宣传中突出商品的新价值，强调与同类商品的不同之处和所带来的更大利益。实体定位策略又可分为功效定位、品质定位、市场定位和价格定位等。

1. 功效定位

功效定位是指在广告中突出商品的特异功效，使该商品在同类产品中有明显区别，以增强选择性需求。它是以同类产品的定位为基准、选择有别于同类产品的优异性能为宣传重点的。如美国百事可乐的宣传，就以不含咖啡因作为定位基点，以区别于可口可乐。

2. 品质定位

品质定位是通过强调产品具体的良好品质而对产品进行定位。如美国的多芬（Dove）香皂，便以滑润皮肤作为广告宣传的重点。

3. 市场定位

市场定位是市场细分策略在广告中的具体运用，将商品定位在最有利的市场位置上。Dove香皂被定位为女士香皂，就是这种定位的具体运用。

4. 价格定位

因商品的品质、性能、造型等方面与同类商品相近似，没有什么特殊的地方可以吸引消费者，在这种情况下，广告宣传便可以运用价格定位策略，使商品的价格具有竞争性，从而击败竞争对手。

（二）观念定位策略

观念定位策略是突出商品的新意义、改变消费者的习惯心理、树立新的商品观念的广告策略，具体有逆向定位和是非定位两种方法。

1. 逆向定位

逆向定位是借助有名气的竞争对手的声誉来引起消费者对自己的关注、同情和支持，以便在市场竞争中占有一席之地的广告产品定位策略。大多数企业的商品定位都是以突出产品的优异性能的正向定位为方向的，但逆向定位反其道而行之，在广告中突出市场上名气响亮的产品或企业的优越性，并表示自己的产品不如它好，甘居其下，但准备迎头赶上；或通过承认自己产品的不足之处，来突出产品的优越之处。这是利用社会上同情弱者和信任诚实的人的心理，故意突出自己的不足之处，以唤起同情和信任的手法。

2. 是非定位

是非定位是从观念上人为地把商品市场加以区分的定位策略，如“非油炸，更健康”的五谷道场方便面广告。广告的产品定位策略，同样可用于企业定位、劳务定位。它是根据企业的营销策略、商品差异化、市场细分化、产品生命周期阶段等状况，确定广告最有利的诉求位置的一种有效策略。该策略应用得好坏，直接影响到广告效果。

二、广告策略的主要类型

（一）生活信息广告策略

这主要是针对理智购买的消费者而采用的广告策略。这种广告策略，通过类似新闻报道的手法，让消费者马上能够获得有益于生活的信息。

（二）塑造企业形象广告策略

一般来说，这种广告策略适合于老厂、名厂的传统优质名牌产品。这种广告策略主要是强调企业规模的大小及其历史性，从而诱使消费者依赖其商品服务形式。也有的是针对其产品在该行业同类产品中的领先地位，为在消费者心目中树立领导者地位而采取的一种广告策略。

（三）象征广告策略

这种广告策略，主要是为了调动心理效应而制定的。企业通过借用一种东西、符号或人物来代表商品，以这种形式来塑造企业的形象，给予人们以情感上的感染，唤起人们对产品质地、特点、效益的联想。同时，把企业和产品的形象高度概括和集中在某一象征上，有益于消费者记忆，扩大影响。

（四）承诺式广告策略

这是企业为使其产品赢得用户的依赖而在广告中做出某种承诺式保证的广告策略。值得提出的是，承诺式广告的应用，在老产品与新产品上的感受力度和信任程度有所不同。承诺式广告策略的真谛是所做出的承诺必须确实能够达到；否则，就变成欺骗广告了。

（五）推荐式广告策略

企业与商品自卖自夸的保证，未必一定能说服人，于是就要采用第三者向消费者强调某商品或某企业的特征的推荐式广告策略，以取得消费者的信赖。所以这种广告策略，又可称为证言形式。对于某种商品，专家权威的肯定、科研部门的鉴定、历史资料的印证、科学原理的论证，都是一种很有力的证言，可以产生“威信效应”，从而使消费者产生信任感。在许多场合，人们产生购买动机，是因为接受了有威信的宣传。

（六）比较性广告策略

这是一种针对竞争对手而采用的广告策略，即将两种商品同时并列，加以比较。欧美一些国家的广告较多地运用这一策略。俗话说：“不怕不识货，就怕货比货。”比较，可以体现产品的特异性能，是调动信任的有效方法，主要有功能比较、革新对比、品质对比。

（七）打击伪冒广告策略

这是针对伪冒者而采取的广告策略。鉴于市场上不断出现伪冒品，为避免鱼目混珠，维护企业名牌产品的信誉，就需要在广告中提醒消费者注意其名牌产品的商标，以防上当。

（八）人性广告策略

这是把人类心理上变化万千的感受加以提炼和概括，结合商品的性能、功能和用途，以喜怒哀乐的情感在广告中表现出来。其最佳的表现手法是塑造消费者使用该产品后的欢乐气氛，通过表现消费者心理上的满足，来保持该产品的长期性好感。

（九）猜谜式广告策略

这一广告策略不直接说明是什么商品，而是将商品渐次地表现出来，让消费者好奇而加以猜测，然后一语道破。这种策略适用于尚未发售之前的商品，看起来似乎延缓了广告内容的出台时间，其实却延长了人们对广告的感受时间。通过悬念的出现，使原来呈纷乱状态的顾客心理指向，在一定时间内围绕特定对象集中起来，为顾客接受广告内容创造了比较好的感受环境和心理准备，为顾客以后更有效地接受广告埋下了伏笔。

（十）如实广告策略

这是一种貌似否定商品，实际强化商品形象，争取信任的广告策略。这与竭力宣传本商品的各种优点，唯恐令人不信的广告有很大区别。如实广告就是针对消费者不了解商品的情况，如实地告诉消费者应当了解的情况。

三、市场细分

企业选择目标市场是在细分的基础上进行的，商品市场按消费者的需求和满足程度来分，有同质市场与异质市场两类。同质市场是消费者对商品的需求有较多共性、消费弹性小、受广告影响不大的商品市场。一些生活必需品就是属于这一类型。异质市场则与同质市场相反，它是指顾客对同类产品的品质和特性具有不同的要求、强调商品的个性、消费弹性较大、受广告的影响也较多的商品市场。绝大多数商品市场都属于异质市场。在满足消费者需求时，不仅要考虑生理上的需要，还要考虑心理上的需要，而生理上的需要有一定的限度，心理上的需要则是变幻莫测的。因此，在同类商品总市场上，企业可以依据消费者生理上和心理上的需求，以及企业自身的经营条件，将市场细分成许多子市场，然后再依据目标市场的特点，制定企业的营销策略，并采取相应的广告策略。由于市场可以细分，在市场经营和广告宣传中就可以运用不同的策略手段，争取不同的消费者。依据市场来制定销售策略，一般可分为无差别市场策略、差别市场策略和集中市场策略三大类。针对不同的情况，广告策略也采取相应的形式:无差别市场广告策略、差别市场广告策略和集中市场广告策略。

（一）无差别市场广告策略

无差别市场广告策略是在一定时间内，向同一个大的目标市场运用各种媒介搭配组合，做同一主题内容的广告宣传。这种策略一般应用在产品引入期与成长期初期，或产品供不应求、市场上没有竞争对手或竞争不激烈的时期，是一种经常采用的广告策略。它有利于运用各种媒介宣传统一的广告内容，迅速提高产品的知名度，以达到创牌目的。

（二）差别市场广告策略

差别市场广告策略则是企业在一定时期内，针对细分的目标市场，运用不同的媒介组合，做不同内容的广告宣传。这种策略能够较好地满足不同消费者的需求，有利于企业提高产品的知名度，突出产品的优异性能，增强消费者对企业的信任感，从而达到扩大销售的目的。这是在产品进入成长期后期和成熟期后常用的广告策略。此时，产品竞争激烈，市场需求分化较突出。由于市场分化，各目标市场具有不同的特点，所以广告设计、主题构思、媒介组合、广告发布等也都各不相同。

(三) 集中市场广告策略

集中市场广告策略是企业把广告宣传的力量集中在已细分的市场中一个或几个目标市场的策略。此时,企业的目标并不是在较大的市场中占有小的份额,而是在较小的细分市场中占有较大的份额,因此,广告也只集中在一个或几个目标市场上。采取集中市场策略的企业,一般是本身资源有限的中小型企业,为了发挥优势,集中力量,只挑选对自己有利的、力所能及的较小市场作为目标市场。

这三种策略既可独立运用,也可综合利用、灵活掌握,主要以企业的基本情况而定。

四、广告强度

(一) 广告强度衡量指标

部分行业的广告费用比其他行业高,这可以通过广告强度(advertising intensity)衡量。广告支出与销售收入的比率通常被用于表示广告强度,即A/S(advertising to sale ratio)。在汽车行业,A/S 比率通常为2% ~3%;在制药行业,A/S 比率通常为10% ~15%。

根据多夫曼—斯坦纳条件(Dorfman and Steiner,1954),可进一步验证:广告强度等于需求的广告弹性与需求的价格弹性之比。

(二) 广告强度与市场结构

广告属于市场行为的一种,按照SCP 范式,广告与市场结构之间存在着相互影响的关系。这里将进一步分析广告强度与市场结构之间的内在关系。

1. 广告强度与市场集中度

在利润最大化广告决策的条件等式中,广告强度等于广告弹性与价格弹性之比,或是广告弹性与勒纳指数(或价格弹性的倒数)的乘积。广告强度与市场集中度的关系可以从市场集中度分别与勒纳指数和广告弹性的关系进行考察。

市场集中度与价格弹性呈负向关联。企业数量越多,需求的价格弹性就越大,也就是说,通过降低价格,不仅能够增加企业的总需求,同时能够增加其市场份额。企业市场份额越小,这种作用就越大。因此,假设广告弹性不变,只考虑价格弹性,可以预期产业分散程度越大,企业广告强度就越小。

市场集中度与广告弹性呈何种关联呢?市场结构越分散,支付广告费用的企业从中获得的收益就越小。但在完全垄断条件下,广告弹性因没有竞争者而为零,一旦转为寡头垄断条件,广告弹性则为正。因此,可以认为,市场集中度对广告强度的影响是不定的。总体而言,大概可以这样认为,当市场集中度从一个很高的水平下降时,广告强度随着集中度的降低而增加;但当市场集中度从一个很低的水平下降时,广告强度随着集中度的降低而降低。

2. 广告强度与产品差异化

根据多夫曼—斯坦纳条件可知,决定广告强度的主要是产品的需求价格弹性和需求的广告弹性,而产品差异化正是通过这两个因素来影响广告的。通常,产品差异越大,广告强度就越大;产品差异越小,广告强度就越小。同时,广告又是造成产品差异的重要因素,正是二者的相互作用导致现在的广告竞争越来越激烈,各企业的广告强度也越来越大。

五、福利效应

广告的福利效应是复杂的。一般而言,广告总是与更大的产量相联系,这通常被认为是福利的提高。但是广告还经常与更高的价格及价格—成本差额相联系,这些又通常被认为是福利的损失。大量的经验研究表明,有关价格信息的广告会增加竞争并促进福利。

1. 广告增进福利

考尔和威丁克(Kaul and Wittink,1995)的经验研究调查了广告对价格的影响。他们区分了价格广告和非价格广告,其中价格广告告诉消费者产品的价格和可获得性,非价格广告则"适合于品牌定位和独特品牌特征的沟通",但不包含价格信息。价格广告是地区零售商广告的主要形式,提高价格广告的水平会使需求的价格弹性上升并使价格下降,表明这种广告能增进福利。非价格广告是制造商全国性广告的主要形式,它会降低需求的价格弹性,意味着这类广告会减少福利。

2. 广告过度

格罗斯曼和萨波罗证明有差别商品的市场上有过度的信息型广告,企业出售有差别的商品,消费者只能通过广告知道某一特定品牌的存在。为了得到更多的消费者,企业必须在更多的杂志上登广告、发出更多的传单,等等。一旦消费者知道了该企业的产品,消费者再接触广告就产生了浪费。当产品有差别的时候,导致消费者和品牌更好地配对的广告能够增进福利。该积极效果的关键在于差别程度。如果产品是相同的,那么使消费者从一家企业转向另一家企业的广告会是一种社会浪费。

第四节　企业并购

企业并购是资本集中的一种形式,包括兼并和收购两个方面。兼并是指两家或两家以上的企业合并成一家企业;收购是指一家企业通过取得另外一家企业的大部分资产或股份而获得对另一家企业的控制权。收购有三种情况:第一种是收购少数股权,即获得被收购企业10% ~49%具有投票权的股份;第二种是绝对控股,即持有被收购企业50% ~99%的股权;第三种是收购全部股份,即获得100%的股权。国际上习惯将兼并和收购合在一起使用,统称为并购。从并购双方所处行业的相互关系来划分,并购主要有横向并购、纵向并购和混合并购三种类型。本节主要阐述这三种类型的概念、动机及福利效应(威廉姆森的福利权衡模型)。

一、横向并购

(一)基本概念与动机

横向并购是指两个或两个以上生产和销售相同或相似产品公司之间的并购行为。换言之,横向并购是竞争者之间的并购,如两家航空公司的并购、两家石油公司的并购。企业实施横向并购的动机主要有以下几个方面:

1. 实现规模经济

实现规模经济是企业实施横向并购的主要动机之一,横向并购可以帮助企业实现规模经济,合理分摊固定成本,从而降低生产成本,提高利润。同时,企业实力不断增强,可以以更低的折扣购买原材料。

2. 增强市场支配力和竞争力

企业通过横向并购可以增强市场支配力和竞争力，从而达到获利的目的。虽然这么做可能会损害社会福利，但有时企业这样做是为了更好地适应外部环境。

3. 获得管理协同效应

管理协同效应是指两个管理效率不同的企业尝试横向并购后，新企业的管理能力要高于并购前两家企业的管理能力之和，管理协同效应的本质是合理配置管理资源。当一家企业拥有高效率的管理团队，且其管理能力超过了该企业的日常需要时，可以通过并购管理效率低的企业，充分利用过剩的管理资源，提高低效率企业的管理水平。

（二）福利效应

1. 横向并购的正效应

（1）获得规模经济，降低生产成本

横向并购获得规模经济的前提条件是该行业的确存在规模经济，且并购前企业的运营规模在规模经济水平之下。通过横向并购来扩大企业规模，从而获得规模经济效应，有利于成本降低、利润增加。但规模经济存在一个临界点，即最小效率规模，如果超过该点，企业继续扩大，便会处于规模不经济阶段。

（2）提高资源配置效率

同一产业内不同企业的生产成本往往不同，因此企业可以通过横向并购提高资源配置效率。若一家企业通过横向并购控制了多家企业，则该企业可以关闭其中效率较低的企业，将其资源转移到高效率企业中去，使资源配置得到优化。

2. 横向并购的负效应

（1）增强市场势力

企业横向并购可能使并购后的企业获得市场势力，从而限制竞争，损害消费者利益。这种市场势力主要表现在提高产品的价格及控制产品的产量等方面。

（2）有利于企业之间达成串谋协议

生产相同产品的企业，出于共同的盈利动机，有可能达成串谋协议，从而限制产量，提高价格，增加利润。横向并购提高了市场集中度，减少了行业中相互竞争的企业数量，使得同行业的企业更易达成串谋协议。行业中企业数量越少，串谋就越容易成功。同时，在这样的情况下，行业内市场份额位居前列的几家大企业可以独立行动而不顾其他小企业的反应，小企业不得不根据大企业的行为来调整自己的战略，从而达成一个非正式的串谋。

（3）提高行业的进入障碍

横向并购企业形成了较大的生产规模，具备绝对成本优势，有雄厚资金作为保障，这使得在位企业可以采取一些策略阻止新企业进入，例如在位企业通过掠夺性定价策略来驱逐竞争对手。

3. 威廉姆森的福利权衡模型

威廉姆森的权衡模型应用了新古典经济学的局部均衡理论，并继承了美国经济学家哈伯格早期的垄断福利损失的分析传统。我们可以借助图 5-5 来说明该模型的原理。

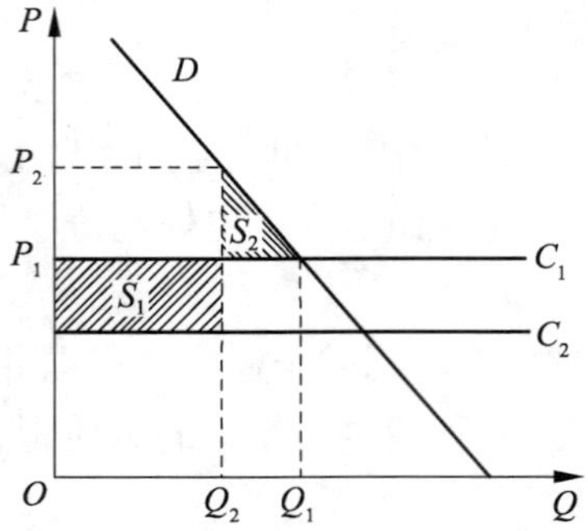

图 5-5 并购福利分析

图 5-5 中，D 是市场需求曲线，C_1 和 C_2 分别是企业的平均成本曲线和边际成本曲线。为简便起见，假设需求曲线为直线并且平均成本和边际成本均为常数。同时假定并购前市场处于完全竞争状态，企业在价格等于边际成本的情况下生产。一方面，横向并购使企业获得了规模经济，从而降低生产成本，企业的平均成本由 C_1 下降到 C_2；另一方面，企业规模的扩大造成了一定的市场势力，从而导致价格由 P_1 上升到 P_2，产量从 Q_1 下降到 Q_2。其中，S_1 表示企业实现规模经济而带来的成本节约；S_2 表示产品价格上升导致消费者剩余减少而造成的福利损失。具体计算公式为

$$S_1 = (C_1 - C_2)Q_2 = \Delta C \cdot Q_2$$

$$S_2 = \frac{1}{2}(P_2 - P_1)(Q_1 - Q_2) = \frac{1}{2}\Delta P \cdot \Delta Q$$

$$S_1 - S_2 = \Delta C \cdot Q_2 - \frac{1}{2}\Delta P \cdot \Delta Q$$

由于横向并购对社会的影响是双方面的，既有益处又有弊端，所以判断横向并购对社会总福利的影响，需要综合比较横向并购带来的成本节约和福利损失。如果成本节约大于福利损失，那么横向并购的社会总福利为正；相反，如果成本节约小于福利损失，那么横向并购的社会总福利为负。

专栏5-5

联想并购 IBM 公司的 PC 业务部门

20 世纪 90 年代，联想在中国个人计算机（PC）市场独领风骚。但是 2000 年以后，随着国内市场的开放，戴尔、惠普等国际厂商的进入及方正、同方等国内品牌的崛起，联想的 PC 业务发展空间受到限制，故对于联想而言，寻找新的发展道路势在必行。

2004 年 12 月 8 日，联想宣布并购 IBM 公司的 PC 业务部门，包括 IBM 全球台式电脑和笔记本电脑业务。联想获得 IBM 在日本和美国的两个研发中心及相关知识产权，同时联想还获得了 IBM 遍布全球的 160 多个国家的销售网络，以及在为期 5 年的时间里使用“IBM”和“Think”品牌的权利。并购交易完成后，联想成为继戴尔和惠普之后的全球第三大 PC 厂商，成为进入世界 500 强的高科技制造企业。

二、纵向并购

（一）基本概念与动机

纵向并购是指生产过程或经营环节相互衔接、密切联系的企业之间，或者具有纵向协作关系的专业化企业之间的并购。纵向并购的企业之间不是直接的竞争关系，是供应商和需求商之间的关系。纵向并购包括前向并购和后向并购两种类型。前向并购是指企业并购处于其下游的企业，即企业并购对其所生产的产品进行深加工或销售的企业；后向并购是指企业并购处于其上游的企业，即企业并购为其提供生产原料的企业。企业实施纵向并购的动机主要有以下几个方面：

1. 降低交易成本

现代企业理论认为，企业纵向并购的动机在于降低交易成本。市场和企业是资源配置的两种相互替代的方式。企业与其上下游企业进行市场交易时，存在着较高的交易成本。这些成本主要包括签订合同、监督合同的履行，以及针对外部事件不断地修订合同的成本等。当市场交易成本大于企业内部的行政管理成本时，企业会通过纵向并购的方式将原先的交易关系转变为企业的内部协作关系，即实现企业的内部化优势，从而降低交易成本。

2. 提高企业的控制能力

企业可以通过纵向并购将关键性的投入产出关系纳入企业的控制范围内，具体表现为纵向并购可以实现企业对原材料和销售渠道的控制。企业实施后向并购后能够保证原材料的供应，特别是一些比较短缺的资源；实施前向并购后还可以控制产品的销售，避免了销售环节上的威胁。纵向并购往往具有连锁效应，如果行业内一家企业率先实现了纵向一体化，即使不存在明显的经济效应，其竞争对手出于防卫也会实行纵向一体化。

3. 获得范围经济

范围经济是指两种或两种以上的产品结合在一起生产或销售的成本要小于分别生产每一种产品的成本之和的状况。例如，钢铁生产企业制成钢锭，将其冷却后送到铸造企业，铸造企业需要将钢锭重新加热后再进行深加工。若上述企业实行一体化生产，既可以节约运输成本，又能节约重复加热的能源成本。此外，范围经济还表现为对工程管理和质量管理费用的节约，以及通过合理的工厂布局节约企业的工厂建设投资等。

4. 增强或消除市场势力

竞争性行业中的某家企业可以通过后向并购该行业唯一的原材料供应商来增强自己的市场势力，同时消除供应商的市场势力，从而获得更多的收益。

5. 实行价格歧视

一个在中间产品市场上具有垄断地位的厂商可以通过价格歧视的方式获得更多的利润。实行价格歧视的条件是不同的下游厂商对该中间产品的需求弹性不同，同时还应阻止下游厂商的套利行为。企业可以并购具有较高价格弹性的下游厂商来有效地避免其向低弹性下游厂商的转卖行为，并对低弹性的下游厂商实行第三类价格歧视。

（二）福利效应

1. 纵向并购的正效应

（1）节约生产成本和交易成本，纠正市场失灵

纵向并购使企业获得范围经济，从而节约生产成本，提高经济效益。另外，纵向并购使

企业间的市场交易转变为企业内部的交易,不仅节约交易成本,还有助于实现内部化优势,纠正市场失灵问题。

(2) 解决双重加价问题

如果一个垄断性生产商通过一个垄断性零售商向最终消费者提供产品,生产厂商和零售商为实现各自利润的最大化,会分别在生产和零售两个环节收取高于边际生产成本的价格,由此便出现了双重加价的问题,而纵向并购可以有效地解决这一问题。

2. 纵向并购的负效应

(1) 提高行业的进入壁垒

纵向并购对行业进入壁垒的影响主要体现在如下两方面:一是实行纵向一体化的企业可以通过控制关键性生产要素来阻止其他企业进入;二是如果某种产品生产过程是高度一体化的,那么试图进入该产品市场的新企业就必须在多个生产阶段同时进入。

(2) 产生杠杆效应

企业通过纵向并购,将其在一个市场中拥有的垄断势力延伸到其他市场中。例如一个在投入品市场具有垄断势力的企业通过一体化进入最终产品市场,该企业可以提高投入品的价格,使其在最终产品市场上的竞争对手面临高价购进、低价售出的"双重挤压",在竞争中处于不利地位。

三、混合并购

(一) 基本概念与动机

混合并购是指一个企业对那些与自己生产的产品不同性质和种类的企业进行的并购行为,其中目标公司与并购企业既不是同一行业,又没有纵向关系。混合并购对市场占有率的影响,多数是以隐蔽的方式来实现的。混合并购分为产品扩张型、市场扩张型和纯混合型。产品扩张型混合并购是指产品功能相互联系的企业间的并购,这种产品功能的联系是指产品之间的互补关系,例如生产整车的企业并购一个生产汽车零配件的企业。市场扩张型混合并购是指从事相同生产经营活动,但所处的市场区域不同或面临顾客群体不同的企业之间的并购,例如我国主要面向中低端客户的吉利集团收购主要面向高端客户的豪华品牌沃尔沃。纯混合型并购是指生产经营活动上无任何联系的企业间的并购,与多样化经营的含义相近。企业实施混合并购的动机主要有以下几个方面:

1. 分散风险

任何企业都会遇到市场风险或波动,某些年份经济可能较好,而某些年份经济可能不景气,并且任何企业都有可能对之束手无策。运作于单个产业中的企业将会发现,它们的销售收入和利润是和它们可能受其影响而又不能控制的市场风险紧紧地联系在一起的。一些产业如新能源汽车对宏观经济的波动就特别敏感。如果经受周期性波动产业中的企业通过混合并购,将其业务分散到不相关的市场中经营,那么,它们可以熨平收入流量的波动。如果某个混合兼并企业能够成功地稳定它的收入来源,那么,它可以提高它的负债率,并且能大大地减少它的资金运作成本,并且这种财务上的益处将使得它以较低的成本运作于它经营的所有产业。另外,从社会福利的角度来看,当生产变得更有效率时,对社会也是有益处的。

2. 降低交易成本

混合并购代表了一种获取联合经济收益的机制，即它可以同时将投入品供给许多生产不同最终产品的企业。如多样化经营企业可以同时使用共同的诀窍或技术和不可分割的专用性实物资产。由于诀窍是一种将边干边学作为其本质特征的知识，而且诀窍的市场交易为机会主义的利用打开了方便之门，这必然鼓励拥有诀窍的企业将它们置于本企业范围内使用。至于高度的专用性实物资产，与它们的专用性程度相适应，它们服务的市场规模可能是较小的，因此，运作于单个市场的企业就可能不愿意花巨资投资专用性资产，为了解决这种市场失灵的可能性，将专用性资产用于经营多样化产业的企业可能最有效率。

3. 构造大企业

任何形式的并购都可能涉及资源的重新安排。一般来讲，并购的目标越大，并购所需要的资源就越多，交易成本也就相应越高，这只有大企业才可能会有较多的资源用于并购，并且受接管威胁的可能性最小。通过混合并购结合成一个大企业以抵抗被接管的意图是由于普遍存在以下这样一个事实：各国反垄断法限制了企业进行水平并购和垂直并购的规模。因此，企业寻求扩张将主要通过混合并购来进行。

4. 目标最大化

经营者追求实现自身目标最大化的欲望是混合并购的一种动机，尤其是一些大的混合并购，即经营者可能不是真正地打算提高企业效率或盈利能力，而是为了使自己拥有更好的福利。例如，经营者可能希望实现自己工资和控制权的最大化，因为经营者的工资可能很大程度上依赖于企业的规模。

（二）福利效应

混合并购对市场结构和社会福利的影响是不确定的，需要视具体情况具体分析。

1. 混合并购与行业的进入壁垒

与实行专业化生产的企业相比，实行多样化经营的企业在进入新的市场领域时往往更具有优势。这主要是因为多样化经营的企业可以利用原经营领域的优势从资本市场或企业内部筹集资金，同时，还能够在更大程度上承受进入新市场的初期亏损，直到可以盈利为止，即混合并购可以有效降低行业的进入壁垒。然而，当新企业进入某一生产领域时，实行多样化经营的在位企业可以利用生产多个产品的有利条件获得“交叉补贴”的优势，并通过掠夺性定价来驱逐竞争对手，限制竞争，增强垄断。

2. 混合并购与互补产品的销售定价

实行多样化经营的企业所生产的产品之间可能存在互补关系，即产品之间的需求交叉价格弹性为负值。实行专业化经营的企业一般不会直接考虑一种产品的价格变化对另一种产品需求量的影响；而多样化经营的企业则会考虑两种产品之间的互补关系，尽量避免一种产品价格上涨或下降对另一种产品造成不良影响。

3. 混合并购与互惠交易

实行多样化经营的企业在选择原材料的供给者时会优先选择购买本企业产品的供应商，即采取“互惠购买”的策略。例如，甲公司同时生产电视机和汽车两种产品，而乙公司生产电视机屏幕，同时需要购买汽车。此时，若乙公司购买甲公司汽车，甲公司就可能优先购买乙公司生产的电视机屏幕，并给予乙公司一定的补偿。这样一来，电视机屏幕市场就有可能出现不公平竞争。

4. 混合并购可以节约生产成本

与纵向并购的情况类似,混合并购所导致的生产成本节约也源于范围经济效益。以产品扩张型混合并购为例,并购后的企业可能通过整合现有资源,将两种关联产品在原材料采购、销售、生产、研发等各个环节实现资源共享,从而节约生产成本,提高经济效益。

5. 混合并购可能会形成组合力量

该力量来自多种品牌所产生的协同效应,获得组合力量的并购方可以通过杠杆效应延伸垄断力量或限制市场竞争,从而降低社会福利水平。具体方式是并购后的企业从事捆绑销售、搭售或采取拒绝交易等排他行为,其中最重要的方式是捆绑销售与搭售。

专栏5-6

可口可乐的混合并购案例

1886 年,可口可乐在美国佐治亚州亚特兰大市诞生,自此便与社会发展相互交融,激发创新灵感。现在,它每天为全球的人们带来怡神畅快的美妙感受。在以往的混合并购案例中,可口可乐公司的扩张极具代表性,主要有:

1960 年,可口可乐公司购进了密纽特 · 梅德冷冻果汁公司。

1961 年,购进了邓肯食品公司(主要经营咖啡业)。

1977 年,又购进了泰勒啤酒公司,并且成功地对泰勒啤酒公司进行了运营,使之一跃成为美国第五大酒业公司。

在 20 世纪 70 年代和 80 年代,可口可乐公司还通过并购将其业务扩展到了许多其他"无关联"的工业、文化娱乐、体育和社会公益等领域。

应该说,可口可乐公司的成功与它的神奇配方是有重要关系的。但是,并不能因此认为可口可乐的技术配方就是它的核心能力,其真正的核心能力应该是公司的市场营销能力——明确的、持之以恒的营销战略和不断的营销创新;否则,我们将很难理解为什么可口可乐公司在它的发明者潘伯顿药剂师那里不能得到发展。

本章提要

价格歧视按价格差别程度可以分为一级价格歧视、二级价格歧视和三级价格歧视三个等级。

非线性定价有两个重要的特征:一是发掘并模型化了消费者的异质性;二是可以同时提高生产者和消费者的福利,实现帕累托优化。同时,非线性定价包括两部定价制、搭售及捆绑销售等。

广告策略的定位策略主要分为实体定位策略和观念定位策略。其中实体定位策略又可分为功效定位、品质定位、市场定位、价格定位等;观念定位策略具体有两种方法,即逆向定位和是非定位。

广告策略的市场细分有三种相应的形式，包括无差别市场广告策略、差别市场广告策略和集中市场广告策略。这三种策略既可独立运用，也可综合利用、灵活掌握。广告策略的福利效应分析主要使用了多夫曼—斯坦纳模型。

企业并购有三种情况，分别是横向并购、纵向并购及混合并购。横向并购中的福利效应分析主要使用了威廉姆森的福利权衡模型。

重要术语

广告策略；实体定位策略；观念定位策略；逆向定位；是非定位；多夫曼—斯坦纳模型；价格歧视；一级价格歧视；二级价格歧视；三级价格歧视；非线性定价；两部定价制；捆绑销售；企业并购；横向并购；纵向并购；混合并购；威廉姆森的福利权衡模型

思考题

1. 在你所接触的广告中，什么样的广告是你喜欢的？什么样的广告又是你讨厌的？为什么会有这种感觉，请举例说明。

2. 请举出生活中存在的价格歧视的例子，并分析这属于哪一种价格歧视。

3. 假设有一个垄断者在两个需求独立的市场上进行销售。这两个市场的需求分别是 $q_1 = 32 - 4p$，$q_2 = 28 - 6p$。垄断者具有的不变的边际成本为2，没有固定成本。

（1）如果垄断者只能在两个市场内制定相同的价格，求利润最大化的产量、价格和利润。

（2）如果垄断者实行三级价格歧视，求此时垄断者利润最大化时的产量、价格和利润。

4. 企业并购有哪几种类型？请举出一例你所知道的企业并购，并分析其属于哪一类企业并购。

第二篇

结构与关联

第六章 产业结构

本章首先从不同的角度梳理了国内外典型的产业分类方式；其次从产业结构理论渊源分析产业结构演变的一般理论，重点阐述配第—克拉克和库兹涅茨法则提出的三次产业变动规律，并分析产业结构理论在我国的发展，在此基础上阐述产业结构演变的一般规律及产业结构演变的影响因素；再次，明确产业结构优化的基本内涵，以及产业结构合理化和产业结构高级化的判定标准；最后，介绍区域产业结构优化的内涵、特征及判定依据。

第一节 产业分类

产业分类是进行产业研究的前提，是把具有不同特点的产业按照一定标准划分成各种不同类型的产业，以便对产业进行合理有效的分类管理。学者们出于不同的研究目的和研究角度，提出了不同的产业分类方法，形成了不同的产业分类标准。

一、通用产业分类法

（一）三次产业分类法

三次产业分类法是按照产业发展的层次顺序及其与自然界的关系作为标准的分类方法，即把全部的经济活动划分为第一产业（primary industry）、第二产业（secondary industry）和第三产业（tertiary industry），见表 6-1。

表 6-1 三次产业分类法

产业	特征	包括的具体产业
第一产业（农业）	产品直接取自自然的物质生产部门	农业（指种植业）、畜牧业、林业、渔业、狩猎业
第二产业（工业）	加工取自自然的物质生产部门	采掘业、制造业、建筑业、运输业、通信业及煤气、电力、供水等部门
第三产业（服务业）	派生于有形物质财富生产活动之上的无形财富的生产部门	商业、金融业、保险业、生活服务业、旅游业、公务业（科学、教育、卫生政府等公共行政事业）及其他公益事业

三次产业分类法是西方产业结构理论中关于产业分类最重要的分类法之一。1935 年，

新西兰经济学家费希尔[①](A. Fisher)在他的著作《安全与进步的冲突》一书中首次系统地提出了三次产业的分类方法和分类依据,但没有总结出规律性的结论。随后英国经济学家、统计学家克拉克(C. G. Clark)在继承费希尔研究成果的基础上,运用三次产业分类法研究了三次产业结构的变化与经济发展的关系,从而使得三次产业分类法得到了普及。因此,这种产业的分类方法又被称为克拉克产业分类法。美国经济学家库兹涅茨[②](S. S. Kuznets)在继承了克拉克研究成果的基础上,从国民收入和劳动力在三次产业之间的分布进行了大量的实证分析,将国民经济活动划分为 A 部门(农业部门)、I 部门(工业部门)和 S 部门(服务部门),简称"AIS 分类法"。此后三次产业分类法逐渐为各国所接受,并成为世界通行的统计方法。

三次产业分类法是一种简明、实用的经济分析工具,但其本身也有一定的局限性:① 部分产业的归类尚存在争议,如第二产业的采掘业直接从自然界获取产品,是直接依赖对自然资源的开发和利用来进行的生产活动,通常都在自然资源所在地进行,理应归入第一产业;第二产业的煤气、电力和供水等产业归入第二产业或第三产业似乎都有道理。② 第三产业的内容过于繁杂,难以科学地总结它们的特点和发展规律来为政府制定政策服务。③ 三次产业分类法试图对全部经济活动进行最简明的分类,并把除家庭内部活动以外的一切社会经济活动都视为能够创造国民收入的生产部门,社会再生产过程被描述得过分笼统。

(二) 标准产业分类法

标准产业分类法(standard industrial classification,SIC)是为统一国民经济统计口径而由权威部门制定和颁布的一种产业分类方法。全面的、精确的、统一的经济活动统计对经济理论的探讨和整个国民经济问题的研究,对政府制定经济政策和进行国民经济的宏观管理都是十分必要的。国民经济管理的经济统计的基础就是产业分类的标准化。

国际标准产业分类法(international standard industrial classification of all economic activities,ISIC)是联合国为了统一世界各国的产业分类编制而颁布的一种产业分类方法。自 1948 年《国际标准产业分类》(第 1 版)通过以来,世界绝大多数国家都采用了《国际标准产业分类》,或根据《国际标准产业分类》制定自己国家的分类。无论是在各国还是在世界范围内,《国际标准产业分类》在经济社会领域都得到了广泛的应用。最新的 ISIC 4.0 版历经数年审查,与前一个修订本相比,在结构上更为具体详细,适合众多新兴行业的需要,这一点在服务行业中尤为突出,而且通过引入全新的高级分类,分类的关联性更强,因而能更好地反映当前的经济现象。ISIC 4.0 版将全部经济活动分为门类、类、大组和组四个层次,并规定了相应的统计编码。它先将全部经济活动分为 21 个门类(表 6-2),每个门类下分为若干类,并进一步细分为更多的大组和组。

---

① 费希尔在英国出生、长大,后移居澳大利亚任教,最后定居新西兰。

② 库兹涅茨由于在产业结构演变规律方面的突出贡献于 1971 年获得诺贝尔经济学奖。

表 6-2 《国际标准产业分类》(ISIC)(4.0 版)中的 21 个门类

门类	类	说明	门类	类	说明
A	01~03	农业、林业及渔业	L	68	房地产业
B	05~09	采矿和采石	M	69~75	专业、科学和技术活动
C	10~33	制造业	N	77~82	行政和辅助活动
D	35	电、煤气、蒸气和空调的供应	O	84	公共管理和国防;强制性社会保障
E	36~39	供水;污水处理、废物管理和补救活动	P	85	教育
F	41~43	建筑业	Q	86~88	人体健康和社会工作活动
G	45~47	批发和零售业;汽车和摩托车的维修	R	90~93	艺术、娱乐和文娱活动
H	49~53	运输和储存	S	94~96	其他服务活动
I	55~56	食宿服务活动	T	97~98	家庭为雇主的活动;家庭自用、未加区分的物品生产和服务活动
J	58~63	信息和通信			
K	64~66	金融和保险活动	U	99	国际组织和机构的活动

国家标准产业分类法(standard industrial classification of all economic activities, SIC),是指一国(或一地)政府为了统一该国(或该地)产业经济研究的统计和分析口径,以便科学地制定产业政策和对国民经济进行宏观管理,并根据该国(或该地)的实际而编制和颁布的划分产业的一种国家标准。这种分类法具有如下特征:① 它是由一国或一地的地方政府或其他技术标准管理部门编制和颁布的,而不是由个人或产业研究机构自己编制的,因而具有整体性、广泛性和权威性的特征;② 它是一国或一地的国家标准,在运用上具有强制性和代表性;③ 它具有明确的统一统计口径和分析口径的目的,从而有利于科学地制定产业政策并对国民经济进行宏观管理;④ 它具有特殊性,是针对一国或一地的具体实际编制的,只适用于该国或该地的产业分类,其他国家只能参考和借鉴;⑤ 它具有较高的科学性,比较能反映该国或该地的产业发展和变化情况,也比较能适应其产业发展和变化的需要。

世界上许多国家都有自己的国家标准产业分类法,我国也不例外。《国民经济行业分类》国家标准于 1984 年首次发布,前后经过四次修订,最新的《国民经济行业分类》(GB/T 4754—2017)从 2017 年 10 月正式开始使用。它把我国全部的国民经济划分为 20 个门类(表 6-3)、97 个大类、473 个中类、1 380 个小类。与上一版(GB/T 4754—2011)相比,最新版本保留了主要内容,对个别大类及若干中类、小类的条目、名称和范围做了调整。

表 6-3 《国民经济行业分类》(GB/T 4754—2017)20 个门类

A. 农、林、牧、渔业(含 5 个大类)	E. 建筑业(含 4 个大类)
B. 采矿业(含 7 个大类)	F. 批发和零售业(含 2 个大类)
C. 制造业(含 31 个大类)	G. 交通运输、仓储和邮政业(含 8 个大类)
D. 电力、热力、燃气及水生产和供应业(含 3 个大类)	H. 住宿和餐饮业(含 2 个大类)

续表

I. 信息传输、软件和信息技术服务业(含3个大类)	O. 居民服务、修理和其他服务业(含3个大类)
J. 金融业(含4个大类)	P. 教育(含1个大类)
K. 房地产业(含1个大类)	Q. 卫生和社会工作(含2个大类)
L. 租赁和商务服务业(含2个大类)	R. 文化、体育和娱乐业(含5个大类)
M. 科学研究和技术服务业(含3个大类)	S. 公共管理、社会保障和社会组织(含6个大类)
N. 水利、环境和公共设施管理业(含4个大类)	T. 国际组织(含1个大类)

《国民经济行业分类》(GB/T 4754—2017)国家标准第1号修改单已经国家标准化管理委员会于2019年3月25日批准,自2019年3月29日起实施。对其中1个大类、3个中类、14个小类进行了修订。

二、其他产业分类法

(一)马克思的两大部类产业分类法

马克思在《资本论》中提出了以产品不同的最终用途作为分类标准的分类方法。他从实物形成上将社会总产品分为两大部类,也把社会生产部门分为两大部类,即生产生产资料的产业部类和生产消费资料的产业部类,其中每个部类又分为两个小的副类(图6-1),目的是分析不同物质生产部门的相互关系,揭示社会再生产的实现条件。

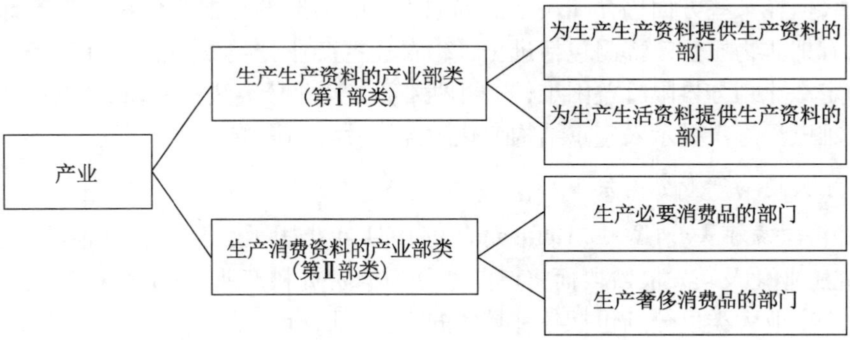

图6-1 马克思的两大部类产业分类方法

马克思的两大部类产业分类法揭示了社会再生产顺利进行时两大部类产业间的实物和价值构成的比例平衡关系,它不仅是研究社会再生产过程的理论基础,还是产业结构理论的基本来源之一。它对于研究资本主义再生产关系和指导社会主义经济实践具有重要的理论意义,同时对于研究现代市场经济条件下如何通过政府宏观调控来处理两大部类之间的关系,如何实现社会再生产总量平衡和结构平衡,以保持国民经济持续、快速、健康发展具有重要的现实意义。

由于马克思运用这一分类法对社会再生产过程分析的目的在于揭示剩余价值产生的秘密,因此,在实际应用中存在一些局限性,主要表现为:① 只包括物质生产部门,不包括如商业、运输业等非物质部门,覆盖面窄,不利于对产业经济进行全面分析;② 许多商品具有多种用途,既可用于生产资料的生产,又可用于消费资料的生产,导致产品划分界限困难,难以应用于实际工作中;③ 影响经济增长的结构因素非常繁杂,该分类方法不够细化,不能深入分析产业结构变化对经济增长的影响。

(二) 农轻重产业分类法

列宁在马克思的两大部类产业分类法的基础上提出了以物质生产的不同特点为标准的分类方法。这里所讲的生产特点,主要指劳动对象、劳动资料、生产过程、加工方式和劳动产品的不同。农轻重产业分类法就是将经济生活中的物质生产部门分为农业、轻工业、重工业三个产业大类的分类方法(表6-4)。

表6-4 农轻重产业分类法

产业	包括的具体产业
农业	种植业、畜牧业、渔业和林业
轻工业	纺织、食品、缝纫(服装)、制革、皮毛、家具、造纸、印刷等
重工业	燃料、冶金(如钢铁)、煤炭、石油、化工等

农轻重产业分类法源于苏联,曾在社会主义国家广泛应用,同时也被一些实行其他经济体制的国家和国际组织所采用。这一产业分类法是马克思的两大部类产业分类法在经济实践中的应用,并在某些方面对两大部类产业分类法做了一些修正和改进,具有比较直观和简便易行的特点。它可以大致显示社会再生产过程中两大部类之间的比例关系,而且对于从宏观上安排国民经济计划和进行计划调控,以及研究社会工业化实现进程具有较大的实用价值,但在某些方面仍存在一定的局限性:① 仍然没有把全部物质生产部门都包括进去,更没有把非物质生产部门包括进去;② 农轻重产业分类法中农轻重三者的界限越来越模糊,确定产业划分界限日益困难;③ 与两大部类产业分类法相似,农轻重产业分类法也不够细分,难以深层次揭示农轻重结构变化对经济发展的影响。

(三) 霍夫曼的产业分类法

德国经济学家霍夫曼(W. G. Hoffmann)在1931年出版了《工业化的阶段和类型》一书。他为了研究工业化及其发展阶段而将产业划分为消费资料产业、资本资料产业和其他产业三大类,每个产业大类里分别包括各种具体的产业,见表6-5。

表6-5 霍夫曼的产业分类法

产业	包括的具体产业
消费资料产业	食品、纺织、皮革和家具等产业
资本资料产业	冶金及金属材料产业、运输机械产业、一般机械产业和化学产业
其他产业	橡胶、木材、造纸、印刷等产业

霍夫曼这一分类方法的目的是分析消费资料产业净产值与资本资料产业净产值的比例(霍夫曼比例)问题。它按照霍夫曼比例的大小来划分产业化发展阶段,这一方法也曾被一些国家采用。在产业划分过程中,为了避免生产某种产品的产业既属于消费资料产业,又属于资本资料产业的问题,霍夫曼将产品用途有75%以上属于消费资料的产业划分为消费资料产业,产品用途有75%以上属于资本资料的产业划分为资本资料产业,难以用以上

标准划分的产业归入其他产业。这一划分法的缺陷在于,75%的分界线在实际工作中是难以划分和度量的,因此,只有在特定条件下才有实际应用价值。

（四）生产要素集约产业分类法

生产要素集约产业分类法是依据不同产业在生产过程中对资源的需求种类和依赖程度的差异,即以生产要素集约程度作为标准划分产业的一种分类方法。这里的资源是指劳动、资本、土地、知识和技术、管理、自然资源等投入生产活动的生产要素的总和。由于产品的技术、特征各不相同,各产业在生产单位产量时所需投入的各个生产要素的量有很大差别,因此,学者们以生产要素的集约度或密集度为标准将产业划分为劳动密集型产业、资本密集型产业、技术密集型产业和知识密集型产业。

劳动密集型产业是指生产过程中对劳动力的需求依赖程度较大的产业,即生产的产品中劳动要素投入占比较大的产业,包括传统种植业、食品业、服装业、服务业等产业。

资本密集型产业是指生产过程中对资本的需求依赖程度较大的产业,即生产的产品中资本投入量所占比例较大的产业,包括钢铁、机械、造纸、化工等产业。

技术密集型产业是指生产过程中对技术的需求依赖程度较大的产业,即生产的产品中技术含量高、脑力劳动所占比例较大的产业,包括航天、电子计算机、新材料、新能源、测控仪器等产业。

知识密集型产业是指生产和服务过程中对知识的需求依赖程度较大的产业,即以知识的生产和传播为主的产业,包括研究开发、设计、教育、文化创意等产业。

生产要素集约产业分类法能比较客观地反映一国的经济发展水平。从发达国家的经济发展历程看,产业结构一般经历了以劳动密集型为主的产业结构过渡到以资本密集型为主的产业结构,再过渡到以技术(知识)密集型为主的产业结构的发展过程。这一分类法有利于将各个产业使用的各种生产要素的组合在产业之间进行比较,对于求得最佳宏观经济效益和制定经济发展战略具有重要的意义。但生产要素集约产业分类法也有它的局限性,即它的划分界限比较模糊,容易受到主观因素的影响,并且由于科技进步日新月异,昔日的技术(知识)密集型产业可能变成今天的劳动密集型产业,因此,资源的密集程度是相对的,也是动态变化的。

（五）产业地位分类法

产业地位分类法是以产业在国民经济中的地位、作用为标准进行产业分类的方法。不同的产业对国民经济发展所起的作用是不相同的,一般可以将产业划分为基础产业、瓶颈产业、支柱产业、主导产业和先行产业等类型。

基础产业(infrastructure industry)是指为其他产业的发展提供基本条件并为大多数产业提供服务的产业,是工业、农业、商业等产业赖以发展的前提条件和基础。

瓶颈产业(bottleneck industry)是指未得到应有发展而已严重制约其他产业和国民经济发展的产业。如果基础产业未得到先行的、充分的发展,那么它就可能成为瓶颈产业。因此,突破瓶颈产业是优化产业结构的重要内容。

支柱产业(mainstay industry)是指当前在产业体系中总产出占比最大的产业,是当前一国财政收入的主要来源,对国民经济的发展具有重要的支撑作用。一般来说,支柱产业往往由先导产业发展壮大,达到产业规模后成为该地区的主导产业,进而发展为支柱产业。

主导产业(leading industry)是指在经济发展的一定阶段,本身成长性很高并具有很高的创新率,能迅速引入技术创新,对一定阶段的技术进步和产业结构升级转换具有重大的关键性的导向作用和推动作用,对经济增长具有很强的带动性和扩散性的产业。

先行产业(forerunner industry)是指关系到国民经济可持续发展而必须优先发展的产业。广义的先行产业是指根据产业结构发展的内在规律或自然规律必须先行发展以免阻碍其他产业发展的产业。

产业地位分类法所划分的各种产业类别会由于区域的资源优势禀赋和经济发展程度不同而不同,因此,其划分结果也是动态变化的。产业地位分类法的目的主要在于确定不同产业在国民经济发展中的地位和作用。其优点是有利于研究产业与经济发展的关系,有利于政府通过制定相关产业政策和进行相关产业管理,促进产业发展并带动整个国民经济的发展。但这种分类法强调产业之间的横向地位问题,容易忽视产业之间的纵向关系和产业群的培育与形成。

(六)产业发展状况分类法

产业发展状况分类法是根据产业发展的技术状况和阶段进行分类的方法。具体包括以下两种方法:

1. 按技术先进程度进行产业分类

由于科学技术发展对产业发展和产业结构变迁起着重要的推动作用,因此,经济学家尝试运用科技进步理论解释产业发展问题。通常是以不同的产业技术含量为标准进行产业分类,按不同的技术先进程度将产业划分为传统产业和高技术产业。

传统产业(traditional industry)是指其应用的技术并不代表现代新技术的发展,在发达国家中增长缓慢甚至逐渐衰退的产业。

高技术产业(high-tech industry)是指其应用的技术水平高、研究开发投入高,且在经济发展中增长较快的产业。

这种产业分类法的目的主要在于确定技术先进程度在产业发展中的地位和作用。它有利于研究工业化过程中高技术产业与传统产业的比例关系和结构演变状态,为研究工业化进程中产业结构升级路径提供了理论依据。

2. 按产业发展阶段进行产业分类

按照产业发展所处的不同阶段可以分为幼小产业、新兴产业、朝阳产业、衰退产业、夕阳产业、淘汰产业等(表6-6)。

表6-6 产业发展状况分类法(按产业发展阶段分类)

产业	包括的具体产业
幼小产业	在开发初期因生产规模小、成本过高、技术不成熟而不能享受规模经济的好处,并缺乏国际竞争力的产业
新兴产业	由于科技的发展和生产力水平的提高,已经度过幼年生命危险期的新的细分产业。这些产业的产品在技术工艺、用途、生产方式、用料或其他方面与原有产业的产品有较大的不同
朝阳产业	新兴产业的进一步发展使其进入技术不断成熟、平均成本不断下降、产业规模不断扩大、市场需求不断增加的时期,处在这一发展阶段的产业称为朝阳产业,它常常与夕阳产业相对应

续表

产业	包括的具体产业
衰退产业	由于技术逐渐老化、需求逐渐萎缩、平均成本不断上升，引起规模收益逐渐下降、产业规模逐渐缩小的产业
夕阳产业	衰退产业继续衰退下去，得不到政府的有关扶持，也没有某项技术的重大突破来改革原有的技术条件而即将退出市场的产业
淘汰产业	产业发展到一定时期，由于技术老化、需求萎缩、成本上升、长期亏损，不能适应市场需求而退出市场的产业

这种划分方法主要是为了把握产业发展变化的趋势，其优点是有利于了解影响产业变化的因素，有利于准确掌握产业变化的趋势，从而提前制定科学的调整策略。

综上所述，产业分类标准是多种多样的，而产业分类标准又是与产业分类方法紧密联系在一起的。这种关系表现为，所确定的产业分类标准不同，会导致产业分类方法也不相同，不同的产业分类方法是以不同的产业分类标准为前提条件的，因此，产业分类方法是产业分类标准的具体运用。

专栏6-1

近代中国工业分类的源起

1912年，工商部制定了《工商统计调查报告通则》，以及工厂统计、省市镇乡工产物等方面的调查章程，开启了近代中国历史上正式的工业调查。1914—1924年，农商部以登记的方式，先后完成9次《农商统计表》，在这些调查统计中，尚未出现工业分类，一般均以习惯意义上的行业为主。相对准确的调查始于中华民国国民政府时期，这是因为：一方面，1929年工商部制定了更完美的调查方案；另一方面，随着工业专业化的发展、产业链的衍生，合理、合规、常态化的工业分类调查成为必需。

第二节　产业结构演变

一、产业结构理论的渊源

产业结构理论的思想渊源可以追溯到17世纪。英国资产阶级古典经济学创始人威廉·配第（William Petty）早在17世纪就第一次发现了世界各国国民收入水平的差异和经济发展的不同阶段的关键原因是产业结构的不同。1672年，他在《政治算术》一书中比较了英国农民的收入和船员的收入，发现船员的收入是农民的3倍。后经过多方考察得出结论，工业比农业收入多，商业比工业收入多。这一发现被称为配第定理，它揭示了结构演变和经济发展的基本方向。此外，英国经济学家亚当·斯密在1776年出版的《国富论》一书中指出，各国按照绝对成本的高低进行国际分工就会使生产要素从低效率产业流入高效率产业，使资源合理配置，优化产业结构。

1929年爆发的经济大危机使资本主义世界发生了严重的危机，使市场价格调节社会资源流向的古典经济学理论遇到了前所未有的挑战。在这种情况下,以凯恩斯为代表的国民收入决定理论,开始对国民经济的宏观领域进行分析,研究国民经济总量变化及其规律,该理论认为在市场经济条件下,由于存在边际消费倾向、资本边际效率和流动偏好等心理因素的影响,会出现"有效需求不足"和"非自愿失业",使市场机制本身无法维持总需求与总供给相等,不可避免地出现经济萧条和失业。因此,政府有必要运用计划、财税、金融等手段,主动干预经济,有效调节经济总量间的均衡,以弥补市场机制的局限性。这使人们对市场经济的运动规律有了进一步的认识。凯恩斯主义虽然在一定程度上弥补了市场机制的不足,刺激了危机中的经济复苏,但由于总量调控政策系统的行为是由人们的主观判断决定的,存在主观愿望脱离客观实际的可能性,而且人们对市场的认识存在认知的有限性,以及对市场信息的时间滞后效应,也使总量调控机制不能有效地照顾到社会再生产过程的结构协调和均衡,使生产结构不能和变化了的消费结构、技术结构有效衔接,这就形成了触发财政赤字和"滞胀"的客观基础,产生总量失衡的机制。

这些经济现象使人们把目光转向社会再生产的中观层面——国民经济的产业层面,从"市场调节"和"总量调节"中间寻找出路,建立资源配置的结构调控机制,这就形成了研究产业间的数量比例关系、产业间的技术经济关联、产业结构演变的产业结构理论。因此,研究产业结构是研究社会再生产过程中均衡状态的实现、比例关系的协调,以及经济发展中产业结构的转化、进化、升迁的规律。

二、产业结构演变的相关理论

(一)马克思的产业按比例协调发展规律

马克思的社会再生产理论中两大部类关系可表述如下。按价值形态划分,社会总产品由不变资本价值(C)、可变资本价值(V)和剩余价值(M)三部分组成。按实物形态划分,社会总产品分为生产资料和消费资料,社会生产相应分为两大部类:生产资料的生产,称为第Ⅰ部类;消费资料的生产,称为第Ⅱ部类。社会资本扩大再生产的实现条件是第Ⅰ部类1年内所生产的生产资料必须多于两大部类1年内所消耗的生产资料,以便第2年有多余的生产资料用于扩大再生产,可用公式表达为$\text{I}(C+V+M)>\text{I}(C)+\text{II}(C)$,也可简化表达为$\text{I}(V+M)>\text{II}(C)$。

(二)列宁的生产资料生产优先增长的规律

列宁指出,技术愈发展,手工劳动就愈受排挤而为许多愈来愈复杂的机器所代替,也就是说,机器和制造机器的必需品在国家全部生产中所占的比例愈来愈大。资本发展的规律就是不变资本比可变资本增长得快。因此,增长最快的是制造生产资料的生产资料生产,其次是制造消费资料的生产资料生产,最慢的是消费资料的生产。列宁同时也明确指出,绝不能由此得出结论说,生产资料的生产可以完全不依赖消费品的生产而发展,也不能说二者毫无关系。生产消费(生产资料的消费)归根到底总是同个人消费联系着,总是以个人消费为转移的。

(三)钱纳里的标准结构模式

钱纳里与塞尔昆对101个国家1950—1970年的统计资料进行分析,构造出世界发展模型,由发展模型整理出经济发展结构模型,即经济发展不同阶段产业结构的标准数值。钱纳里认为，在经济发展的不同阶段，存在着不同的经济结构与之相对应，如果不对应，则说明该国结构存在偏差。这就为不同国家分析在经济发展过程中产业结构演变是否正常提供了依据。钱纳里和塞尔昆发现，当人均收入处于低水平时，初级产业(农业)产出在国内生产总值中的比重大，随着人均收入的增加，初级产业产出份额持续下降，工业和服务业产出份额持续上升。当人均收入为100美元时，初级产业产出份额为45%，工业为15%；当人均收入为500美元时，初级产业产出份额降到20%，工业增加到28%。

钱纳里进而将制造业的发展分为经济发展初期、中期和后期三个发展时期；将制造业也按三种不同的时期划分为三种不同类型的产业，即初期产业，指经济发展初期对经济发展起主要作用的制造业部门，例如食品、皮革、纺织等部门；中期产业，指经济发展中期对经济发展起主要作用的制造业部门，例如非金属矿产品、橡胶制品、木材加工、石油、化工、煤炭制品等部门；后期产业，指在经济发展后期起主要作用的制造业部门，例如服装和日用品、印刷出版、粗钢、纸制品、金属制品和机械制造等部门。在这一基础上构建的相关理论被统称为钱纳里工业化阶段理论。

（四）赤松要的雁行形态理论

"雁行模式"是日本经济学家赤松要在1932年提出来的，主要用来说明日本的工业成长模式。赤松要认为，日本的产业通常经历了进口、国内生产、开拓出口、出口增长四个阶段并呈周期循环，如图6-2所示。随着进口的不断增加，国内生产和出口逐渐形成，国内产业的发展轨迹就形如三只大雁展翅翱翔。人们常以此表述后进国家工业化、重工业化和高加工度发展过程，并称之为"雁行产业发展形态"或雁行形态理论。在一国范围内，雁行产业发展形态先是在低附加值的消费品中出现，然后才在生产资料产业中出现，继而在整个制造业的结构调整中都会出现雁行变化格局。

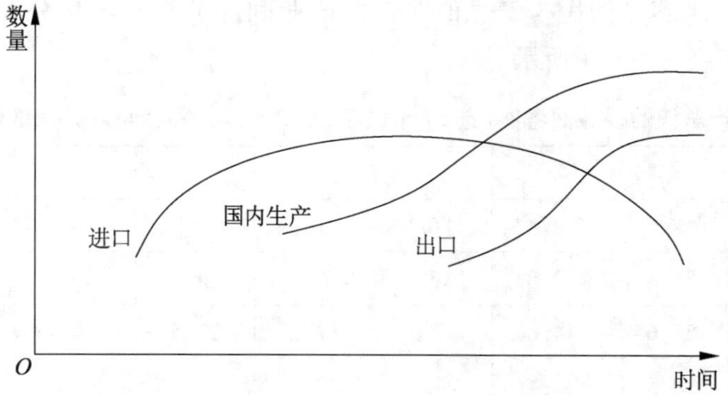

图6-2　赤松要"雁行模式"

雁行形态理论要求将本国产业发展与国际市场密切联系起来，使产业结构国际化。他认为，后起的工业化国家可以通过四个阶段来加速本国工业化进程。

第一阶段：从研究开发新产品到国内市场形成；

第二阶段：从国内市场饱和到产品出口，开拓国际市场；

第三阶段：从国外市场形成到输出技术设备，就地生产和销售；

第四阶段：国外生产能力形成，产品以更低的价格返销，迫使本国减少生产该产品，并促使新产品开发。

（五）配第—克拉克定理

最早注意到产业结构演变规律的英国经济学家威廉·配第就在他出版的《政治算术》一书中指出工业比农业、商业比工业具有更高的附加价值，而不同产业之间的收入差距会推动劳动力向收入更高的部门转移。这一发现第一次揭示了产业结构演变和经济发展的基本方向。但由于时代的局限性，配第未能看到产业结构的变动和人均国民收入水平的内在联系。

英国经济学家科林·克拉克（Colin Clark）于1940年在《经济进步的条件》一书中，按照三次产业分类法，以40多个国家和地区在时间推移中发生的变化为依据，分析了劳动力在第一、第二、第三产业间移动的规律性。他发现随着经济的发展和国民收入水平的提高，劳动力首先从第一产业向第二产业移动。当人均收入水平进一步提高时，劳动力便向第三产业移动。劳动力在产业之间的分布状态是，第一产业比重不断减少，第二产业和第三产业将顺次不断增加。劳动力在不同产业间流动的原因在于不同产业之间收入的相对差异。由于克拉克的研究只是印证了配第的发现，因此，这一研究成果被叫作"配第—克拉克定理"。

（六）库兹涅茨法则

克拉克只是用单一的劳动力要素来反映产业结构的变化，没有从经济的综合成果来反映。美国著名经济学家"GDP之父"西蒙·库兹涅茨（Simon Kuznets）在克拉克研究成果的基础上，对产业结构的演进规律做了进一步探讨，阐明了劳动力和国民收入在产业间分布变化的一般规律，从而在深化产业结构演变的诱因方面取得了突出成就。他分别对劳动力和国民收入在产业间的分布进行了分析，搜集和整理了20多个国家的庞大历史数据。1971年库兹涅茨出版了《各国的经济增长》一书，把三次产业分别称为A（agriculture）、I（industry）、S（service），考察了国民生产总值在三次产业间的分布。考察分为横截面考察和时序趋势考察，如表6-7～表6-9所示。

表6-7 国民生产总值的横截面考察（选57个国家，按1958年的人均GDP从低到高分为8组）

组型	1	2	3	4	5	6	7	8
国家数	6	6	6	15	6	6	6	6
人均GDP（美元）	51.8	82.6	138	221	360	540	864	1 382
A（%）	53.6	44.6	37.9	32.2	22.5	17.4	11.8	9.2
I（%）	18.5	22.4	24.6	29.4	35.2	39.5	52.9	50.2
S（%）	27.9	33.0	37.5	38.4	42.3	43.1	35.3	40.6

库兹涅茨的统计数据中将运输、通信划入I，而有人将运输、通信划入S，因此得到表6-8所示两行数据。

表 6-8 将运输、通信划入 S 后的统计数据① %

I	13.3	16.5	18.8	23.6	28.7	32.5	43.6	42.4
S	33.1	38.9	43.3	44.2	48.8	50.1	44.6	48.4

表 6-9 时序趋势考察(部分国家的统计数据,三次产业占 GDP 的比重,按不变价格计算)② %

国家	年份	A	I	S
美国	1839	44.6	24.2	31.2
	1889—1899	25.8	37.7	36.5
	1919—1929	11.2	41.3	47.5
	1953	5.9	48.4	45.7
意大利	1861—1870	46.1	19.6	34.3
	1950—1952	22.4	43.6	34.0
	1963—1967	13.7	47.9	38.4
阿根廷	1900—1904	33.3	24.8	41.9
	1935—1939	26.2	37.9	35.9
	1950—1954	19.9	43.5	36.6
	1963—1967	16.9	48.4	34.7

这表明,无论是发达国家,还是发展中国家,在工业化进程中,随着经济的发展、人均国民生产总值的提高,A 部门的比重都处于下降趋势,I 部门处于快速上升趋势,S 部门处于缓慢上升趋势。库兹涅茨又考察了劳动力在各产业之间的分布,如表 6-10 所示。

表 6-10 1960 年 59 个国家的劳动力在 3 个部门中所占份额(按人均 GDP 由低到高分 8 个组)

分组		1	2	3	4	5	6	7	8
国家数		5	6	6	18	6	6	6	6
人均 GDP(美元)		72.3	107	147	218	382	588	999	1 501
各部门所占份额(%)	A	79.7	63.9	66.2	59.6	37.8	21.8	18.9	11.6
	I	9.9	15.2	16.0	20.1	30.2	40.9	47.2	48.1
	S	10.4	20.9	17.8	20.3	32.0	37.3	33.9	40.3

表 6-10 中将运输、仓储和通信划入 I;若将运输、仓储和通信划入 S,则得到表 6-11 所示两行数据。

① 西蒙·库兹涅茨:《各国的经济增长》,常勋,等译,北京:商务印书馆,1999 年,第 118 页。
② 西蒙·库兹涅茨:《各国的经济增长》,常勋,等译,北京:商务印书馆,1999 年,第 164 - 166 页。

表 6-11 将运输、仓储和通信划入 S 后的统计数据① %

I	8.5	12.1	13.3	17	25.5	34.9	39.9	40.8
S	11.8	24	20.5	23.4	36.7	41.2	41.2	47.6

这表明,人均国民生产总值不同的国家,劳动力在几个产业的分布是不同的。收入水平越高,A 部门劳动力比重越小,I、S 的劳动力比重越大。按时序趋势考察,也有相同结论,如表 6-12 所示。

表 6-12 部分国家的劳动力所占的份额② %

国家	年份	A	I	S
美国	1938	64.3	16.2	19.5
	1949	21.2	38.0	40.8
	1965	5.7	38.0	56.3
日本	1872	85.5	5.6	8.6
	1900	71.1	15.7	13.2
	1920	54.6	25.4	20.0
	1964	27.6	37.4	35.0
阿根廷	1895	39.6	28.0	32.4
	1960	21.6	43.1	35.5

这表明,无论是发达国家,还是发展中国家,在工业化进程中,随着人均国民生产总值的提高,A 部门劳动力的比重都处于下降趋势,I 部门前一阶段处于上升趋势,当上升到一定程度时则大体不变,S 部门始终处于上升趋势。

宫泽健一总结了国民收入和劳动力在三次产业中的比重变化规律,如表 6-13 所示。

表 6-13 国民收入和劳动力在三次产业中的比重变化规律③

产业	劳动力的相对比重		国民收入的相对比重	
	时间序列分析	横截面分析	时间序列分析	横截面分析
第一产业	↓	↓	↓	↓
第二产业	≌	↑	↑	↑
第三产业	↑	↑	≌	—

注:"≌"表示不确定,"—"表示稳定或几乎不变。

三、产业结构理论在我国的发展

中华人民共和国成立初期,我国经济理论研究工作刚刚起步,主要靠引入苏联社会主

① 西蒙·库兹涅茨:《各国的经济增长》,常勋,等译,北京:商务印书馆,1999 年,第 222 页。
② 西蒙·库兹涅茨:《各国的经济增长》,常勋,等译,北京:商务印书馆,1999 年,第 284 - 290 页。
③ 宫泽健一:《产业经济学》,东京:东洋经济新报社,1975 年,第 57 页。

义经济理论的研究范式。其中与产业结构有关的内容,是社会再生产理论中两大部类的关系,重点是生产资料优先增长"规律"。20 世纪 50 年代后期,我国出现了国民经济主要比例关系严重失调的问题。受现实问题与政治背景的影响,产业结构成为理论界在 20 世纪 60 年代初期集中研究的问题之一,重点是对马克思两大部类比例关系和农、轻、重比例关系的理解和阐述。

改革开放初期,产业结构问题的研究主要受到四方面因素的影响。第一,受以往学术传统的影响,继续在两大部类框架内讨论;第二,当时国民经济比例严重失调,迫切需要有现实针对性的理论研究;第三,这个时期中央有关经济工作的重要文献,都将经济结构的调整放在极其重要的位置,并且对之前片面强调重工业、忽视消费品生产的问题进行反思;第四,其他国家产业发展的历史和现状及相应的学术研究开始被我国学者所了解,对国内相关学者拓展研究思路、更新研究方法产生了积极的影响。总体上看,在这个时期,我国产业结构研究的重点从理论演绎转向对中国现实问题的实证分析,特别注重对我国产业结构中存在的问题进行反思和批判。研究框架仍以传统方法为主,即仍然在农轻重比例关系、两大部类比例关系和产业发展优先顺序等范式内进行讨论,但学术界已深切意识到,随着经济发展和体制转换,仅使用传统方法研究产业结构问题,其客观性和解释力都受到限制,不能全面表达一个国家产业结构状况和发展趋势。与此同时,西方产业经济学中的一些观点和思路开始被我国学者关注和引用。

20 世纪 80 年代,我国研究产业结构问题的学者已经较多借鉴、学习和应用西方产业经济理论的思路和方法。20 世纪 80 年代初期,我国经济学界对三次产业的演进规律及其在我国的适用性的分析成为产业结构研究的重要内容。20 世纪 80 年代中期前后,国外产业结构调整的经验,特别是战后一些后起国家通过产业政策促进结构转换和结构升级的经验,引起国内学者和决策者的关注,产业结构理论研究的特点是以三次产业分类为基础,从静态理论演绎转向动态实证研究,将产业结构状况及其变化与经济发展阶段和水平、要素禀赋、政府干预等联系在一起进行分析。

随着国外一些著名的产业结构论著和经典文献陆续被引进,国内学者基于后期工业化国家战后经济发展经验,将我国产业结构问题置于国际经验和工业化一般规律的背景下考察。一些学者认为,从改革开放后结构变动的轨迹看,虽然中国工业化道路和发展模式有独特之处,但从中长期的变化趋势看,仍然遵循工业化的一般规律,特别是改革开放以来,产业结构呈现出向一般规律趋同的变化:产值和就业结构在三次产业中的分布发生明显变化,产值结构中初级产业份额显著下降,制造业的份额经过 20 世纪 80 年代的调整后持续上升,服务业的份额继续增加,就业结构以农业劳动力份额下降为主线,发生了大规模的农业劳动力非农化流动。

20 世纪 90 年代初期以来,经济学界对产业结构问题的研究比 20 世纪 80 年代中后期稍稍"冷"了一些。虽然产业结构研究在整个经济研究中的地位相对下降,不过,还是有一批重要的课题报告和颇有水平的研究成果问世,这一期间的学者们利用国内外的统计资料进行实证分析,研究改革以来的产业结构变化和我国产业结构中出现的新问题。

进入 21 世纪以来,前一期的研究内容得到进一步深化和扩展,我国对产业结构的理论研究主要集中于两方面:一是关于我国产业结构调整方向的研究,国内学者的基本观点是向新型工业化方向发展;二是在产业政策的选择方面,开放条件下的产业结构理论研究也成为这一时期的研究重点。

总体来说，我国产业结构理论研究的深度和广度不断扩大，呈现多样化、复杂化和精细化的特点，但这方面的研究仍然处于较低水平，还有需要改进的地方。另外，国外的产业结构理论已经被大量引入我国，但理论的适用性还有待进一步考证。

专栏6-2

产业结构理论研究的误区

产业结构问题受到了研究人员和政府部门的极大关注，产业结构研究成果和产业结构政策层出不穷，但在产业结构概念被快速传播的同时，也存在一些误区：① 结构性分析是一个长期性问题。由于产业结构的变迁受到长期的需求结构变动、长期的收入水平变动及制度结构变动等因素的影响，因而经典的产业结构研究总是利用长期的时间序列数据来测度需求、收入等长期自变量及其对长期产业结构变动特征的影响，但是国内有相当数量的研究都是在“短期”的意义上使用产业结构概念。② 结构性分析是一个动态问题。经典的产业结构研究并没有给出刻画产业结构变迁的永恒不变的普遍模式，而是将经济发展视为一个不断调整的动态过程，期间并不存在唯一的产业结构变动模式。因此，简单地将一国特定经济发展阶段的产业结构特征与所谓的标准模式做对比，并以此确定一国的产业结构调整方向，具有一定的误导性。

四、产业结构演变的影响因素

制约和影响产业结构的因素很多，主要有需求因素、供给因素、科学技术因素、制度因素、社会因素和国际因素等。

（一）需求因素

社会生产的最终目的都是要满足需求，因此，需求的状况及其变化是制约产业结构的重要因素。需求的状况及其变动与人口的数量和结构、经济发展的状况和人均收入水平的高低等许多因素紧密相关。

1. 需求总量

需求总量是产业数量的多少及规模的大小，总量的多少会影响产业规模的大小。需求总量越大，要求提供的产品和劳务越多，相应的产业总体规模也会越大，产业结构规模也就越大；反之，则越小。随着人口数量的增加、经济发展的加快、收入水平的提高、投资规模的扩大，需求总量也会扩大，产业规模就会相应扩大，必然推动产业结构也发生相应的变化。

2. 需求结构

需求结构是制约产业结构的需求因素中最直接、最主要的因素。生产为了需求，需求存在多层次、不同种类的区别，需求结构决定生产结构，生产结构从某种意义上说就是产业结构，需求结构调整会倒逼产业结构的变革。需求包括投资需求和消费需求两大部分，需求结构则主要有消费结构、投资结构、消费与投资的比例结构三个方面。

（1）消费结构

消费结构是指各类消费支出在消费支出总额中所占的比重及其相互关系。这里的消费指生活消费，不包括生产消费，因此，消费结构主要影响生活消费资料产业的构成。人们对消费品和劳务的需求种类和需求数量的变化，直接决定着产业的种类和规模的变化，也就影响着产业结构的变动趋势。消费结构的变化，主要受经济发展程度、收入水平、人口结构和消费物价水平等因素的影响。消费需求存在多种类型，按消费水平高低不同可分为贫困型、温饱型、小康型和富裕型；按层次不同可分为生存需求、发展需求和享受需求。首先满足生存需要，然后再满足发展和享受的需要，这是消费结构变动的一般规律。恩格尔定理①很好地揭示了这一内在机理，它认为随着人们收入水平的提高，人们对食物的消费支出占消费总支出的比重呈现逐渐下降的规律。换言之，随着收入水平的提高，支出结构由以购买吃穿等必需品为主转向以购买耐用消费品、娱乐和社交为主，于是耐用消费品工业和第三产业迅速发展起来。因此，消费结构的变化规律直接影响着生产消费品产业的内部结构变化，部分产业的收缩或扩张、衰亡或兴起，都会逐渐推动整个产业结构的变动。

（2）投资结构

投资结构是指投资在国民经济的各部门、各行业、各地区之间的分配情况和比例关系，它能够从多方面影响产业结构的变化。首先，投资在各产业之间的分布和比例的不同，会引起各产业发展进程不同，从而导致产业结构特征的差异化；其次，投资作为增量可以引起产业存量的变化，进而导致产业之间数量比例关系的变化；最后，不同的投资方向会形成对生产资料需求的变化，引起生产生产资料的产业构成的变动。

（3）消费与投资的比例结构

消费需求与投资需求的比例结构是需求结构的重要方面，也是制约产业结构的直接因素。消费与投资的比例关系直接决定生产消费资料的产业与生产生产资料的产业的比例关系；消费与投资比例的变化会直接引起生产消费资料的产业与生产生产资料的产业的比例变化。在工业化过程中，一般存在生产资料产业增长更快、比重逐步增大，消费资料产业增长相对缓慢、比重相对缩小的产业结构变动趋势，这正是消费与投资比例结构变化的结果。

需求状况尤其是需求结构是决定和影响产业结构的一个重要原因，但也有少数例外。如石油国家，依靠石油出口获得很高的收入，但国内不一定形成满足所有需求的产业结构。在一些特殊情况下，产业结构并不是由需求状况，而是由其他特殊原因决定和影响的。如日本在19世纪末20世纪初才完成产业革命，本来重工业落后于英国和美国，但由于侵略的需要，加速了重工业的发展，从而使重工业的比重超过了欧美国家。

（二）供给因素

制约产业结构的供给因素是指生产要素供给方面的因素，主要包括自然条件和资源的禀赋、人力资源和资本供应状况等。

---

① 1857年，世界著名的德国统计学家恩格尔（Engel）阐明了一个定理：随着家庭和个人收入的增加，收入中用于食品方面的支出比例将逐渐减小，这一定理被称为恩格尔定理。反映这一定理的系数被称为恩格尔系数，其公式表示为恩格尔系数（%）= 食品支出总额/家庭或个人消费支出总额 ×100%。根据联合国粮农组织提出的标准，恩格尔系数在59%以上为贫困，50% ~59%为温饱，40% ~50%为小康，30% ~40%为富裕，低于30%为最富裕。

1. 自然条件和资源的禀赋

自然资源包括地面资源、地下资源和地理位置等。合理的产业结构必须发挥本国自然条件和资源禀赋的比较优势,这样才能更好地促进国民经济的高效快速发展。一般而言,那些自然资源丰富的国家,其产业结构或多或少地具有资源开发型的特征,例如石油输出国以石油开采为主导的产业结构。当然,如果该国国土辽阔、资源丰富,那么也可能形成资源开发、加工和利用全面发展的产业结构;那些自然资源匮乏的国家和地区,不可能形成资源开发型产业,往往只能建立以加工制造业、知识密集型产业或服务业为主体的产业结构。如日本虽然自然资源匮乏,但是通过大量投资,创建了以高加工度产业为主导的产业结构。自然资源对产业结构的影响是相对的,随着科学技术的提高,原来难以挖掘的资源得到开发,并能开展综合利用和节约代替天然原料,从而缓解自然资源对一国的产业结构的制约。

2. 人力资源

从供给的角度讲,人力资源供给主要指劳动力的供给程度。这里的劳动力是指具有劳动能力和技能的健康劳动者,包括体力劳动者和脑力劳动者。劳动力是最主要的生产要素,劳动力的数量、素质和价格等劳动力资源的现状及其变化,也是决定和影响产业结构变动的重要因素。人力资源充裕的国家,劳动力供给量大,价格低廉,使投资者更倾向于发展劳动密集型产业,那么一国的产业结构呈现为以劳动密集型为主导的产业结构;人力资源匮乏的国家,劳动力供给不足导致其价格上扬,投资者则选择用资本代替劳动力,使一国的产业结构呈现资本密集型为主导的产业结构;劳动力素质好、受教育程度高的国家和地区,有利于发展技术密集型的产业,更有利于提高产业发展的水平,实现产业结构高度化,带来更高的经济效益。

3. 资本供应状况

资本也是重要的生产要素,是产业维持和扩张的重要条件,因此资本供应的情况也是制约产业结构的重要因素。资本供应的总量规模、增长速度、价格水平(利息率等),直接影响产业的形成和发展。在资本有机构成不变的情况下,投入某产业资金的多少,决定了该产业的生产规模大小和发展速度的快慢。资本短缺往往成为发展中国家经济发展的重要瓶颈,资本短缺使这些国家只能发展资本依赖度较低的产业;而资本越充足、资本价格越低廉的国家,越有条件调整不合理的产业结构,拉长短线产业,发展资本密集型产业和高新技术产业,促进产业结构的合理化和高级化。

(三)科学技术因素

科学技术是第一生产力,技术创新是经济发展的强大动力,科学技术进步是推动产业结构变化的最根本的因素。科学技术水平、科学技术革新等因素对产业结构的影响主要表现在以下几个方面:

1. 科学技术进步影响需求结构

科学技术进步能够开发新产品,使消费品升级换代,从而改变消费需求结构;科学技术进步可以降低资源消耗,增加可替代资源,开发新资源,从而改变生产需求结构;科学技术进步还能够减少生产成本、降低产品价格、改善产品性能、提高产品质量,从而扩大市场需求,改变需求结构,倒逼产业结构转型。因此,科学技术进步通过引起需求结构的变化,能够导致产业结构的变动。

2. 科学技术进步影响供给因素

科学技术进步能够开发新的资源,形成新的比较优势,从而改进资源供给状况;科学技术进步可以降低成本、增加收入、扩大积累,从而改善资本供给状况;科学技术还能够通过教育和培训,用先进的科学知识武装劳动者,提高劳动力的素质,从而改善劳动力的供给状况,进而拉动产业结构升级。所以,科学技术进步通过引起供给因素的变化,也能够促进产业结构的变动。

3. 科学技术进步推动产业结构高度化

科学技术进步是产业结构高度化的决定性因素。产业结构包含产业的技术基础和生产的技术结构,两者的变动都会引起产业结构的相应变动,科学技术进步的日新月异促使各产业部门迅速变革,并通过主导产业的关联作用推动整个产业结构不断高度化;科学技术进步可以提高社会分工和专业化的程度,形成新兴产业;通过新技术的应用改造高技术产业、武装传统产业,提高高技术产业的竞争力,增强传统产业的生命力;科学技术进步还可以提高产业在国际市场上的竞争力,促进出口产业的发展,最终推动产业结构的转型和升级。

(四)制度因素

制度也是制约产业结构的重要因素。这里所讲的制度,主要指经济制度、经济体制、经济发展战略和包括产业政策在内的经济政策等,这些因素都会极大地影响产业结构的变动。其中,有的因素对产业结构直接发生作用,比如市场机制或计划机制、重工业优先的不平衡经济发展战略或农轻重协调的平衡发展战略、出口导向战略或进口替代战略等能直接影响产业结构的变动;有的因素对产业结构间接发生作用,比如微观企业制度、财政金融制度、收入分配政策、人力政策、技术政策等,则是通过影响其他制约产业结构的需求、供给、技术等因素的变化,间接地导致产业结构的变动。建立和健全合理的经济制度,形成有效的经济运行机制和管理体制,制定和实施正确的经济发展战略和相关政策,是产业结构优化的必要条件。

(五)社会因素

由于产业结构涉及国民经济和社会生活的各个环节和方面,所以许多社会因素也制约着产业结构的形成和变动。这里所讲的社会因素主要是指除了自然生态和经济因素之外的政治法律、军事外交、文化传统、生活习惯、教育事业、人口状况等因素。大多数社会因素都不是直接制约产业结构,而是间接地影响产业结构的演变。政治法律因素关系到社会稳定、投资环境等;军事外交因素关系到国家安全、外交关系等;文化传统和生活习惯影响着消费结构;教育事业关系劳动力的素质,影响产业结构的技术水平;人口的数量规模、增长速度、性别、年龄结构和素质等,则决定着需求总量和结构、劳动力供给等重要因素,间接影响产业结构的变动。

(六)国际因素

产业结构不仅受到各种国内因素的影响,还受到许多国际因素的制约。影响一国产业结构变动的国际因素主要有国际分工、国际产业转移、国际贸易、国际金融和国际投资等。

1. 国际分工和国际产业转移

国际分工能够发挥各国的比较优势,获得比较利益,因此,合理的产业结构必须发挥本国的比较优势。在经济日益全球化的条件下，国际分工越来越发达，任何一个国家都不可能置身于国际分工之外，必须积极参与国际分工，促进本国经济更快更好发展。参与国际分工，意味着本国多生产或只生产具有比较优势、机会成本低的某些产品，少生产或不生产不具有比较优势、机会成本高的某些产品，这就必然影响本国产业结构的形成和变动。国际分工、比较优势、机会成本的变动，还会引起国际产业的转移，资本充足和技术先进的国家往往会把劳动密集型产业、资源消耗型产业向劳动力资源丰富、自然资源丰富的国家转移，此类产业转移会直接改变产业接收国的产业构成，进而引起产业结构的变化。

2. 国际贸易

国际贸易是国与国之间通过国际市场在产品、资源、技术、劳务等方面进行交换，主要包括出口和进口两大部分。国际市场上供求的变动、价格的涨落、竞争的态势，都会引起本国进出口贸易的变化，进而影响本国的产业结构。出口增加会推动出口产业的发展，但某些产品如初级产品出口过多，也可能会抑制本国某些产业的发展；进口的增加会影响本国同类产品的发展，也可能满足其他产业发展对机器设备、原材料和新技术的需要。这些国际活动都会对本国产业结构的变动产生持续的影响。

3. 国际金融和国际投资

国际金融是国际货币流通和资金融通的总称，主要包括世界范围内的货币流动、资金借贷、外汇、有价证券和黄金的买卖。国际金融为国际贸易和国际投资提供服务，会影响一个国家的资金供求和金融稳定及安全，国际金融的投机和动荡还可能造成区域性甚至全球性的金融危机，进而冲击各国经济系统，间接影响产业结构。国际投资包括外国在本国的投资和本国在外国的投资。外商投资，会引起国外产业转移，增加本国的资本供给，导致本国产业结构的变化；到国外投资，则会减少本国资本供给，引起本国产业转移，也会导致本国产业结构的变动。

以上所有这些制约产业结构的因素，既有直接因素，又有间接因素；既有经济因素，又有非经济因素；既有国内因素，又有国际因素；既有正面的影响，又有负面的影响；既有促进的作用，又有阻碍的作用。各种因素之间也不是孤立的，而是互相联系、互相制约、互相作用地影响着产业结构的变动。

专栏6-3

经济新常态下的产业结构

改革开放以来，伴随着产业结构调整，经济增长的数量扩张和速度提升引人瞩目，但同时，经济发展也迈入了“三期叠加”阶段，这一经济新常态下，我国产业结构转型面临的突出矛盾正由需求侧转向供给侧，主要矛盾表现在高端产能不足、低端产能过剩、技术创新匮乏等。例如，我国100%的大型民航客机、70%的数控机床、80%的石化设备依赖进口，同时，光伏电池、多晶硅、风电设备等多数新兴产业的产能利用率在70%以下，中高端供给缺乏，创新成果转化率不足成为经济发展的“卡脖子”问题。

第三节 产业结构优化

一、产业结构优化的内涵

产业结构优化是指推动产业结构合理化和高级化发展的过程。前者主要依据产业关联技术经济的客观比例关系，调整不协调的产业结构，促进国民经济各产业间的协调发展；后者主要遵循产业结构演化规律，通过创新加速产业结构的高级化演进。产业结构优化过程就是通过政府的有关产业政策调整影响产业结构变化的供给结构和需求结构，实现资源优化配置与再配置，以推进产业结构的合理化和高级化发展。

产业结构优化的主要内容包括产业结构优化的目标、产业结构优化的对象、产业结构优化的措施或手段、产业结构优化的政策等。产业结构优化的目标就是要实现产业结构的高级化和合理化，最终实现经济的持续快速增长。从产业结构优化的对象角度来说，产业结构优化主要包括如下几个方面：

1. 供给结构的优化

供给结构是指在一定价格条件下作为生产要素的资本、劳动力、技术、自然资源等在国民经济各产业间的供给比例，以及以这种供给关系为联结纽带的产业关联关系。供给结构包括资本(资金)结构、投资结构、劳动力结构、技术结构，以及资源禀赋和资源供应结构等。

2. 需求结构的优化

需求结构是在一定的收入水平条件下，社会各个消费群体对各产业部门的产品和服务的需求比例关系，以及由此所决定的产业间关联关系结构。因此，不同消费群体的需求比例结构、中间产品和最终产品的比例结构、投资比例结构、消费比例结构、投资和消费比例结构等是需求结构优化的主要内容。

3. 国际贸易结构的优化

国际贸易结构是国民经济各产业部门进出口的产品、技术和服务的比例结构，和由此所决定的产业间关联关系结构。国际贸易结构的优化，就是对进出口的产品和服务结构的优化，包括高附加值的深加工、精加工制成品和低附加值的初级加工制成品的比例结构，消费资料和生产资料的比例结构，原材料、能源和机器设备等投资品的比例结构，高技术含量和低技术含量产品与服务的比例结构等。

4. 技术结构的优化

技术结构是指国民经济各产业部门间的生产技术结构、劳动生产率结构、技术对生产的贡献结构、技术引进结构、产品和服务的技术占比结构等。因此，优化技术结构，就是要对产业间和产业部门间的技术装备结构、技术创新能力结构、劳动力结构、生产率结构、资源使用效率结构等一系列结构进行优化。

二、产业结构优化的机理

产业结构优化的最终目的是实现国民经济的持续快速增长。但是从产业结构优化到国民经济的持续快速增长是如何转化的呢？以下就来分析产业结构优化的机理。

经济增长和结构转换是一个并发过程，两者相互影响。经济增长的大道定理对探寻产业结构演变的最优路径具有重要的借鉴和启发意义，所以我们利用图 6-3a 来反映其基本含义。经济增长的最优路径由图 6-3a 中的箭头标出，从初始点 A 先移动至大道Ⅰ，沿大道Ⅰ均衡增长一段时期后，由于技术进步的影响，最优均衡增长路径变为大道Ⅱ，为保持经济长期快速增长，国民经济将沿弯曲大道由大道Ⅰ转向大道Ⅱ。经济在弯曲大道上是一种非均衡的增长过程，当实现了向大道Ⅱ的转换后，又恢复均衡增长。大道定理所指出的最优经济增长路径就是这样一种均衡增长与非均衡增长相交替的过程。随着技术水平的提高，经济将不断迈上新的增长大道。

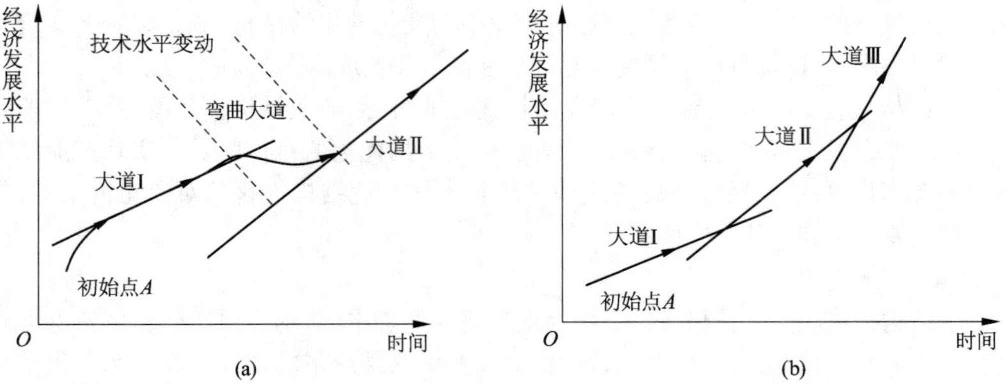

图 6-3　大道定理、经济增长与结构转变

与经济增长过程相伴随的是产业结构不断优化升级的过程，经济增长存在非均衡增长和均衡增长两种形式，产业结构优化升级则包括结构高级化和结构合理化两个过程。产业结构高级化过程是指在技术水平发生变化时，由于各产业的生产率上升率不同或产品需求收入弹性不同，导致各产业发展速度出现差异化，产业间优势地位发生更替的过程，对应于产业非平衡增长的过程。但是，由于产业之间存在相互关联，单个产业不可能独立于整个国民经济而超前发展，发展较慢的产业必然会对发展较快的产业产生制约作用（瓶颈效应），发展较快的产业也会对发展较慢的产业起到拉动作用（前向效应、回顾效应和旁侧效应）。也就是说，在技术水平稳定后，各产业的发展速度有趋同趋势，这种趋同主要是由产业结构的自身调节机制来实现的。在各产业增速趋同的过程中，产业间摩擦逐渐减少，产业结构的瓶颈效应逐渐消失，产业间的协调程度不断提高，当各产业增长速度完全趋同后，国民经济各产业又重新恢复到均衡增长的状态。因此产业结构优化升级的最优路径应该与大道定理描述的经济增长的最优路径相似，即产业结构高级化过程对应于经济非均衡增长过程（弯曲大道），其作用是通过产业间技术结构的提升来提高经济的潜在增长速度。而产业结构合理化则对应于经济均衡增长的过程，其作用是通过提高产业协调程度使经济的潜在增长速度尽可能地发挥出来。

值得强调的是，技术进步不一定能提高产业结构的高度化水平，只有当各产业所使用的技术能很好地衔接时，技术进步才能带动产业技术结构升级；而当技术进步引起产业间技术联系的断层或差异时，反而会导致资源浪费和效率低下。也就是说，虽然产业结构高度化过程是由产业间创新和技术进步引起的，但产业结构高度化水平则是由产业整体技术结构决定的，其中适宜技术的选择及产业间的技术学习和外溢至关重要。另外，产业结构的高级化过程能提高经济的潜在增长速度，即在生产投入不变时，产业结构高级化水平的提升能导致更多的产出增长,但是却不一定能提高经济的实际增长速度,因为实际增长速度同时还受到产业结构合理化程度的制约。因此,在理想情况下产业结构优化升级的最优路径除了应尽可能保持产业均衡增长之外,还应满足一个重要的条件,就是产业结构的转换应在尽可能短的时间内完成,即处于弯曲大道上的时间越短越好(理想情况下应瞬间通过弯曲大道),如图 6-3b 所示。这意味着当旧的产业均衡发展状态被结构升级(技术进步)打破之后,产业间的趋同机制最好能在短时间内发挥作用,使产业结构迅速转向新的均衡增长路径。

综上所述,在理想情况下,产业结构优化升级的最优路径可以定义如下:① 产业发展应尽可能地遵循均衡增长路径、充分发挥产业协调效应;② 当技术进步将原有产业均衡发展状态打破时,产业结构应尽可能在瞬间转向新的均衡增长路径,充分发挥结构转换效应。

三、产业结构优化的标准

(一) 产业结构合理化

产业结构合理化的思想早在古典经济学家魁奈(Francois Quesnay)的经济学说中就有了萌芽。后来马克思的两大部类理论、里昂惕夫的投入产出法都对产业结构合理化的内容做了深刻的阐述。这些理论的核心都是强调各产业部门必须按比例协调发展。产业结构合理化的思想在各国经济发展战略中都得到重视和运用。

1. 产业结构合理化的含义

产业结构合理化主要是指产业与产业之间协调能力的加强和关联水平的提高,它是一个动态的过程。它要求在一定的经济发展阶段,根据消费需求和资源条件,对初始不理想的产业结构进行有关变量的调整,理顺结构,使资源在产业间合理配置和有效利用。产业结构合理化要解决的问题包括:供给和需求的相互适应问题;三次产业及各产业内部各部门之间的协调发展问题;产业结构效应如何充分发挥的问题。衡量产业结构是否合理的关键在于判断产业之间是否能相互作用而产生一种超出各产业能力之和的整体能力。产业之间相互作用的关系越协调,结构的整体能力就越高,与之相应的产业结构就越合理;相反,如果结构关系不协调,结构的整体能力就会降低,那么与之相应的产业结构就不合理。

从上面的分析可以看出,协调是产业结构合理化的中心内容。产业结构的协调不是指产业之间的绝对均衡,而是指产业之间有较强的互补和谐关系和相互转换能力。只有强化产业之间的协调,才能提高其结构的聚合质量,从而提高产业结构的整体效果。产业结构的协调涉及产业之间各种关系的协调。如果从产业间生产和技术的角度来考察协调问题,那么产业间是否处于协调状态,一般可以从以下几个方面进行分析:① 看产业素质之间是否协调,即相关产业间是否存在技术水平的断层和劳动生产率的强烈反差。如果存在着断层和强烈反差,产业之间就会产生较大的摩擦,表现为不协调。② 看各产业之间的相对地位是否协调。在一定的经济发展阶段,各产业的经济作用及相应的增长速度是不同的,因而各产业在产业结构中所处的地位是不同的,从而形成了各产业之间有序的排列组合。如果各个产业主次不分,轻重无序,甚至出现产业结构的逆转,则说明各产业之间的相对地位是不协调的。③ 看产业之间的联系方式是否协调。产业之间存在着投入与产出的关系,表明产业之间存在相互依赖和相互影响的关系。如果各产业之间能够做到相互服务和相互促进,那么它们之间的这种联系方式就是协调的;反之,则是不协调的。④ 可以从供给是否与需求相适应来判断产业之间是否处于协调状态。在需求正常变动的情况下,产业结构的协调将使其具有较强的适应性和应变能力,即通过自身的结构调整适应新的需求变动,使供给和需求之间的矛盾弱化;相反,如果对于需求的正常变动,供给迟迟不能做出反应,造成长时间的供需不平衡,则说明产业间是不协调的。

2. 产业结构合理化的判断标准

产业结构的合理化,其实质是指各产业之间存在着较高的聚合质量。而对合理化程度的判断,一般可从以下五个方面进行考察:

(1) 参照"标准结构"进行比较

所谓"标准结构",是在大量历史数据的基础上通过实证分析得到的,它反映了产业结构演变的一般规律。因此,可以将其作为参照系,与某一被判断的结构进行比较,从而检验其产业结构是否"合理"。比较经典的参照系有钱纳里的"标准模式"、库兹涅茨的"标准结构"、钱纳里—塞尔奎因模型等。但由于各国的基本国情及未来的经济发展战略均不相同,因而各国对产业结构的要求也不尽相同,如"大国"和"小国"、工业先行国和工业后发国对产业结构的要求都有所不同。因此,有的学者认为以"标准结构"为参照系,"至多只能给我们提供一种判断产业结构是否合理的粗略线索,而不能成为其判断的最终根据"。

(2) 是否满足市场最终需求

在市场经济下,产业结构作为一个资源转换器,其最基本的要求是能满足市场的需求,因此,可以将产业结构和需求结构相适应的程度作为判断产业结构是否合理的标准之一。两者适应程度越高,则产业结构越合理;相反,两者不适应或很不适应,则产业结构不合理。由于市场需求总是在不断变化,因此,产业结构和需求结构之间总有一定的差距,这里的差距包括总量偏差和结构偏差两方面。一般地,当总量存在偏差时,结构的偏差也一定存在;反之,当总量平衡时,结构却不一定平衡。因此,结构平衡是比总量平衡更为深层和重要的问题。这方面的指标应用比较多的是需求收入弹性和生产收入弹性。需求收入弹性用某一商品需求增加率与人均国民收入增加率之比来表示,而生产收入弹性用某一商品生产率增加率与人均国民收入增加率之比来表示。当需求收入弹性与供给收入弹性相等时,则表示此时的产业结构能够满足此时的社会最终需求,但是这种情况一般很少出现,因此,可以通过两者的差值大小、调节速度等来判断产业结构对最终需求的满足程度。

(3) 产业间的比例关系是否协调

从理论上说,经济增长是在各产业协调发展的基础上进行的,比例协调的产业结构应当不存在明显的长线产业和短线产业,因为无论是存在长线产业还是存在短线产业,都表明其对市场需求的不适应,也都是对资源的一种浪费。比例协调的产业结构,更不能存在瓶颈产业,瓶颈产业会影响整个产业结构系统的资源转换效率和产出能力。事实上,各产业发展绝对均衡的状态是很难出现的,在经济发展过程中,各产业部门的增长速度是不同的,从而导致相互之间的比例也会发生变化,出现结构不平衡。只有那种超越了一定界限的结构失衡,才会导致经济不能正常运行,才算是产业比例关系不协调。这方面常用的指标包括比较劳动生产率,即用某一产业产值占总产值的份额与该产业劳动力占社会总劳动力份额的比来衡量;影响力系数和感应度系数,均用投入产出分析方法来比较各产业生产活动变化时对其他产业生产活动产生的影响,或受其他产业生产活动影响的程度等。

(4) 能否合理和有效地利用资源

产业结构作为资源转换器,其功能就是对输入的各种生产要素按市场的需求转换为不同的产出。在此转换的过程中,转换的效率就是一个相当重要的指标。因此,对资源进行合理而有效的利用,也就成为判断一个产业结构是否合理的重要标志了。对资源合理而有效的利用,主要包括两方面的含义:一是提高资源的使用效率,这里技术进步是关键;二是利用多种渠道,充分利用系统内外的各种资源,这方面可以用影子价格分析法来解释。影子价格是与实际市场价格不同的、用线性规划方法计算出来的反映资源最优使用效果的价格。按照西方经济学的理论,当各种产品的边际产出相等时,表明资源得到合理的配置、各种产业供需平衡、产业部门达到最佳组合。所以,可通过计算各产业部门的影子价格与产业总体的影子价格的平均值的偏离程度来衡量产业结构是否合理:偏离越小,产业结构越趋于合理。

(5) 可持续发展

自从人类进入工业经济社会以来,经济总量飞速增加、社会财富也得到迅速积累。然而,这样的经济总量和社会财富增长是以自然资源的大量消耗和生态环境的严重破坏为代价的。随着社会的进步,人们已充分认识到,在人类赖以生存的地球,资源正在日益枯竭,环境正在日益恶化。因此,一个合理的产业结构还应满足可持续发展的要求。所谓“可持续发展”,是指“既满足当代人的需求,又不对后代人满足自身需求的能力构成危害的发展”①。

(二) 产业结构高级化

1. 产业结构高级化的基本内容

产业结构高级化是一个连续不断的动态过程,从某一时点观察会发现产业结构水平已发生本质性的变化。例如,从以第一产业为主的产业结构转变为以第二产业为主的产业结构,意味着产业结构的升级;又如,在第二产业中,由生产初级消费品为主的产业结构转变为生产资本品为主的产业结构,也意味着产业结构的升级。

产业结构高级化强调技术集约化程度的提高,要求主导产业和支柱产业尽快成长和更替,打破原有的产业结构低水平的均衡,实现少数高科技、高效率产业的超前发展,然后带动相关产业及整个国民经济的发展。一般来说,产业结构高级化包括以下基本内容:

① 从产业素质来看,新技术在各产业部门得到广泛运用,社会有机构成得到进一步提高;产业的劳动者素质和企业家的管理水平不断上升;各产业的产出能力、产出效率不断提高;产业能够适应经济发展阶段的升级换代,即落后的产业被淘汰,新兴的产业兴起和壮大。

② 从结构发展方向来看,整个产业结构由第一产业占优势顺次向第二产业、第三产业占优势的方向发展;在资源结构上,由劳动密集型占优势顺次向资金密集型、技术密集型占优势的方向发展;在加工工业中,由制造初级产品的产业占优势逐步向制造中间产品、最终

---

① 世界环境与发展委员会:《我们共同的未来》,长春:吉林人民出版社,1997 年,第 52 页。

产品的产业占优势的方向发展。

③ 从产业组织发展来看,竞争从分散的、小规模的竞争向联合或集团式的集中性大规模竞争的方向发展,规模经济的利用程度大大提高;产业间关系趋向复杂化,大中小型企业联系越来越密切,专业化协作越来越细,企业多样化经营范围越来越广。

④ 从产业与国际市场的联系来看,产业结构高级化要求开放度不断提高,产业结构不再是自我封闭式地维持均衡发展,而是通过国际投资、国际贸易、技术引进等国际交流方式,实现与产业系统外的物质能量的交换,在更高层次上实现结构均衡协调发展,建立国际协调型的产业结构。

产业结构高级化也是一个相对概念,它是产业结构在需求拉动、科技推动等因素的作用下,在一定的经济发展阶段,针对现有的社会生产力水平尤其是科技发展水平而言的。

2. 衡量产业结构高级化的方法

衡量一国产业结构高级化有两种基本思路:一种是截取不同的时点进行纵向比较,另一种是选取参照国进行横向比较。下面介绍五种具体的方法:

(1) 标准结构法

标准结构法可以用来评判一国或地区的产业结构合理化水平,也可以用来评估一国产业结构高级化的程度。库兹涅茨在研究产业结构的演进规律时,不但通过时间序列数据对产业结构的演进规律进行分析,而且通过横截面数据对经济发展阶段与产业结构的对应关系进行研究。这种从截面研究产业结构的方法,为我们了解一国产业结构发展到何种高度提供了比较的依据。利用这种方法,库兹涅茨提出了经济发展不同阶段的产业标准结构。根据"标准结构"就能了解一国经济发展到哪一阶段及产业结构高级化的程度(表6-14),其他学者也提出过类似的"标准结构",如钱纳里的"产业结构标准模式"、钱纳里—塞尔奎因模式(表6-15和表6-16)。

表6-14 产业的"标准结构"① %

人均国民生产总值的基准水平(1964年)		<100美元	100美元	200美元	300美元	400美元	500美元	800美元	1 000美元	>1 000美元
产业部门构成(部门产值占国内生产总值的比例)	1. 第一产业	52.5	45.2	32.7	26.6	22.8	20.2	15.6	13.8	12.7
	2. 制造业	12.5	14.9	21.5	25.1	27.6	29.4	33.1	34.7	37.9
	3. 基础设施	5.1	6.1	7.2	7.9	8.5	8.9	9.8	10.2	10.9
	4. 服务业	30.0	33.8	38.5	40.3	41.1	41.5	41.6	41.3	38.6
劳动力部门构成	5. 初级产业	71.2	65.8	55.7	48.9	43.8	39.5	30.2	25.2	15.9
	6. 制造业	7.8	9.1	16.4	20.6	23.5	25.8	30.3	32.5	36.8
	7. 服务业	21.0	25.1	27.9	30.4	32.7	34.7	39.6	42.3	47.3

① 周振华:《产业结构优化论》,上海:上海人民出版社,1992年,第38页。

表 6-15 以产值结构为指标的钱纳里—塞尔奎因模式① %

人均国内生产总值的基准水平（1980 年）	<300 美元	300 美元	500 美元	1 000 美元	2 000 美元	4 000 美元
第一产业	46.3	36.0	30.4	26.7	21.8	18.6
第二产业	13.5	19.6	23.1	25.5	29.0	31.4
第三产业	40.1	44.4	46.5	47.8	49.2	50.0

表 6-16 以劳动力结构为指标的钱纳里—塞尔奎因模式② %

人均国内生产总值的基准水平（1980 年）	<300 美元	300 美元	500 美元	1 000 美元	2 000 美元	4 000 美元
第一产业	81.0	74.9	65.1	51.7	38.1	24.2
第二产业	7.0	9.1	13.2	19.2	25.6	32.6
第三产业	12.0	15.9	21.7	29.1	36.3	43.2

（2）相似性系数法

这是以某一参照物的产业结构为标准，通过相似性系数法的计算，将本国的产业结构与参照国的产业结构进行比较，以确定本国产业结构高级化程度的一种方法。

设 A 是被比较的产业结构，B 是参照系，X_{Ai}，X_{Bi}分别是产业 i 在 A 和 B 中的比重，则产业结构 A 和参照系 B 之间的结构相似系数 S_{AB} 为

$$S_{AB} = \left(\sum_{i=1}^{n} X_{Ai}X_{Bi}\right) \Big/ \left(\sum_{i=1}^{n} X_{Ai}^2 X_{Bi}^2\right)^{\frac{1}{2}}$$

我国学者曾以日本的产业结构为参照系，利用相似性系数对中国产业结构的高级化程度进行过估计，认为中国 1992 年产业结构中的劳动力结构与日本 1930 年的劳动力结构高度相似（相似性系数达到 0.984 6）；而 1989 年产值结构则与日本 1925 年的水平基本相等（相似性系数为 0.926 8）③。

（3）高技术产业比重法

在工业内部，衡量产业结构高级化程度，可以用高技术产业比重法，因为产业结构高级化过程，也是传统产业比重不断降低和高技术产业比重不断增大的过程。通过计算和比较不同年代高技术产业、产值、销售收入等在全部工业中的比重，可以衡量产业结构高级化的程度。发展中国家可以以发达国家为参照对象，通过比较高技术产业的比重，来评价其与发达国家在产业结构高级化之间的差距。

（4）软化度判别法

"软化经济"是 1983 年日本经济结构变化和政策问题研究会首次提出的。产业结构软化主要包括两方面：一是随着产业结构演进，软产业（主要是指第三产业）的比重不断上升，出现经济服务化趋势。随着当今世界经济向"服务化"趋势发展，第三产业的经济总量远远

---

① Syrquin, Chenery. "Three Decades of Industrialization," The World Bank Economic Review, 1989(3): 152 – 153.

② 同①。

③ 李悦：《产业经济学》，北京：中国人民大学出版社，1998 年，第 35 页。

超过工业。如美国1996年的三次产业比重分别是1.8,26.8,71.4,中国香港的第三产业比重已达85%。二是随着工业结构的高加工化和高技术化过程,在整个产业结构中对管理、技术和知识等"软"要素的依赖大大加强。可根据软化率指数将产业划分为软化产业和硬化产业。软化率指数的计算一般有两种方法,即

软化率=非物质投入/(非物质投入+物质投入)

软化率=(非物质投入+工资费用)/生产额

按照日本的标准,软化率大于60%的产业为高软化产业;处于40%~60%的为低软化产业;小于40%的为硬产业。

实际产业结构系统的软化程度衡量标准较难把握,其内涵相当丰富,主要为测度各经济区域产业结构软化程度时,选取第三产业占国内生产总值的比重和第三产业就业人数占就业总人数的比重分析。设某地区的第三产业产值占该地区生产总值的比重为 a_1,第三产业的就业人数占该地区就业总人数的比重为 a_2,则软化系数为 a_1,a_2 的算术平均值 $a=(a_1+a_2)/2$。

(5)高加工度比重法

高加工度指标体现了加工工业产值的比重。随着产业结构不断升级,产业加工度的不断深化,技术、知识密集程度不断提高,附加价值也越大,所以,高加工度过程也被称为高附加值化过程。同时,随着工业加工程度的加深,工业增长对原材料的依赖度将逐渐下降,使得产业对资源、能源的依赖度降低,促进产业结构向减物质化方向发展,这通常用加工工业产值占全部工业总产值的比重或加工工业产值与原材料工业产值的比重来衡量。

第四节　区域产业结构优化

产业结构具有层次性。区域产业结构就是指按一定标准划分的有限空间范围内的产业结构。区域产业结构优化对提高区域经济发展水平、形成区际经济良性互动、促进一国经济发展具有重要意义。

(一)区域产业结构的含义及特点

1. 区域产业结构的含义

区域产业结构是指一个国家按照一定划分标准划分的经济区域内产业与产业之间的技术经济联系和数量比例关系。区域产业结构按照不同划分标准可以划分为区域三次产业结构、农轻重结构、原材料与加工工业结构、要素密集型产业结构等。区域产业结构既是地区经济结构的主要内容,又是国家总体产业结构的子系统。实践证明,区域产业结构优化对任何一个大国的经济发展都是至关重要的。

2. 区域产业结构的特点

区域产业结构不仅是全社会生产分工的产物,还是地域分工的产物。各个地区自然条件、要素禀赋等的不同,形成了地区比较优势的不同,产生了地域分工,使各种产业在不同地区的分布情况不同。在地区层次上,地域分工表现为以地区专门化生产为中心的社会再生产各环节、各部门的组合;在国民经济层次上,地域分工表现为各地区之间的生产协作。因此,地区产业结构也可以说是资源有效配置的经济结构与空间结构的结合。一国的地区间由于不存在国界问题,地区间的生产要素和商品具有较强的流动性,区际分工和联系也

远比国家之间生产要素和商品的流动性要强，所以，地区产业结构往往各具特色，不能自成体系。一般来说，地区产业结构具有以下特点：

① 区域产业结构中往往并不具备一国国民经济的所有部门。

② 区域产业结构中一般都具有若干在全国具有专业化分工优势的产业部门。

③ 各地区比较优势不同，专业化部门各异，产业结构往往存在明显差异。

④ 区域产业结构之间互补性、依存性较强。

（二）区域产业结构优化是区域经济发展的重要保证

合理与协调的地区产业结构是地区经济增长的重要保证。一方面，当区域产业结构出现不合理或不协调时，非常有必要进行地区产业结构调整，优化区域产业结构；另一方面，为了促进区域经济的持续快速发展，也非常有必要促进区域产业结构的高级化和合理化。所以，区域产业结构与经济发展是相互促进的。

区域产业结构优化与区域经济增长都是地区经济发展的重要方面。经济增长从总体规模方面反映了地区经济发展的数量扩张；而结构优化则从产业技术水平方面反映了地区经济发展的质量演进，其实质是通过结构改善来提高产出和效益水平的。两者在区域经济发展过程中密切联系、相互制约。经济增长引起产业结构演进，而结构演进又进一步推动经济增长。因此，区域产业结构的优劣是一个区域经济发展质量和水平的重要标志，区域产业结构的转换和演变决定着地区工业化的进程，合理、高效的区域产业结构是地区经济大发展的必备条件。要实现区域经济持续、快速的增长和发展必然要求地区产业结构良性演变，也必然要求努力促进区域产业结构的高级化和合理化。优化区域产业结构是每个国家，特别是国土面积较大的国家经济发展过程中所必须重视的大课题。我国是一个幅员辽阔的大国，地区经济发展极不平衡，地区产业结构优化问题显得格外突出和重要。

（三）区域产业结构优化分析的经济指标

优化区域产业结构，促进区域产业结构的高级化和合理化，必须进行大量的论证工作。这样，论证体系的建立还必须借助一些定量分析的方法，包括多种指标体系和经济模型。

1. 反映区域产业结构专业化的经济指标

区域产业结构的专业化是指某地区一个或几个产业的生产相对于全国水平的集中程度。专业化水平的衡量可以从产值、产量、劳动力数量、固定资产额、产品输出量等几个方面来考察。反映区域产业结构专业化的指标主要有：

（1）区位熵

区位熵（location quotient，LQ），也称生产的地区集中度指标。区位熵通过各产业部门在各地区的相对专业化程度间接地反映了区域间经济联系的结构和方向。常用的测定指标可以是产值、产量、就业人数、固定资产等。以就业人数为例，“区位熵”是一个地区某特定部门所雇用的职工人数在地区职工总人数中所占的百分数与该部门全国雇用的职工人数在全国职工总人数中所占的百分数的比值。其计算公式如下：

$$区位熵(LQ)=\frac{某地区\ A\ 部门就业人数/某地区总就业人数}{全国\ A\ 部门就业人数/全国总就业人数}$$

以上公式中的就业人数可以用产值、产量和固定资产额分别代替来计算各自的区位熵。用就业人数、产值、产量和固定资产额分别计算出的区位熵，分别称为地区劳动力集中度、产值集中度、产量集中度和固定资产集中度。

$LQ>1$,表明A产业在该地区专业化程度超过全国,属于地区专业化部门;$LQ<1$,表明该地区A产业的专业化水平低于全国,还必须从区外输入产品;$LQ=1$,表明该地区A产业的专业化水平与全国相当,基本自给自足。LQ值越大,其专业化水平越高。

如某地区制鞋业职工人数占地区职工人数的2.5%,全国制鞋业职工人数占全国职工人数的2.0%,则$LQ=2.5\%/2.0\%=1.25>1$,表明鞋业在该地区属于专业化部门,其专业化程度超过全国。

区位熵的计算简便易行,却是较为粗略的经济指标。地区劳动力集中度、产值集中度、产量集中度和固定资产集中度都无法准确地表示地区内产业部门的生产率与全国同类产业生产率的差异,还有可能发生偏差。

(2) 人均产量系数和人均产值系数

其计算公式分别为

$$\text{人均产量系数}=\frac{\text{某地区 A 产业产品的人均产量}}{\text{全国 A 产业产品的人均产量}}$$

$$\text{人均产值系数}=\frac{\text{某地区 A 产业产品的人均产值}}{\text{全国 A 产业产品的人均产值}}$$

这两个系数反映了该地区某产业与全国同类产业相比的劳动生产率。若某地区某产业的人均产量系数、人均产值系数大于1,则说明该地区该产业的劳动生产率水平高于全国平均水平,同时也说明该产业往往是该地区的专业化部门。

(3) 区域产业区际输出指标

在地区经济开放的条件下,地区生产的产品必然要输出到外地和外国,这样就存在区域产业区际输出的问题。区域产业区际输出指标能反映地区产业的专业化水平,主要指标有区域商品率和区际商品率,计算公式分别为

$$\text{区域商品率}=\frac{\text{某地区 A 产业产品输出量}}{\text{该地区 A 产业产品生产总量}}$$

$$\text{区际商品率}=\frac{\text{某地区 A 产业产品输出量}}{\text{全国 A 产业产品生产输出总量}}$$

一般来说,地区专业化产业的区域商品率和区际商品率在全国各地区中位居前列。区域商品率越高,说明输出商品越多,该地区该产业的专业化水平也越高。区际商品率越高,说明该地区该产业的输出在全国的地位越重要,该产业的地区专业化程度也越高。

(4) 区域产业输出系数

其计算公式为

$$\text{区域产业输出系数}=\frac{\text{某地区 A 产业产品输出量}}{\text{该地区各产业产品输出总量}}$$

这一指标有时也被用来说明地区产业的专业化程度。它涉及多个产业,因而常用输出产值来计算。价格的换算要统一,否则就缺乏可比性。

2. 反映区域产业结构趋同化的经济指标

不同地区间的产业结构会有很大差异,也会有相似。这种差异越大,表明区域分工水平越高,地区经济互补性越强,区际联系越密切;相反,地区产业结构越相似,地域分工水平就越低,地区经济互补性就越弱,区际联系就越少。区域产业结构的趋同化程度或差异程

度,就可以用联合国推荐的相似系数和常用的相关系数来衡量。

(1)联合国工业发展组织推荐的相似系数

其计算公式为

$$S_{ij} = \frac{c}{\left(\sum_{k=1}^{n} X_{ik}^2 \sum_{k=1}^{n} X_{jk}^2\right)^{\frac{1}{2}}} \quad (0 \leqslant S_{ij} \leqslant 1)$$

式中,X_{ik},X_{jk}分别表示 k 部门在 i 地区和 j 地区产业结构中所占的比重;S_{ij}表示 i 地区和 j 地区产业结构的相似系数。S_{ij}值从 0 到 1,系数越大,表明两地区产业结构越相似。$S_{ij}=1$,表明两地产业结构完全趋同;$S_{ij}=0$,则表示两地产业结构完全不趋同。

(2)国内经济学家常用的相似系数

其计算公式为

$$r_{ij} = \frac{\sum_{k=1}^{n}(X_{ik}-\overline{X_i})(X_{jk}-\overline{X_j})}{\sum_{k=1}^{n}(X_{ik}-\overline{X_i})^2 \sum_{k=1}^{n}(X_{jk}-\overline{X_j})^2} \quad (-1 \leqslant r_{ij} \leqslant 1)$$

式中,r_{ij}表示 i 地区和 j 地区在产业结构中所占的比重;X_{ik},X_{jk}分别表示 k 部门在 i 地区和 j 地区产业结构中所占的比重;$\overline{X_i}$,$\overline{X_j}$分别表示 i 地区和 j 地区各个部门在其产业结构中比重的平均值。

当 $r_{ij}=-1$ 时,说明地区 i 和地区 j 的产业结构截然相反;当 $r_{ij}=1$ 时,说明地区 i 和地区 j 的产业结构完全相同;r_{ij}越接近于 1,说明这两个地区产业结构的趋同化程度越高。有学者对长三角两省一市 2000—2010 年的产业结构进行了深入分析,结果发现长三角产业的内部结构存在高度的趋同性。例如,第二产业中,上海和江苏的相似系数达 0.999 8,上海和浙江的相似系数为 0.999 6,江苏和浙江的相似系数为 0.999 9;第三产业中,江苏和上海的相似系数为 0.985 8,上海和浙江的相似系数为 0.997 5,江苏和浙江的相似系数为 0.999 9。

专栏6-4

区域协调发展战略

党的十九大报告深刻阐述"贯彻新发展理念,建设现代化经济体系",其重点之一就是"实施区域协调发展战略",这既是对原有区域发展战略的丰富完善,也是对长期以来坚持区域协调发展的全面提升。例如,中华人民共和国成立以来,老少边穷地区的经济社会建设取得了巨大的成就,各地变化巨大,人们在发展中也得到了很多实惠。但是,由于自然或历史原因,区域资源禀赋参差不齐,这些地区面临产业结构单一的问题。党的十九大报告将这些地区的发展放在了区域协调发展战略的第一位置,通过加大投资力度、加大财力转移力度、加强生态环境建设、培育发展优势特色产业,加快老少边穷等特殊困难地区产业结构升级。

本章提要

本章通过明确产业结构研究的需求,介绍了通用产业分类法和其他产业分类法,并从产业结构理论渊源出发,梳理了产业结构演变的相关理论,重点阐述了配第—克拉克和库兹涅茨法则提出的三次产业变动规律,同时还简述了产业结构理论在我国的发展,并在此基础上分析了产业结构演变的影响因素。本章明确了产业结构优化的基本内涵,梳理了国内外关于产业结构合理化和产业结构高级化的判定标准,并结合"区域"特征,分析了区域产业结构的含义、特点及其优化分析的经济指标。

重要术语

产业分类;产业结构;产业结构演变;产业结构优化;产业结构合理化;产业结构高级化;区域产业结构优化

思考题

1. 三次产业结构演变的基本规律是什么?其主要原因是什么?
2. 影响产业结构演变的因素有哪些?
3. 中华人民共和国成立以来,产业结构演变呈现什么样的特点?是否符合克拉克和库兹涅茨提出的三次产业结构演变的基本规律?
4. 产业结构优化主要包括哪两方面?
5. 产业结构合理化和产业结构高级化的判别标准分别是什么?
6. 区域产业结构优化具有怎样的特点?其主要判定指标有哪些?
7. 中国区域产业结构优化中存在的突出问题是什么?应如何解决?

第七章 投入产出

本章首先阐述投入产出分析的基本原理、方法，以及编制投入产出表的几个方法问题，在此基础上结合案例分析，阐述投入产出分析在产业实际应用中的作用，接着将投入产出分析纳入地区分析范畴，考察地区间投入产出静态关系的同时，依次拓展到地区间的动态投入产出结构、分析与应用。通过本章的学习，把经济理论与数学方法融合在一起，为我们提供观察和研究国民经济系统的有效工具。

第一节 投入产出分析的基本原理和方法

投入产出分析是由美国经济学家沃西里·里昂惕夫(Wassily Leontief)在20世纪30年代首创的，现已在世界范围内得到普遍应用。投入产出分析中的所谓投入是指任何产业从事某种经济活动都必须耗用的物质资料和必须使用的劳动力，所谓产出是指任何产业从事某种经济活动所得到的成果，即产品或劳务。从国民经济各产业间的联系来看，一个产业的产出就是另一个或另一些产业的投入，一个产业的投入就是另一个或另一些产业的产出，投入产出分析就是运用投入产出表从数量上分析产业之间在投入与产出上的相互依存关系，是一种具有很大实用价值的分析方法，其分析结果可以作为一国制订经济计划、制定产业政策和进行经济预测的依据。

一、投入产出分析的理论基础

投入产出分析是一种定量分析方法，它必然要以一定的经济理论为依据。关于它的理论基础，里昂惕夫本人说是瓦尔拉(Walras)的一般均衡理论，"投入产出法是用新古典学派的一般(或译全部)均衡理论，对各种错综复杂的经济活动在数量上的相互依赖关系进行经验研究"①。

一般均衡理论认为，国民经济由消费主体(居民户)和生产主体(企业)所构成。一方面，居民通过市场向企业提供劳动力和资本以获得收入，再用收入从市场上购买企业所生产的消费品。另一方面，企业从市场上购买居民和其他企业提供的各种生产要素，组织生产过程，再把它的产品销售给居民和其他企业。这样，各种消费品和各种生产要素，通过各种市场在居民和企业之间进行循环。一般均衡理论假定：消费者在一定的预算约束下追求效用最大；生产者追求利润最大(成本最小)。从逻辑上可以证明，经济主体追求最大化的行为可以使所有市场在一组价格的调节下，实现供给和需求的完全相等，即存在一组价格(也称为均衡价格)，使所有市场都实现了均衡，这就是一般均衡。假如某个市场的供求关

① 沃西里·里昂惕夫：《投入产出经济学》，崔书香，译，北京：商务印书馆出版，1982年，第142页。

系发生了变化，必然导致该市场的价格发生变化，从而引起其他市场的供求关系也发生变化，进而引起一系列的价格调整，直至最后形成新的均衡价格，实现新的市场均衡。因此，分析市场供求关系必须把所有市场联系起来进行一般均衡分析。

瓦尔拉是用联立方程组来描述一般均衡状态的，方程组的解就是均衡价格体系。但瓦尔拉的模型是一种纯粹的理论抽象，无法对实际的经济活动进行实证性分析。里昂惕夫的投入产出分析可以说是通过一些假定而对瓦尔拉一般均衡模型所做的简化。简化主要有以下几个方面：

① 用产业代替瓦尔拉模型中的企业和消费者，并假定每个产业只生产一种特定的同质产品。同一产业内的产品在各种用途上是可以相互代替的，因为它们是同质的；而不同部门的产品之间是不能代替的，因为它们是不同质的。这样，产业之间的投入产出关系就是由物质技术因素决定的。而且，里昂惕夫模型相比于瓦尔拉模型中的方程个数大大减少，从而可以在实际中应用。

② 假定生产的规模收益不变，即假定每个产业产品的产出量与对它的各种投入量成固定比例。这样，投入与产出就呈线性关系，从而里昂惕夫投入产出模型就成为线性联立方程组。

③ 假定各产业的生产活动是互不影响的，即每个产业的产出由本产业的生产活动来决定，而不受其他产业生产活动的影响，国民经济的总产出等于每个产业产出之和，如果没有这样的假定，一个产业的产出要受到其他产业生产活动的影响，那么该产业的投入和产出的关系就变得不确定了，也就无法进行投入产出分析了。

④ 假定消耗系数在一定时期内相对稳定。在投入产出分析中，消耗系数是关键性数据，它们主要取决于各产业之间的生产技术联系。一般来说，在一个不太长的时期内生产技术条件变化不大，可以假定消耗系数具有相对稳定性。这样，投入产出分析就可以运用于经济预测。

⑤ 用一个年度的数据来计算消耗系数。在静态投入产出分析中，假定所有投入都是在一年内完成的，所有产出都是在一年内生产的，这样就使生产时间上的差异问题被简化了。

通过这些方面的简化工作，一般均衡理论在实证分析中便得到了应用，但是，里昂惕夫的简化工作使他的投入产出分析完全排除了瓦尔拉一般均衡理论的核心——价格对市场的调节作用。这一点可以看作是为了能将一般均衡理论应用于实证分析而付出的代价。自从里昂惕夫最初的研究成果发表以来，世界上很多国家都先后运用投入产出法来进行实证分析，这也证明了投入产出分析的实用性。因此有人说，里昂惕夫的最大贡献在于把一般均衡理论成功地应用于实证分析。

通过简化，里昂惕夫从瓦尔拉的方程组中推导出比较简单的线性方程组，这样，对线性方程组的求解就成了投入产出法应用于实证分析的关键问题。一般来说，如果要对国民经济的运行情况进行越详细的分析，就越需要更加明确地定义投入产出分析中的产业，因此需要相应增加产业个数。产业个数的增加意味着方程组中方程个数的增加，这就增加了求解的难度。这就是说，投入产出分析的发展依赖于计算能力的提高。因此可以说，电子计算机的迅速发展，是里昂惕夫的初期研究成果能够迅速地被世界各国所认识，并被发展应用于许多领域的重要条件。

二、投入产出表的结构

（一）实物型投入产出表

投入产出表就是全面反映在一定时期（通常为一年）内，国民经济中各产业的投入来源及其产品去向的一种表。按各种产品的实物单位来进行计量的就是实物型投入产出表。

一般地，可以假设国民经济是由 n 个生产产品的产业所组成，它们分别被称为第 1 产品产业、第 2 产品产业……第 n 产品产业。任何一个产业在生产过程中都必须要以其他产业的产品和本产业的产品作为投入物，任何一个产业的产品都可以作为其他产业和本产业的投入物，并且还有部分作为满足社会的最终需求，包括消费需求、积累需求及出口国外需求，表 7-1 列出了在一定时期内产业间的这种投入产出关系，也就是通常所说的投入产出表。

表 7-1　实物型投入产出表

产出 / 投入	中间产品					最终产品				总产品
	产业 1	产业 2	…	产业 n	小计	积累	消费	净出口	小计	
产业 1	x_{11}	x_{12}	…	x_{1n}	$\sum_{i=1}^{n} x_{1i}$				Y_1	X_1
产业 2	x_{21}	x_{22}	…	x_{2n}	$\sum_{i=1}^{n} x_{2i}$				Y_2	X_2
⋮	⋮	⋮		⋮	⋮				⋮	⋮
产业 n	x_{n1}	x_{n2}	…	x_{nn}	$\sum_{i=1}^{n} x_{ni}$				Y_n	X_n

在表 7-1 中，x_{ij} 表示 j 产业产品在生产过程中对 i 产业产品的消耗量，也称 i 产业产品分配到 j 产业的流量；Y_i 表示 i 产业的最终产品数量；X_i 表示 i 产业的总产品数量；n 表示所划分的产业数。

可以把实物型投入产出表分为两部分来理解，左边第一部分中间产品部分是基本部分，也可以称为产业间产品的流量表。这部分的“行”和“列”数目相同，产业分类的名称和顺序也完全一致。这一部分里的数据表示在本期生产的而又在本期生产过程中被消耗掉了的产品量，故被称为中间产品。这些消耗量数据实质上反映的是产业间的物质技术联系，数据的大小是由产业的工艺技术结构决定的。右边第二部分是最终产品部分。最终产品是本期生产的而在本期不再加工的，可用于最终使用的产品，最终产品在各个用途上的分配主要是由社会经济因素决定的。

整个投入产出表横向来看，表中每一行的数据表示该产业生产的产品作为中间产品卖给了哪些产业，卖了多少，又有多少产品作为最终产品满足了各项最终需求。对于每一个产业，由于总产品 = 中间产品 + 最终产品，故根据表 7-1，可得以下线性方程组：

$$\begin{cases} x_{11}+x_{12}+\cdots+x_{1n}+Y_1=X_1 \\ x_{21}+x_{22}+\cdots+x_{2n}+Y_2=X_2 \\ \cdots\cdots\cdots\cdots \\ x_{n1}+x_{n2}+\cdots+x_{nn}+Y_n=X_n \end{cases} \tag{7-1}$$

纵向来看，表中每一列的数据表示该产业进行生产所必需的从包括本产业在内的各个产业购进多少中间产品作为投入，以及最终产品的实物构成。在实物型投入产出表中，每一列的各个数据由于计量单位不同，因而不能直接相加。

实物型投入产出表描述的是产业间的生产技术关系，且计量值不受价格波动的影响。因此，它比较适合于用来研究国民经济中主要产品的生产和使用情况，以及研究产品之间的生产技术联系。但它的每列数据不能加总，故不能得到每种产品生产过程中的物质消耗（投入）总量，加之实物性的统计资料收集较为困难等，使它在经济分析中的应用受到了一定的限制。

（二）价值型投入产出表

价值型投入产出表记录了全部用货币计量的中间产品价值、最终产品价值、毛附加价值及总产值。表 7-2 是价值型投入产出表，它是在实物型投入产出表的基础上所做的扩充。

表 7-2　价值型投入产出表

投入＼产出		中间产品				最终产品				总产品
		产业 1	产业 2	…	产业 n	积累	消费	净出口	小计	
物质消耗	产业 1	x_{11}	x_{12}	…	x_{1n}				Y_1	X_1
	产业 2	x_{21}	x_{22}	…	x_{2n}				Y_2	X_2
	⋮	⋮	⋮		⋮				⋮	⋮
	产业 n	x_{n1}	x_{n2}	…	x_{nn}				Y_n	X_n
毛附加价值	折旧	D_1	D_2	…	D_n					
	劳动报酬	V_1	V_2	…	V_n					
	社会纯收入	M_1	M_2	…	M_n					
总产值		X_1	X_2	…	X_n					

在表 7-2 中，x_{ij}表示 j 产业生产过程中消耗 i 产业产品的价值量；Y_i 表示 i 产业最终产品的价值量；X_i 表示 i 产业的总产值；D_i 表示 i 产业的固定资产折旧额；V_i 表示 i 产业的劳动报酬；M_i 表示 i 产业的社会纯收入。表 7-2 中第一、第二部分与实物型投入产出表相对应，只是数据反映的不是实物量而是价值量，增加的左下方第三部分包括折旧、劳动报酬和社会纯收入，这一部分从纵向来看，每一列的数据反映了每个生产的毛附加价值的构成情况。从横向来看，每一行的数据反映了毛附加价值每一项是由哪些产业提供的。由于增加了第三部分，且统一用货币计量，故每一列的数字可以加总，这样就可以得到以下几个线性方程。

① 横向看，各产业的总值 = 各产业提供的中间产品的价值 + 各产业最终产品价值。

$$\begin{cases} x_{11}+x_{12}+\cdots+x_{1n}+Y_1=X_1 \\ x_{21}+x_{22}+\cdots+x_{2n}+Y_2=X_2 \\ \cdots\cdots\cdots\cdots \\ x_{n1}+x_{n2}+\cdots+x_{nn}+Y_n=X_n \end{cases}$$

简记为

$$\sum_{j=1}^{n} x_{ij} + Y_i = X_i \quad (i = 1,2,\cdots,n) \tag{7-2}$$

② 纵向看,各产业的总产值 = 各产业消耗的中间产品的价值 + 各产业的毛附加价值。

$$\begin{cases} x_{11} + x_{21} + \cdots + x_{n1} + D_1 + V_1 + M_1 = X_1 \\ x_{12} + x_{22} + \cdots + x_{n2} + D_2 + V_2 + M_2 = X_2 \\ \cdots\cdots\cdots\cdots \\ x_{1n} + x_{2n} + \cdots + x_{nn} + D_n + V_n + M_n = X_n \end{cases}$$

简记为

$$\sum_{i=1}^{n} x_{ij} + D_j + V_j + M_j = X_j \quad (i = 1,2,\cdots,n;\ j = 1,2,\cdots,n) \tag{7-3}$$

③ 把一个产业的横向数据和纵向数据联系起来看,由式(7-2)和式(7-3)可得

$$\sum_{j=1}^{n} x_{ij} + Y_i = \sum_{i=1}^{n} x_{ij} + D_j + V_j + M_j \quad (i = 1,2,\cdots,n;\ j = 1,2,\cdots,n) \tag{7-4}$$

④ 就整个国民经济来说,横向看的总产值和纵向看的总产值必然相等,也就是把式(7-4)中的 n 个方程($i=1,2,\cdots,n;\ j=1,2,\cdots,n$)连加起来。

$$\sum_{i=1}^{n} \left(\sum_{j=1}^{n} x_{ij} + Y_i \right) = \sum_{j=1}^{n} \left(\sum_{i=1}^{n} x_{ij} + D_j + V_j + M_j \right)$$

即

$$\sum_{i=1}^{n} Y_i = \sum_{j=1}^{n} (D_j + V_j + M_j) \tag{7-5}$$

三、直接消耗系数和完全消耗系数

(一) 直接消耗系数

直接消耗系数是指生产单位产品对某一产业产品的直接消耗量。如果用 a_{ij} 表示第 j 产业产品对第 i 产业产品的直接消耗系数,即生产单位 j 产业产品所消耗的 i 产业产品的数量,那么有

$$a_{ij} = x_{ij}/X_j \text{ 或 } a_{ij}X_j = x_{ij}$$

由实物型投入产出表可以确定实物直接消耗系数,由价值型投入产出表可以确定价值直接消耗系数。根据表 7-1 和表 7-2 中的数据,可以计算出全部直接消耗系数,它们可以排列成两个系数矩阵:实物直接消耗系数矩阵 $\overline{\boldsymbol{A}}$ 和价值直接消耗系数矩阵 $\boldsymbol{A}$。

$$\overline{\boldsymbol{A}} = \begin{bmatrix} \overline{a}_{11} & \overline{a}_{12} & \cdots & \overline{a}_{1n} \\ \overline{a}_{21} & \overline{a}_{22} & \cdots & \overline{a}_{2n} \\ \vdots & \vdots & & \vdots \\ \overline{a}_{n1} & \overline{a}_{n2} & \cdots & \overline{a}_{nn} \end{bmatrix}$$

$$A=\begin{bmatrix} a_{11} & a_{12} & \cdots & a_{1n} \\ a_{21} & a_{22} & \cdots & a_{2n} \\ \vdots & \vdots & & \vdots \\ a_{n1} & a_{n2} & \cdots & a_{nn} \end{bmatrix}$$

价值型投入产出表增加了毛附加价值部分,类似地,可以计算出各产业单位产品的固定资产折旧,即固定资产折旧系数;单位产品的劳动报酬,即劳动报酬系数;单位产品的社会纯收入,即社会纯收入系数。

假设 a_{Dj} 表示 j 产业的固定资产折旧系数,则

$$a_{Dj}=\frac{D_j}{X_j}\quad (j=1,2,\cdots,n)$$

a_{Vj} 表示 j 产业的劳动报酬系数,则

$$a_{Vj}=\frac{V_j}{X_j}\quad (j=1,2,\cdots,n)$$

a_{Mj} 表示 j 产业的社会纯收入系数,则

$$a_{Mj}=\frac{M_j}{X_j}\quad (j=1,2,\cdots,n)$$

将直接消耗系数代入式(7-2),可得:

$$\sum_{j=1}^{n} a_{ij}X_j + Y_i = X_i \quad (i=1,2,\cdots,n) \tag{7-6}$$

写成方程组为

$$\begin{cases} a_{11}X_1+a_{12}X_2+\cdots+a_{1n}X_n+Y_1=X_1 \\ a_{21}X_1+a_{22}X_2+\cdots+a_{2n}X_n+Y_2=X_2 \\ \cdots\cdots\cdots\cdots \\ a_{n1}X_1+a_{n2}X_2+\cdots+a_{nn}X_n+Y_n=X_n \end{cases}$$

也可以用矩阵形式表示为

$$\boldsymbol{AX}+\boldsymbol{Y}=\boldsymbol{X} \tag{7-7}$$

式中,

$$\boldsymbol{X}=\begin{bmatrix} X_1 \\ X_2 \\ \vdots \\ X_n \end{bmatrix}$$

$$\boldsymbol{Y}=\begin{bmatrix} Y_1 \\ Y_2 \\ \vdots \\ Y_n \end{bmatrix}$$

变换式(7-7),得

$$\boldsymbol{Y}=(\boldsymbol{I}-\boldsymbol{A})\boldsymbol{X} \tag{7-8}$$

如果矩阵$(\boldsymbol{I}-\boldsymbol{A})$的逆矩阵存在,则有

$$\boldsymbol{X}=(\boldsymbol{I}-\boldsymbol{A})^{-1}\boldsymbol{Y} \tag{7-9}$$

式中,$\boldsymbol{I}$ 为 n 阶单位矩阵;$(\boldsymbol{I}-\boldsymbol{A})^{-1}$ 称为里昂惕夫逆矩阵。

再将直接消耗系数引入式(7-3),并且令 $N_j=D_j+V_j+M_j$,于是有

$$\sum_{i=1}^{n} a_{ij}X_j + N_j = X_j \quad (i=1,2,\cdots,n;\ j=1,2,\cdots,n) \tag{7-10}$$

写成方程组为

$$\begin{cases} a_{11}X_1 + a_{21}X_2 + \cdots + a_{n1}X_n + N_1 = X_1 \\ a_{12}X_1 + a_{22}X_2 + \cdots + a_{n2}X_2 + N_2 = X_2 \\ \cdots\cdots\cdots\cdots \\ a_{1n}X_n + a_{2n}X_n + \cdots + a_{nn}X_n + N_n = X_n \end{cases}$$

可以简写为

$$\begin{cases} (\sum_{i=1}^{n} a_{i1})X_1 + N_1 = X_1 \\ (\sum_{i=1}^{n} a_{i2})X_2 + N_2 = X_2 \\ \cdots\cdots\cdots\cdots \\ (\sum_{i=1}^{n} a_{in})X_n + N_n = X_n \end{cases}$$

令 $C_j=\sum_{i=1}^{n} a_{ij}$,因为 C_j 是 j 产业对所有产业中间产品的直接消耗系数之和,故也称 C_j 为 j 产业的中间投入系数,或称劳动对象投入系数。

上面的线性方程组也可以写成矩阵形式:

$$\hat{\boldsymbol{C}}\boldsymbol{X}+\boldsymbol{N}=\boldsymbol{X} \tag{7-11}$$

式中,

$$\hat{\boldsymbol{C}}=\begin{bmatrix} C_1 & 0 & \cdots & 0 \\ 0 & C_2 & \cdots & 0 \\ \vdots & \vdots & & \vdots \\ 0 & 0 & \cdots & C_n \end{bmatrix}$$

$$\boldsymbol{N}=\begin{bmatrix} N_1 \\ N_2 \\ \vdots \\ N_n \end{bmatrix}$$

式(7-11)可以变换为

$$(\boldsymbol{I}-\hat{\boldsymbol{C}})\boldsymbol{X}=\boldsymbol{N} \tag{7-12}$$

式中,

$$\boldsymbol{I}-\hat{\boldsymbol{C}}=\begin{bmatrix}1-C_1 & 0 & \cdots & 0\\ 0 & 1-C_2 & \cdots & 0\\ \vdots & \vdots & & \vdots\\ 0 & 0 & \cdots & 1-C_n\end{bmatrix}$$

$$\sum_{i=1}^{n} a_{ij} + a_{D_i} + a_{V_i} + a_{M_i} = 1$$

$$\sum_{i=1}^{n} a_{ij} = C_i$$

所以

$$1-C_j=a_{D_i}+a_{V_i}+a_{M_i}\quad (i=1,2,\cdots,n;\ j=1,2,\cdots,n)$$

也可以说，$1-C_j$ 为 j 产业的毛附加价值占其总产值的比重，或称为毛附加价值率。式(7-12)反映了总产值与毛附加价值的关系，所以根据式(7-12)，从总产值可以推导出毛附加价值。

$(\boldsymbol{I}-\hat{\boldsymbol{C}})$是对角矩阵，且 $1-C_j>0(j=1,2,\cdots,n)$，故其逆矩阵$(\boldsymbol{I}-\hat{\boldsymbol{C}})^{-1}$一定存在，式(7-12)两边同时左乘$(\boldsymbol{I}-\hat{\boldsymbol{C}})^{-1}$，则有

$$\boldsymbol{X}=(\boldsymbol{I}-\hat{\boldsymbol{C}})^{-1}\boldsymbol{N} \tag{7-13}$$

故根据式(7-13)，由毛附加价值可以推导出总产值。

（二）完全消耗系数

直接消耗系数反映的是两个产业间的产品直接消耗关系，但一种产品对另一种产品的消耗不仅有直接消耗，还有间接消耗。例如，生产汽车除了直接消耗电力外，还同时消耗钢铁、轮胎、木材等产品，而生产这些产品也需要消耗电力，这是汽车对电力的第一次间接消耗。进一步分析，在炼钢、制造轮胎、采伐木材的过程中需要消耗生铁、焦炭、橡胶、工具和设备等产品，而生产这些产品也需要消耗电力，这就是汽车对电力的第二次间接消耗。这个过程还可以继续推导下去。一般来说，一个产品发生间接消耗的次数，根据各产品工艺技术特点的不同而不同。

一种产品对某种产品的直接消耗和全部间接消耗的总和称为完全消耗，相应地，直接消耗系数和全部间接消耗系数的总和就是完全消耗系数。

以 b_{ij}来表示 j 产业产品对 i 产业产品的完全消耗系数。我们可以汽车生产（设为 j 产业）对电力（设为 i 产业）的完全消耗为例来计算 b_{ij}。从前面的举例可以看出，汽车生产对电力的消耗有很多次，如果用一次一次计算间接消耗的办法去确定完全消耗系数，需要的工作量太大以至于无法完成。但是，汽车生产对电力的直接消耗系数是容易计算的，如果能找到完全消耗系数与直接消耗系数之间存在的某种相互关系，就能够比较简便地从直接消耗系数来推算出完全消耗系数。

根据这一设想，计算汽车生产对电力的完全消耗系数 b_{ij}可以分为以下几步：第一步，假定所有产业对电力的完全消耗系数 $b_{ik}(k=1,2,\cdots,n)$已知；第二步，计算出汽车生产对所有产业的直接消耗系数 $a_{kj}(k=1,2,\cdots,n)$，如汽车生产对某个产业没有直接消耗，则汽车生产对该产业的直接消耗系数为零；第三步，计算出汽车生产通过直接消耗每个

产业的产品而形成的对电力的全部间接消耗系数 $b_{ik}a_{kj}(k=1,2,\cdots,n)$，并把它们加总，$\sum_{k=1}^{n} b_{ik}a_{kj}$ 就是汽车生产对电力的全部间接消耗系数；第四步，计算出汽车生产对电力的完全消耗系数 b_{ij}。

$$b_{ij} = a_{ij} + \sum_{k=1}^{n} b_{ik}a_{kj} \quad (i,j = 1,2,\cdots,n) \tag{7-14}$$

一般地，式(7-14)对所有产业都是适用的。式(7-14)可以用矩阵形式表示为

$$\boldsymbol{B} = \boldsymbol{A} + \boldsymbol{BA}$$

$$\boldsymbol{B} - \boldsymbol{BA} = \boldsymbol{A}$$

$$\boldsymbol{B}(\boldsymbol{I} - \boldsymbol{A}) = \boldsymbol{A} \tag{7-15}$$

如果 $(\boldsymbol{I}-\boldsymbol{A})^{-1}$ 存在，那么式(7-15)两边同时右乘 $(\boldsymbol{I}-\boldsymbol{A})^{-1}$，得

$$\boldsymbol{B} = \boldsymbol{A}(\boldsymbol{I} - \boldsymbol{A})^{-1}$$

$$\boldsymbol{B} = [\boldsymbol{I} - (\boldsymbol{I} - \boldsymbol{A})](\boldsymbol{I} - \boldsymbol{A})^{-1}$$

$$\boldsymbol{B} = (\boldsymbol{I} - \boldsymbol{A})^{-1} - \boldsymbol{I} \tag{7-16}$$

式中，$\boldsymbol{B}$ 为完全消耗系数矩阵。

第二节　投入产出法的应用分析

一、结构分析

结构分析就是运用投入产出法来研究产业之间关系结构的特征及比例关系。

（一）产出结构与投入结构

在投入产出表中，从横向来看，每个产业的总产品都由中间产品和最终产品这两部分构成。从对产品的需求角度说，对每个产业产品的总需求由所有产业对它的需求（中间需求）和消费、积累及出口的需要（最终需求）所构成。总需求中中间需求和最终需求的构成比例是反映产业技术经济特征的一个重要数据，可以用中间需求率来表示。i 产业的中间需求率（l_i）就是 i 产业的中间需求 $\sum_{j=1}^{n} x_{ij}$ 和 i 产业的总需求 X_i 之比。

$$l_i = \frac{\sum_{j=1}^{n} x_{ij}}{X_i} \quad (i = 1,2,\cdots,n) \tag{7-17}$$

中间需求率指标反映各个产业的产品有多少作为原料（中间需求）为其他产业产品的生产所需要。中间需求率越高，这个产业就越带有原材料产业的性质。相应地，最终需求率等于1减去中间需求率。一个产业的最终需求率越高，这个产业就越带有提供最终产品的性质。

从投入产出表的纵向来看，各个产业的总投入等于中间投入和最初投入（毛附加价值）之和。可以用中间投入率指标反映它们之间的构成比例关系。j 产业的中间投入率（l_j）就是 j 产业的中间投入 $\sum_{j=1}^{n} x_{ji}$ 和 j 产业的总投入 X_j 之比。

$$l_j = \frac{\sum_{j=1}^{n} x_{ji}}{X_j} \quad (j = 1,2,\cdots,n) \tag{7-18}$$

这个指标就是生产单位产值的产品需要从其他产业购进的原材料在其中所占的比重。相应地,1 - 中间投入率 = 附加价值率(把折旧作为中间投入)。所以中间投入率越高,附加价值率就越低;反之,附加价值率越高,中间投入率就越低。

国外有人根据各产业的中间需求率和中间投入率的差异做了如下归类(表 7-3)。

表 7-3　中间需求率和中间投入率的差异

	中间需求率小	中间需求率大
中间投入率大	Ⅲ 最终需求型产业 日用杂货、造船、皮革及皮革制品、食品加工、粮食加工、运输设备、机械、木材、木材加工、非金属矿物制品、其他制造业	Ⅱ 中间产品型产业 钢铁、纸及纸制品、石油产品、有色金属冶炼、化学煤炭加工、橡胶制品、纺织、印刷及出版业
中间投入率小	Ⅳ 最终需求型基础产业 A. 渔业 B. 运输、商业、服务业	Ⅰ 中间产品型基础产业 农业、林业、煤炭、金属采矿、石油及天然气、非金属采矿、电力业

在表 7-3 中,Ⅰ部分多为第一产业;Ⅱ和Ⅲ部分大体为第二产业;Ⅳ部分则是第三产业,这四个部分在社会再生产过程中形成一个立体结构。其中Ⅰ、Ⅱ、Ⅲ部分是一国经济的物质生产部门。Ⅰ、Ⅱ部分基本是生产中间产品的产业,这些产业的产品中的大部分是作为Ⅲ部分中产业的投入,Ⅲ部分中的产业加工来自Ⅰ、Ⅱ部分中产业的中间产品,然后投放到最终需求中去。Ⅳ部分中的产业是产品移动的中介产业(渔业除外)。

(二)产业间相互联结关系的类型

产业间相互联结关系的类型可以分为两种:一是单向联结关系,例如棉花种植→纺织产业→服装产业;二是多向多环联结关系,例如煤炭产业→钢铁产业→矿山机械产业→煤炭产业。为了更准确地把握整个国民经济中各产业之间存在的这种关系,我们可通过重新排列和整理投入产出表中的产业排列顺序做进一步的观察。

如图 7-1 所示,在横轴上由左至右中间投入率由大到小,在纵轴上由上至下中间需求率由小到大。

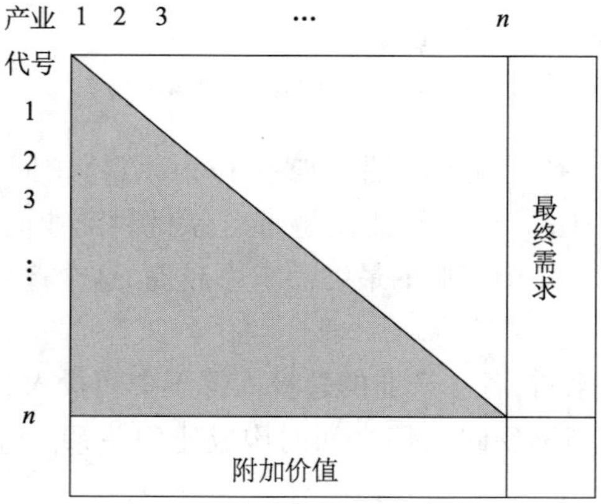

图 7-1　三角形配置投入产出表

如果产业之间的联结是单向的,这种调整过排列顺序的投入产出表上的数据只出现在图7-1中的阴影三角形内,对角线以上的三角形内就不会出现数据。这种情况的经济含义是,对产业1的总需求中没有任何中间需求,其全部产品都是最终产品,同时它将从2,3,…,n的所有产业购进中间产品。产业2只有产业1对其有中间需求,其他产业对其均无中间需求,同时它要从除产业1以外的所有产业购进中间产品。以此类推,产业n的产品则全部都是中间产品,同时无须从其他产业购进任何中间产品。

如果产业之间的联结是多向循环的,那么在上述三角形配置投入产出表中,由多向循环联结造成的产业间流量就会出现在对角线上方的三角形里。国外研究表明,许多国家的产业单向联结的性质大大地超过多向循环联结,由多向循环联结所造成的交易量占全部交易量的比重很低,其中意大利为4.3%,挪威为8.8%,日本为11.6%,美国为12.7%。

处于图7-1中阴影三角形底部的产业,即中间需求率大而中间投入率小的产业一般被称为基础产业,表7-3中Ⅰ部分的产业大多是基础产业。如果把表7-3中的四组产业群按图7-1的顺序排列起来,则中间产品型基础产业Ⅰ同最终需求型产业Ⅲ之间有明显的单向联结特征,而且从产业排序上Ⅲ一般要比Ⅰ靠前;中间产品产业Ⅱ同Ⅲ在产业排列顺序上是错杂在一起的,而且Ⅱ中包含许多多向联结产业,从而说明Ⅱ部分产业的产品用途是多种多样的。

二、波及效果分析

投入产出法不仅可以用来研究产业之间的比例关系和关系结构的特征,还可以用其推算出来的参数研究表中某些数据发生变化时对其他数据发生的影响,这就是波及效果分析。这种分析主要有三个方面:一是当某个产业的生产活动发生变化时,对其他产业生产活动所产生的影响,或某个产业生产活动受其他产业生产活动变化的影响;二是当某个或某些产业的最终需求发生变化时,对国民经济各产业所产生的影响;三是当某个产业的毛附加价值发生变化时,对国民经济各产业所产生的影响。

(一)波及效果分析的重要工具

1. 产业的感应度系数和影响力系数

任一产业的生产活动通过产业之间的相互关联,必然影响和受影响于其他产业的生产活动。我们把一个产业影响其他产业的程度叫作影响力,把受其他产业影响的程度叫作感应度。如果将各个产业对所有产业的影响力和受所有产业的感应度的平均趋势做一个比较,掌握各个产业在这一方面的特性,显然对分析现实的经济问题大有裨益。

在式(7-9)$\boldsymbol{X}=(\boldsymbol{I}-\boldsymbol{A})^{-1}\boldsymbol{Y}$中,我们可以根据里昂惕夫逆矩阵$(\boldsymbol{I}-\boldsymbol{A})^{-1}$来计算这两个系数。这个矩阵横行上的数值就是反映该产业受到其他产业的影响程度,即感应度系数系列,它表明其他产业最终需求的变化而使该产业生产发生变化的程度。横向系数的平均值可看作该产业受其他产业影响的平均程度。纵列上的数值反映的是该产业最终需求的变化对其他产业的影响程度,即影响力系数系列,也就是该产业最终需求的变化使其他产业生产发生相应变化的程度。纵列系数的平均值是该产业对其他产业施加影响的平均程度。我们把里昂惕夫逆矩阵中某一产业的横行和纵列系数的平均值与全部产业横行和纵列系数的平均值的平均相比,就可以计算该产业的感应度系数和影响力系数。

$$某产业的感应度系数=\frac{该产业逆矩阵横行系数的平均值}{全部产业逆矩阵横行系数平均值的平均}$$

$$某产业的影响力系数=\frac{产业逆矩阵纵列系数的平均值}{全部产业逆矩阵纵列系数平均值的平均}$$

如果用 e_i 表示 i 产业的感应度系数；e_j 表示 j 产业的影响力系数；n 为产业数目；C_{ij} 为里昂惕夫逆矩阵 $(\boldsymbol{I}-\boldsymbol{A})^{-1}$ 中的元素 $(i,j=1,2,\cdots,n)$。

那么，上述等式也可以表示为

$$e_i=\frac{\frac{1}{n}\sum_{j=1}^{n}C_{ij}}{\frac{1}{n}\sum_{i=1}^{n}\left(\frac{1}{n}\sum_{j=1}^{n}C_{ij}\right)}=\frac{\sum_{j=1}^{n}C_{ij}}{\frac{1}{n}\sum_{i=1}^{n}\sum_{j=1}^{n}C_{ij}}\quad(i,j=1,2,\cdots,n)\tag{7-19}$$

$$e_j=\frac{\frac{1}{n}\sum_{i=1}^{n}C_{ij}}{\frac{1}{n}\sum_{j=1}^{n}\left(\frac{1}{n}\sum_{i=1}^{n}C_{ij}\right)}=\frac{\sum_{i=1}^{n}C_{ij}}{\frac{1}{n}\sum_{i=1}^{n}\sum_{j=1}^{n}C_{ij}}\quad(i,j=1,2,\cdots,n)\tag{7-20}$$

根据计算结果，如果 $e_i>1$，则表明该产业的感应度在全部产业中处于平均水平之上；如果 $e_i=1$，则表明该产业的感应度在全部产业中处于平均水平；如果 $e_i<1$，则表明该产业的感应度在全部产业中处于平均水平之下。同理，影响力也可以做类似的解释。

各个产业的感应度系数和影响力系数，因在工业化的不同阶段及不同国家在产业结构上的差异而有所区别。一般来说，在工业化过程中，重工业大都表现为感应度系数较高，而轻工业大多表现为影响力系数较高。

2. *产业的生产诱发系数与产业对最终需求的依赖度系数*

我们不仅要了解最终需求总量的变化对各产业生产的影响程度，还要进一步掌握最终需求各构成项目（投资需求、消费需求、净出口）分别对各产业生产的影响程度，或称之为对各产业的生产诱发额。

根据方程 $\boldsymbol{X}=(\boldsymbol{I}-\boldsymbol{A})^{-1}\boldsymbol{Y}$，可以用矩阵 $(\boldsymbol{I}-\boldsymbol{A})^{-1}$ 中某一行的数值分别乘以按项目分类的最终需求列向量（投资列向量、消费列向量、净出口列向量），得到由每种最终需求项目所诱发的各产业的生产额，即最终需求诱发产值额。

$$X_i^S=\sum_{i=1}^{n}C_{ij}Y_i^S\quad(i=1,2,\cdots,n;\ S=1,2,3)\tag{7-21}$$

式中，X_i^S 表示 i 产业第 S 项最终需求所诱发的产值额；C_{ij} 表示矩阵 $(\boldsymbol{I}-\boldsymbol{A})^{-1}$ 中的元素；Y_i^S 表示 i 产业第 S 项最终需求额；$S=1,2,3$ 分别代表投资、消费、净出口三个最终需求项目。

把 i 产业的最终需求项目的诱发产值额除以相应的最终需求项目的合计数，便可以得到各产业最终需求项目的生产诱发系数。

$$W_i^S=\frac{\sum_{i=1}^{n}C_{ij}Y_i^S}{\sum_{i=1}^{n}Y_i^S}\quad(i=1,2,\cdots,n;\ S=1,2,3)\tag{7-22}$$

式中，W_i^S 表示 i 产业第 S 种最终需求的生产诱发系数；$\sum_{i=1}^{n}Y_i^S$ 表示各产业第 S 种最终需求的合计数。

把 i 产业最终需求项目的生产诱发产值额除以相应产业的总产值，就得到该产业对最终需求的依赖度系数。

$$Z_i^S = \frac{\sum_{i=1}^{n} C_{ij} Y_i^S}{X_i} \quad (i = 1,2,\cdots,n;\ S = 1,2,3) \tag{7-23}$$

式中，Z_i^S 表示 i 产业生产对第 S 种最终需求项目的依赖度系数；X_i 为 i 产业的总产值。

W_i^S 和 Z_i^S 指标具有不同的经济含义和作用。W_i^S 的作用在于认识各最终需求项目对诱发各个产业生产的作用的大小，其经济含义就是当某项最终需求的合计数（如各产业消费需求的合计数）增加一单位时，某一产业由该项最终需求的变化能诱发多少单位的生产额。Z_i^S 的作用在于认识各产业的生产对市场需求的依赖程度，其经济含义是指各产业的生产受到了哪种最终需求多大的支持。由于使用了里昂惕夫逆矩阵 $(\boldsymbol{I}-\boldsymbol{A})^{-1}$ 作为工具，因此，产业的最终需求依赖度不仅考虑了直接的最终需求对产业生产的影响，还考虑了间接的最终需求对产业生产的影响。

有了最终需求依赖度系数，我们就可以了解各个产业的生产是主要依赖消费还是投资，或是出口，据此，可把各个产业分为"依赖消费型"产业、"依赖投资型"产业和"依赖出口型"产业等。

3. 综合就业需要量系数和综合资本需要量系数

利用里昂惕夫逆矩阵还可以计算随着各产业生产的增长而最终需要投入的就业人数和资本额。计算公式如下：

$$(L_1, L_2, \cdots, L_n) = (a_{v1}, a_{v2}, \cdots, a_{vn}) \begin{bmatrix} C_{11} & C_{12} & \cdots & C_{1n} \\ C_{21} & C_{22} & \cdots & C_{2n} \\ \vdots & \vdots & & \vdots \\ C_{n1} & C_{n2} & \cdots & C_{nn} \end{bmatrix} \tag{7-24}$$

式中，$L_1, L_2, \cdots, L_n$ 分别为 $1,2,\cdots,n$ 产业的综合就业需要量系数；C_{ij} 为 $(\boldsymbol{I}-\boldsymbol{A})^{-1}$ 中的元素；$a_{v1}, a_{v2}, \cdots, a_{vn}$ 分别为 $1,2,\cdots,n$ 产业的就业需要量系数。a_{vi} 的计算公式为

$$a_{vi} = \frac{i\text{ 产业的就业人数}}{i\text{ 产业的总产值}}$$

综合就业需要量系数的经济含义是，某产业进行一单位产值的生产，在本产业和其他产业部门直接和间接地总共需要有多少人就业。

$$(K_1, K_2, \cdots, K_n) = (a_{c1}, a_{c2}, \cdots, a_{cn}) \begin{bmatrix} C_{11} & C_{12} & \cdots & C_{1n} \\ C_{21} & C_{22} & \cdots & C_{2n} \\ \vdots & \vdots & & \vdots \\ C_{n1} & C_{n2} & \cdots & C_{nn} \end{bmatrix} \tag{7-25}$$

式中，$K_1, K_2, \cdots, K_n$ 分别为 $1,2,\cdots,n$ 产业的综合资本需要量系数；$a_{c1}, a_{c2}, \cdots, a_{cn}$ 分别为 $1,2,\cdots,n$ 产业的资本系数。a_{ci} 的计算公式为

$$a_{ci} = \frac{i\text{ 产业的资本额}}{i\text{ 产业的总产值}}$$

综合资本需要量系数的经济含义是，某产业进行一单位产值的生产，在本产业和其他产业部门直接和间接地总共需要多少资本。

（二）预测分析

里昂惕夫逆矩阵$(\boldsymbol{I}-\boldsymbol{A})^{-1}$是投入产出分析中一个非常有用的工具，前面已经多次用到，在波及效果分析中还被运用于经济预测。下面介绍两种预测分析。

1. 某产业生产变化的波及效果预测

国有经济各产业间有紧密的联系，一个产业生产发生变化，会引起其他产业发生一系列变化。预测某些产业发生变动以后对整个国民经济产生的全面影响，是投入产出法应用的一个重要内容。

假定国民经济中第k产业有较大的发展，因为某些重要工程的建设，第k产业的产量增加了ΔX_k。在ΔX_k已经确定的情况下，第X_k产业的产量就不再取决于其他产业的产量，它成为事先确定的变量，我们据此可以预测由ΔX_k所引起的其他产业生产的变化。

根据方程$\boldsymbol{X}=(\boldsymbol{I}-\boldsymbol{A})^{-1}\boldsymbol{Y}$可以推导出下面的公式：

$$\begin{bmatrix} \Delta X_1 \\ \Delta X_2 \\ \vdots \\ \Delta X_{k-1} \\ \Delta X_{k+1} \\ \vdots \\ \Delta X_n \end{bmatrix} = \begin{bmatrix} C_{1k} \\ C_{2k} \\ \vdots \\ C_{k-1,k} \\ C_{k+1,k} \\ \vdots \\ C_{nk} \end{bmatrix} \cdot \frac{\Delta X_k}{C_{kk}} \tag{7-26}$$

式中，C_{ij}为矩阵$(\boldsymbol{I}-\boldsymbol{A})^{-1}$中的元素；$\Delta X_1,\Delta X_2,\cdots,\Delta X_n$分别为各产业生产的增加量。利用式(7-26)计算出来的ΔX_i，包括了ΔX_k对i产业的直接和间接的影响，这对于分析某些重要工程对国民经济的全部影响是很有意义的。

2. 某产品价格的变动对其他产品价格的影响

国民经济各产业间紧密联系，某种产品价格的变化必然要引起其他产品价格的变化。同上一种预测方法一样，假定k产业产品的价格变化为ΔP_k，预测ΔP_k整个价格体系的影响有一个简便的计算方法，即根据式(7-26)，可以推导出下面的公式：

$$\begin{bmatrix} \Delta P_1 \\ \Delta P_2 \\ \vdots \\ \Delta P_{k-1} \\ \Delta P_{k+1} \\ \vdots \\ \Delta P_n \end{bmatrix} = \begin{bmatrix} C_{1k} \\ C_{2k} \\ \vdots \\ C_{k-1,k} \\ C_{k+1,k} \\ \vdots \\ C_{nk} \end{bmatrix} \cdot \frac{\Delta P_k}{C_{kk}} \tag{7-27}$$

式中，C_{ij}为矩阵$(\boldsymbol{I}-\boldsymbol{A})^{-1}$中的元素；$\Delta P_1,\Delta P_2,\cdots,\Delta P_n$分别为各产业产品价格的变化量。计算出所有的$\Delta P_i$，我们就可以了解$k$产业产品价格的变化对整个价格体系的全部影响。

三、经济分析

经济分析即通过投入产出模型对错综复杂的经济现象做出科学的、合乎客观实际的分析,如农、轻、重比例分析,积累与消费比例分析及经济效益分析等。

1. 农、轻、重比例分析

利用现有统计资料来分析农、轻、重比例时,一般是通过计算以下三种数据来进行的:一是计算农业、轻工业、重工业总产值或净产值占社会总产值或国民收入的比重;二是计算农业、轻工业、重工业总产值(或净产值)的发展速度;三是计算农业、轻工业、重工业投资占的比重。利用上述数据,或是从时间序列上,从动态变化中通过分析比较不同时期农、轻、重的情况,来说明该比例是否协调;或是从不同国家的对比中来衡量农、轻、重比例的协调情况。通过投入产出模型,不仅可以分析农业、轻工业、重工业之间的内在联系,了解它们更细微、具体的部门构成,还能计算出农业、轻工业、重工业生产产品的价值构成,并从社会再生产的角度来研究分析它们之间的数量关系。

① 用分配系数可了解农业、轻工业、重工业所生产产品的分配使用情况。如了解各部门的生产性消耗及用于积累和直接满足消费需要的比例。此外,农、轻、重三个部门生产的产品用作中间产品时,被各部门生产使用所占的比重也能反映出来。

② 可了解农、轻、重三个部门在国民经济中的地位。除了利用投入产出表能计算农、轻、重总产值和净产值占的比重外,还能计算在中间产品与最终产品中,它们各自所占的比重。

③ 利用投入产出模型所提供的直接消耗系数与完全消耗系数,可以了解农、轻、重部门的内在联系。

④ 可以使农、轻、重比例具体化。投入产出模型中的部门还可再细分,如农业可分为农、林、牧、副、渔,工业则又可分成若干部门等。所以通过模型,能了解农、轻、重各细分部门间的相互联系。

⑤ 可以结合再生产的原理,科学地制订衡量农、轻、重比例合理与否的方案。由于农业、轻工业产品很大部分是直接满足人民消费需要的,而重工业产品则主要用来满足发展生产的需要,所以从生产能否满足需要的角度来衡量农、轻、重比例合理与否,其方案可用:农业和轻工业部门的产品在扣除用于生产的物质消耗(中间产品)后,其剩余部分能否满足人民生活水平提高的需要,这里既可以看绝对量,也可以分析发展速度或增长速度。而重工业产品在扣除用于生产的物质消耗后,看其能否满足扩大再生产的需要。

2. 积累与消费比例分析

积累与消费比例安排是否合适,对生产的发展、人民生活的改善都有很大影响。目前,一般在分析这个比例时,都用经验系数来衡量,即通过分析历史上不同时期的积累率,以及由不同积累率给经济发展造成的影响等情况,找出比较合理的积累率的界限。这种方法尽管实际意义较大,但它仍有局限性,即不可能结合各时期生产发展情况,来具体衡量和安排积累与消费比例。利用投入产出模型,可以进一步从以下三个方面来分析积累与消费比例:

首先,利用最终产品结构系数,能了解积累和消费的实物构成。这样就可在积累的安排与所需此类生产资料的供应、消费的安排与所需各类消费资料的供应之间建立平衡,从而使积累与消费比例的安排具有实物保证。

其次,利用投入产出模型,能建立积累与消费比例、积累与消费实物构成与所需各部门产品总生产量间的平衡,或需各部门产品生产能力的平衡。

最后,利用投入产出模型,可以计算若干个积累与消费比例,从比较分析中确定合理的积累与消费比例。

3. 经济效益分析

经济效益是社会再生产过程中投入与产出的比例。在价值型投入产出表中,既有反映各种劳动消耗(投入)的指标,又有反映生产成果(产出)的指标,所以可以通过投入产出表计算各种经济效益参数,并用来分析经济效益。

利用投入产出模型,能计算的经济效益参数主要有:单位物耗提供的总产品、净产品和利税;单位成本提供的总产值、净产值和利税;单位劳动报酬提供的总产值、净产值和社会纯收入;有关消费率系数和积累效果系数。

第三节 产业的空间关联和时间关联

一、地区投入产出分析

(一) 投入产出分析的必要性

地区投入产出分析,是指对全国某一个地区编制投入产出表进行地区性的投入产出分析,这里所说的地区,一般有三种划分标准:一是按行政区划确定的地区,如我国现有的省、市和自治区;二是按经济区划,即根据社会生产、流通或交换的特点和经济协作关系划分的地区,通常以大中城市为中心,如上海经济区;三是按地理区域划分的地区,是按地貌、位置、气候等划分的地区,如长江三角洲地区、珠江三角洲地区等。按不同标准划分的地区的投入产出分析,说明的问题各不相同。在实际应用中究竟以何地区为分析对象,要以分析的要求和目的来决定。由于我国现行统计资料主要是以行政区划进行汇总的,所以一般的地区投入产出表大都是按行政区划的地区编制的。

既然有了全国投入产出表,为什么还要编制地区投入产出表呢?编制地区投入产出表的必要性主要体现在以下几个方面:

① 我国各地区自然资源、地理特点和社会需要等都不相同,生产力发展水平相差较大,每个地区都有各自的优势,进行地区投入产出分析,就能更好地针对各地区的实际,发挥各地区的优势,促进地区间经济的协调发展。

② 我国是一个幅员辽阔的大国,中央和地方的经济关系是一个十分重要的问题。我国各省、市、自治区的经济发展都有各自的特色,如何在分工的基础上更好地促进地区间的资源流动和商品交换,建立全国统一的市场,也是一个十分重要的问题,进行地区投入产出分析有助于正确处理中央和地方的经济关系、地区与地区的经济关系。

③ 在全国投入产出表中,每个数据都是全国的合计,完全没有考虑地区的内部结构,它只能分析全国的总体情况,不能直接地用于分析各地区的具体实际。从这一点来说,编制地区投入产出表是对全国投入产出表的补充,是为了完善全国投入产出分析。

④ 进行地区投入产出分析也是制定地区经济发展规划,把地区中长期发展规划建立在科学基础上的要求。

(二) 地区投入产出表的基本结构

就一个地区来说,投入产出表大致可以分为以下几类:

1. 简化的地区实物型投入产出表

简化的地区实物型投入产出表与全国的同类表基本相同，它把输入的产品（包括调入和进口产品）与本地生产的产品视为完全一样的产品统一加以处理。在中间产品和最终产品中都不区分是否本地生产，只在“资源”部分增加了调入，在“最终产品”部分增加了调出，其他指标与全国同类表完全一样。这种表对调入、调出产品的处理比较简单，只适合于调入、调出产品比重较小的地区采用（表 7-4）。

表 7-4 简化的地区实物型投入产出表

产出 投入	计量单位	资源					中间产品					最终产品					总计
		年初库存	本年生产	调入	进口	合计	产业1	产业2	…	产业n	合计	消费	积累	调出	出口	合计	
产业1																	
产业2				Ⅰ					Ⅱ					Ⅲ			
⋮																	
产业n																	

2. 简化的地区价值型投入产出表

这种表与全国价值投入产出表很相似，只是在“最终产品”部分中增加了调入、调出和差额（表 7-5）。

表 7-5 简化的地区价值型投入产出表

产出 投入		中间产品					最终产品						合计	总计
		1	2	…	n	合计	调入调出			进出口				
							调入	调出	差额	调入	调出	差额		
物质消耗	1													
	2			Ⅰ						Ⅱ				
	⋮													
	n													
新创造的价值	劳动报酬													
	社会纯收入			Ⅲ						Ⅳ				
	合计													

3. 完整的地区实物型投入产出表

完整的地区实物型投入产出表又称地区实物平衡表（表 7-6），它与全国同类表相比，有很大的不同。表 7-6 可分为六个部分：第Ⅰ部分反映本地生产的中间产品用于本地生产消费的情况；第Ⅱ部分反映本地生产的产品用于满足本地最终需求（消费和积累）的情况；第Ⅲ部分反映本地生产的产品调往外地和出口的情况；第Ⅳ部分反映本地调入产品的产地（包括进口）；第Ⅴ部分反映调入产品在本地各产业之间的分配、使用情况；第Ⅵ部分反映调入产品满足本地最终需求的情况。

表 7-6　完整的地区实物型投入产出表

<table>
<tr><th colspan="2" rowspan="3">产出
投入</th><th rowspan="3">计量单位</th><th colspan="5">中间产品</th><th colspan="15">最终产品</th><th rowspan="3">总计</th></tr>
<tr><th rowspan="2">1</th><th rowspan="2">2</th><th rowspan="2">…</th><th rowspan="2">n</th><th rowspan="2">合计</th><th colspan="3">本地使用</th><th colspan="6">调出</th><th colspan="6">调入</th></tr>
<tr><th>消费</th><th>积累</th><th>合计</th><th>1</th><th>2</th><th>…</th><th>n</th><th>出口</th><th>合计</th><th>1</th><th>2</th><th>…</th><th>n</th><th>进口</th><th>合计</th></tr>
<tr><td rowspan="4">本地生产</td><td>1</td><td rowspan="4"></td><td colspan="5" rowspan="4">Ⅰ</td><td colspan="3" rowspan="4">Ⅱ</td><td colspan="6" rowspan="4">Ⅲ</td><td colspan="6" rowspan="4">Ⅳ</td><td rowspan="4"></td></tr>
<tr><td>2</td></tr>
<tr><td>⋮</td></tr>
<tr><td>n</td></tr>
<tr><td rowspan="4">外地调入</td><td>1</td><td rowspan="4"></td><td colspan="5" rowspan="4">Ⅴ</td><td colspan="3" rowspan="4">Ⅵ</td><td colspan="12" rowspan="4"></td><td rowspan="4"></td></tr>
<tr><td>2</td></tr>
<tr><td>⋮</td></tr>
<tr><td>n</td></tr>
</table>

4. 完整的地区价值型投入产出表

完整的地区价值型投入产出表又称地区价值平衡表(表 7-7)。该表可分为八个部分:第Ⅰ到第Ⅵ部分与实物表(表 7-6)的相应部分一样,只是用货币为计量单位;第Ⅶ和第Ⅷ部分与全国同类表的相应内容相同。

表 7-7　完整的地区价值型投入产出表

<table>
<tr><th colspan="2" rowspan="3">产出
投入</th><th rowspan="3">计量单位</th><th colspan="5">中间产品</th><th colspan="15">最终产品</th><th rowspan="3">总计</th></tr>
<tr><th rowspan="2">1</th><th rowspan="2">2</th><th rowspan="2">…</th><th rowspan="2">n</th><th rowspan="2">合计</th><th colspan="3">本地使用</th><th colspan="6">调出</th><th colspan="6">调入</th></tr>
<tr><th>消费</th><th>积累</th><th>合计</th><th>1</th><th>2</th><th>…</th><th>n</th><th>出口</th><th>合计</th><th>1</th><th>2</th><th>…</th><th>n</th><th>进口</th><th>合计</th></tr>
<tr><td rowspan="4">本地生产</td><td>1</td><td rowspan="4"></td><td colspan="5" rowspan="4">Ⅰ</td><td colspan="3" rowspan="4">Ⅱ</td><td colspan="6" rowspan="4">Ⅲ</td><td colspan="6" rowspan="4">Ⅳ</td><td rowspan="4"></td></tr>
<tr><td>2</td></tr>
<tr><td>⋮</td></tr>
<tr><td>n</td></tr>
<tr><td rowspan="4">外地调入</td><td>1</td><td rowspan="4"></td><td colspan="5" rowspan="4">Ⅴ</td><td colspan="3" rowspan="4">Ⅵ</td><td colspan="12" rowspan="7"></td><td rowspan="7"></td></tr>
<tr><td>2</td></tr>
<tr><td>⋮</td></tr>
<tr><td>n</td></tr>
<tr><td rowspan="3">新创造价值</td><td>劳动报酬</td><td rowspan="3"></td><td colspan="5" rowspan="3">Ⅶ</td><td colspan="3" rowspan="3">Ⅷ</td></tr>
<tr><td>社会纯收入</td></tr>
<tr><td>合计</td></tr>
<tr><td colspan="3">合计</td><td colspan="5"></td><td colspan="3"></td><td colspan="12"></td><td></td></tr>
</table>

（三）地区投入产出表的相关公式

如果以 X_{ij} 表示 j 产业生产消耗的 i 产业产品，S_i 表示 i 产业中用于消费的产品，J_i 表示 i 产业中用于积累的产品，H_i 表示调入（包括进口）的 i 产业产品，h_{ij} 表示提供给 j 产业中本地产品使用的 i 种外地调入产品，E_i 表示调出（包括出口）的 i 产业产品，V_i 表示 i 产业的劳动报酬，M_i 表示 i 产业的社会纯收入。

1. 从简单的地区价值型投入产出表看

① 对该地区的每个产业有

$$\sum_{j=1}^{n} X_{ij} + S_i + J_i - H_i + E_i = \sum_{i=1}^{n} X_{ij} + V_j + M_j \quad (i = 1,2,\cdots,n;\ j = 1,2,\cdots,n) \tag{7-28}$$

② 对整个地区有

$$\sum_{i=1}^{n}\sum_{j=1}^{n} X_{ij} + \sum_{i=1}^{n} S_i + \sum_{i=1}^{n} J_i - \sum_{i=1}^{n} H_i + \sum_{i=1}^{n} E_i = \sum_{j=1}^{n}\sum_{i=1}^{n} X_{ij} + \sum_{i=1}^{n} V_j + \sum_{i=1}^{n} M_j$$
$$(i = 1,2,\cdots,n;\ j = 1,2,\cdots,n) \tag{7-29}$$

由于式(7-29)中 $\sum_{i=1}^{n}\sum_{j=1}^{n} X_{ij}$ 和 $\sum_{j=1}^{n}\sum_{i=1}^{n} X_{ij}$ 都是对第 I 部分求和，因而是相等的，把它们消去后，则有

$$\sum_{i=1}^{n} S_i + \sum_{i=1}^{n} J_i - \sum_{i=1}^{n} H_i + \sum_{i=1}^{n} E_i = \sum_{i=1}^{n} V_j + \sum_{i=1}^{n} M_j \quad (i = 1,2,\cdots,n;\ j = 1,2,\cdots,n) \tag{7-30}$$

简化的地区投入产出表的优点是结构比较简单，所需要的数据较少，比较容易编制；缺点是反映的平衡关系有限，特别是不能反映地区之间详细的经济联系。

2. 从完整的地区价值型投入产出表看

① 对每一个产业有

$$\sum_{j=1}^{n} X_{ij} + S_i + J_i + E_i = \sum_{i=1}^{n} X_{ij} + \sum_{i=1}^{n} h_{ij} + V_j + M_j \quad (i = 1,2,\cdots,n;\ j = 1,2,\cdots,n) \tag{7-31}$$

② 对整个地区有

$$\sum_{i=1}^{n}\sum_{j=1}^{n} X_{ij} + \sum_{i=1}^{n} J_i + \sum_{i=1}^{n} S_i + \sum_{i=1}^{n} E_i = \sum_{j=1}^{n}\sum_{i=1}^{n} X_{ij} + \sum_{j=1}^{n}\sum_{i=1}^{n} h_{ij} + \sum_{i=1}^{n} V_j + \sum_{i=1}^{n} M_j$$
$$(i = 1,2,\cdots,n;\ j = 1,2,\cdots,n) \tag{7-32}$$

将式(7-32)左右两边各自消去 $\sum_{i=1}^{n}\sum_{j=1}^{n} X_{ij}$ 和 $\sum_{j=1}^{n}\sum_{i=1}^{n} X_{ij}$，则有

$$\sum_{i=1}^{n} J_i + \sum_{i=1}^{n} S_i + \sum_{i=1}^{n} E_i = \sum_{j=1}^{n}\sum_{i=1}^{n} h_{ij} + \sum_{i=1}^{n} V_j + \sum_{i=1}^{n} M_j \quad (i = 1,2,\cdots,n;\ j = 1,2,\cdots,n) \tag{7-33}$$

在地区投入产出分析中，除了要计算本地区生产对本地区产品的直接消耗系数和完全消耗系数之外（计算方法同全国投入产出分析一样），还需要计算本地区生产对调入产品的直接消耗系数。

假定计算年度本地区调入并用于本地区生产消耗的几种产品数量分别为 $H_1, H_2, \cdots, H_n$，这些产品的分配使用情况如下：

$$h_{11} + h_{12} + \cdots + h_{1n} = H_1$$
$$h_{21} + h_{22} + \cdots + h_{2n} = H_2$$
$$\cdots\cdots\cdots\cdots$$
$$h_{n1} + h_{n2} + \cdots + h_{nn} = H_n$$

那么，本地区 j 产业的生产对调入的 i 产业产品的直接消耗系数 $r_{ij} = h_{ij}/X_j$。

（四）地区投入产出分析的主要应用

地区投入产出分析与全国投入产出分析十分相似，一般来说，全国投入产出分析在经济结构分析、经济预测等方面的应用，地区投入产出分析也可以进行，具体运用方法也大体相同。但是，完整的地区投入产出表较详细地反映了产品的调入与调出，这是它的特色。这里重点介绍它在这方面的应用。

1. 测算需要调入的各种产品量

把表 7-7 的第Ⅰ、Ⅱ、Ⅲ部分联系起来，可以得到方程：

$$\sum_{j=1}^{n} X_{ij} + S_i + J_i + E_i = X_i \quad (i = 1, 2, \cdots, n) \tag{7-34}$$

引入直接消耗系数 a_{ij} 和 r_{ij} 及相应的矩阵形式 $\boldsymbol{A}$ 和 $\boldsymbol{R}$，那么式(7-34)可以写成：

$$\boldsymbol{AX} + \boldsymbol{S} + \boldsymbol{J} + \boldsymbol{E} = \boldsymbol{X} \tag{7-35}$$

经变换得

$$\boldsymbol{X} = (\boldsymbol{I} - \boldsymbol{A})^{-1}(\boldsymbol{S} + \boldsymbol{J} + \boldsymbol{E}) \tag{7-36}$$

又因为

$$\boldsymbol{H} = \boldsymbol{RX}$$

所以

$$\boldsymbol{H} = \boldsymbol{R}(\boldsymbol{I} - \boldsymbol{A})^{-1}(\boldsymbol{S} + \boldsymbol{J} + \boldsymbol{E}) \tag{7-37}$$

式中，$\boldsymbol{H}$ 就是本地区需要调入的用于生产消耗的产品向量，即调入的中间产品向量，如果已知满足本地区最终需求的调入产品向量为 $\boldsymbol{G}$，则本地区总调入产品向量为

$$\boldsymbol{H} + \boldsymbol{G} = \boldsymbol{R}(\boldsymbol{I} - \boldsymbol{A})^{-1}(\boldsymbol{S} + \boldsymbol{J} + \boldsymbol{E}) + \boldsymbol{G} \tag{7-38}$$

2. 分析调出、调入产品的结构

首先，测算本地所使用的所有产品的自给率，公式如下：

$$\text{某产品的自给率} = \frac{\text{该产品本地区生产量}}{\text{该产品本地区使用量}}$$

根据自给率的大小，可以把产品分为两类：一是自给率小于 1，说明本地区该产品的生产量不能满足本地区的需要，需要从外地调入；二是自给率大于 1，说明本地区该产品的生产量大于本地区的需要，需要调出一部分产品。

对于自给不足需要调入的产品，本地区要依赖于外地供应。为了定量地分析依赖于外地供应的程度，可计算调入依存度：

$$\text{某产品的调入依存度} = \frac{\text{该产品调入量}}{\text{该产品本地使用量}}$$

对于自给有余需要调出的产品，本地区要依赖于外地市场的需求。为定量地分析对外

地市场的依赖程度，可计算调出依存度：

$$\text{某产品的调出依存度} = \frac{\text{该产品调出量}}{\text{该产品本地生产量}}$$

二、地区间投入产出分析

一个国家可以分为若干个地区，每个地区又可分为很多小的区域，各地区之间存在着密切的商品交换关系。地区间投入产出分析就是研究地区间经济联系，以便发挥各个地区优势的一种方法。

（一）地区间投入产出表的基本结构

一般来说，假定全国分为 m 个地区，每个地区有几个产业，则地区间投入产出表如表 7-8 所示。

表 7-8 地区间投入产出表

			中间产品							最终产品					总产出
			地区 1			…	地区 m			地区 1	…	地区 m	全国 $m+1$	合计	
			产业 1	…	产业 n		产业 1	…	产业 n						
补偿价值	地区 1	产业 1	X_{11}^{11}	…	X_{1n}^{11}	…	X_{11}^{1m}	…	X_{1n}^{1m}	Y_1^{11}	…	Y_1^{1m}	$Y_1^{1,m+1}$	Y_1^{10}	X_1^1
		⋮	⋮		⋮		⋮		⋮	⋮		⋮	⋮	⋮	⋮
		产业 n	X_{n1}^{11}	…	X_{nn}^{11}		X_{n1}^{1m}	…	X_{nn}^{1m}	Y_n^{11}		Y_n^{1m}	$Y_n^{1,m+1}$	Y_n^{10}	X_n^1
	⋮		⋮				⋮			⋮		⋮	⋮	⋮	⋮
	地区 1	产业 1	X_{11}^{m1}	…	X_{1n}^{m1}		X_{11}^{mm}	…	X_{1n}^{mm}	Y_1^{m1}		Y_1^{mm}	$Y_1^{m,m+1}$	Y_1^{m0}	X_1^m
		⋮	⋮		⋮	…	⋮		⋮	⋮	…	⋮	⋮	⋮	⋮
		产业 n	X_{n1}^{m1}	…	X_{nn}^{m1}		X_{n1}^{mm}	…	X_{nn}^{mm}	Y_n^{m1}		Y_n^{mm}	$Y_n^{m,m+1}$	Y_n^{m0}	X_n^m
	小计									$\sum_{i=1}^{n} Y_i^{01}$		$\sum_{i=1}^{n} Y_i^{0m}$	$\sum_{i=1}^{n} Y_i^{0,m+1}$	$\sum_{i=1}^{n} Y_i^{00}$	
	折旧		D_1^1	…	D_n^1	…	D_1^m	…	D_n^m						
新创造价值	劳动报酬		V_1^1	…	V_n^1		V_1^m	…	V_n^m						
	社会纯收入		M_1^1	…	M_n^1		M_1^m	…	M_n^m						
总投入			X_1^1	…	X_n^1		X_1^m	…	X_n^m						

在下述符号中，用上标表示地区，下标表示产业，如上标 pq 表示 p 地区供应 q 地区，下标 ij 表示 i 产业产品用于 j 产业。

X_{ij}^{pq} 表示 p 地区生产的 i 产业产品供应 q 地区 j 产业生产消耗的数量；Y_{ij}^{pq} 表示 p 地区生产的 i 产业产品供应 q 地区用作最终产品的数量；当 q 等于 $m+1$ 时，$Y_i^{p,m+1}$ 就表示 p 地区生产的 i 产业产品用来满足全国性最终需求的数量。

Y_i^{p0} 表示 p 地区生产的 i 产业产品用作各个地区及全国的最终产品的数量之和。

Y_i^{0q} 表示 q 地区从各个地区得到的 i 产业最终产品的数量之和。

$D_j^q, V_j^q, M_j^q, X_j^q$ 分别表示 q 地区 j 产业的折旧、劳动报酬、社会纯收入及总产品量。从横行看,表 7-8 有如下等式:

$$\begin{cases} \sum_{q=1}^{n}\sum_{j=1}^{n} X_{1j}^{1q} + Y_1^{10} = X_1^1 \\ \cdots\cdots\cdots\cdots \\ \sum_{q=1}^{n}\sum_{j=1}^{n} X_{nj}^{1q} + Y_n^{10} = X_n^1 \\ \cdots\cdots\cdots\cdots \\ \sum_{q=1}^{n}\sum_{j=1}^{n} X_{1j}^{mq} + Y_1^{m0} = X_1^m \\ \cdots\cdots\cdots\cdots \\ \sum_{q=1}^{n}\sum_{j=1}^{n} X_{nj}^{mq} + Y_n^{m0} = X_n^m \end{cases} \tag{7-39}$$

这个方程组说明了分地区的各产业产品的价值形成过程,它可以简写为

$$\sum_{q=1}^{n}\sum_{j=1}^{n} X_{ij}^{pq} + Y_i^{p0} = X_i^p \quad (p = 1,2,\cdots,m;\ i = 1,2,\cdots,n) \tag{7-40}$$

从纵列看,表 7-8 有如下等式:

$$\begin{cases} \sum_{p=1}^{n}\sum_{i=1}^{n} X_{i1}^{1q} + D_1^1 + V_1^1 + M_1^1 = X_1^1 \\ \cdots\cdots\cdots\cdots \\ \sum_{p=1}^{n}\sum_{i=1}^{n} X_{in}^{p1} + D_n^1 + V_n^1 + M_n^1 = X_n^1 \\ \cdots\cdots\cdots\cdots \\ \sum_{p=1}^{n}\sum_{i=1}^{n} X_{i1}^{pm} + D_1^m + V_1^m + M_1^m = X_1^m \\ \cdots\cdots\cdots\cdots \\ \sum_{p=1}^{n}\sum_{i=1}^{n} X_{in}^{mq} + D_n^m + V_n^m + M_n^m = X_n^m \end{cases} \tag{7-41}$$

这个方程组说明了分地区的各产业产品的价值形成过程,它可以简写为

$$\sum_{p=1}^{n}\sum_{i=1}^{n} X_{ij}^{pq} + D_j^q + V_j^q + M_j^q = X_j^q \quad (q = 1,2,\cdots,m;\ j = 1,2,\cdots,n) \tag{7-42}$$

(二)地区间投入产出表在经济分析中的应用

我们把表 7-8 做简化处理以便进一步说明,假设全国分为三个地区,每个地区分为三个产业,具体数据见表 7-9。从表 7-9 中可以看出,地区 1 的产业 1 产值为 100 亿元,地区 2 的产业 1 产值为 200 亿元,地区 3 的产业 1 产值为 50 亿元。同时最终产品被划分为四个部分,即用于地区 1、地区 2、地区 3 的最终产品,以及用于满足全国最终需求(如增加国家储备、国防支出、进出口等)的产品。

表 7-9 简化的地区间投入产出表① 亿元

			中间产品										最终产品					总产出
			地区 1			地区 2			地区 3			合计	地区 1	地区 2	地区 3	全国	合计	
			产业 1	产业 2	产业 3	产业 1	产业 2	产业 3	产业 1	产业 2	产业 3							
补偿价值	地区 1	产业 1	20	20								40	40			20	60	100
		产业 2	10			15						25	40	30		5	75	100
		产业 3		20	55							75	10			15	25	100
	地区 2	产业 1	5	5		50	25		5	10		100	10	45	5	40	100	200
		产业 2	5			20						25	20	40		15	75	100
		产业 3					10	15				25		15		10	25	50
	地区 3	产业 1										30			10	10	20	50
		产业 2	5									15	20		60	5	85	100
		产业 3										140		15	25	20	60	200
	小计		45	45	55	85	45	30	25	45	100	475	140	145	100	140	525	1 000
	折旧		5	5	10	10	5	10	5	5	20	75						
	合计		50	50	65	95	50	40	30	50	120	550						
新创造价值	劳动报酬		30	20	15	55	20	8	10	20	25	203						
	社会纯收入		20	30	20	50	30	2	10	30	55	247						
	合计		50	50	35	105	50	10	20	50	80	450						
总投入			100	100	100	200	100	50	50	100	200	1 000						

表 7-9 的横行说明了各个地区每个产业产品按经济用途的使用情况。例如，地区 2 的产业 1 产值为 200 亿元，它作为中间产品使用的产值为 100 亿元，作为最终产品使用的产值也为 100 亿元；中间产品又按地区和产业详细划分，如在地区 3 的产业 1 生产过程中消耗 5 亿元；最终产品也按使用地区划分，如用于满足地区 1 的最终需求为 10 亿元。最后，地区 2 的产业 1 横行等式为

$$(5+5+50+25+5+10)+(10+45+5+40)=200$$

表 7-9 的纵列说明各地区每个产业产品的价值构成。例如，地区 2 的产业 1 产品价值中生产资料的转移价值为 95 亿元，新创造价值为 105 亿元。它还把消耗的生产资料按地区来源详细划分，如地区 2 的产业 1 产品价值中包含所消耗的地区 1 的产业 2 产品 15 亿元，以及新创造价值中劳动报酬为 55 亿元、社会纯收入为 50 亿元。最后，地区 2 的产业 1 纵列等式为

$$(15+50+20+10)+(55+50)=200$$

地区间投入产出表可以进行一系列经济活动分析。以表 7-9 为例做如下说明：

① 邬义钧，邱钧：《产业经济学》，北京：中国统计出版社，2001 年，第 160 页。

第一,计算社会产品的地区构成,根据表7-9的数据可以得到7-10的结果。

表7-10 社会产品地区构成的计算结果①

	总产值		国民收入		社会最终产值	
	绝对数(亿元)	比重(%)	绝对数(亿元)	比重(%)	绝对数(亿元)	比重(%)
地区1	300	30	135	30	160	30.48
地区2	350	35	165	36.67	200	36.02
地区3	350	35	150	33.33	165	33.50
合计	1 000	100	450	100	525	100

从表7-10可以看出,利用总产值计算的地区构成和用国民收入计算的地区构成不同。如地区3产值占总产值的35%,而国民收入占总国民收入的33.33%。这是由地区3的产值中转移价值的比重较其他两个地区为高造成的。

第二,计算各个地区的产业构成,计算结果见表7-11。

表7-11 各地区产业构成的计算结果②

	地区1		地区2		地区3	
	产值(亿元)	比重(%)	产值(亿元)	比重(%)	产值(亿元)	比重(%)
地区1	100	33.33	200	57.14	50	14.29
地区2	100	33.33	100	28.57	100	28.57
地区3	100	33.34	50	14.29	200	57.14
合计	300	100	350	100	350	100

从表7-11可以看出各地区产业结构的特点。地区1和地区2产业构成的特点是产业1的比重很大,而产业3的比重较小;地区3的特点是产业3的比重很大,而产业1的比重较小。

第三,计算各地区各产业单位产值的平均生产成本,计算结果见表7-12。

表7-12 各地区各产业单位产值平均成本的计算结果③ 亿元

	单位产值平均成本			
	地区1	地区2	地区3	全国
产业1	0.80	0.75	0.80	0.77
产业2	0.70	0.70	0.70	0.70
产业3	0.80	0.96	0.73	0.78

从表7-12中可以看出,地区2的产业1产品的生产成本比其他两个地区低,而它的产

① 邬义钧,邱钧:《产业经济学》,北京:中国统计出版社,2001年,第161页。
② 同①。
③ 同①。

业3产品的生产成本又比其他两个地区高，所以地区2适宜于发展产业1的产品，而不宜发展产业3的产品；而地区3的情况正好相反。因此，这两个地区应当加强协作，以发挥各自的优势。

第四，利用表7-9可以研究各种产品在地区间的流动状况，例如地区2的产业1产值为200亿元，其中120亿元满足本地区需要，其余80亿元供应外地区，其中供应地区1及地区3的数量各为20亿元，满足全国性最终需求的为40亿元。

三、动态投入产出分析

(一)动态投入产出表的基本结构

本章前面内容介绍的都是静态投入产出分析。所谓静态分析，是指分析中不包含时间因素，最终产品部分只分为积累和消费两部分，并没有把固定资产投资单列出来，也看不出它们同生产发展的关系，这种分析只反映一段时间内的情况。动态分析是对静态分析的发展，它主要是研究投资同生产发展的关系，能反映国民经济的发展过程。动态投入产出见表7-13。

表7-13 动态投入产出表

产出 投入		中间产品				最终产品					总计
		产业1	产业2	…	产业n	投资产品				最终净产品	
						产业1	产业2	…	产业n		
物质消耗	产业1	X_{11}	X_{12}	…	X_{1n}	I_{11}	I_{12}	…	I_{1n}	S_1	X_1
	产业2	X_{21}	X_{22}	…	X_{2n}	I_{21}	I_{22}	…	I_{2n}	S_2	X_2
	⋮	⋮	⋮		⋮	⋮	⋮		⋮	⋮	⋮
	产业n	X_{n1}	X_{n2}	…	X_{nn}	I_{n1}	I_{n2}	…	I_{nn}	S_n	X_n
新创造价值	劳动报酬	V_1	V_2	…	V_n						
	社会纯收入	M_1	M_2	…	M_n						
总产值		X_1	X_2	…	X_n						

在动态投入产出表中，我们假定最终产品分为两部分：一是投资产品(I)；二是最终净产品(S)。又假定一个产业的投资合计$\left(\sum_{i=1}^{n} I_{ij} = I_{i1} + I_{i2} + \cdots + I_{in}\right)$等于下一年该产业的新增生产能力，也就是下一年该产业的新增产量，用ΔX_i表示。

从表7-13的横行来看，可以得方程组：

$$\begin{cases} X_{11} + X_{12} + \cdots + X_{1n} + I_{11} + I_{12} + \cdots + I_{1n} + S_1 = X_1 \\ X_{21} + X_{22} + \cdots + X_{2n} + I_{21} + I_{22} + \cdots + I_{2n} + S_2 = X_2 \\ \cdots\cdots\cdots\cdots \\ X_{n1} + X_{n2} + \cdots + X_{nn} + I_{n1} + I_{n2} + \cdots + I_{nn} + S_n = X_n \end{cases} \tag{7-43}$$

根据表 7-13 可以计算当年生产和投资需求的直接消耗系数 a_{ij} 和 b_{ij}：

$$a_{ij}=\frac{X_{ij}}{X_j}$$
$$b_{ij}=\frac{I_{ij}}{\Delta X_j} \tag{7-44}$$

把两个系数引入方程组(7-43)，则有

$$\sum_{j=1}^{n} a_{ij}X_j+\sum_{j=1}^{n} b_{ij}\Delta X_j+S_i=X_i \tag{7-45}$$

（二）动态投入产出分析的应用举例

动态投入产出分析可以在编制中长期计划中得到应用。下面通过一假定案例来说明具体应用方法（表 7-14 是用假设的数据编制的动态投入产出表）。

表 7-14　简单的动态投入产出表①　　亿元

投入＼产出		当年生产					投资						最终净产品	总计
		物质生产部门（不包括机器制造业和建筑业）	机器制造业	建筑业	流通部门	合计	物质生产部门（不包括机器制造业和建筑业）	机器制造业	建筑业	流通部门	非生产部门	合计		
物质消耗（C）	物质生产部门（不包括机器制造业和建筑业）	2 700	50	220	400	3 370	100	36	64	44	36	280	2 050	5 790
	机器制造业	—	—	—	—	—	32	7	2	23	16	80	20	100
	建筑业	—	—	—	—	—	176	36	8	80	100	400	90	490
	流通部门	400	8	30	200	638	—	—	—	—	—	—	362	1 000
	合计	3 100	58	250	600	4 008	308	79	74	147	152	760	2 522	7 380
新创造价值	劳动报酬（V）	1 500	18	120	250	1 888								
	纯收入（M）	1 100	24	30	150	1 304								
	合计	2 600	42	150	400	3 192								
总计		5 700	100	400	1 000	7 200								

根据表 7-14 可以计算出生产和投资的直接消耗系数（表 7-15）。

① 邬义钧，邱钧：《产业经济学》，北京：中国统计出版社，2001 年，第 168 页。

表 7-15　生产和投资的直接消耗系数①

部门	当年生产				投资				
	物质生产部门（不括机器制造业和建筑业）	机器制造业	建筑业	流通部门	物质生产部门（不括机器制造业和建筑业）	机器制造业	建筑业	流通部门	非生产部门
物质生产部门（不包括机器械制造业和建筑业）	0.474	0.5	0.55	0.4	0.325	0.456	0.865	0.299	0.237
机器制造业	0	0	0	0	0.104	0.089	0.027	0.156	0.105
建筑业	0	0	0	0	0.571	0.455	0.108	0.545	0.658
流通部门	0.07	0.08	0.075	0.2	0	0	0	0	0

表 7-16 中的数据为假设的五年经济发展速度指标，并假设各产业的 M/V 比例在五年间不变。根据表 7-15 和表 7-16 中的数据可以编制出第五年的动态投入产出表（表 7-17）。方法是：用表 7-16 中第五年的生产和投资数据分别乘以表 7-15 中的两个直接消耗系数，得到物质消耗和投资产品的数据。再从各产业的总产值中减去物质消耗，得到第五年新创造的价值。由于 M/V 不变，分别为 0.73，1.33，0.25，0.60，因此，可以分别计算出各产业的 V 和 M。

表 7-16　五年经济发展速度②　　亿元

计划项目	基期数字	发展速度（%）		第五年计划数据
		年平均发展速度	五年发展速度	
当年生产				
物质生产部门	5 700	108	146.93	8 375.01
机器制造业	100	110	161.05	161.05
建筑业	400	107.5	143.58	574.32
流通部门	1 000	106	133.82	1 338.2
投资				
物质生产部门	308	109	153.86	473.89
机器制造业	79	112	170.03	134.32
建筑业	74	106.9	139.53	103.25
流通部门	147	106.5	137.01	201.41
非生产部门	152	104	121.67	184.94

① 邬义钧，邱钧：《产业经济学》，北京：中国统计出版社，2001 年，第 169 页。

② 同①。

表 7-17 第五年的动态投入产出表①

投入 \ 产出		当年生产					投资						最终净产品	总计
		物质生产部门（不包括机器制造业和建筑业）	机器制造业	建筑业	流通部门	合计	物质生产部门（不包括机器制造业和建筑业）	机器制造业	建筑业	流通部门	非生产部门	合计		
物质消耗	物质生产部门（不包括机器制造业和建筑业）	3 969.75	80.53	315.88	535.28	4 901.44	154.02	61.25	89.31	60.22	43.83	408.63	3 064.94	8 375.01
	机器制造业	—	—	—	—	—	49.28	11.95	2.79	31.42	19.42	114.86	46.19	161.05
	建筑业	—	—	—	—	—	270.59	61.12	11.15	109.77	121.69	574.32	180.00	754.32
	流通部门	586.25	12.88	43.07	267.64	909.84	—	—	—	—	—	—	428.36	1 338.20
	合计	4 556.00	93.41	358.95	802.92	5 811.28	473.89	134.32	103.25	201.41	184.94	1 097.81	3 539.49	10 448.58
新创造价值	劳动报酬(V)	2 203.27	28.99	172.30	334.55	2 739.11								
	纯收入(M)	1 615.74	38.65	43.07	200.73	1 898.19								
	合计	3 819.01	67.64	215.37	535.28	4 637.30								
总计		8 375.01	161.05	574.32	1 338.20	10 448.58								

① 邬义钧，邱钧:《产业经济学》,北京:中国统计出版社,2001 年,第 170 页。

本章提要

本章首先阐述了投入产出分析的基本原理、方法，以及编制投入产出表的几个方法问题，在此基础上结合案例分析，阐述投入产出分析在实际应用中的作用，进一步将投入产出分析纳入地区分析范畴，考察地区内和地区间投入产出静态关系的同时，依次拓展到地区间的动态投入产出结构、分析与应用。

重要术语

投入产出表；直接消耗系数；完全消耗系数；产业感应度系数；产业影响力系数；里昂惕夫逆矩阵；生产诱发系数；最终需求的依赖度系数；地区间投入产出表；产品的自给率；产品的调出依存度；动态投入产出

思考题

1. 阐述价值型投入产出表(表 7-18)各个部分的经济意义。

表 7-18　价值型投入产出表

<table>
<tr><td colspan="2" rowspan="2"></td><td colspan="5">中间使用</td><td colspan="5">最终使用</td><td rowspan="2">总产出</td></tr>
<tr><td>1</td><td>2</td><td>…</td><td>n</td><td>合计</td><td>最终消费</td><td>资本形成总额</td><td>出口</td><td>进口</td><td>合计</td></tr>
<tr><td rowspan="5">中间投入</td><td>1</td><td colspan="5" rowspan="5">Ⅰ</td><td colspan="5" rowspan="5">Ⅱ</td><td rowspan="5"></td></tr>
<tr><td>2</td></tr>
<tr><td>⋮</td></tr>
<tr><td>n</td></tr>
<tr><td>合计</td></tr>
<tr><td rowspan="3">新创造价值</td><td>劳动报酬</td><td colspan="5" rowspan="3">Ⅲ</td><td colspan="5" rowspan="3"></td><td rowspan="3"></td></tr>
<tr><td>社会纯收入</td></tr>
<tr><td>合计</td></tr>
<tr><td colspan="2">总投入</td><td colspan="5"></td><td colspan="5"></td><td></td></tr>
</table>

2. 直接消耗系数矩阵的列和 $a_{1j}+a_{2j}+\cdots+a_{nj}$ 的经济意义是什么？它与完全消耗系数各有什么特点？它们之间有什么关系？

3. 根据基期三个部门投入产出表计算的直接消耗系数矩阵为

$$\boldsymbol{A}=\begin{bmatrix}0.1 & 0.1 & 0.1\\ 0.2 & 0.4 & 0.3\\ 0.1 & 0.1 & 0\end{bmatrix}$$

经测算,计算出的全社会对三种产品的最终需求见表7-19。

表7-19 全社会对三种产品的最终需求 亿元

	最终消费	资本形成总额	净出口
X_1	2 300	240	-40
X_2	2 650	2 000	150
X_3	360	200	60

试计算,为满足这种最终需求,各个部门应该相互提供多少中间产品?

第八章 贸易关联

本章首先阐述国际分工与国际贸易的产生与发展，以及国际贸易与国际分工的关系，在此基础上分析产业分工与产业贸易，包括产业间贸易和产业内贸易；接着具体介绍产业间贸易的定义、特点、传统的国际贸易理论及其对产业间贸易模式的解释和产业内贸易的定义、特点、测定指标，以及对产业内贸易的理论解释；最后指出产业内贸易和产业间贸易的区别与联系。

第一节 产业贸易概述

本节阐述国际分工与国际贸易的产生与发展，以及国际贸易与国际分工的关系。国际分工是指世界各国之间的劳动分工，产生于 15—16 世纪的“地理大发现”，发展于 18—19 世纪的第一次工业革命，形成于 19—20 世纪的第二次工业革命。国际贸易是各国之间分工的表现形式，是社会发展的必然结果。产业间贸易是不同产业间的贸易，可用传统贸易理论解释；而产业内贸易是同产业不同部门之间的贸易，可用产业内贸易理论解释。

一、国际分工与国际贸易

（一）国际分工

1. 国际分工的含义

国际分工（international division of labor）是指世界各国之间的劳动分工。它是社会分工发展到一定历史阶段，国民经济内部分工超越国家界限而形成的国家之间的分工。其表现形式是各国货物、服务和要素的交换。

2. 国际分工的产生与发展

（1）萌芽阶段

此阶段的持续时间为 16—18 世纪中叶，主要为资本主义以前的各个社会经济形态。由于此时自然经济占主导地位，因此只存在不发达的社会分工和地域分工。

随着生产力的发展，11 世纪欧洲城市兴起，手工业与农业逐步分离，商品经济有了较快的发展。特别是在 15 世纪末到 16 世纪上半期的“地理大发现”和随后的殖民地开拓，使市场大大地扩展，促进了手工业向工厂手工业的过渡。这种过渡也体现了社会分工水平的进一步提高。从此，资本主义进入了资本原始积累时期。殖民主义国家用暴力和超经济的强制手段，在亚拉美殖民地开发矿山，建立甘蔗、烟草等农作物种植园，为本国提供不能生产的农作物原料，同时扩大本国工业品的生产和出口。此时，出现了宗主国和殖民地之间最初的垂直型国际分工形式。

（2）发展阶段

此阶段的持续时间为18世纪60年代到19世纪60年代。该阶段发生的第一次工业革命首先出现在英国，接着迅速扩展到其他国家。伴随着工业革命的完成，资本主义经济体系得以确立。资本主义加快了商品经济和社会分工的发展，促进了国际分工的发展。

（3）形成阶段

此阶段的持续时间为19世纪中叶到第二次世界大战。这一阶段发生了第二次工业革命，石油、汽车、电力、电器工业的建立，交通运输工具的加速更新，苏伊士运河（1869年）和巴拿马运河（1914年）的开通，电报、海底电缆的出现，大大促进了资本主义经济的发展。在这一阶段，垄断代替了自由竞争，资本输出加强，形成了国际分工体系。

（4）当代国际分工

第二次世界大战以来，世界经济和政治发生了重大变化。第一，发生了第三次科技革命，出现了电子、信息、服务、宇航、生物工程等新兴产业，产业分工更加细化。第二，发达国家通过“工厂外迁”等方式，进行经济结构的调整和优化，促使国际资本流动加速，跨国公司兴起，形成全球性的生产和流通体系。第三，第二次世界大战前的殖民地体系瓦解，殖民地和落后国家取得政治独立，开始发展民族经济，需要国外的资本和技术支持。第四，20世纪90年代以后，冷战结束，世界各国重视经济的发展和合作。第五，市场经济成为世界经济和各国经济体制的主流，并为各国市场的相互融合和分工提供了基础。第六，世界贸易体制的建立与加强。1947年关税与贸易总协定（简称关贸总协定）建立，1995年WTO取代关贸总协定，成为世界贸易新体制的组织和法律基础。关贸总协定的八轮多边贸易谈判和WTO的运行，促进了世界范围的贸易自由化。

（二）国际贸易

1. 国际贸易的基本概念和发展历史

国际贸易（或对外贸易）是指各国之间商品、服务和生产要素交换的活动。国际贸易是国际分工的表现形式，反映了各国在经济上的相互共存。从国家角度可称之为对外贸易，从国际角度可称之为国际贸易。

国际贸易的产生，必须具备两个条件：第一，有可供交换的剩余产品。第二，出现了政治实体。

原始社会后期，随着社会分工的出现，个别地区出现部落之间的商品交换，随着私有制的出现，奴隶社会产生了，部分产品作为商品在国与国之间进行交换，出现国际商品交换的萌芽。

奴隶社会和封建社会由于生产力水平低下，社会分工不发达，自然经济占据统治地位，因此，国际贸易发展缓慢，国际商品交换只是个别的、局部的现象，还不存在真正的世界市场，更不存在名副其实的国际贸易。

14世纪和15世纪，在西欧出现了资本主义萌芽，意大利北部的威尼斯、热那亚、佛罗伦萨等城市，以及波罗的海和北海沿岸的汉萨同盟诸城市，都已成为欧洲的贸易中心。15世纪末16世纪初，随着资本主义生产关系的发展、地理大发现，以及海外殖民地的开拓，国际贸易的范围不断扩大，逐渐形成了区域性的国际商品市场。18世纪60年代到19世纪60年代，以蒸汽机为代表的科学技术取得了惊人的发展。英国及其他欧洲先进国家和美国，相继完成了工业革命，资本主义生产从工厂手工业过渡到机器大工业，并形成了一种同机器大工业中心相适应的国际分工体系，加之现代化的交通通信工具的出现，大大促进了国际交换的发展。随着国际贸易和对外投资的发展，逐步形成了适应于资本主义生产方式的国际货币体系，最后形成了资本主义经济体系和相应经济秩序，为国际贸易的发展奠定了基础。

2. 国际贸易的作用

国际贸易对国家的作用：延续社会再生产；实现社会产品价值；获得成本降低的收益；利用与转化生产要素；接受国际经济“传递”；参与经济全球化；维护和改善国际环境。

国际贸易对企业的作用：获得高额利润；提高生产效率；达到规模经济；调整产品周期。

国际贸易对国民的作用：增加福利；满足需求偏好；提高国民素质和实现个人价值。

（三）国际分工与国际贸易的关系

1. 国际分工是国际贸易的基础

对外贸易来自国际分工的发展，在资本主义生产方式下，国际分工变成对外贸易的基础，各国参与国际分工的形式和格局决定了该国对外贸易的结构、对外地理方向和贸易利益等。与此同时，各国对外贸易又是国际分工利益实现的途径和枢纽，各国对外贸易的模式与措施影响着国际分工的发展。因此，国际分工与国际贸易相辅相成，互为因果关系。

2. 国际分工影响国际贸易格局

在国际分工的基础上，不同国家国民经济参与国际分工的形式和格局形成了。发达国家一般处于国际分工型式的优位和格局中的中心地位，发展中国家处于劣位和外围。这种地位决定了各类国家国际贸易的主次地位和贸易利益获得的多寡，形成了国际贸易中的秩序和矛盾，这种秩序和矛盾推动着国际分工的改善，促进国际贸易秩序的改革和重新构建。

3. 国际分工影响国际贸易的商品结构

国际分工的深度和广度不仅决定国际贸易发展的规模和速度，而且决定国际贸易的结构和内容。第一次工业革命以后，以英国为中心的国际分工形成。在这个时期，由于大机器工业的发展，国际贸易商品结构中出现了许多新产品，如纺织品、船舶、钢铁和棉纱等。第二次工业革命以后，国际分工的世界体系形成，国际分工进一步深化，国际贸易的商品结构也发生了相应的变化。第三次科技革命促使国际分工进一步向深度和广度发展，国际贸易商品结构也随之出现新的特点。这主要表现在工业制成品在国际贸易中的比重不断上升，新产品大量涌现，技术贸易得到了迅速发展。

专栏8-1

国际分工陷阱

在新一轮全球并购高潮中，发达国家实际上是在强化其在原有贸易格局中的既得利益，而发展中国家则被更加牢固地锁定在国际分工链条的末端，进而掉入“国际分工陷阱”。

例如，中国出口玩具“芭比娃娃”的零售价为 10 美元，而它在美国海关的进口价仅为 2 美元，两者相差的 8 美元作为“智力附加值”被美方拿走。在进口价 2 美元中，1 美元是运输和管理费，65 美分为原材料进口的成本，中方只得到区区 35 美分的加工费。由此可见，包括中国在内的发展中国家在国际分工链条中处于明显的劣势和低端，而发达国家则成为最大的赢家。这样的例子在发展中国家与发达国家的贸易中并不鲜见。

国际分工的收益在发达国家和发展中国家之间的分配是严重不对称的。发达国家拥有先进的技术、充足的资金和高素质的技术管理人员;而发展中国家只有大量闲置的低素质、低技能的劳动力。发展中国家能够从事的生产经营活动,发达国家都能够从事。发达国家的跨国公司在全球范围内投资是为了扩大市场以获得更多的利润,但这不意味着发达国家不能够在国内生产。发达国家完全可以不与某个发展中国家交易,但发展中国家要实现本国经济发展却不能不与发达国家交易。

对发展中国家来说,他们与发达国家虽然都可能从全球化的产业链条中获得收益,但是它们获得的收益总额却是大不相同的。国际分工收益的绝大部分由发达国家获得,发展中国家只能获得其中的一小部分。为了这一小部分收益,发展中国家还会进行激烈的争夺。他们竞相开出各种优惠条件,如税收优惠,允诺最大限度地开放国内市场,承诺遵守发达国家制定的严格的经济规则,甚至做出政治上的让步。

然而,发达国家的资金不可能流向每一个发展中国家,它们总是流向那些能够给他们带来最大收益且风险最小的国家。结果是有的发展中国家开放了市场,却没有资金和技术流入。也就是说,虽然发展中国家尽力参与到全球化进程中,但并不能够在全球分工链条中获得一席之地。

随着信息和通信技术的迅猛进步,不同国家或经济体之间,在获得接入信息和通信技术的机会与利用因特网进行各种业务活动方面,出现了明显的"数字鸿沟"。这类现象一旦被固定化和普遍化,那么,发展中国家的产业结构就有可能永远地被锁定在国际分工链条的末端,进而掉入"国际分工陷阱"。

在这种情况下,发展中国家面临两难抉择。一方面,加入全球资本主义体系中,被迫或自愿地接受发达国家制定的于己不利的规则,必将不可避免地付出惨痛的代价。另一方面,如果拒绝接受现行的国际经济规则,似乎就没有其他出路。即使闭门造车成为可能,其结果往往也是事倍功半,因为各国的比较优势必须在国际分工中才能得以实现。因此,发展中国家为什么会掉入国际分工陷阱值得深入探究。

资料来源:正点财经网站。

二、产业分工与产业贸易

(一)产业分工与产业贸易概述

国际分工与国际贸易都是从国家的角度,即宏观角度来分析的,具体到参与分工与贸易的实体上来说,应该是各个产业或部门。国与国之间的分工与贸易归根结底是产业或部门的分工与贸易。产业分工与产业贸易是从个体角度,即微观角度来分析的。在实际经济生活中,人们更多地用产业分工与产业贸易来分析分工与贸易的关系。

目前,为了比较分析各国的对外贸易,各国都根据联合国《国际贸易标准分类》(standard international trade classification,SITC)公布对外贸易的统计资料来研究。根据这一国际分类标准,产业是 SITC 中至少前三位数相同的产品,即属于同类、同章、同组的商品。迈克尔·波特则认为,传统产业的定义过于宽泛。他认为产业就是为生产直接相互竞争产品或服务的企业的集合。波特不仅对产业做出了界定,还从国际贸易的角度对产业进行了区分。产业可分为"可贸易品产业"和"非贸易品产业"。可贸易品产业指的是一国产业与其他国家的同一产业有很强的竞争关系,这种产业的产品经常在国际市场上进行交易,贸易量很大。有些产业虽然国内外都存在,但其产品主要在本国市场上销售,很少或根本不在国际市场上进行交易,这样的产业即"非贸易品产业"。

(二) 产业间分工与产业间贸易

第二次世界大战以前,国际分工主要有两种形式:一种是垂直型国际分工。它实质上是经济发展水平不同的国家之间的纵向分工,主要是指发达国家与发展中国家之间制造业与农业、矿业的分工。19 世纪形成的国际分工就属于垂直型分工。这种分工形式在第二次世界大战前一直占主导地位。另一种是水平型国际分工。它是指经济发展水平基本相当的国家之间的横向分工,主要是指发达国家之间在工业部门上的分工,如发达国家在钢铁、冶金、化学、机械制造、汽车、造船等工业部门间的分工。从历史上看,工业化的发达国家之间的工业发展有先有后,技术水平不一,从而形成了这种类型的分工。

不论是第二次世界大战前的纵向分工,还是第二次世界大战后的横向分工,都属于产业间分工,即不同产业之间的分工。各国在不同产品上的绝对优势或比较优势是产业间分工的依据,而各国的绝对优势或比较优势是由各国的要素禀赋差异决定的。有了产业间的分工,就有了产业间的交换,因为产业间的分工跨越了国界,所以交换也是在世界范围内进行的。产业间贸易可以解释为:各国生产并出口拥有绝对优势或比较优势的产品,而进口其具有绝对劣势或比较劣势的产品,这样该贸易国出口和进口的必然是其国内不同生产部门的产品。

(三) 产业内分工与产业内贸易

第二次世界大战后,随着科学技术的进步和经济的发展,战前的国际分工的格局发生改变,国际分工在工业国家之间得到迅速发展。传统的以自然资源为基础的分工逐步发展为以现代化技术、工艺为基础的分工,形成了以工业国之间分工占主导地位的国际分工。但是,工业国之间的分工已开始由过去的不同工业部门之间的分工向工业部门内部分工的方向发展。这是因为第二次世界大战后,随着科学技术的进步和社会分工的发展,原来的生产部门逐步划分为更多更细的部门。在越来越多的生产领域中,以国内市场为界限的生产已经不符合规模经济的要求。因此,在一国国内产业部门之间的分工向部门内部分工发展的同时,产业内分工越来越多地跨越国界,形成国际工业部门内部的分工。这种部门内部的分工主要有以下几种形式:① 不同型号、规格产品的专业化分工。各个国家对同一类产品按不同型号或规格进行分工,从事专业化生产,以适应国内外市场的需要。② 零、配件和部件生产的专业化分工。由于各国科技和工艺水平的差异,每个国家在不同的零、配件或部件生产上具有不同的优势,因此就产生了零、配件或部件的专业化生产。③ 工艺过程的专业化分工。这是由各个国家在生产过程的不同阶段拥有各自的优势所造成的。产业内贸易是国际分工进入产业内分工阶段的结果,也是产业内分工的表现形式。不论是产品差异化分工,还是不同生产工序的分工,其共同的特点是:在需求方面存在着偏好的多样性,在供给方面存在着生产的规模经济。因此,需求偏好多样性和生产的规模经济促使产业内贸易的产生与发展。

第二节　产业间贸易

本节解释产业间贸易的概念、特点,以及传统的国际贸易理论,包括绝对优势理论、比较优势理论和要素禀赋理论。产业间贸易的实质是国家之间的分工在产业上的体现,是一个微观范畴。产业间贸易的双方一般是不同经济发展水平的工业国家,且产品是同质的。在传统国际贸易理论中,亚当·斯密提出的绝对优势理论以生产成本的绝对高低为分工依据,大卫·李嘉图提出的比较优势理论注重于机会成本,而赫克歇尔—俄林提出的要素禀赋理论认为贸易与各国之间的生产要素的丰裕程度有关。

一、产业间贸易的概念、类型与特点

(一)产业间贸易的定义

产业间贸易主要是指产业之间的贸易,包括发达国家第二产业和发展中国家第一产业之间的贸易,以及工业国之间不同工业部门之间的贸易,其形成基础是产业之间的分工。由于各国在各种产品的生产上有自己的成本优势,因而构成了各国产业间分工与贸易的基础,而这一优势来源于自然禀赋或技术的差异。

(二)产业间贸易的特点

产业间贸易的双方一般是工业国与农业国,或者是不同经济发展水平的工业国家,且产品是同质的,即不存在规格、型号、质量的差异,所以消费者在产品同质的条件下不存在偏好差异。产业间贸易中的各个产业不存在规模经济,即其规模报酬并不随着规模的扩大而增加。产业间贸易产生的原因是比较优势,其适用的基础理论是传统的国际贸易理论。

二、产业间贸易的理论解释

产业间贸易按照时间顺序可以分为三个阶段,即亚当·斯密(Adam Smith,1723—1790)的绝对优势理论、大卫·李嘉图(David Ricardo,1772—1823)的比较优势理论、赫克歇尔—俄林的要素禀赋理论。

(一)绝对优势理论

1. 分工可以提高劳动生产率

亚当·斯密在《国富论》开篇就颂扬分工,非常强调分工的利益。他认为分工可以提高劳动生产率,因为分工会使人们专门从事某项作业,从而提高劳动的熟练程度,因而能增加国家财富。斯密以制针业为例来说明他的观点。在斯密看来,在没有分工的情况下,一个粗工每天至多只能生产20枚针,有的甚至一枚针也生产不出来。在分工之后,平均每人每天可以生产4 800枚针,每个工人的劳动生产率提高了数百倍,这显然是分工的结果。分工不仅使人专门从事某项作业,节省与生产没有直接关系的时间,还有利于发明创造和改进工具。

2. 分工的原则为绝对优势或绝对利益

斯密认为,既然分工可以极大地提高劳动生产率,那么每个人都专门从事自己最有优势的产品的生产,然后彼此进行交换,则对每个人都有利。在斯密看来,适用于一国内部不同个人或家庭之间的分工原则,也同样适用于各个国家之间。他认为,每个国家都有其适宜生产某些特定产品的绝对有利的生产条件,如果每个国家都按照其绝对有利的生产条件

(即生产成本绝对低)去进行专业化生产,然后彼此进行交换,那么这对所有交换国都是有利的。

假设有两个国家(英国和葡萄牙)、两种商品(布匹和生铁)和一种生产要素(劳动),假定英国和葡萄牙两国都生产布匹和生铁两种商品,生产情况见表 8-1。因为英国一年生产一单位布匹需 70 人,而葡萄牙需 110 人,英国在布匹生产上具有绝对优势;葡萄牙一年生产一单位生铁需 80 人,英国则需要 120 人,葡萄牙在生铁的生产上具有绝对优势。因此,英国应生产并出口布匹,葡萄牙应生产并出口生铁,在这种情况下进行国际分工、国际交换对两国都有利。两国分工后的产品产量如表 8-2 所示。假定分工后,英国以 1 单位布匹交换葡萄牙 1 单位生铁,则两国拥有的产品状况,即消费水平如表 8-3 所示。

表 8-1　分工前两国劳动投入量

国家	生铁产量(单位)	所需劳动力人数(人/年)	布匹产量(单位)	所需劳动力人数(人/年)
英国	1	120	1	70
葡萄牙	1	80	1	110

表 8-2　分工后两国产品产量

国家	生铁产量(单位)	所需劳动力人数(人/年)	布匹产量(单位)	所需劳动力人数(人/年)
英国	—	—	2.7	190
葡萄牙	2.375	190	—	—

表 8-3　两国分工后的消费水平

国家	生铁消费量(单位)	布匹消费量(单位)
英国	1	1.7
葡萄牙	1.375	1

(二) 比较优势理论

1. 产生背景

19 世纪初,随着工业革命的发展,当时英国社会的主要矛盾集中体现为工业资产阶级同土地贵族阶级之间的矛盾。在经济方面,他们的主要斗争具体体现在《谷物法》存废问题上。1815 年,英国政府为维护土地贵族阶级利益修订实施了《谷物法》。《谷物法》颁布后,英国粮价上涨,地租猛增。该法对地主贵族有利,但严重地损害了工业资产阶级的利益。昂贵的谷物,使工人货币工资被迫提高,成本增加,利润减少,削弱了工业品的竞争能力;同时,昂贵的谷物,也扩大了英国各阶层的吃粮开支,而减少了对工业品的消费。《谷物法》还招致外国以高关税阻止英国工业品对它们的出口。这时,工业资产阶级迫切需要找到谷物自由贸易的理论依据。李嘉图适时而出,继承和发展了斯密的理论,在 1817 年出版的《政治经济学及赋税原理》中提出了以自由贸易为前提的比较优势理论(law of comparative advantage),为工业资产阶级的斗争提供了有力的理论武器。

2. 假设条件

① 假定贸易中只有两个国家和两种商品(X 商品与 Y 商品)。

② 两国在生产中使用相同的技术。如果要素价格在两国间是相同的,两国在生产同一商品时,就会使用相同数量的劳动。由于要素价格通常是不同的,因此,各国的生产者都将使用更多的低价格要素,以降低生产成本。

③ 模型只假定在物物交换条件下进行,没有考虑复杂的商品流通,而且假定 1 个单位的 X 产品和 1 个单位的 Y 产品等价(它们的生产成本不等)。

④ 在两个国家中,商品与要素市场都是完全竞争的。

⑤ 在一国内要素可以自由流动,但是在国际不流动。

⑥ 分工前后生产成本不变。

⑦ 不考虑交易费用和运输费用,没有关税或影响国际贸易自由进行的其他壁垒。但是,在贸易存在的条件下,当两国的相对商品价格完全相等时,两国的生产分工才会停止。如果存在运输成本和关税,当两国的相对价格差小于每单位贸易商品的关税和运输成本时,两国的生产分工才会停止。

⑧ 价值规律在市场上得到完全贯彻。

⑨ 假定国际经济处于静态之中,不存在其他影响分工和经济变化的因素。

⑩ 两国资源都得到了充分利用,均不存在未被利用的资源或要素。

⑪ 两国的贸易是平衡的,即总的进口额等于总的出口额。

3. 主要内容

李嘉图在阐述比较优势理论时,是从个人的情况谈起的,并由个人推及国家,认为国家间也应按照“两优取其重,两劣取其轻”的比较优势原则进行分工。假设两国均能生产两种商品,同时一国在两种商品生产成本上均处于绝对有利的地位,但是有利的程度不同,而另一国在两种商品的生产成本上均处于绝对不利的地位,但不利的程度也不同。在这种情况下,处于劣势的国家应该专业化生产并出口绝对劣势较小的商品(即具有比较优势的产品),同时进口其绝对劣势较大的商品(即具有比较劣势的产品);同样对在两种商品的生产上都拥有绝对优势的国家而言,只需专业化生产并出口绝对优势较大的商品,进口绝对优势较小的商品。通过对外贸易,双方都能够获得比自己以等量劳动所能生产的更多的商品,从而实现社会劳动的节约,使贸易双方均获利,进而提高整个世界的产出水平。

为了说明比较优势理论,沿用上述例子,对条件做了一些变化加以解释,如表 8-4 和表 8-5 所示。

表 8-4　两国分工前的产品的劳动投入

国家	1 单位布匹(人/年)	1 单位生铁(人/年)
英国	100	120
葡萄牙	90	80

表 8-5　两国分工后的产品产量

国家	布匹(单位)	生铁(单位)
英国	(100 + 120)/100 = 2.2	—
葡萄牙	—	(90 + 80)/80 = 2.125

假定英国和葡萄牙同时生产布匹和生铁，表 8-4 中列出了分工前各自生产 1 单位布匹和生铁所需的劳动量。英国生产布匹和生铁所需的劳动都高于葡萄牙，在两种产品的生产上都处于劣势，但英国生产布匹的成本是葡萄牙的 1.1 倍(100/90 = 1.1)，生产生铁的成本是葡萄牙的 1.5 倍(120/80 = 1.5)，可见布匹的生产成本相对更低一些，因此英国在布匹生产上具有比较优势。葡萄牙生产布匹和生铁所需的劳动都低于英国，葡萄牙在两种产品的生产上都有优势，但葡萄牙生产布匹的成本是英国的 0.9 倍(90/100 = 0.9)，生产生铁的成本是英国的 0.67 倍(80/120 = 0.67)，可见生铁的生产成本相对更低一些，因此葡萄牙在生铁生产上具有比较优势。根据“两优取其重，两劣取其轻”的分工和交换原则，英国应生产并出口布匹，葡萄牙应生产并出口生铁，双方进行交换对彼此都有利。

从表 8-5 看出，分工以后，两国总的劳动投入量并未增加，但两种产品的总产量增加了，其中布匹增加了 0.2 单位，生铁增加了 0.125 单位。如果双方按照 1 : 1 的交换比例进行交换，英国保留 1 单位布匹供本国消费，余下 1.2 单位布匹去交换葡萄牙的 1.2 单位生铁，比分工前消费 1 单位布匹和 1 单位生铁要好。同理，葡萄牙保留 1 单位生铁供本国消费，余下 1.125 单位生铁去交换英国的 1.125 单位布匹，比分工前消费 1 单位布匹和 1 单位生铁要好。所以，分工不仅提高了产量，节约了社会必要劳动时间，还提高了消费水平，对两个国家都是有利的。

专栏8-2

中国比较优势发生变化

近年来，中国出口结构发生了重大变化。1985 年，初级产品出口占出口总额的 51%，目前，初级产品出口仅占 5% 左右，95% 的出口是制成品。制成品出口以劳动密集型产品为主，尽管出口产品中机电产品占比达 60% 以上、高新技术产品出口占比超过 30%，但是，从全球分工价值链的视角分析，不难发现，大部分此类产品在华的增值活动是低附加值的劳动密集活动。当然，近十余年来，我国出口产品的技术含量明显提升，一些中技术水平的产品开始具有出口竞争力，个别高技术产品也开始拥有国际竞争力。

总体而言，中国劳动密集型产品比较优势的形成，得益于中国政府实行的出口导向战略。面对东亚地区出口型劳动密集产业跨境转移的战略机遇，中国政府制定了参与国际经济大循环的战略，大力吸引出口型的外商直接投资，从而将中国具有的劳动力低成本优势与东亚先行经济体企业的技术、管理、品牌与国际销售渠道优势相结合，形成了劳动密集产业的强大出口竞争力。必须看到，尽管中国政府倡导出口转型升级已经数年，但到目前为止，中国出口比较优势仍集中在低附加值的劳动密集型环节。然而，影响中国比较优势的因素正在变化过程中。

(1) 中国劳动力低成本优势正在削弱。2004 年以后，出口部门普工的工资成本一直以两位数的速度上涨，企业通过提高劳动生产率来抵消工资成本上涨带来的冲击，保持劳动密集型产品的国际竞争力。但中国一些传统劳动密集型产品在国际市场的份额出现了下降。

(2) 中国将进入劳动力成本快速上涨的阶段。一是经济发展会自然提高劳动力成本，城市高房价等因素提高了生活成本，从而推高劳动力成本。二是中国已经跨过刘易斯拐点，高等教育扩招等因素加剧了普工供求的结构性矛盾，劳动力成本将随需求扩张而加速上涨。三是农民工的市民化将进一步大幅抬升劳动力成本。以往我国实行的农村剩余劳动力工业化而非城市化政策，人为压低了出口部门的劳动力成本，这种政策之所以奏效是因为农业与工业工资水平的巨大差距和劳动力无限供给的市场结构，未来这两个条件都将发生变化。这一政策带来了中国特有的“三元结构”，即发展中国家普遍的城乡二元结构，再加上中国特有的城市内部二元结构。“三元结构”不可持续，随着大量农民工市民化，普工的工资水平和社会保障成本将大幅抬升。四是人民币实际有效汇率继续升值将进一步削弱我国劳动力在国际上的相对竞争力。

(3) 有利于比较优势升级的因素正在显现。企业的问卷调查结果显示，虽然过去我国传统的劳动力、土地、水、电等生产要素的低成本优势明显削弱，但一些新的领域，如交通、电信、产业配套等的成本优势逐步提升，且劳动力素质、市场环境、基础设施、产业配套、生活环境、社会环境和政府服务等质量优势明显改善。与其他经济体，尤其是与新兴经济体相比，我国投资环境具有较为明显的综合优势。未来，更多的企业将把中国定位为重要的市场和研发基地。这种变化有利于推动我国比较优势从低成本的劳动密集型产品向资本技术密集型产品升级。

资料来源：隆国强．中国比较优势的变化与出口战略的调整[J]．中国发展评论（中文版），2013(3)：11－16.

（三）要素禀赋理论

古典学派的国际分工和国际贸易理论在西方经济学一直占支配地位，到了20世纪30年代才受到两位瑞典经济学家的挑战，他们是赫克歇尔（Eil Filip Heckscher，1879—1952）及他的学生俄林（Beltil Gotthard Ohlin，1899—1979）。俄林的代表著作是《地区间贸易与国际贸易》，他的理论继承了其师赫克歇尔的主要观点，创立了比较完整的生产要素禀赋理论，因此又称为赫克歇尔—俄林原理。要素禀赋理论假定各国的劳动生产率是一样的（即各国生产函数相同），这表明各国不存在技术差异。在这种情况下，产生比较成本差异的原因有两个：一是各个国家生产要素禀赋比率不同。所谓生产要素禀赋，指的是各国生产要素（即经济资源）的拥有状况。各国生产要素禀赋比率不同，是产生比较成本差异的重要决定因素。各国都生产使用本国禀赋较多、价格相对便宜的生产要素的商品以供出口，同时进口需要本国禀赋较少、价格相对昂贵的生产要素生产的商品。二是生产各种商品所使用的各种生产要素的组合不同，即不同商品生产的要素密集度不同。无论是生产不同的产品，还是生产相同的产品，只要各国生产商品所投入的生产要素的组合或比例不同，就会产生比较成本差异，从而产生贸易分工的基础。所以，一国如果对生产要素进行最佳组合，在某种商品的生产中多用价格低廉的生产要素，就能在该种商品上具有较低的生产成本。俄林论证生产要素禀赋理论的论证过程可用图8-1表示。

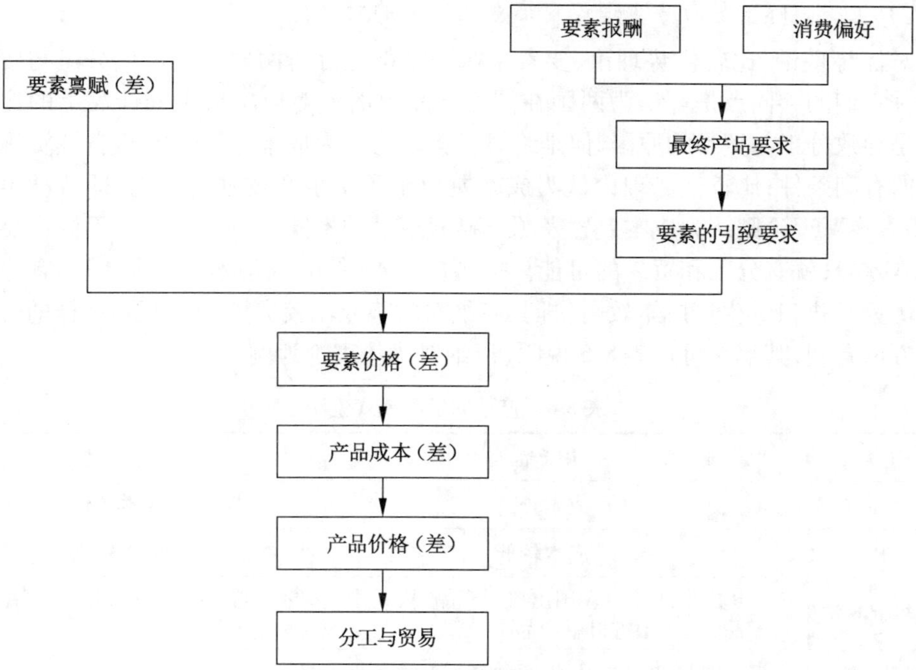

图 8-1　分工和贸易的直接原因和最终原因

专栏8-3

俄罗斯北极亚马尔 LNG 项目正式投产

发展北极地区及开发北极油气资源是俄罗斯的优先发展方向。俄政府将在 2025 年前投资 27.87 亿美元用于发展北极经济及开发北极油气资源。2017 年，俄罗斯北极油气勘探开发取得重大进展，北极大陆架原油产量 2 600 万吨，同比增长 16.6%；天然气产量 340 亿立方米，同比增长 3.3%，充分利用北极油气资源支持北极地区和俄罗斯经济发展是俄罗斯的战略关切。

亚马尔项目是目前北极地区最大的天然气勘探开发、液化、运输、销售一体化项目，探明天然气储量 1.3 万亿立方米，凝析油储量 6 018 万吨。按照设计，项目将建成三条年产 550 万吨的 LNG 生产线，全部建成后每年可生产 LNG 1 650 万吨、凝析油 100 万吨。项目由诺瓦泰克公司、中国石油、道达尔和丝路基金共同开发，分别占股 50.1%、20%、20% 和 9.9%。项目全部投产后，每年将有超过 400 万吨的 LNG 运往中国。2017 年 12 月 8 日，亚马尔 LNG 项目正式投产，普京总统出席投产仪式。

亚马尔项目不仅加快了北极油气资源开发，更促进了项目所在地的发展。萨别塔地区机场已于 2015 年 2 月投入运营，开通多条国内国际航线，截至 2017 年 11 月 26 日，共运送乘客 70.19 万人，货物 9 200 吨。所属萨别塔港已建成 6 个物资卸载泊位，累计运载物资超过 50 万吨。

资料来源：中国石油集团经济技术研究院《2017 年国内外油气行业发展报告》。

（四）传统国际贸易与分工理论对产业间贸易的解释

绝对优势理论、比较优势理论、要素禀赋理论都是分析两国之间产生分工与贸易原因的理论。它们的共同点是都认为两国在同一产品上的绝对成本或不同产品上的比较成本的差异是导致分工与贸易的原因，但是绝对优势理论认为成本差异来源于自然资源的优势或后天的有利条件；比较优势理论认为成本差异来源于生产技术的不同，即劳动生产率的差异；要素禀赋理论则认为成本差异来源于要素禀赋的不同。只要两国在不同产品生产上存在成本差异，就有分工和贸易的可能。一国应生产并出口其成本较低（即具有绝对优势或比较优势）、进口其生产成本较高（即具有绝对劣势或比较劣势）的产品，这样的分工与交换对双方都有利，其解释可用表 8-6 说明（以绝对优势理论为例）。

表 8-6　产业间贸易模式说明

国家	甲产品	乙产品
A	成本较高	成本较低
B	成本较低	成本较高
分工与贸易结果	B 国生产并向 A 国出口甲产品，从 A 国进口乙产品；A 国生产并向 B 国出口乙产品，从 B 国进口甲产品	
贸易类型	A 国与 B 国在甲、乙两种产品上的产业间贸易	

三、产业间贸易评述

产业间贸易是基于比较优势而形成的贸易，其实质是国家之间的分工在产业上的体现，是一个微观范畴。这种分工与贸易形式在第二次世界大战以前非常流行。当时的国际分工有垂直型国际分工和水平型国际分工两种形式，这两种分工都属于不同产业间的分工。产业间的分工与贸易通常可以用传统的国际贸易理论解释。在 20 世纪 60 年代，一些欧洲学者在检验欧洲共同体成员方之间的贸易流量时陆续发现，欧洲共同体内部的专业化生产，以及由此带来的贸易大多发生在同一种产业或同一种贸易分类目录之下，即贸易的产品更多地是要素密集度相同或相似的同种产品而非不同种产品，随着同一产业内部产品的相互贸易被越来越多地检验出来，人们开始更多地关注产业内贸易。

第三节　产业内贸易理论

本节解释产业内贸易的概念、类型、特点和测定指标，以及对产业内贸易的理论解释。产业内贸易，是指同一产业部门具有相似的要素投入和消费替代性的产品通过外部或内部市场在不同国家或地区间的双向流动，对产业内贸易的测定指标主要有巴拉萨指标、格鲁贝尔—劳埃德指标和阿奎诺指标。通常用规模经济或规模报酬递增与不完全竞争、同类产品的异质性、经济发展水平来解释。

一、产业内贸易的概念、类型与特点

（一）产业内贸易的定义与分类

产业内贸易，是指同一产业部门具有相似的要素投入和消费替代性的产品通过外部或内部市场在不同国家或地区间的双向流动。简单地说，它是指一个国家或地区既进口又出口同一产业部门产品的现象。在某些研究中，它也被称为双向贸易（two-way trade）或重叠贸易（trade overlap）。

产业内贸易理论中所指的产业，必须具备两个条件：一是生产投入要素相近；二是产品在消费上可以相互替代。在这里，同类的产品是指按照《国际贸易标准分类》（SITC）统计法统计时，至少是前 3 位数都相同的产品，也就是属于同类（division）、同章（chapter）、同组（group）的产品既出现在一国的进口项目中，又出现在一国的出口项目中。符合上述条件的产品可以分为同质产品和异质产品两类，也称作相同产品或差异产品。

格鲁贝尔和劳埃德属于最初系统研究此类问题的学者。他们指出必须区分属于同一产业的同质产品（homogeneous product）和非同质产品（differentiated product）两种情况。同质产品或相同产品是指产品间可以完全相互替代，也就是说，产品有很高的需求交叉弹性，消费者对这类产品的消费偏好完全一样。非同质产品与同质产品相对应，指的是产品间不能完全替代，但要素投入具有相似性。而在非同质产品的情况下，又可区分为水平差异产品（horizontal differentiated product）和垂直差异产品（vertical differentiated product）两种情况。

水平差异产品是指具有相同质量，但在其他方面具有不同特点的产品，例如具有相同质量，但是花色和品种各不相同的丝质领带。垂直差异产品是指花色品种相同，但是质量不同的产品，例如都是红颜色，但是不同材料的丝、羊毛、棉或人造纤维等做成的领带。

（二）产业内贸易的特点

① 与产业间贸易的贸易对象不同：产业内是同类产品，产业间是非同类产品。

② 产业内贸易的产品流向具有双向性：同一产业内的产品在两国互有进出口。

③ 产业内贸易的产品具有多样化：资本密集型、技术密集型和劳动密集型。

④ 产业内贸易的商品必须具备两个条件：消费上能够相互替代和在生产中需要相近或相似的生产要素投入。

二、产业内贸易测定指标

（一）巴拉萨指标

1966 年，巴拉萨在研究欧洲共同体各国之间的分工时提出了一个测定指标 C_i。其计算公式为

$$C_i = \frac{|X_i - M_i|}{X_i + M_i}, C = \frac{1}{n}\sum_{i=1}^{n} C_i \tag{8-1}$$

式中，X_i 和 M_i 分别代表某国 i 产业的出口值和进口值；C_i 是 i 产业的产业内贸易水平，$0 \leqslant C_i \leqslant 1$。其中，$C_i$ 越接近 1，产业间贸易水平越高，产业内贸易水平越低；相反，C_i 越接近 0，产

业间贸易水平越低，产业内贸易水平越高。C是所有贸易指数的算术平均数，表示该国产业间贸易和产业内贸易总体水平的高低。

（二）格鲁贝尔—劳埃德指标（G－L 指标）

格鲁贝尔和劳埃德（1975）认为，巴拉萨指标有两大缺陷：第一，C只是一个简单的算术平均数，不能反映每个产业的权重；第二，未考虑总的贸易失衡对C的影响。于是，在巴拉萨指标的基础上建立了一个新的指标：

$$IIT_{ij} = (1 - C_{ij}) \times 100 \tag{8-2}$$

式中，IIT_{ij}是j国i产业的产业内贸易程度。

以每个产业的进出口额占进出口总额的比重作为权重，对所有IIT_{ij}加权平均，得出一个国家的产业内贸易指标：

$$IIT_{ij} = \sum_{i=1}^{n} \frac{IIT_{ij}(X_{ij} + M_{ij})}{\sum_{i}(X_{ij} + M_{ij})} = \frac{\sum_{i=1}^{n}(X_{ij} + M_{ij}) - \sum_{i=1}^{n}|X_{ij} - M_{ij}|}{\sum_{i=1}^{n}(X_{ij} + M_{ij})} \times 100 \tag{8-3}$$

式中，X_{ij}，M_{ij}分别代表j国i产业的出口额和进口额，$i = 1, 2, \cdots, n$。如果j国的所有贸易均为产业间贸易，即$X_{ij} = 0$或$M_{ij} = 0$，则$IIT_{ij} = 0$；如果j国所有贸易均为产业内贸易，即$X_{ij} = M_{ij}$，则$IIT_{ij} = 100$，因而$0 \leqslant IIT_{ij} \leqslant 100$。

如果存在贸易失衡，则IIT_{ij}倾向于低估产业内贸易水平。为此，提出一个修正指标：

$$IIT_{ij} = \frac{\sum_{i=1}^{n}(X_{ij} + M_{ij}) - \sum_{i=1}^{n}|X_{ij} - M_{ij}|}{\sum_{i=1}^{n}(X_{ij} + M_{ij}) - \left|\sum_{i=1}^{n} X_{ij} - \sum_{i} M_{ij}\right|} \times 100 \tag{8-4}$$

在分母部分减去贸易失衡的部分后，贸易失衡对产业内贸易水平的扭曲就可以得到有效修正。

（三）阿奎诺指标

阿奎诺（Aquino）认为IIT_{ij}只考虑了总的贸易顺差或逆差对计算的影响，没有考虑每一个产业的顺差或逆差对总的产业内贸易水平的影响的不同。于是他在1978年对IIT_{ij}进行相应修正，其计算公式为

$$IIT_{ij} = \frac{\sum_{i=1}^{n}(aX_{ij} + bM_{ij}) - \sum_{i=1}^{n}|aX_{ij} - bM_{ij}|}{\sum_{i=1}^{n}(aX_{ij} + bM_{ij})} \tag{8-5}$$

式中，$a = \dfrac{\sum_{i=1}^{n}(X_{ij} + M_{ij})}{2\sum_{i=1}^{n} X_{ij}}$，$b = \dfrac{\sum_{i=1}^{n}(X_{ij} + M_{ij})}{2\sum_{i=1}^{n} X_{ij}}$。

该修正指标不仅没有得到学术界的认同，反而遭到了沃那（Stefano Vona）等经济学家尖锐的批评，指出阿奎诺修正指标造成的问题比它解决的问题要多得多。例如，沃那等曾证明格鲁贝尔—劳埃德修正前的指标比修正后的指标和阿奎诺修正指标更为合理。目前，学

者大多采用修正前的格鲁贝尔—劳埃德产业内贸易指数作为衡量一国产业内贸易水平高低的指标。

三、产业内贸易的理论解释

(一) 规模经济或规模报酬递增与不完全竞争

规模经济或规模报酬递增是产业内贸易的主要利益来源。一国在进口的同时,为何还要向国外出口同一产业的产品呢？除了外国消费者需要这种产品以从产品多样化中得到更大的满足,从而提高社会福利程度之外,还要向国外出口同类产品,使厂商的生产得以扩大而实现规模经济,获得高额利润。若本国厂商仅以本国市场为目标,则由于本国市场容量有限,厂商难以达到规模经济。

产业内贸易是以产业内的国际分工为前提的。产业内的国际专业化分工越细、越多样化,不同国家的生产厂家就越有条件减少产品品种和规格型号,从事更加专业化的生产,这种生产上的专业化有助于企业采用更加专业化、高效化的生产设备,从而提高生产率、降低成本,充分实现企业生产的内部规模经济效应。一国一旦以获取规模经济为目标,将在一个行业内进行大规模生产,哪怕启动之初规模优势十分微弱,但这种优势将随着生产扩展而滚雪球般地增大。因此,许多发达国家之间的贸易,是以规模经济为基础的专业化分工的产物。

(二) 同类产品的异质性

产品的异质性即同类产品的差异性,是产业内贸易的重要基础。同类产品在总体上是有差别的,这种差别是一国产品与其他同类产品在主观上或客观上或大或小的差异。产品的这种差异有垂直差别和水平差别两种。垂直差别是指同一类别的产品虽具有的一样的根本特性,但产品根本特性在程度上有差别;水平差别则是指具有完全相同的根本特性的同类产品具有的一系列不同规格、商标、牌号和款式的差别。与此同时,消费者的偏好具有多样化且互有差别。垂直差别体现在消费者对同类产品中不同质量等级的选择上;水平差别体现在消费者对同类、同一质量等级产品的不同规格、外形、色彩等的选择上。产品和消费者偏好上的垂直、水平差别,以及财力、人力、物力等要素的制约,决定了任何一个国家都不可能在其具有比较优势的部门生产所有的差异化产品以满足多样化的市场需求,而是要有所取舍,着眼于某些差异化产品的专业化生产,以获取规模经济利益。于是,一国在生产某一类产品时往往还要进口国外的同一类产品,从而产生产业内贸易。如原欧共体建立之后,共同体内部的贸易迅速增加,各厂商得以专业化生产少数几种差异化产品,使单位成本大大下降,成员方之间的差异产品交换随之大量增加。

与产业内差异产品贸易有关的是产品零部件的贸易的增长。为降低成本,一种产品的不同部分往往通过国际经济合作形式在不同国家生产,追求多国籍化的比较优势。例如,波音 777 飞机的 32 个构成部分,波音公司承担了 22%,美国制造商承担了 15%,日本供给商承担了 22%,其他国际供给商承担了 41%。飞机总体设计在美国进行,美国公司承担发动机等主要部分的生产设计和制造,其他外国承包商在本国进行生产设计和制造有关部件,然后运到美国组装。显然,波音 777 飞机是多国籍化的产物。

（三）经济发展水平

经济发展水平是产业内贸易的重要制约因素。经济发展水平越高，产业内差异化产品的生产规模就越大，产业内部门分工就越发达，从而形成差异化产品的供给市场。同时，经济发展水平越高，收入水平就越高，从而消费者的需求偏好越呈现多样化特征，对差异化产品的要求也就越高，最终形成差异化产品的需求市场。在差异化产品的供求市场的推动下，经济发展水平比较高的国家出现了较大规模的产业内贸易。

从两国之间经济发展水平的差距来看，两国间经济发展水平的差距越大，则两国之间人均收入水平差别越大，社会需求结构差别就越大，此时，国家之间发生产业间贸易的可能性越大，发生产业内贸易的可能性越小。反之，两国经济发展水平越相近，社会消费需求结构也越相似，国家之间的产业结构和产品结构也越相似，发生产业内贸易的可能性越大，发生产业间贸易的可能性越小。这也解释了为什么产业内贸易多发生在发达国家之间。

经济学家哈韦里逊和赛文也认为，经济发展水平和产品差异化是影响产业内贸易的两个最重要的因素，它们可以解释60%的产业内贸易。

除了上述几种主要观点外，经济学家还认为，关税同盟也是产业内贸易的重要影响因素。一般认为，关税同盟内的产业内贸易还与内部的贸易创造效应和贸易转移效应密切相关。如果贸易转移效应占主导地位，则产业内贸易的比重会很低；如果贸易创造效应占主导，则产业内贸易的比重就会较高。而且，有经济学家认为贸易限制同样会制约产业内贸易的发展。发达国家之间的产业内贸易比重较高，与这些国家之间较少的贸易壁垒有关；而发展中国家之间的产业内贸易比重较低，与这些国家之间存在着严重的贸易壁垒有关。

专栏8-4

中国和中亚产业内贸易

中亚国家是“丝绸之路经济带”的核心区，加强我国同中亚各国的经贸合作是建设“丝绸之路经济带”贸易联通的重要任务。中亚五国独立以来，中国与中亚五国的贸易从无到有，规模从小到大，方式也逐步增加。中国和中亚的双边贸易额从1992年的4.6亿美元上升到2013年的502亿美元，年均增长率达到25%。近年来因石油价格下降，汇率下跌，双边贸易额有所下降。中国—中亚天然气管道贯穿中亚，绵延万里，同我国西气东输管道相连，累计对华输气超过1 200亿立方米，中哈原油管道累计对华输油超过8 000万吨；中国对中亚五国出口的商品涉及的种类很多，既有高档商品和高新技术产品，也有民众消费的普通商品。然而随着中亚各国的经济发展和收入水平的提高，双边的产业内贸易也得到了一定程度的发展，而且具有很大的发展潜力和提升空间。在中亚地区，近年来以产能领域合作为引领，中国与哈萨克斯坦、吉尔吉斯斯坦等中亚国家产能合作日益紧密，成果丰硕。截至2016年5月，中哈产能合作已形成52个早期收获项目，总投资270亿美元，涉及冶金矿产、能源资源、机械制造、建材化工、基础设施等领域。从中国和中亚五国的产业内贸易沿革和现状来看，其存在以下特点：

（1）从中国和中亚产业进出口商品结构而言，中国自中亚的净进口商品主要是石油、天然气等初级产品，中国对中亚的净出口商品主要是工业制成品中的劳动密集型商品和资本密集型商品,形成典型的初级品和制成品分工交换的国际贸易格局。

(2) 中国和中亚五国之间以产业间贸易为主,产业内贸易水平偏低。从中国和中亚各国1996—2013年产业内贸易指数的平均值看,中国和中亚五国之间的产业内贸易指数较低,均未超过0.2。这是因为中亚五国和中国的经济总规模差异很大,且中亚五国尚处于经济发展的初级阶段,主要向中国出口初级产品、进口工业产品,因此产业内贸易指数普遍较低,从高到低依次为哈萨克斯坦、乌兹别克斯坦、塔吉克斯坦、吉尔吉斯斯坦、土库曼斯坦。

(3) 中国—中亚的产业内贸易主要集中在一些初级产品、铁钢和纺织品等个别商品之间,而中国和中亚各国在制成品方面的产业内贸易水平严重低下。从SITC两位数商品的产业内贸易指数来看,中国和中亚五国在第7类(机械及运输设备)和第8类(杂项制品)行业的产业内贸易指数均低于0.05,说明我国和中亚各国在机械、运输设备及杂项制品的产业内贸易水平相当低。同时也表明,加强中国和中亚各国在制造业方面的产业内贸易水平有着巨大的潜力。

(4) 中国和中亚各国的产业内贸易分布在劳动密集型和资本密集型等不同的行业,水平和规模差异较大。从中国和中亚五国在初级品和制成品的六大行业的产业内贸易指数的平均值来看,中国与哈萨克斯坦在第5类(未另列明的化学品和有关产品)、第6类(按原料分类的制成品)行业之间的产业内贸易水平较高,且均超过了0.5,第6类行业在近些年甚至超过了0.9,表明我国和哈萨克斯坦在该行业的产业内贸易占据绝对主导地位;中国与吉尔吉斯斯坦在第3类(矿物燃料、润滑油及有关原料)、第5类行业之间的产业内贸易水平较高;中国与塔吉克斯坦在第2类(非食用原料)和第6类行业之间的产业内贸易水平较高;中国与土库曼斯坦在第2类和第5类行业之间的产业内贸易水平较高;而中国与乌兹别克斯坦则在第3、第5、第6类行业之间的产业内贸易水平较高。以上分析表明,我国和中亚各国的产业内贸易分布在初级品和制成品的不同行业,这是中亚地区各国之间的经济发展水平和要素禀赋与我国的差异造成的。因此,针对中亚各国发展产业内贸易,推进价值链形成,要因势利导,不能四面出击。

资料来源:冯宗宪.中国和中亚产业内贸易发展水平分析及政策建议[EB].中国经济网,2017-01-11.

四、产业内贸易评述

产业内贸易理论认为,供给和需求两个方面的原因造成了产业内贸易现象。在供给方面,由于参与国际贸易的厂商通常是处在垄断竞争而非完全竞争的条件下,因此产生了同类产品的差异化;在需求方面,消费者的偏好呈现多样性,而且各国之间的消费需求常常存在互相重叠的现象。

产业内贸易理论是对传统贸易理论的批判。如果产业内贸易的利益能够长期存在,那么其他厂商就不能自由进入这一行业,这就说明了不存在自由竞争的市场。这一理论还认为,产业内贸易的利益来源于规模经济利益,这一分析比较符合实际。产业内贸易揭示了李嘉图的比较优势理论和传统的赫克歇尔—俄林的要素禀赋理论用于解释初级产品和标准化产品的合理性,但是这种理论采用一种静态的观点进行分析,这也是它的不足之处。

第四节　产业内贸易与产业间贸易的比较

本节主要对产业间贸易和产业内贸易做比较，阐述两者的区别和联系。产业间贸易和产业内贸易的区别表现在贸易商品来源国、适用的理论基础、生产函数特点、消费者偏好和贸易利益来源等方面。对于两种贸易间的联系，若两国间的产品存在差异，且一国不能生产每一种消费者偏好的商品，即使该国是该产品的出口国，也会从他国进口，从而产生产业内贸易。

一、产业内贸易与产业间贸易的区别

产业间贸易与产业内贸易的差异不仅表现在贸易的对象国上，还表现在适用的理论基础、生产函数特点、消费者偏好、贸易利益来源等方面。两者的区别如表 8-7 所示。

表 8-7　产业间贸易与产业内贸易的区别

差异	产业间贸易	产业内贸易
贸易商品来源国	不同经济发展水平的工业国家	相同或相近经济发展水平的工业国家
适用的理论基础	新古典贸易理论	现代贸易理论
生产函数特点	规模报酬不变	规模报酬递增
消费者偏好	同质商品	异质商品
贸易利益来源	生产要素比较优势的利用	产品的差异性和规模报酬递增

1. 从产生贸易的基础来看

根据要素禀赋理论，产业间贸易建立在国家之间要素禀赋差异产生的比较优势之上，而产业内贸易则是以产品的差异化和规模经济为基础的。产业间贸易反映的是自然形成的比较优势，而产业内贸易反映的是后天获得性的比较优势。

2. 从贸易模式的确定来看

产业间贸易的流向可以由贸易前同种商品的价格差来确定，商品由价格相对较低的国家出口到价格相对较高的国家；而产业内贸易则不能简单地凭借贸易前同种商品的价格差来确定贸易模式，因为在产业内贸易发生之前，价格是由于规模不同造成的，一个大国可能由于国内市场容量大而生产成本较低。但发生产业内贸易之后，所有国家利用规模经济降低成本的机会是相同的，所以很难事先预测哪个国家将生产哪一种产品。

3. 从贸易利益的分配来看

按照赫克歇尔—俄林原理，产业间贸易会提高本国充裕要素的报酬而降低本国稀缺要素的报酬。而产业内贸易是以规模经济为基础的，所有的要素都可能从中受益，这可以解释为什么欧盟的产生和第二次世界大战后制成品的贸易开放都没有遭到利益集团的阻挠，而发达国家向新兴发展中国家的开放却受到了来自劳工力量的强烈阻挠。

4. 从贸易与要素流动之间的关系来看

产业间贸易是由各国要素禀赋的差异引起的，要素的流动在一定程度上是贸易的一种替代品。但是产业内贸易发生后，要素流动带来了作为产业内贸易载体的跨国公司的兴

起,从一定程度上看,产业内贸易与要素流动之间存在着互补关系。

二、产业内贸易与产业间贸易的联系

假设世界经济由甲国和乙国组成,其中假定甲国是资本密集型国家,乙国为劳动密集型国家。两国都拥有资本和劳动两种生产要素,拥有制造业和农业两个产业,其中制造业是资本密集型产业,农业是劳动密集型产业。

如果制造业不是一个具有差异化产品的产业,那么贸易模式如图 8-2a 所示,图中箭头的方向表示贸易方向,箭头的长度表示贸易额。在工业制成品和农业产品的贸易中,比较优势是贸易的动因。贸易模式是资本密集的甲国成为资本密集的工业制成品的净出口国和劳动密集的农业产品的净进口国,而劳动密集的乙国成为劳动密集的农业产品的净出口国和资本密集的工业制成品的净进口国。

如果制造业是一个有差异化产品的产业,则由于规模经济的存在,该产业会形成垄断竞争的市场结构。甲、乙两国的生产厂商将生产具有差异化的资本密集的工业制造产品。虽然甲国仍然是资本密集的工业制成品的出口国,但由于甲、乙两国生产的商品具有不同之处,而甲国又不可能生产每一种消费者偏好的产品,从而导致甲国在向乙国出口工业制成品的同时,也会从乙国进口部分工业制成品,于是两国在制造业内部产生产业内贸易。这样通过产业内贸易实现了生产的规模经济并满足了消费的多样化需求。这种工业制成品之间的产业内贸易并不反映比较优势。即使两国具有相同的资本—劳动比率,各国厂商仍然会生产差异化的产品,因而实现规模经济成为影响国际贸易模式的一个重要因素。

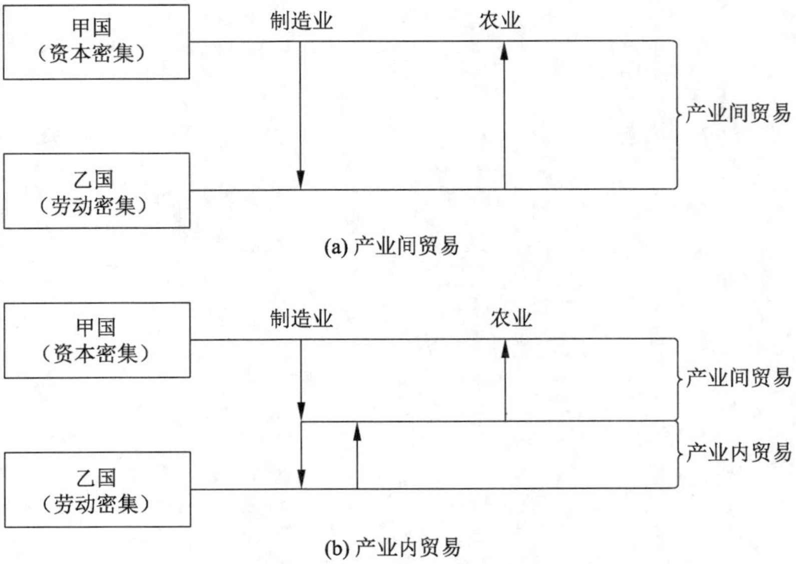

图 8-2　产业间贸易和产业内贸易模式

本章提要

本章主要阐述了国际分工与国际贸易的产生与发展,进一步从个体角度介绍了产业分

工和产业贸易的关系,分析了产业内贸易和产业间贸易的相关理论与测算指标,并对两者间的区别和联系进行了对比分析。

重要术语

国际分工;产业间贸易;产业内贸易;比较优势;绝对优势;要素禀赋

思考题

1. 产业间贸易和产业内贸易的基础是什么?据此分析当代国际贸易的格局。
2. 简述国际分工的发展阶段。
3. 试述比较优势理论的主要内容及局限性。
4. 简述产业间贸易和产业内贸易的联系。

第九章　空间布局

本章主要阐述产业空间布局的定义、产业空间布局的理论渊源；分析产业空间布局影响因素的识别、产业空间布局影响因素的阶段性特征；介绍产业空间布局的总体目标、基本原则和一般规律；阐明产业集聚的起源与发展、产业集聚的含义及特征、产业集聚的形成类型及竞争优势。

第一节　产业空间布局理论概述

本节介绍产业空间布局的基本内涵、区位理论及区域分工协作理论。产业空间布局是指产业在一国（或地区）范围内的空间结合。在实践中，它是一项受多层次、多目标、多部门、多因素影响，具有全局性的经济战略部署。合理的产业空间布局有利于发挥地区优势，充分利用资源，进而有利于取得良好的经济、社会和生态效益；不合理的产业空间布局则有可能阻碍发展，甚至可能付出巨大的代价。因此，产业空间布局是促进产业可持续发展的重大战略问题。

一、产业空间布局的定义

产业空间布局是指产业在一国或一地区范围内的空间分布和组合的经济现象。在静态上，产业空间布局是指形成产业的各部门、各要素、各链环在空间上的分布态势和地域上的组合。在动态上，产业空间布局则表现为各种资源、各生产要素甚至各产业和各企业为选择最佳区位而形成的在空间地域上的流动、转移或重新组合的配置与再配置过程。宏观调控上的产业空间布局指政府采取的国民经济各产业在空间上的分布及应用。

二、产业空间布局的理论渊源

（一）区位理论

区位理论，是产业空间布局理论的基本核心，其产生与发展与社会分工和经济发展紧密相关。迄今为止，区位理论已经历了古典、近代和现代三个发展阶段。

1. 古典区位理论

古典区位理论主要以德国经济学家杜能创立的农业区位理论和韦伯创立的工业区位理论为代表，其理论思想如下：

(1) 杜能的农业区位理论

德国农业经济学家约翰·冯·杜能（Johonn Heinrick Von Thunen）在1826年出版了《孤立国同农业和国民经济之关系》一书，首次系统地阐述了农业区位理论的思想，奠定了农业区位理论的基础。杜能认为,农业土地经营方式与农业部门地域分布随距离市场远近而变化,而这种变化取决于运费的多少。他将复杂社会高度抽象为一个简单的孤立国,农业生产方式的空间配置,一般是在城市近处种植相对于其价格而言笨重而体积大的作物,或者是生产易于腐烂或必须在新鲜时消费的产品。而随着到城市距离的增加,种植相对于农产品的价格而言运费较少的作物,城市的周围将形成在某一圈层以某一种农作物为主的同心圆结构。

(2) 韦伯的工业区位理论

德国经济学家阿尔弗雷德·韦伯(Alfred Weber)在1909年出版的《工业区位论》一书中首次系统地论述了工业区位理论。他认为,运输成本和工资是决定工业区位的主要因素。韦伯工业区位理论的核心内容是区位因子,区位因子决定生产场所,并将企业吸引到生产费用最小及节约费用最大的特点。为便于从多个运输点的综合影响中选择恰当区位,韦伯提出了等费用线方法。等费用线是指由某一运输点出发,单位原料或产成品运费相等的点的连线或轨迹。韦伯假定分析的对象是一个孤立的国家或特定的地区,对工业区位只探讨其经济因素,他把影响工业区位的经济因素称为区位因子。韦伯认为,在众多区位因子中,运费、劳动力费用和聚集力三个因子对工业布局的影响最重要,合理的工业区位应位于三个因子总费用最少的地方。具体可以运用运输区位法则、劳动区位法则、集聚(分散)区位法则加以分析。

以杜能农业区位论和韦伯工业区位论为代表的古典区位论,均立足于单一的企业或中心,着眼于成本、运费最省,不考虑市场消费因素和产品销售问题。因此,古典区位论常被称为西方区位理论的成本学派。

2. 近代区位理论

近代区位论主要以费特的贸易区边界区位理论、克里斯泰勒的中心地理论和廖什的市场区位理论为代表,主要的理论思想如下:

(1) 贸易区边界区位理论

美国经济学家弗兰克·费特(Frank Fetter)于1924年提出了贸易区边界区位理论,开创了市场学派的先河。费特认为任何工业企业的竞争力取决于销售量,取决于消费者数量与市场空间的大小。但是最基本的是运输费用和生产费用决定企业竞争力的强弱,并且这两种费用的高低与市场空间大小成反比,即运输费用和生产费用越低,市场空间就越大,市场竞争力就越强,工业企业的生存和获利的空间就越大。费特假定有两个生产基地:甲地和乙地,根据两地的成本和运输费用的不同,利用韦伯提出的等费用线方法,得出两个生产地贸易范围,从而提出两个生产地贸易分界线。如果甲、乙两个生产地各自的生产费用和运输费用及其他条件均相同,则两地的贸易分界线是一条平分两个贸易区的中心垂直线;若甲、乙两地的生产费用不同而其他条件相同,则两个市场的边界线是一条弯向生产费用较高贸易区的曲线;如果两个生产地运输费用不同而其他条件相同,则两个市场的边界线是一条弯向运输费用较高贸易区的曲线。

(2) 中心地理论

德国地理学家沃尔特·克里斯泰勒(Walter Christaller)于1933年提出的中心地理论,又称中心地方论或中心地学说,是近代区位论的核心部分。克里斯泰勒认为,在某一区域内,城镇会作为“中心地”向周围地区提供商品和服务。该中心地所提供的商品和服务,一方面必须拥有最低限度的可利用人口，即“门槛人口”，才能保证经营者取得正常利润。另一方面，它的服务也有一个最大距离的问题，即“服务半径”的问题，在此范围内人们愿意前往该中心地购买商品或享受服务；否则，人们就会嫌距离太远而到其他较近的中心地去。克里斯泰勒的中心地理论是揭示区域城市体系规律的系统理论，是关于区域城镇体系结构和空间分布最优化的理论，最先系统地阐明了区域城市体系中心地（可以看作城市）的数量、规模和分布模式。

（3）市场区位理论

1939年，德国经济学家奥古斯特·廖什（August Losch）利用克里斯泰勒的中心地理论框架，把商业服务业的市场区位理论发展为产业的市场区位理论。该理论认为，每一单个企业的产品销售范围，最初是以产地为圆心，最大销售距离为半径的圆形，而产品价格又是需求量的递减函数，所以单个企业的产品总销售额是需求曲线在销售圆区旋转形成的圆锥体。随着更多工厂的介入，每个企业都有自己的销售范围，由此形成了圆外空挡，即圆外有很多潜在的消费者不能得到市场的供给，但是这种圆形市场仅仅是短期的，因为通过自由竞争，每个企业都想扩大自己的市场范围，因此圆与圆之间的空挡被新的竞争者所占领，圆形市场被挤压，最后形成了六边形的市场网络。

3. 现代区位理论

现代区位理论主要有成本—市场学派理论、行为学派理论、社会学派理论、历史学派理论、计量学派理论等，主要的理论思想如下：

（1）成本—市场学派理论

成本—市场学派的代表人物主要是埃德加·M. 胡佛（Edgar Malone Hoover）、沃尔特·艾萨德（Walter Isard）。该学派关注成本与市场的相互依存关系，认为产业区位的确定应以最大利润为目标，以自然环境、运输成本、工资、地区居民购买力、工业品销售范围和渠道等因素为条件，综合生产、价格和贸易理论，对区位进行多种成本因素的综合分析，形成竞争配置模型。他们综合韦伯提出工业区位理论以来的各种成果，系统地提出了选择工业厂址的七大指向，即原料指向、市场指向、动力燃料指向、劳动力指向、技术指向、资金供给指向和环境指向。成本—市场学派建立了一般均衡理论，探讨了区域产业空间布局与总体产业空间布局问题，从而大大拓宽了区位理论的研究领域。

（2）行为学派理论

行为学派认为，随着现代企业管理的发展和交通工具的现代化，人的地位和作用日益成为区位分析的重要因素，而运输成本则将降为次要的因素。在现实生活中，行为完全理论的“经济人”是不存在的，其区位行为必然受到实际获取信息和处理信息能力的限制。行为学派的代表人物是普莱德。普莱德把行为科学与区位理论相结合起来考虑，强调区位研究要利用信息论使之接近行为论。他在研究中发现许多工厂并非建立在最优区位，而这与企业掌握的信息量及其运用信息的能力密切相关。他认为，每次区位决策至少在理论上被看作是在不断变化的信息和能力条件下进行的，对所有选择完全了解的情况是不存在的，只要得到满意的结果就足够了。行为学派进一步将区位问题中行为因素分析拓展到数量研究领域。

（3）社会学派理论

社会学派认为，政府政策制定、国防军事原则、人口迁移、市场变化、居民储蓄能力等因素都在不同程度上影响着区位的配置。但与其他因素相比,社会经济因素愈益成为最重要的影响因素。20 世纪 50 年代以后,西方国家政府对经济生活的干预和调节日益加强,使区域经济政策的实行及其对区位趋势的影响成为区位研究的课题。当时,克拉克(Clark)等经济学家就曾指出,政府可以通过向企业提供充分的信息而影响工厂的迁移,政府的影响还能使未来的工业布局比较接近区域规划目标。

(4) 历史学派理论

历史学派强调空间区位发展的阶段性,认为区域经济发展是以一定时期的生产力发展水平为基础的,是有明显的时空结构特征的,而不同阶段空间经济分布和结构变化,是有其共性和特性的。20 世纪 50 年代以后,美国学者达恩(Daane)和德国学者奥托伦巴(E. Otremba)等提出了空间结构的概念。他们把区位理论与发展结合起来研究,分析认证了社会经济发展的各个阶段空间结构的一般特征,并从时间变化上考察了各种产业和各类企业在空间分布中的相互作用及相互关系,形成了历史的和动态的空间结构时空观。

(5) 计量学派理论

计量学派认为,现代区位研究涉及的内容多、范围广、数据繁杂,人工处理已逐渐显得无能为力,必须采用定量的方法,建立区域经济数学模型进行大量的数据处理和统计分析。而且,计算机、遥感分析等手段的发展也为区位研究提供了基础。

(二) 区域分工协作理论

产业空间布局是以区域资源差异与分工协作为基础的,对这些问题的研究产生了产业空间布局的区域分工协作理论。从本质上讲,产业发展是资源合理配置的结果,而资源合理配置的最简单的方法就是实行不同区域间资源的相互流动和优化组合,因此,区域分工协作理论在确定产业发展方向及合理的产业结构等方面对产业空间布局具有直接的指导作用。

1. 古典区域分工协作理论

古典经济学家们对分工、交通的成本与收益问题进行了分析,主张利用区域资源差异进行专业化生产与贸易。亚当·斯密的绝对成本理论和大卫·李嘉图的比较成本理论是其中最具代表性的经典理论。

(1) 亚当·斯密的绝对成本理论

英国古典经济学的创始人亚当·斯密(Adam Smith)在 1776 年出版的《国富论》中提出了绝对成本理论(或称绝对利益说、绝对优势理论)。斯密认为,商品的价格是由劳动价值决定的,各国的社会劳动生产率是不同的,因而商品价值所决定的商品价格也有所不同。某些商品的价格在国内比在国外便宜,因此可以出口卖高价,换回外国比本国便宜的商品。这样,通过国际贸易,双方都可以获得更多和更便宜的商品,既节约了本国的劳动力,又增加了使用价值。同时,贸易的开展使两国的资本和劳动力都从生产率低的行业转移到发达兴旺的出口行业中来,这一方面实现了资源的优化配置,提高了社会生产效率;另一方面又形成了合理的国际分工格局。其结果是,商品产量增加了,消费水平也提高了。斯密的绝对成本理论不但成为国际自由贸易理论的基础,以及区域资源差异与分工协作理论的源泉,而且成为一国产业空间布局的理论依据。

(2) 大卫·李嘉图的比较成本理论

英国古典政治经济学家大卫·李嘉图(David Ricardo)在 1817 年出版的《政治经济学原

理》中继承和发展了斯密的绝对成本理论，并在诸多问题上有了更深一步的发展和提高。在国际贸易理论问题上，李嘉图十分赞同斯密关于国际分工可以极大地提高生产力水平的观点，并对斯密关于一个国家应以自己具有"绝对优势"的产品进入国际分工体系的论点做了修正和完善，指出一个国家不仅能以具有"绝对优势"的产品进入国际分工体系，还能以具有"相对优势"的产品参加到国际分工体系中来。李嘉图的比较成本理论（或称比较优势理论）揭示了区域分工协作和自由贸易的积极意义，提出了依据各自劳动生产率和劳动成本的差异进行互利发展的基本思路，因而是区域分工协作的另一个重要的理论源泉。

2. 现代区域分工理论

（1）赫克歇尔—俄林的生产要素禀赋理论

绝对优势理论和比较优势理论指出了不同国家或地区之间互利贸易的基础是绝对生产率或相对劳动生产率的地区差异，但没有解释产生这种差异的原因。1919 年瑞典伊·菲·赫克歇尔（Eli F. Heckscher）发表的题为《对外贸易对收入分配的影响》的论文中，认为在两个国家各个生产部门技术水平相同时，两个国家生产要素禀赋的差异也会形成不同的比较优势，只要生产不同产品所使用的要素比例不同，仍然存在分工和贸易的基础。这一观点经其学生、瑞典经济学家贝蒂·俄林（Bertil Ohlin）在 1933 年发表的经典著作《地区间贸易与国际贸易》一书中得到阐释和发展。俄林创立了生产要素禀赋理论，理论学界称其为 H－O 原理。生产要素禀赋理论实际上也是一种比较优势理论，强调从多种生产要素最佳配置中降低成本、提高效益，从而取得比较利益。这使得它成为现代区域分工协作的基础性理论。但它过分突出资源供给的差异，单纯地强调生产要素的供给对区域分工与贸易格局的影响，忽略了生产要素需求对区域分工与协作的影响。

（2）技术差距理论

美国学者 M. V. 波斯纳（Michael V. Posner）在 1961 年发表的题为《国际贸易与技术变化》的论文中，提出了国际贸易的技术差距模型。该理论认为，技术实际上是一种生产要素，并且实际的科技水准一直在提高，但是各个国家的发展水准不一样，这种技术上的差距可以使技术领先的国家具有技术上的比较优势，从而出口技术密集型产品。随着技术被进口国模仿，这种比较优势消失，由此引起的贸易也就结束了。由此可见，技术差距是指一个国家以技术创新和控制技术外流而保持的一定的贸易结构，技术差距是产生比较优势和贸易利益的一个重要因素。从动态来看，一个科技发达国家是不断再创新、再出口的，因而技术创新国家总是可以靠技术创新和控制技术外流，而不是靠要素禀赋获得特殊利益、保持其贸易结构的。

（3）产品生命周期理论

美国哈佛大学教授雷蒙德·弗农（Raymond Vernon）在其 1966 年发表的《产品周期中的国际投资与国际贸易》一文中首次提出产品生命周期理论。弗农认为，产品生命是指市场上的营销生命，产品和人的生命一样，要经历形成、成长、成熟、衰退的周期。就产品而言，也就是要经历一个开发、引进、成长、成熟、衰退的阶段。而这个周期在不同的技术水平的国家里，发生的时间和过程是不一样的，期间存在一个较大的差距和时差，正是这一时差，表现为不同国家在技术上的差距。它反映了同一产品在不同国家市场上的竞争地位的差异，从而决定了国际贸易和国际投资的变化。该理论侧重从技术创新、技术进步和技术传播的角度来分析国际贸易产生的基础，将国际贸易中的比较利益动态化，研究产品出口优势在不同国家间的传导。产品生命周期理论研究了各种生产要素在不同状态下所发挥的重要作用,可以用来解释部分工业品的国际贸易格局,解释世界性产业转移和产业结构调整的某些趋势,由此成为分析经济全球化条件下区域分工协作和产业空间布局的重要理论之一。

(4)"中心—外围"理论

"中心—外围"理论是1950年由阿根廷经济学家劳尔·普雷维什(Raúl Prebisch)提出的一种理论模式,它将资本主义世界划分成两个部分:一个是生产结构同质性和多样化的"中心";另一个是生产结构异质性和专业化的"外围"。前者主要由西方发达国家构成,后者则包括广大的发展中国家。"中心"与"外围"之间的这种结构性差异并不说明它们是彼此独立存在的体系,恰恰相反,它们是作为相互联系、互为条件的两极存在的,构成一个统一的、动态的世界经济体系。"中心—外围"理论从区际收支角度,而不是仅从资源禀赋差异状况角度来考察区际分工贸易与经济发展的关系,其认为发展中国家应广泛采用非初级产品出口的进口替代战略的主张,为发展中国家制定产业空间布局、改善区际贸易条件、调整区际分工利益提供了新的思路和理论基础。

第二节 产业空间布局的影响因素及特征

本节分析产业空间布局的影响因素,厘清各因素对产业空间布局影响的阶段性特征。产业空间布局是生产存在和发展的空间形势,相应地,影响生产的各种因素也必然影响生产部门的布局及效果。从这个意义上讲,影响生产的各种因素就是影响产业空间布局的因素。归结起来,影响产业空间布局的因素主要包括自然因素、社会经济因素、体制因素、科技因素、路径依赖等。

一、产业空间布局的影响因素

(一)自然因素

根据工业区位论和区域比较优势理论,影响产业空间布局的区位自然因素主要包括自然条件、自然资源禀赋等先天因素。自然资源禀赋就是指某个地区适宜发展某类产业的自然资源丰度及组合优势。自然条件和自然资源是生产的前提条件,也是产业空间布局的重要依据。在工业化初期,产业空间布局必将优先考虑自然条件和自然资源禀赋有优势的地方。自然条件和自然资源禀赋对产业空间布局的影响,正随着科学技术的进步越来越弱化。

(二)社会经济因素

根据现代区位理论、区域比较优势理论和产业增长理论,影响产业空间布局的社会经济因素主要包括经济因素、基础设施、市场因素、政治因素等。其中经济因素是影响产业空间布局的根本因素,便利化的基础设施、有效的市场和良好的政治环境呈现出协调互动的促进关系,将为产业空间布局及可持续发展提供保障条件。

(三)体制因素

资源禀赋只是区域产业集聚发展的基本条件。各种资源怎样结合在一起转化为现实的经济增长，以及资源配置效率的高低，取决于区域的资源配置能力。资源配置能力主要由经济体制、政府的经济管理能力、企业的组织水平和产业结构等构成。随着经济体制乃至政治体制的改革趋向深入，体制创新将成为一项地区间产业竞争的关键增长要素。

（四）科技因素

科技影响人们利用和改造自然的能力，是产业空间布局形成与变动的推动力。随着人类社会发展，科技革命导致产业革命，从而决定着产业空间布局。在一定时期内，地区技术资源禀赋的差异影响地区的产业空间布局。一是科技水平决定自然资源利用的深度和广度。二是科技进步和科技革命影响地区产业结构，从而推动产业空间布局调整。三是科技进步和科技革命改变生产工具、交通工具和交通方式，使得产业的人力资源指向和运输指向发生变动，从而推动产业空间布局发生变动。

（五）路径依赖

历史继承性是产业空间布局的基本特征，历史上形成的产业基础始终是新的产业空间布局的出发点，产生路径依赖。路径依赖类似于物理学中的"惯性"。在产业空间布局中，这种"惯性"最初来源于工业区位论中所论述的集聚因子。正是这种路径依赖性的存在，使得一个地区一旦符合规律地选择了某个产业，无论以后它所具有的区位因素是否更具有比较优势，发展该产业是否更有效率，都很难从这种最初的选择中摆脱出来。产业空间布局战略性调整的目的，就是要打破已经无效率的路径依赖，并营造新的集聚因子，进行制度创新，创造新的有效率的路径依赖，从而形成新的产业发展空间格局。

以上五类因素交互作用，决定了既定区域产业空间布局或既定产业区域布局的最初形成和动态变化。其中区域自然因素和社会经济因素构成影响区域产业空间布局的区位因素，是产业空间布局形成与变动的原始决定因素，产业的最初布局必然要考虑这些区位因素，尤其是关键的区位因素。之后随着科技进步和制度创新，区位因素不断发生变化，必然影响产业空间布局的变动。体制因素是影响产业空间布局形成与变动的外在因素，通过经济手段或行政手段，巩固或打破产业发展的路径依赖，进一步达到产业空间布局调整的最终目的。

专栏9-1

我国产业园区的地域分布

产业园区具有特殊的区位条件，设立产业园区是促进区域产业集聚、实现某一特定产业快速发展的重要载体，是提升区域经济发展和产业结构转型升级的主要手段。目前，根据批准设立主体的不同，可以将我国产业园区划分为国家级开发区和省级开发区。《中国开发区审核公告目录（2018 年版）》审核结果统计显示，我国共有开发区 2 543 个，其中，有 552 个国家级开发区，占 21.7%；有 1 991 个省级开发区，占 78.3%。深入分析我国产业园区的种类、地区分布和区域差异可以全面摸清我国产业园区总体建设发展水平，实现企业有针对性地入驻更为适合自身发展的产业园区。

（1）国家级开发区的地域分布

根据审核结果，将我国国家级开发区分为经济技术开发区、高新区、海关特殊监管区、边境/跨境经济合作区、其他产业园区五种类别，其中经济技术开发区数量达 219 个，占 39. 7%，排第一位；高新区数量达 156 个，占 28. 2%，排第二位；海关特殊监管区数量达 135 个，占 24. 5%；边境/跨境经济合作区数量为 19 个，占 3. 4%；其他产业园区 23 个，占 4. 2%。

从分类角度来看，排在第一位的经济技术开发区布局较广，除山西省暂未设立外，基本遍布我国各省市。据统计，2018 年，经济技术开发区地域分布数目以江苏、浙江和山东 3 个城市为最，总数达 62 个，其中，江苏省有 26 个、浙江省 21 个、山东省 15 个。根据同济大学主办的《2018 年中国产业园区持续发展蓝皮书》中发布的产业园区持续发展 100 强榜单，百强榜中各产业园区总体情况较为稳定，前三甲未见变动，而排名前十位的产业园区中有苏州工业园区、广州经济技术开发区、北京经济技术开发区和天津经济技术开发区 4 个，分别分布在所对应的江苏省、广东省、北京市和天津市。目前，各经济技术开发区在加快落实"中国制造2025"战略，积极应对新一轮产业变革中，纷纷创新发展，通过利用产业链深化、增投科研资金、引进重大项目和存量项目腾笼换鸟等诸多措施，极力打造区域经济新增长极，逐渐发展成为地方经济突破发展和对外开放的主场地。排在第二位的高新区地域分布与经济技术开发区较为类似，除山西省和西藏自治区暂未设立外，其他省市均有布点。据统计，2018 年，高新区地域分布数目以江苏、山东和广东 3 个省的城市为最，总数达 42 个，其中，江苏省有 17 个、山东省 13 个、广东省 12 个。就其建设发展情况来看，《2018 年中国产业园区持续发展蓝皮书》发布的百强榜中剩余 6 个排名前十的产业园区均为高新区，具体为中关村科技园区、上海张江、武汉东湖、成都、深圳和合肥高新技术开发区，分布在所对应的北京、上海、湖北、四川、广东和安徽 6 个省市中。目前，在技术不断革新和外延的发展趋势下，高新区内有一大批核心技术和重大科技成果纷纷走出园区，进入市场，以产业化的发展模式极大带动了区域科技和经济的共同发展，逐渐成为科技成果聚集和技术密集交易的重要阵地。排在第三位的海关特殊监管区在我国各省市也分布较广，除山西、青海、宁夏和西藏暂未设立外，遍布其他 27 个省市。据统计，2018 年，海关特殊监管区地域分布数目以江苏、广东和上海 3 个省市为最，总数达 43 个，其中，江苏省有 21 个、广东省 12 个、上海市 10 个。目前，我国海关特殊监管区已成为吸引境内外投资的重要载体，基本形成了加工制造能力强、外贸进出口规模大和社会经济效益好的良好格局。

（2）省级开发区的地域分布

2018 年，我国共有省级开发区 1 991 个，遍布我国 31 个省市。据统计，其中产业园区数目超过 100 个的省市主要有河北、山东、河南等 7 个。

二、产业空间布局影响因素的阶段性特征

影响产业空间布局及调整的各项因素在工业化的不同时期、产业发展的不同阶段，以及对于不同产业类型，其作用和地位是动态变化的。这些产业空间布局的影响因素在不同体制和社会形态下，其作用和地位也是动态变化的。这既是社会形态、政治经济体制变革的过程，同时也是工业化发展的过程。产业空间布局在这两个过程的交织中形成和演进，因此，对产业空间布局影响因素进行分析具有阶段性，有必要将上述两个过程结合在一起，分析产业空间布局的一般规律和具体实践。

随着工业化从工业化前期（农业社会）、工业化初期、工业化中期、工业化后期到后工业化时期的发展，世界产业发展一般要经历“农业→轻工业→重工业→高新技术产业→服务业”的发展轨迹。在不同时期或阶段，影响产业空间布局的决定性因素和重要因素不同，产业空间布局趋向也呈现阶段性特征。在这个过程中，科技作为第一生产力，从第一次工业革命开始，人类进入工业社会以来，科技进步始终是产业空间布局演进的决定性力量或主导力量，它通过对自然、经济等原始性和基础性产业空间布局影响因素的作用，直接或间接地影响着产业空间布局及变动方向。

专栏9-2

我国产业布局的演进轨迹

我国产业布局演进的历史轨迹表现为“均衡发展—非均衡发展”逐渐演变的过程，并具有明显的阶段性特征。

1949—1978年，占国土面积不到12%的东部沿海地带，聚集了全国70%以上的工业，上海、天津、青岛、广州、北京、南京、无锡等市的工业产值占整个工业产值的94%，内陆地区近代工业几乎一片空白。1978年以后，在对传统计划体制进行改革和实行对外开放的过程中，我国区域经济发展和产业布局的主导思想发生了根本性的变化，从侧重公平转向侧重效率，一改过去的均衡发展，实施区域经济倾斜发展战略，把建设的重点转向东部沿海地区。无论是引进外资、国家投资，还是优惠政策方面，产业布局政策都倾向于东部。东部地带的12个省、市、区经济发达，工业结构偏向于加工工业，轻工业比重较高，技术和资金密集度较高。中部9个省区，工业发展水平大幅度提高，原料工业和重加工工业较突出。西部9个省区，区内经济地理位置和自然条件较差，但拥有丰富的矿产资源，工业结构以采掘业为特色。根据各地域的优势，初步形成了产业布局的地域分工。一批中心城市的辐射力增强，有效带动了周围区域经济的增长。东部地区的大中型城市对周围地区的辐射和劳动作用增强，形成了工业密集区域，如长江三角洲地区、环渤海地区、珠江三角洲地区。

总而言之，我国产业布局经历了从均衡到非均衡的转变后，在全国范围内呈现出自东向西梯度分布、由南向北展开的布局。

第三节　产业空间布局的目标、原则和规律

本节介绍产业空间布局的总体目标和基本原则，分析产业空间布局的演进规律。产业空间布局就是产业在空间上的结构，是产业经济学与区域经济学研究的交叉领域。合理的产业空间布局有利于发挥地区优势，充分利用资源，进而有利于取得良好的经济、社会和生态效益，产业空间布局是关乎长远发展的重大战略问题。产业布局规律决定着产业布局的基本原则，产业布局的基本原则反映了产业布局规律的内在要求。在产业布局规律发挥作用的条件下，产业在地域空间的分布与组合就有了客观的依据，这就是产业布局的基本原则。

一、产业空间布局的总体目标

产业空间布局的总体目标是实现产业的合理布局和经济资源在空间上的有效配置。这一目标可以分解为效率目标和公平目标两个子项。效率目标追求整个国民经济较高的增长速度和良好的宏观效益；公平目标要求不断缩小区域间的经济水平和收入水平的差距。前面提到过，效率与公平是相对消长的。但从长远看，两者又是统一的。没有一定的发展速度和经济效率，就不可能积累足够的资金，用以支持落后地区的开发；而没有落后地区的开发，发达地区发展所需的原料、燃料和市场也难以扩大，而且不利于社会的安定。因此，国家在制定产业空间布局目标时，必须兼顾效率和公平，并根据社会经济的具体情况，确定两者的主从关系。

二、产业空间布局的基本原则

（一）全局原则

产业布局应该以一个国家的地域为界限，因为它是国家干预本国经济的一种方式，而这种方式涉及领土问题，因此必须以国家的领土主权为基础，一个国家是不可能在别国的领土上进行自己的产业布局的。产业布局的目标是使产业分布合理化，实现国家整体综合利益的最优，而不是局部地区利益的最优，因此，一个国家的产业布局必须统筹兼顾，全面考虑。一方面，国家必须根据各地区的不同条件，通过分析和比较，确定各地区的专业化方向，明确各地区在全国经济的角色和地位；另一方面，国家根据经济发展状况，在不同时期确定若干重点发展的地区。在此全国规划的基础上，各地区再根据本地区的特点，安排好本地区的产业布局，而不能不顾国家整体利益，单纯地发展自己的优势产业。

（二）经济效益原则

以最小的劳动消耗争取最大的经济效益，是人类社会生产的共同要求，也是评价产业布局合理与否的最基本的标志。消耗最低，效益最大，也是评价产业空间布局合理与否的基本标志。以经济效益为准则，农业布局应根据区域的差异性，因地制宜地选择农、林、牧、副、渔最适宜发展的地区，既要突出区域资源基础，又要发挥各地的比较优势。通过挖掘农业生产潜力，增加自然投入，减少经济投入和生产成本，达到增加经济产出，提高经济效益的目标。工业布局则应接近原料地、燃料地和消费地，这样做的目的是可以减少和消除原料、半成品、成品的不合理运输，减少中间环节，减少投资和运输过程中的浪费，加速资金周转，从而节约社会劳动消耗，加快扩大再生产的进程，可以保证各地区工业的构成、品种、质量同当地资源及居民的需要特点取得最大的一致性，提供适销对路的商品和服务。

（三）分工协调原则

产业空间布局的分工协作原则，主要体现在劳动的地域分工与地区综合发展相结合、地区生产专业化与多样化相结合的关系上。随着科学技术的日益进步和生产的社会化、市场化，以及社会分工不断深化，生产专业化日益明显。生产专业化是指产业内部各企业和行业逐渐分离，形成更多的独立企业和新行业，企业之间的联系越来越密切。因此，合理的产业空间布局应立足于区域资源禀赋及差异，充分发挥本地区优势，最大限度地节约劳动，促进商品的流通与交换，加速各地区经济一体化的进程，形成合理的地域经济综合体；各地区的产业空间布局不仅应该在充分发挥本地区资源优势的基础上，重点布局专门化生产部门，还应该围绕专门化生产部门因地制宜地布局一些多样化部门，以保证本地区各产业协调增长，形成一个具有本地区特色的、结构合理的地域生产综合体。

（四）比较优势原则

由于各地的资源禀赋不同，区域分工、技术发展等因素的作用使产业发展在空间分布与组合上表现的结果是地区差异性。由此可知，地区比较优势使产业发展一般体现为由点到线，再由线到面的一个非均衡的发展过程，这就要求产业空间布局应遵循产业自身协调发展的规律，促使少数优势地区优先发展。这里的比较优势可体现在以下几个方面：① 原料指向。不同产品的原材料消耗是有差别的，一些原料消耗量大的产品生产，应指向原料丰富的地区，如制糖业、造纸业和水泥工业等。② 市场指向。要求接近消费者，主要指当地消费服务部门，以及产品容易腐蚀变质和不宜运输储存的部门。③ 能源指向。高能耗产业区位选择主要集中于能源供给充沛和运营成本低廉的地区，如依赖电力消耗的铝、镁、钛的冶炼工厂，主要聚集在电站附近生产布局。④ 劳动力指向。劳动密集型产品的生产应指向劳动力资源丰富和劳动力成本低的地区，如服装厂、装配工业等。⑤ 技术指向。高技术产品生产应布局在投资环境好、技术协作条件优越的地区，如精密仪器、电子计算机等产品的生产。

（五）集中与分散相结合原则

产业在区位上相对集中，是社会化大生产的客观要求，也是扩大再生产、提高经济效益的有效组织形式。工业布局可以根据各地区的资源条件、位置和交通状况、人口与劳动力状况、社会经济因素等有选择地集中。但是，产业集中不能无限制地进行下去。产业集中只有在合理限度内才能取得较好的效益，产业过分集中就会出现一系列严重的社会问题。如许多工业企业过分集中在大城市和工业地带，由此带来城市地价飞涨，空间狭窄，水源不足，能源紧缺，交通拥挤，住房紧张，燃料、原料、居民生活用品等成本大幅度增加，城市建设费用提高等问题。适当分散则可充分利用各地区的自然资源和劳动力资源，促进落后地区的经济发展，有利于产业的均衡布局。但产业过于分散将导致协作困难、间接投资大、职工生活不便、经济效益差等弊端。总之，在产业空间布局中既要反对过分集中，又要反对互不联系的过分分散。

（六）可持续发展原则

人类生存和发展所依赖的环境所能承载的能力是有限的，自然资源也是有限的，其中许多资源都是不可再生的。人类的生活和生产不可避免地要从大自然攫取资源，又不可避免地要向自然界排放废物，从而对自然生态环境造成损害。虽然自然环境有一定的自我调节能力，但其所受的损害必须控制在一定限度内，否则就无法自我调节。另外，人工对自然生态进行恢复所耗费的成本将是巨大的，可能远远大于人类生产所获得的收益。所以在进行产业布局时必须注意节约资源和保护环境，防止资源的过度开发和对环境的过度破坏，要注意资源的充分利用和再生，注意发展相关的环保产业，等等。许多发达国家在发展过程中就经历过先破坏后治理的过程，现在人类对于生态环境问题已经有了深刻的认识，不用再走弯路。产业空间布局只有贯彻可持续发展原则，才能达到经济效益、社会效益和生态效益的真正统一，实现产业的合理布局。

三、产业空间布局的一般规律

（一）生产力发展水平决定产业空间布局

纵观人类社会不同生产力发展阶段与产业空间布局的关系，我们可以看到，生产力发展是产业空间布局发生量的扩张与质的飞跃的原动力。有什么样的生产力发展水平，就有什么样的产业空间布局条件、内容、形式和特点，这是在任何社会形态下都发挥作用的普遍规律。不论是在哪个国家、地区，也不论是在社会经济发展的哪个阶段，这种规律都可以从产业空间布局的演化中反映出来。农业社会时期，产业空间布局呈现出与生产力水平相适应的分散性，这一时期产业空间布局的地域推进和演变缓慢，部门分工和劳动地域分工直到农业社会后期才逐渐形成。18 世纪末开始的第一次工业革命使人类社会发生了巨大变革，工业开始由沿河流分散的带状分布发展到围绕煤炭产地和交通枢纽等地的集中分布，产业空间布局开始由分散趋向集中。19 世纪末第二次工业革命以后，涌现出了大量新的产业部门，各产业的布局范围得到了显著的扩大，人类利用自然资源的能力大大提高，区位、交通、信息等因素在产业空间布局中的作用大为增加。20 世纪中叶的第三次科技革命大大加快了社会经济的发展，高素质劳动力、快捷便利的交通枢纽成为产业空间布局的重要条件，随着知识经济的发展，产业空间布局开始由高度集中走向适度分散。

（二）劳动地域分工影响产业空间布局

劳动地域分工是各地区之间经济的分工协作。社会经济按比例发展的空间表现形式，是地区布局条件差异性的客观反映。通过劳动地域分工，各地区可以充分发挥各自的比较优势，生产经济效益更高的产品，通过相互之间广泛的商品交换，促进商品经济的广泛发展。农业社会时期，产业空间布局比较分散，部门分工与地域分工也不发达。劳动地域分工的快速发展是在工业革命以后，由于劳动生产率的成倍提高，生产力大大增强，才为分工和专业化发展提供了条件和基础。

地域分工的形成和发展推动着产业空间布局由低级向高级演进和优化。合理的劳动地域分工能充分发挥各地区的资源优势，促进商品流通，形成合理的产业空间布局，取得最好的经济效益。产业空间布局的目的也就在于实现合理的地域分工与交换。遵循劳动地域分工规律，合理地进行地域分工，将始终是推动不同阶段的社会向前发展、不断提高社会劳动生产率、实现产业合理布局的强大手段。

（三）“分散—集中—适度分散”螺旋式演变

在社会分工不发达的产业发展时期，产业空间布局具有明显的分散性；工业革命以后，地区生产专门化的发展使产业空间布局开始由分散向集中转变，使得农业在自然条件优越的地区集中发展，工业集中分布在原料或能源基地、交通枢纽、沿海、沿河地区或大中城市。产业空间布局相对集中所带来的集聚效应非常明显，比如，在大中城市建立专业或综合工业区，不但可以充分利用城市中已有的道路、通信、管线等基础设施，节约厂区工程投资，而且更为重要的是，可以促进工业区内各企业在技术生产中的协作，增加产品间的相互作用，促进劳动生产率和技术水平的提高。然而，随着工业化、城市化的过度集中发展，又出现了集聚成本增加，因此，近年来也伴随出现了产业分散的趋势，经济发展重心由发达地区向次发达地区推进。这是由于工业在城市中的过分集中，出现了一系列弊端，如交通拥挤、环境恶劣，城市中的土地、水、原料、燃料、动力供应严重短缺，这将驱动产业由集中向分散转化。

集中与分散是产业空间布局演变过程中相互交替的两个过程，集中体现了经济活动地域分布的不平衡性，分散则意味着均衡性，二者是矛盾的两个方面。“分散—集中—适度分散”的螺旋式上升、波浪式前进显示了产业空间布局向高级化方向演变的路径。

（四）地区生产专门化与多样化并存

不同国家（或地区）具有不同的自然条件和经济技术水平，这些构成了劳动地域分工的自然基础。一方面，在经济利益的驱动下，各地根据自己的优势进行劳动地域分工，当地域分工达到一定规模时，就形成了地域专门化，出现了专门化生产基地，如景德镇的陶瓷、中关村的计算机、寿光的大棚蔬菜等。专门化在提高产品产量、提高设备利用率和劳动生产率、改进技术、提高产品质量、创造规模经济效益等方面，具有明显的优势。另一方面，产业空间布局专门化的形成和发展也促进了多样化的产生，地区专门化水平提高，对多样化的需求也越高。因为国民经济各部门是一个有机整体，部门之间的经济关系密切，地区专门化的发展需要各部门的大力配合与支持，这就促进了产业空间布局多样化的形成与发展。

（五）地区差异性与非均衡性

由于产业分布受诸多因素的制约，不同地域要素禀赋的差异性决定了产业分布的不均衡性，合理的产业空间布局有助于促进区域间协调发展。

就单个产业部门和企业而言，在特定生产力水平下，总是选择最有利的区位进行布局，以求获得最大的经济利益；就某一地区产业空间布局而言，该地区的自然、社会、经济条件等不可能适合所有的产业发展，有的地区甚至只适合一种产业或一组产业的发展。因此，产业分布不平衡是一个绝对规律。随着生产力的发展，人类也只能使这种不平衡接近相对平衡，使产业空间布局由低级的分散走向集中，再由集中走向适当的分散，使产业分布逐渐扩展，由地区差异趋向接近地区协调。但是，由于产业分布受诸多因素的制约，绝对的平衡是不可能达到的，只能是非均衡的。地区差异性与产业发展非均衡性就成为产业分布的一个重要规律。

专栏9-3

我国战略性新兴产业的空间分布

产业类别	主要分布地域	集聚的生产能力与产业资源
节能环保	长三角地区、珠三角地区、环渤海地区、长江流域	江苏、浙江环保产业规模分别居全国第一、第二位；广东环保产业年收入总额排全国第三，广州、深圳、东莞、佛山4个城市环保产业产值占广东省90%以上；长沙中联环卫是中国最大的环卫环保装备制造企业；重庆是全国三大环保产业基地之一
新一代信息技术	环渤海地区、长三角地区、珠三角地区	北京是全国电子商务应用服务中心，京、津、冀集成电路产量规模占全国的20%；苏、沪、浙集成电路销售额占全国的70%以上，有上海浦东软件园、江苏熊猫软件园等；珠三角集成电路销售额占全国的10%，广州有国家级LED研发基地

续表

产业类别	主要分布地域	集聚的生产能力与产业资源
生物医药	环渤海地区、长三角地区、珠三角地区	国家级生物产业基地环渤海有9家,占全国的53%;长三角有6家,占全国的35%;江苏2010年生物制造产值超2000亿元,为全国第一;广州、深圳集聚全国150多家生物制药企业,生产规模全国领先
高端装备制造	环渤海地区、长三角地区、珠三角地区、中部地区、西部地区	北京拥有大批高端装备制造领军企业,青岛造船、济南智能制造全国领先;上海拥有航空制造示范基地,南京、南通、常州的轨道交通、海洋装备制造领先;广州有国内最大的大中型集装箱船和特种船建造基地;成渝地区有航空装备、卫星应用装备、城市轨道制造基地
新能源	环渤海地区、长三角地区、西北地区、西南地区	30%以上的风电装备制造企业在环渤海地区;60%的光伏、20%以上的风电装备制造企业、近40%的生物质发电装机在长三角地区;多晶硅产能的30%、核电核岛核心设备的50%在四川;90%以上的风电和太阳能光伏发电项目在新疆、内蒙古、甘肃
新材料	环渤海地区、长三角地区、珠三角地区、中部地区、西部地区、东北地区	近50%的新材料基础研究和科研开发工作在北京,纳米、半导体照明、石油化工新型工业化示范基地在天津;上海是基础原材料工业基地和新材料研发制造基地;浙江磁性材料产量占全国总量的60%以上;广州有产值超亿元的新材料企业140多家,并有亚洲最大的塑料改性企业——金发科技,佛山有国家新材料产业基地
新能源汽车	珠三角地区、长春、北京、上海、武汉、重庆	长春一汽能生产各种新能源汽车;北汽集团年产新能源汽车15万辆;东风汽车年产16万辆;上海新能源汽车市场占有率达20%;重庆长安年产10万辆;广汽年产20万辆;深圳年产20万辆,其中比亚迪占大部分

资料来源:《中国战略性新兴产业地图白皮书》。

第四节　产业集聚

本节主要阐明产业空间集聚的形成及其演进,主要包括产业集聚的起源与发展、产业集聚的含义及特征、产业集聚的形成类型及竞争优势。经济发展到一定阶段,产业空间布局就会呈现出区域集聚的态势,即某类产业或某些相互关联的产业逐渐在特定的地理位置相对集中,形成若干个企业和机构的集合。产业集聚是为创造竞争优势而形成的一种产业空间组织形式,其所具有的群体竞争优势和集聚发展的规模效益是其他形式无法比拟的。随着经济全球化的发展,产业集聚已经成为全球性的经济发展潮流,构成当今世界经济的基本空间架构。

一、产业集聚的起源与发展

(一)空间外部性

19世纪末,英国经济学家马歇尔(Alfred Marshall)开创性地研究了产业集聚这一经济现象。他提出了“产业集聚”,即空间外部性的概念。马歇尔从新古典经济学的角度,通过研究工业组织,间接表明了企业为追求外部规模经济而聚集。他认为,外部经济往往能因为许多性质相似的企业集中在特定的地方即“工业地区分布”而获得。马歇尔提出了产业空间集聚的三个基本原因:第一,共享辅助性工业的服务,促进专业化投入和服务的发展;第二,为具有专业化技能的工人提供集中的市场;第三,提供协同创新的环境,使公司从技术溢出中获利。

（二）产业集聚最佳规模论

20 世纪 30 年代,美国区域经济学家埃德加 · M. 胡佛(Edgar Malone Hoover)首次将规模经济区分为三个不同的层次。他认为,任何一种产业都包括如下三个层次:由单个区位单位(工厂、商店)的规模决定的经济;由单个公司(即联合企业体)的规模决定的经济;由该产业在某个区位的集聚体的规模决定的经济。而这些经济各自得以达到最大值的规模,则可以分别看作是区位单位最佳规模、公司最佳规模和集聚最佳规模。同时胡佛认为,外部经济和专业化是产业集聚的主要原因。胡佛的主要贡献在于指出产业集聚存在一个最佳的规模,如果集聚企业太少、集聚规模太小,则达不到集聚能产生的最佳效果;如果集聚企业太多,则可能鉴于某些方面的因素反而使集聚区的整体效应下降。

（三）产业空间理论的兴起

20 世纪七八十年代,在美国、法国、英国、德国、意大利等许多国家和地区产生了一批飞速发展的产业集聚区,产业领域涵盖了电子信息、机械制造,以及包括鞋、针织品等在内的多个领域。斯科特(Scott,1983,1988)应用宏观经济理论探讨了当代生产空间的组织变化,主要集中在灵活的“产业区”或新的“产业空间”,创立了新产业空间理论。在这些新产业区,生产同种类型产品的大量中小型企业集聚在一起,共同发展。这些中小企业之间既竞争又合作,合作的形式不仅有正式的战略联盟、合同契约和投入产出联系,还包括非正式的交流、沟通、接触和面对面的谈话。正是中小企业之间的这种有效的合作网络,产生了一种内生力,促进当地经济迅速增长。

（四）产业集聚创新体系的提出

产业集聚创新理论的研究最早可追溯到马歇尔 1890 年出版的《经济学原理》。他注意到,在产业区域内的企业间相互关系是建立在相互信任、相互依靠和相互合作的基础之上的,这将有利于各种技术及创新思想在企业间的快速传播与应用。他所提出的产业集聚的协同创新环境是马歇尔理论的最大贡献,但是由于时代局限,他未将协同创新环境这一思路充分展开。伦德瓦尔(Lundvall,1992)从新熊彼特主义的观点出发,将创新、技术进步及经济增长和贸易分析结合起来,提出产业集聚的创新体系。新古典经济学家克鲁格曼(Krugman,1991,1995)将空间经济理论应用到产业集聚的研究中,应用不完全竞争经济学、递增收益、路径依赖和累积因果关系等解释产业的空间集聚。波特(Porter,1990,1994)提出了地区竞争力的著名的“钻石模型”,从竞争力的角度来说明产业集聚现象。他提出了“产业群”的概念,特别强调产业集聚对一定地区产业国际竞争力的作用。

二、产业集聚的含义及特征

（一）产业集聚的含义

产业集聚，是指某类产业或某些相互关联的产业逐渐在特定的地理位置相对集中形成若干企业和机构集合的现象。产业集聚的形成既有本地区的历史根源，又经常取决于本地企业之间既竞争又合作的关系集合。产业集聚的核心是企业之间及企业与其他机构之间的联系及互补性，这种关系既有利于规模经济的获得，同时也比垂直一体化的大型企业具有更大的灵活性，而且有利于互动式学习过程的进行，从而加速了创新过程的实现。

（二）产业集聚的基本特征

1. 空间集聚性

空间集聚是产业集聚的外在表现形式，也是其首要的基本特征。绝大多数产业集聚不仅包括专业组件、零部件、机器设备，以及服务供应商、金融机构及其他相关产业的厂商，还包括下游产业的成员（或顾客）、互补性产品制造商、专业化基本架构的供应商，以及其他提供专业化训练的教育、信息、研究和技术支持的机构（如大学、培训机构），此外，还有行业协会及其他支撑机构等。

2. 柔性专业化

单纯的产业在地理上的扎堆并不必然导致合作与竞争关系，聚集的企业是属于同一特定产业或具有直接上下游产业关联或具有密切联系的相关产业的企业。这种带有很强专业分工与合作关系的企业的空间聚集，加上长期所形成的相互信任的产业文化，可以大大减少集群内企业间的不确定性，降低群内企业的交易费用，使区域实现外在规模经济和外在范围经济。因此，产业集聚的另一个显著特征是专业性。同时，集聚又是一种“柔性”生产的地域系统，相对于福特制“刚性”的规模生产模式而言，产业集聚在市场需求量、产品构成和产品设计等方面具有快速变化的适应能力。

3. 社会网络化

产业集聚是一种产业网络体系，这种网络结构包括区内企业与企业之间、企业与地方政府部门之间、企业与各种类型的中介服务组织或企业之间，以及企业员工与员工之间的各种正式和非正式的协作关系网络。正式的网络关系表现为各行业主体之间通过各种合同等形成的关系；非正式的网络关系表现为非合同的、长期交往过程中所形成的相对稳定的关系。对产业竞争力提高尤为有意义的是非正式网络关系，这种网络关系是人们在频繁而广泛的非正式的交流和合作中不经意形成的，是一种社会文化和社会资本，能有效地扩散和传递隐含经验类知识，从而更有效地推动人力资本和知识资本的社会化进程，加速知识、技术、管理创新速度，有效保持和提高区域的竞争力。

4. 文化植根性

植根性来源于经济社会学，其含义是经济行为深深嵌入社会关系中。集聚区内企业不仅仅是地理上靠近，更重要的是，它们具有很强大的本地联系，这种联系不仅是经济上的，还包括政治、社会、文化等各方面的。集聚区内的企业家具有相同或相近的社会文化背景和制度环境，以此为基础，人们在经常的联系、互动过程中所采取的各种行为深深根植于互相所熟悉的圈内语言、背景知识和交易规则中，因而具有可靠性和可预见性。共同的社会文化环境产生信任、理解和相互合作,相互信任和满意成为区内最有价值的资源。

三、产业集聚的形成类型及竞争优势

(一) 产业集聚的形成类型

目前,世界上已有一些具有较大影响力的产业集聚区,如美国硅谷、纽约麦迪逊大道广告业区、麻省生物科技园区、马萨诸塞制鞋区;德国索林根刀具业区、斯图加特机床业区、巴登符腾堡机械业区、纽伦堡制笔业区;印度提若普尔棉织衣物制造业区、班加罗尔电子软件区等。这些产业集聚区的形式多种多样,其形成也没有固定的模式。归纳起来,产业集聚的形成模式主要分为以下几种类型:

1. 区位指向集聚

区位指向集聚是指由区位优势指向而形成的产业集聚区。这类集聚通常是由同一产业或不同产业的众多中小企业组成的,它们充分利用区位优势,如廉价劳动力集中地、信息和技术发达地、原料或燃料集中地、产品的主要市场、交通运输枢纽等,形成各类专业化的小型产业集聚区。

2. 经济联系集聚

经济联系集聚的目的在于加强地区内企业之间的经济联系,为企业发展创造更有利的外部条件。它又分为两种类型:一种是纵向经济联系形成的集聚;另一种是横向经济联系形成的产业集聚。纵向经济联系是指一个企业的投入是另一个企业的产出,这是一种投入产出关联关系。横向经济联系是指那些围绕着地区主导产业与部门形成的产业集群体之间的关系。

(二) 产业集聚的竞争优势

产业集聚形成的根本原因在于集聚效益可以给区域内的企业带来较高的投资回报,不仅如此,集聚区内的企业更容易获得供应商专业化的信息、公共服务,以及有专业化技能和工作经验的雇员,从而获得竞争优势。这是一种由协同效应而获得的竞争优势,主要包括网络优势、成本优势、市场优势、品牌优势、产品优势及创新优势等方面。

1. 网络优势

产品集聚区内核心产业与辅助产业之间、企业与科研机构和行政机构之间,以及各企业之间的关系,介乎市场交易组织与企业科层组织之间,形成一种建立在长期合作基础上的网络结构。它比市场结构稳定,比等级组织灵活,因而被称作“有组织的市场、可调整的企业”。在这种网络体系中,各企业在保持自身独立性的同时,也可以与相关企业建立非常密切的合作关系。企业可以进行技术、管理、制度、文化等各方面的交流。同时政府部门、科研机构与企业密切联系而融合在一起,可以增加灵活性,减少不确定性,使企业更好地适应环境。在长期的合作过程中,有时并不需要以书面形式签订长期合同,只是在生产需要的时候,由下游企业向上游企业下达生产订单,生产企业在这个时候更像一个企业的生产车间,长期合作使许多企业形成的供应链与处于一个企业内部的供应链具有相似的稳定性。虽然卡特尔和托拉斯等联盟的形式也建立了长期的合作关系,而且常常以协议的形式固定下来,但是,这些方式仅以经济上的共同利益为基础。集聚区的长期合作,除了经济利益以外,还存在协作等非经济原因,因此,集聚区的长期合作更巩固、更持久。

2. 成本优势

产业集聚离不开特定的区域内支持系统。这些支持系统由于物质资本和人力资本投资巨大,或者由于支持系统所具有的公共物品(或准公共物品)属性,使得单个企业缺乏投资的动力。因此,一旦形成这样的支持系统,集聚区内的企业就可以较低的分摊成本享有相应的服务,有效降低产品成本。由于产业集聚效益的作用,产品成本在创新效益、网络效益和外部效益的影响下,长期成本曲线大大降低,产业集聚区内的产品的成本大大低于其他区域,取得了低成本优势。如果一个区域可以较快地降低成本,即使它的长期成本曲线在另一个之上,但是由于其成本下降的速度快,因而可以在成本下降的早期取得优势,迅速扩大规模,占有市场。

3. 市场优势

产业集聚的市场优势在于它的产业规模,以及在产业规模的基础上建立起来的专业市场、区域性品牌和开拓国内外市场的整体竞争力。这包括两方面的内容:一方面,产业集聚有利于形成专业市场。产业集聚的发展为在区域内形成专业市场提供了条件,而专业市场的形成又将推动产业的发展。这种专业化的区域市场成为区域经济发展的核心载体。另一方面,产业集聚有利于形成"区域品牌"。"区域品牌"与单个企业品牌相比更形象直接,是众多企业品牌精华的浓缩和提炼,更具有广泛持续的品牌效应,能够带动当地区域经济的发展。

4. 品牌优势

产业集聚优势能够帮助企业创建产品品牌和企业品牌,帮助地区培育和发展区域品牌,产品品牌、企业品牌和区域品牌的发展和传播进一步促进产业集聚的优势升级。品牌的创立往往需要较长时间和较大投入的积累,因此,对单个企业而言,品牌创立的困难多且风险高。

5. 产品优势

同居一地的同类企业,相互之间的竞争更多地依赖非价格因素,比如产品质量、产品的差异化。只有建立在质量基础上的产品差异化,才能满足集群内有经验的擅长"挑剔"的顾客的要求。集群内部的这种产业环境,使集群内的企业更能适应市场环境及其变化,利用产品差异化与市场占有率之间的交互反馈机制,形成市场势力。一方面,已经形成产品差异化的企业具有较大的市场竞争优势,可以拥有较大的市场份额;另一方面,具有较高市场占有率的企业,可以利用自己的规模经济实力,通过研究开发、购买专利、广告宣传、售后服务等进一步扩大产品差异化,形成市场占有率和差异化之间的良性循环。因而集群内的企业通过内在的竞争压力,获得了单个游离企业难以拥有的产品质量和建立在质量基础上的产品差异化优势,往往同时也能获得比产业集中度更高的利润集中度。

6. 创新优势

在创新资源优越、创新系统高效、创新收益明显的地区,人的创新潜能往往能得到更充分的发挥,产业集聚区有助于营造这样一种良好的创新系统和环境。知识中心、核心产业、企业家和创业者、地方政府是构建产业集聚区创新系统的主要因素。知识中心是产业集聚得以长期发展的根本,适宜的创新环境是技术创新能够顺利进行的保障;核心产业是创新能够实现商业化并取得经济利益的载体;企业家和创业者是创新的实施者和组织者;地方政府是制度创新的主体,是政策体系、创新环境的主要构建者。

专栏9-4

我国打造世界级先进制造业集群的政策支持

中央经济工作会议明确了2019年的七大重点工作任务，其中，推动制造业高质量发展位列首位。政府工作报告提出，围绕推动制造业高质量发展，强化工业基础和技术创新能力，促进先进制造业和现代服务业融合发展，加快建设制造强国。

工业和信息化部部长苗圩在《求是》撰文称，制造业是实体经济的主体，制造业的高质量发展关系到经济高质量发展的全局，必须摆在更加突出的位置。"制造业内部存在结构性供需失衡，一些行业产能严重过剩，同时大量关键装备、核心技术和高端产品依然依赖进口。"苗圩指出，要加快处置"僵尸企业"，实施新一轮重大技术改造升级工程，大力培育发展新能源汽车、新材料、人工智能等新兴产业，打造一批世界级先进制造业集群。

制造业高质量发展顶层设计和系列重磅政策加速落地，着力培育发展先进制造业，地方已经在加快布局。例如，广东省提出在电子信息、绿色石化、汽车、智能家电、机器人五方面打造世界先进制造业产业集群。上海市提出，全力打造汽车、电子信息两个世界级产业集群，积极培育民用航空、生物医药、高端装备、绿色化工四个世界级产业集群。安徽省提出，实施国际先进制造业集群培育工程，打造具有国际影响力的集成电路、新型显示、工业机器人、新能源汽车、高端装备、智能家电等先进制造业集群。江苏省提出，健全建强工业互联网平台体系，推动全省制造业数字化、网络化、智能化发展，2020年前，江苏省将打造100个工业互联网标杆工厂，培树"灯塔"型样板。

资料来源：《经济参考报》。

本章提要

1. 产业空间布局是指产业在一国(或地区)范围内的空间组合。合理的产业空间布局有利于发挥地区优势，充分利用资源，进而有利于取得良好的经济、社会和生态效益，产业空间布局是关乎长远发展的重大战略问题。

2. 区位理论是产业空间布局理论的基本核心，其产生、发展与社会分工和经济发展紧密相关，迄今为止，已经历了古典、近代、现代三个发展阶段。

3. 古典区位理论主要以德国经济学家杜能创立的农业区位论和韦伯创立的工业区位论为代表。这两种理论，均是立足于单一的企业或中心，着眼于成本、运费最省，不考虑市场消费因素和产品销售问题。因此，古典区位理论常常被划分为西方区位理论的成本学派。

4. 近代区位理论主要以费特的贸易区边界区位理论、克里斯泰勒的中心地理论和廖什的市场区位理论为代表。近代区位理论逐步从古典区位论立足于单一的企业或工厂转变为立足于城市或地区，由着眼于成本、运费最省发展为追求市场最大。

5. 现代区位理论主要有成本—市场学派理论、行为学派理论、社会学派理论、历史学派理论和计量学派理论等。

6. 影响产业空间布局的因素主要包括地理位置、自然因素、社会因素、政治经济因素、科学技术因素等。其中,社会因素主要有人口因素、历史因素等;政治因素主要有宏观调控、市场条件、国际政治条件、价格和税收等。

7. 产业空间布局的总体目标是实现产业的合理布局和经济资源在空间上的有效配置。产业空间布局要坚持全局性、经济效益、分工协作、比较优势、集中与分散相结合,以及可持续发展等基本原则。

8. 产业空间布局一般规律包括生产力发展水平决定产业空间布局、劳动地域分工影响产业空间布局、"分散—集中—适度分散"螺旋式演变、地区生产专门化与多样化并存、地区差异性与非均衡性。

9. 产业集聚是为创造竞争优势而形成的一种产业空间组织形式,其所具有的群体竞争优势和集聚发展的规模效益是其他形式无法比拟的。主要的产业集聚理论包括:马歇尔的空间外部性、胡佛的产业集聚最佳规模论等。斯科特、马歇尔、伦德瓦尔、克鲁格曼、波特等经济学家推动了产业空间理论的兴起,进一步提出产业集聚创新体系。

10. 产业集聚,也称产业集群或企业集群,是某类产业或某些相互关联的产业逐渐在特定的地理位置相对集中形成若干企业和机构集合的现象。产业集聚主要表现为空间集聚性、柔性专业化、社会网络化、文化植根性等基本特征。

重要术语

产业空间布局;产业集聚;农业区位理论;工业区位理论;贸易区边界区位理论;中心地理论;市场区位理论;成本—市场学派理论;行为学派理论;社会学派理论;历史学派理论;计量学派理论;绝对成本理论;比较成本理论;生产要素禀赋理论;技术差距理论;产品生命周期理论;"中心—外围"理论;马歇尔的空间外部性;产业集聚最佳规模论

思考题

1. 产业空间布局理论中的区位理论的产生与发展经历了古典、近代、现代三个发展阶段。各阶段的特征及代表理论有哪些?
2. 区域分工协作理论对产业空间布局有什么指导作用?其主要包括哪些理论?
3. 影响产业空间布局的基本因素有哪些?
4. 产业集聚的基本理论有哪些?主要内容是什么?
5. 产业集聚的含义是什么?其基本特征有哪些?
6. 产业集聚有哪些基本类型?
7. 产业集聚获得的竞争优势主要体现在哪些方面?

第三篇

发展与支撑

第十章 产业发展

本章主要论述产业发展的内涵、产业发展的影响因素、产业发展的模式与理论、产业生命周期理论,产业发展的集群化、融合化、生态化、服务化趋势,以及新兴产业的成长。产业发展与经济发展相类似,是一个不以人们意志为转移的从低级向高级不断演进的客观历史过程,研究并揭示这一客观历史过程的规律性,是产业经济学的重要内容。只有通过研究产业发展过程,把握产业形成与发展的动态演变规律,才能够更好地制定产业发展政策,推动产业的发展和升级。

第一节 产业发展概述

本节阐述产业发展的相关概念、产业发展的影响因素,以及产业发展的模式与理论。产业发展是指产业的产生、成长和演进。产业发展的影响因素主要包括技术创新、需求的变化、供给的变化、政府的产业政策等。国民经济的进化过程,可以用产业或经济发展模式理论来描述。

一、产业发展的相关概念

(一) 发展的含义

"发展"(development)是现代经济学中的核心概念。发展概念的内涵经过了半个世纪的演变和深化:20 世纪 50 年代一般把"发展"等同于经济增长;60 年代则认为发展包含增长和结构变化;70 年代转到强调贫困、失业和分配不公问题的改善;80 年代把注意力转到环境与可持续发展;进入 90 年代,发展的内涵大大拓宽了,它不仅包括经济增长、就业、收入分配、环境的改善,还包括政治、文化和社会等非经济因素的改进。

(二) 产业发展的内涵

产业发展是指产业的产生、成长和演进。产业发展的内容,既包括单个产业的进化,又包括产业整体的演进;既包括产业类型、产业结构、产业关联、产业布局的演进,又包括产业组织的变化、产业规模的扩大、技术的进步、效益的提高。产业发展的过程,既是单个具体产业的产生、成长、繁荣、衰亡,或某类产业的产生、成长、不断现代化的过程;也指产业总体的各个方面不断由不合理走向合理、由不成熟走向成熟、由不协调走向协调、由低级走向高级的过程,也就是产业结构优化、主导产业分阶段转化、产业布局合理化、产业组织合理化的过程。产业发展的状况是产业类型变化、产业结构演进、产业布局变动、产业组织演变综合作用的结果。

经济发展包括产业发展,产业发展则是经济发展的必要条件、关键因素和强大动力,产业发展的状况直接决定整个国民经济发展的状况。因此,研究产业发展对促进国民经济的发展具有重大意义。

产业发展不同于产业增长,产业增长主要是指产业生产能力、经济潜力的增加,或者是指从产出角度来看的产业量的增长;产业发展则包括更广泛、更深刻的内涵。产业发展水平可以从四个方面进行评价:第一,产业的增长,具体指标可以是多样的,如产业综合生产能力指数、产业产品指数、收入的增长指数等。第二,产业的均衡发展,一方面是产业部门间的均衡发展;另一方面是产业发展的稳定性,即从时间序列的产业波动性评价产业的均衡发展程度。第三,产业的协调发展,主要在于评价产业部门、产业要素在产业发展中协调一致的程度。若协调性差,则产业间发展过程中的诸要素会相互拖滞,部门间发展联系将被扭曲甚至切断,从而阻碍产业整体发展进步。第四,发展的效率,实质上是要考察产业发展的质量和效果。这四个方面概要刻画了一定时期某个国家的产业发展状况。

产业发展包含产业增长,而产业增长只是产业发展集合中的一个子集。产业发展与产业增长既有联系,又有区别,产业增长是产业发展的前提。产业发展首先是产业产出的增加,它不等于产业增长,但包含产业增长,没有增长就必然没有发展。因此,区别产业增长与产业发展两个概念十分必要。

第一,区别产业增长与产业发展的概念,有利于经济稳定增长和产业均衡协调发展。如果对产业增长和产业发展的概念混淆不清,很容易导致人们片面追求增长速度,忽视国民经济各部门间的平衡协调发展关系,造成基础产业部门发展滞后,最终迫使经济发展降速。因此,必须明确增长不等于发展,不能做有增长无发展的事情。

第二,区别产业增长与产业发展的概念,有利于产业结构合理化和高级化。如果对产业发展的全面性、系统性认识不足,偏向以产值、速度为特征的产业增长,片面追求增长的高速度,必然带来产业结构不尽合理的后果。如果从产业发展的全面性出发,坚持适当的速度和结构均衡,在产业发展中注意各产业间及各产业内部的均衡协调,使产业结构合理化、高级化,则更有利于提高产业增长的质量。

当然,要想求得产业发展,首先必须求得产业增长,并应使增长达到一定的速度和规模,没有增长这个前提和先导,发展的各个方面将失去基础。因此,产业增长在产业发展中居于十分重要的地位。

二、产业发展的影响因素

从理论上来说,影响产业发展的因素很多,主要包括技术创新、需求的变化、供给的变化、政府的产业政策等。其中,技术创新是影响产业发展的根本动力。按照经济学家熊彼特的观点,创新是引入一种新的生产函数,以提高社会潜在的产出能力。技术创新是产业发展的强大推动力,其对产业发展既有直接影响,也有间接影响。技术创新对产业发展的直接影响表现在:突破性创新往往带来了巨大的技术变革与进步,衍生了新兴产业,促进了产业发展;渐进性创新引发了传统产业的转型升级,提高了产业发展的结构与质量。技术创新对产业发展的间接影响主要表现在:技术创新带来了新的市场需求、新的产业,新的产业满足了生产和生活中潜在的和更高层次的需求,这种旺盛的需求又刺激了新产业的扩张;技术创新能改进资源供给状况、资本供给状况、劳动力供给状况,进而促进产业发展。

此外,影响产业发展的因素中,需求变化的因素又包括消费者收入的变化、人口规模和人口结构的变化、消费者需求偏好的变化、国际贸易的影响等;而影响产业发展的供给变化的因素主要有自然资源、人力资源、财务资源等;影响产业发展的政府政策因素主要有财政政策、金融政策、行政措施、法律规范等。在上述影响因素中,技术创新是根本动力,它会引发新兴产业的出现,传统产业的分化、升级,甚至夕阳产业被替代等现象;需求的扩大和多样化是产业发展的直接拉动力,满足人类不断增长的产品和服务需求是产业发展的直接动力;而政府的政策主要通过鼓励或抑制对产业发展产生影响;外部环境,如文化和社会环境、价值观和经济发展模式、国际局势和全球化发展等都能对产业发展产生影响与作用。

同时,我们应该看到,21 世纪可能存在一些阻碍全球产业发展的因素:首先是劳动力配置失衡问题。老龄化、国际劳动标准、工资刚性化、失业率高升、人力资源数量与质量的增长等,在要素流动的自由化趋势下,可能会进一步加剧劳动力配置失衡问题的严重性,进而影响全球产业发展的趋向。其次是金融经济问题。产业经济的健全发展必须以实体经济为基础,并发挥好金融经济的作用,但近年来频繁爆发的世界经济和金融危机,已经警示我们:过度脱离实体经济的金融活动可能会危及实体经济的根基,冲击产业的发展。再次是资源与环境问题。全球范围的气候变化、水资源短缺、雨林破坏、环境污染、废弃物处理等都可能成为产业发展的障碍,但也可能是产业发展转型的一次机遇。最后是政治社会不稳定。国际经济社会的贫富差距、文化差异、种族矛盾、政治主权观念、价值观与信仰的分歧等,都可能对未来全球产业发展产生重要的影响。

三、产业发展的模式与理论

对于产业总体,我们可以用产业或经济发展模式理论来描述整个国民经济的进化过程。这里主要介绍以下三种比较典型的经济发展模式理论:

(一)二元经济发展模式论

刘易斯在其 1954 年发表的论文《劳动无限供给下的经济发展》中,提出了二元经济发展模式。刘易斯认为,发展中国家普遍存在着以现代工业部门为代表的弱小的资本主义部门和以传统农业部门为代表的强大的非资本主义部门,即发展中国家的经济是二元经济。基于这一特点,发展中国家应通过扩张工业部门来吸收农业中的过剩劳动力,从而促进工业的增长和发展,以便消除工农之间及工农业内部的各种结构失衡问题。刘易斯将经济发展过程分为两个阶段:在第一个阶段,由于工业资本不多,无力吸收全部剩余劳动力,因此无论对劳动力的需求如何扩大,总能在不变的低工资水平上源源不断地得到劳动力供给。这样,工业总产值中利润部分的增长速度将大大超过工资部分的增长速度,于是出现第一个资本加速积累和迅速吸收农业剩余劳动力的增长时期,直至剩余劳动力被吸纳完毕。此后,经济发展进入第二个阶段。在第二个阶段,由于劳动力也像其他生产要素一样是稀缺的,而不再是无限供给的,因此工资水平也不再是固定不变的了。经济发展的成果、利益等开始在两个部门之间,以及资本家和工人之间进行分配。

刘易斯模式存在两个缺陷:一是不重视农业在促进工业增长方面的重要性,造成农业的停滞;二是忽视了因农业生产率的提高而出现剩余产品。农业生产效率的提高应是农业中的劳动力向工业流动的先决条件,否则工业中吸收的来自农业的劳动力就没有口粮和其他农业产品的供应。二元经济发展模式既简单明了,又与西方国家经济发展的历史经验大体一致，而且也基本反映了发展中国家经济发展过程中工农、城乡对立运动和人口流动与城市化的一些客观规律。

（二）罗斯托的经济成长阶段论

1960 年，美国经济学家华尔特·惠特曼·罗斯托（Walt Whitman Rostow）在《经济成长的阶段》中提出了“经济成长阶段论”，他将一个国家的经济发展过程分为五个阶段。1971 年，他在《政治和成长阶段》中增加了经济发展的第六个阶段。这六个阶段依次是传统社会阶段、准备起飞阶段、起飞阶段、走向成熟阶段、大众消费阶段和超越大众消费阶段。

1. 传统社会阶段

传统社会是在生产功能有限的情况下发展起来的，是围绕生存而展开的经济，而且通常都是封闭或孤立的经济，生产活动中采用的技术是牛顿时代以前的技术，看待物质世界的方式也是牛顿时代以前的方式，社会似乎对现代化毫无兴趣。非洲撒哈拉沙漠地区的一些国家至今还处在这一发展阶段。

2. 准备起飞阶段

这一阶段是摆脱贫穷落后走向繁荣富强的准备阶段，它的特征是社会开始考虑经济改革的问题，希望通过现代化来增强国力并改善人民的生活。准备起飞阶段的一个重要任务是经济体制改革，为发展创造条件。这一阶段的主导产业通常是第一产业或劳动密集型的制造业，要解决的关键难题是获得发展所需要的资金。

3. 起飞阶段

这是经济由落后阶段向先进阶段的过渡时期。罗斯托认为，经济起飞必须具备 4 个条件：① 生产性投资率提高，占国民收入的比例提高到 10% 以上。② 经济中出现一个或几个具有很高成长率的领先部门。③ 发明和革新十分活跃，生产过程吸收了科学技术所蕴藏的力量。④ 适宜的政治、社会和文化风俗环境。在起飞阶段，随着农业劳动生产率的提高，大量的劳动力从第一产业转移到制造业，外国投资明显增加，以一些快速成长的产业为基础，国家出现了若干区域性的增长极。起飞阶段完成的标志是国家在国际贸易中的比较优势从农业出口转向了劳动密集型产品的出口，如大量的服装、鞋、玩具、小工艺品和标准化的家电产品。一些主要资本主义国家经历起飞阶段的时期如下：英国 1783—1802 年，法国 1830—1860 年，美国 1843—1860 年，德国 1850—1873 年，日本 1878—1900 年。中国则在 1977—1987 年实现了起飞。

4. 走向成熟阶段

这是一个社会已把现代化的技术有效地应用到它的大部分产业的时期。在这一阶段，国家的产业及出口的产品开始多样化，高附加值的出口产业不断增多，厂家和消费者热衷新的技术和产品，投资的重点从劳动密集型产业转向资本密集型产业，国民福利、交通和通信设施显著改善，经济增长惠及整个社会，企业开始向国外投资，一些经济增长极开始转变为技术创新极。几个主要的资本主义国家进入成熟阶段的时间如下：英国 1850 年、美国 1900 年，德国 1910 年，日本 1940 年。中国目前也已经进入这一发展阶段。

5. 大众消费阶段

在这一阶段，主要的经济部门从制造业转向服务业，奢侈品消费向上攀升，生产者和消费者都开始大量利用高科技的成果。人们在休闲、教育、保健、国家安全、社会保障项目上的花费增加，而且开始欢迎外国产品进入。目前主要的发达国家都已进入这一发展阶段。

6. 超越大众消费阶段

罗斯托对大众消费阶段以后的社会并没有一个清晰的概念,不过他认为该阶段的主要目标是提高生活质量。随着这个阶段的到来,一些长期困扰社会的“老大难”问题有望逐步得到解决。

罗斯托的经济成长阶段论是在考察了世界经济发展的历史后提出的,它正确地强调了国际贸易对一国经济发展的重要性,对落后国家追赶先进国家具有重要的指导意义,所以是一种重要的现代化理论。在罗斯托的经济成长阶段论中,第三阶段即起飞阶段与生产方式的急剧变革联系在一起,意味着工业化和经济发展的开始,在所有阶段中是最关键的阶段,是经济摆脱不发达状态的分水岭。罗斯托对这一阶段的分析也最透彻,因此罗斯托的理论也被人们叫作起飞理论。

(三)平衡与不平衡增长理论

20 世纪 50 年代中期,西方发展经济学界曾产生过一场关于发展中国家应采取平衡增长还是不平衡增长的争论,即认为各种产业能按同样比例增长的“平衡增长理论”和强调由于某特定的重点产业而引起其他产业增长的“不平衡增长理论”。

主张平衡增长的主要有罗森斯坦—罗丹(Rosenstein Rodan)、纳克斯(Nurkse)、刘易斯(A. Lewis)等。他们认为资本形成的不充分是经济发展的约束条件,影响资本形成的主要因素不是储蓄的供给不足,而是投资有效需求的欠缺。纳克斯说:“困难首先在于,低实际收入水平下不可避免地会出现需求缺少弹性。就是这样,购买力的缺少会束缚任何个别工业的投资引诱。”因此,这些学者主张按消费者的偏好平衡地增加生产,对各种产业部门同步投入资本,通过各产业部门的平衡增长形成具有互补性质的国内市场和足够的投资引诱。他认为,“只有广泛范围的消费品,按照消费者偏好模式,平衡地增长生产,才会创造它自己的需求,发展中国家的经济才会实现持续稳定的增长。”对平衡增长理论的一个主要批评是,它没有抓住发展中国家经济发展的基本障碍,即各种资源的短缺。平衡增长的批评者并不否认大规模投资规划和互补活动的扩张的重要性,他们的论点是:在资源不足,特别是缺少资本、企业家和决策者的条件下,争取平衡增长就不能对资源自发动员提供足够刺激,也难以产生行政投资。如果实行计划,则肯定不能有效地进行决策。

不平衡增长理论的主要代表人物有赫希曼(A. Hirshman)、斯特里顿、罗斯托等。赫希曼认为束缚经济发展的首要因素是决策能力或企业家才干。他批评平衡增长理论者为了强调国民经济各部门的均衡发展和各项产品的广大市场的全面形成,而过低估计了建设项目可能迟迟难以建成、建成之后生产又缺乏效率的情况。从产业关联度的概念出发,他主张不要同时发展各项产业,而应当集中力量发展那些关联效应比较大的产业部门,以它们为动力逐步扩大对其他部门产业的投资。这样,发展中国家会发展得比平衡增长时更快。他认为,在不同增长率的产业部门之间,由于投入—产出关系,某一部门的增长对其他部门产生一种压力,以诱导其他部门的增长。因此,经济增长的过程通常是由一个或数个“增长中心”逐渐向其他产业部门传导,即由主导部门向从属部门、一个行业向另一个行业、一个厂家向另一个厂家传递开来的。这种跷跷板式的不平衡前进,较之各行业齐头并进的平衡增长的好处是给投资者带来相当可观的机会,并由此利用不发达国家稀缺的资源。总之,“发展是一条不平衡的链条”,平衡的恢复是压力、诱导和强制的结果,走向经济发展的有效道路必然是有点无序的,且布满技术、设备、劳务和产品的瓶颈与短缺。斯特里顿认为,尽管有效需求不足是投资的重要障碍,但纳克斯等所提出的产量同时扩大的平衡增长并不是消除这种障碍的最好办法。由于消费者的偏好是不断变化的,人们的需求中存在"欲望合成代谢",即某些基本欲望一旦满足后,就会产生新欲望,而这个过程是不定向的,因此,投资应该集中,而不应该分散。

第二节 产业生命周期理论

本节解释了产业生命周期理论的产生和发展、一般形态、识别指标与方法、产业生命周期与产品、企业生命周期进行阐述。如同生命体一样,产业也具有生命周期,它要经历形成期、成长期、成熟期和衰退期。产业生命周期是产业发展内外部因素综合作用的结果,对一个地区或国家产业发展具有重要的影响。

产业生命周期理论源于市场营销学的产品生命周期理论,是 20 世纪 80 年代以后才逐步兴起的。产业生命周期理论与产品生命周期理论有区别,但产品生命周期理论的许多研究成果可以为产业生命周期理论所借鉴。

一、产业生命周期理论的产生和发展

产业生命周期理论很早就被许多经济学家所认识。例如,著名经济学家库兹涅茨(Kuznets)用逻辑曲线和龚柏兹(Gompertz)曲线拟合了几十条不同部门的产量和产品价格的长期趋势线,证明了产业增长减速或多或少是有规则的;亚瑟·伯恩斯发现,每个产业的增长百分率随产业年龄的增加而趋于下降;范·杜因曾发现,一个产业在达到成熟阶段以前呈 S 形增长模式。但是,对产业生命周期理论进行系统研究,是 20 世纪 80 年代以后在产品生命周期理论的基础上展开的。

产品生命周期理论是美国哈佛大学教授弗农(Raymond Vernon)提出的,这一理论既可以用来解释产品的国际贸易问题,也可以用来解释对外直接投资。弗农认为,产品生命周期的第一阶段是创新阶段或称为新产品阶段。在这个阶段,由于创新国垄断着新产品的生产技术,因此,尽管价格偏高也有需求,产品的需求价格弹性很低,生产成本的差异对公司生产区位的选择影响不大,这时最有利的安排就是在国内生产,并通过出口满足国外市场的需要。第二阶段是产品成熟阶段。这时产品的生产技术基本稳定,市场上出现了仿制者和竞争者,产品的需求价格弹性增大,降低成本成了竞争的关键。这时由于国外劳动力成本低于创新国,同时为了避开关税壁垒,创新国企业开始进行对外直接投资,在国外建立子公司进行生产。投资地区一般是那些收入水平和技术水平与创新国相似,但劳动力成本低于创新国的地区,如美国公司对欧洲的直接投资。第三阶段是产品的标准化生产阶段。在这一阶段,价格竞争显得更为重要,因为产品的生产技术已经普及,而且创新国的优势也已丧失,此时只能将生产进行转移。一般情况下,企业都将生产向低收入、低成本国家和地区转移,产品返销到跨国公司母国或其他国外市场,发达国家逐渐放弃该产品而转向开发更新的产品,从而开始新一轮产品生命周期的循环。弗农的产品生命周期理论具有较强的适应性和广泛的影响力,是早期影响最大的产品生命周期理论,对产业生命周期研究具有开创性意义。其后,迈克尔·波特进一步指出,这三个阶段分别代表了国际产业竞争中创新驱动型、投资驱动型和要素驱动型这三种基本形

式。1975 年和 1978 年，美国哈佛大学的阿柏纳西(N. Abernathy)和麻省理工学院的厄特巴克(Jame M. Utterback)在大量案例研究的基础上，提出了基于技术创新的产品生命周期理论，即 A－U 模型。他们根据产出增长率将产品生命周期划分为不稳定阶段、转换阶段和稳定阶段。在不稳定阶段，产品创新以巨变而非渐进的形式出现的比例很高。新的技术常常是粗糙、昂贵和不可靠的，产品、市场的变化最为频繁。在转化阶段，趋向于主导产品设计和大批量生产，加剧了价格竞争、产品性能竞争，导致了生产工艺的彻底变革，生产成本大幅度降低。在稳定阶段，为了生产出高度标准的产品，生产流程越来越自动化、集约化、系统化、专业化。A－U 模型解释了以产品变化为中心的创新分布，向产业生命周期理论的建立迈出了坚实的一步。

1982 年，高特(Gort)和克莱珀(Klepper)在对 46 个产品最多长达 73 年的时间序列数据进行分析的基础上，按产业中的厂商数目对产品生命周期进行划分，即引入、大量进入、稳定、大量退出和成熟五个阶段，从而建立了产业经济学意义上第一个产业生命周期模型，即 G－K 模型。他们认为，大量进入源于来自外部的产品创新，大量退出是由于价格战、外部创新减少和通过“干中学”方式所引起的激烈竞争，最后一个阶段为产业成熟期，直到有重大技术变动或重大需求变动产生，开始新一轮生命周期。G－K 模型的突出贡献在于强调了产业生命周期阶段对创新的特征、重要性和来源的重大影响。

1990 年，克莱珀(Klepper)和格莱迪(Graddy)对 G－K 模型进一步加以发展。他们按厂商数目重新将产业生命周期划分为成长、淘汰和稳定三个阶段。他们的研究表明，在淘汰阶段，产业的产出仍会有较大的增长。他们假定进入量主要由潜在进入者数量决定，而潜在进入者数量又由价格成本边际决定；假定整个竞争过程中价格随成本的下降而下降，价格成本边际呈递减趋势。因此，潜在进入者数量和实际进入者数量亦呈递减趋势。这样，起源于重大但尚不完善的技术创新的产业会吸引一系列的潜在进入者，进入者会携带产品创新或过程创新。产品创新会很快扩散，过程创新会把成本降低到当时所能达到的最低程度。随着时间的推移，进入者越来越少，而成本竞争导致的退出会越来越多。在整个产业发展的过程中，需求增长的停滞不再成为淘汰发生的必要条件，而过程创新所产生的成本竞争效应，是厂商退出的主要因素。潜在进入者、产品创新的扩散速度，以及在位厂商过程创新的成功率等都是决定产业发展状况的重要变量。

1996 年，阿加瓦(Agarwal)和高特(Gort)又沿着另一条路径对 G－K 模型进行了发展。他们对产业生命周期的划分与 G－K 模型相似，但在阶段长度上有所不同。然后，他们引入危险率，研究了产业生命周期阶段性对厂商进入与退出的综合影响。分析结果表明，危险率与厂商“年龄”成反比，早期进入者的危险率在淘汰发生时开始上升，而所有厂商在淘汰阶段的危险率均较高，在最后阶段所有厂商的危险率均上升。他们着重强调产业生命周期阶段和厂商年龄对厂商存活的影响。

1999 年，克莱柏通过对四个产业的案例研究，提出了技术效率存活的寡头进化理论。该理论建立在创新回报动态递增的基础上。一方面，创新主要产生成本降低和质量提高的效果，这更有利于大厂商；另一方面，厂商进入前的相关经历也会对进入后的绩效产生重大影响。在早期，厂商进入和产业产出同步上升，最终导致单位价格下降，获利减少。结果导致对进入者创新能力的要求不断提升，直至没有厂商愿意进入。这样，最早的进入者具有最大的创新效率，成长为最大的厂商，进行最多的创新，从而具有最强的竞争优势，甚至在进入停滞阶段后，最早进入的大厂商不断扩张也会挤出无效者和后进入者。这样做的结果，不但会淘汰一些厂商，而且会导致寡头市场形态的出现。

二、产业生命周期的一般形态

产业如同生命体一样，它的规模和盈利能力并不是固定不变的，而是随着时间的推移发生变化，存在着从成长到衰退的生命周期。所谓产业生命周期，是指某个产业在市场上产生到衰退的时间周期。

一般认为，产业生命周期显示为发展历史中的不同阶段，即形成期、成长期、成熟期和衰退期（或蜕变期）。形成期是指某个产业产生以后要素投入、产出规模和市场需求缓慢增长的时期；成长期是指某个产业的要素投入、产出规模进入快速增长的时期；成熟期是指要素投入和产出增长趋缓甚至出现一定程度的下降，但整个产业投入产出水平仍然保持较大规模的时期；衰退期是指某个产业的要素开始趋于退出，产出规模和市场需求下降趋势日益增强的时期。在衰退期，如果出现了重大的技术变革，该产业就可能结束衰退期，开始新的产业生命周期。产业生命周期各个阶段的时间长短，依产业的不同性质和功能而不同，在不同的国家也会有所不同。

产业生命周期的一般形态可以描述为 S 形曲线，如图 10-1 所示（图中虚线代表蜕变期）。

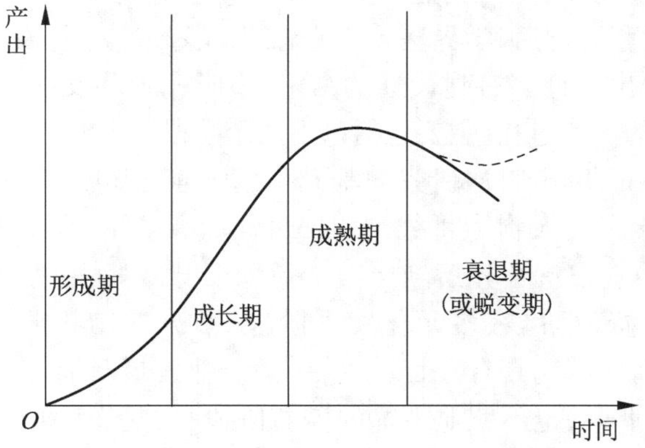

图 10-1　产业生命周期的形态

产业的生命周期要明确以下几点：

第一，产业的发展呈现出有规律的阶段性，不能保持永久的繁荣。

第二，在产业生命周期的不同阶段，要素投入、产出规模和市场需求的发展变化不同，利润率有升有降。

第三，产业生命周期的各个阶段是紧密相连的，前一个阶段为下一个阶段奠定基础，下一个阶段又是上一个阶段的必然延伸。产业只有正常形成才能为产业的成长、成熟创造基础条件。产业成长不正常，出现成长过度或成长不足都会导致产业早熟或早衰现象。因此，产业应当在每个阶段正常进行，充分经历每个阶段。

第四，产业经过生命周期的各个阶段，还必须在每个阶段实现合理及时的转换。当然，合理及时的转换必须主要依靠市场机制。

根据涉及范围的不同,产业生命周期可以分为国内产业生命周期和国际产业生命周期。前者是着眼于一个国家或地区内部产业要素投入、产出规模和市场需求的变化,后者着眼于全球范围内产业要素投入、产出规模和市场需求。国内产业生命周期和国际产业生命周期是相互联系的,国内产业生命周期受国际要素流动、技术扩散和国际市场需求的影响,国际产业生命周期又是各个国家和地区产业发展的总和。但是,一个国家或地区某个产业生命周期处于衰退期,不等于国际产业生命周期也处于衰退期。这是因为一个国家或地区某个产业的衰退,还可能转移到另一个国家或地区去发展。一个产业在世界不同国家或地区以不同的速率发展。接受产业转移的国家或地区,该产业的形成期一般比较短,会比较快地进入成长期,但该产业进入成熟期或衰退期后又会进一步转移到另一个国家或地区去发展。

三、企业生命周期理论

马歇尔指出:“一个产业就像一片森林,大大小小的企业犹如森林中参差不齐的树木,都有生存和发展的机会,也有凋零枯萎的命运。”企业具有从低级到高级、由幼稚到成熟的发展规律,经历出生、成长、成熟和衰退的发展阶段,每个阶段紧密相连,构成企业完整的生命变化过程,即企业的生命周期。

企业生命周期的提出最早出现于20世纪50年代。Haire(1959)首次用生物学中的生命周期观点来研究企业问题,认为企业的成长路径符合生物成长曲线,经历由诞生、成长、成熟、衰退至死亡的过程。此后,学界基于这一思想广泛研究企业发展问题,并从不同视角进行了拓展和深化,得出了许多有建设性的结论,不断完善和发展企业生命周期理论。纵观企业生命周期理论的演化过程,主要包括以下两个阶段:

(1)萌芽阶段。在Haire首次研究的基础上,20世纪60年代起,学者们开始分析企业生命周期的特征,代表性人物为哥德纳(Gardner)。Gardner(1962)在对大量企业发展历程的观察中发现,企业发展会先后经历四个平稳上升阶段:初始扩张和资源积累阶段、职能集权与合理配置资源阶段、多元化发展阶段、多分部结构阶段。Gardner(1965)认为,企业与生物生命周期相比具有其特殊性,一是企业发展具有不可预期性,发展过程中可能会出现既不明显上升,也不明显下降的停滞阶段;二是企业可以通过变革实现再生,重新开启一个新的周期。Greiner(1972)研究认为,企业生命周期同样可划分为多个阶段。此后,Scott(1973)、Mintzberg(1979)在Greiner的研究基础上展开了更为深入的分析。

(2)模型提出阶段。这一阶段,学者们在对企业生命周期理论研究的基础上提出了企业成长模型,开始注重用模型来解释和分析企业成长路径。Kimberly(1981)认为,企业生命周期反映的是企业发展演进过程,遵循可预期的发展形态。Quinn 和 Cameron(1983)归纳出企业成长的一般模型:由少数管理者控制、缺乏协调的创业期,高度组织承诺、略有协调的集体期,讲求效率、组织稳定的控制期,拓宽业务、分权治理的细分期。Adizes(1989)把企业成长程分为孕育期、婴儿期、学步期、青春期、盛年期、稳定期、贵族期、官僚初期、官僚期和死亡期十个阶段,认为企业成长的每个阶段都可以通过灵活性和可控性两个指标来体现,企业初建时灵活性强、可控性差,企业老化后控制力强、灵活性弱。事实上,真正明确和提出研究企业生命周期重要性的学者是爱迪思,其代表性著作《企业生命周期》奠定了其在该领域中的核心地位。

四、产业生命周期与产品、企业生命周期的关系

产业是一个介于宏观和微观之间的概念，从产出看是同类产品及其可替代产品的集合，从生产看又是生产这些产品的企业的集合。因此，产业经济学所研究的产业生命周期理论必然与市场营销学研究的产品生命周期，以及企业管理学研究的企业生命周期理论存在着密切联系。

（一）产品生命周期

产业生命周期源于产品生命周期理论，是在20世纪80年代以后借鉴产品生命周期理论的基础上逐步发展起来的。市场营销理论表明，产品生命周期是指产品最初进入市场到最终退出市场的时间周期，一般经过进入期、成长期、成熟期、衰退期四个发展阶段，在图形上也表现为一条S形曲线。

第一阶段：进入期，产品刚进入市场，成本价格较高，销售量低，利润少。

第二阶段：成长期，市场逐步打开，销售量和利润明显上升。

第三阶段：成熟期，产品成本和销售价格下降，规模经济形成，产品被熟知和接受，销售量和利润逐步达到最大。

第四阶段：衰退期，各种原因导致市场需求量大幅下降甚至消失，产品最终退出市场。

（二）企业生命周期

在企业管理理论中，国内有不少学者认为企业发展也有生命周期，并把它分为创业期、成长期、成熟期和衰退期等阶段。

创业期的企业就是诞生的新企业，这一时期产品品种单一、产量低、产品质量不稳定，市场占有率低，成本高，管理水平低。

成长期的企业的典型特征是产品拥有市场，企业规模迅速扩大，管理开始规范化，有一定的创新和核心竞争能力。

成熟期是一个企业最辉煌的时期，企业规模、销售量、利润、市场占有率、研发能力、社会认可度都达到了最佳状态。

在企业衰退时期，设备工艺落后，产品更新慢，市场占有率下降，管理困难，销售和利润大幅度下降，财务状况恶化。

（三）产业生命周期与产品生命周期

产业生命周期虽然是在产品生命周期理论基础上发展起来的，但两者并不是同一概念，而是有区别的。

首先，两者研究的出发点和目的不同。产业生命周期理论研究的出发点是产品的集合，目的是揭示产业发展和运行的规律，为制定产业政策服务；产品生命周期理论研究的出发点是企业的产品，目的是揭示产品市场如何进行营销管理，以便为制定企业发展战略服务。

其次，从定性上看，产业生命周期变化要缓慢于产品生命周期变化。因为一个产业集中了众多的产品，反映的是众多产品的生命周期的变化情况。

最后，许多产业生命周期具有明显的衰而不退的特征，而产品生命周期则不是这样。

当然两者又是紧密相连的。产业由生产某种同类性质产品的企业所构成，因此，两者

具有相似性。产业的代表性产品越是集中,两者越是接近。

（四）产业生命周期与企业生命周期

产业生命周期与企业生命周期虽然是两种不同对象的运动过程,但是由于产业是若干企业的集合,两者又具有一定的关系。产业之所以呈现出一种生命周期的变化,是因为其存在的微观基础——企业具有生命周期过程;同时,企业从生到死、从强盛到衰退,也与生命周期休戚相关。

一方面,从微观基础看,产业生命周期是同类产品所有企业生命周期的集合,是企业兴衰的综合结果。对于一些高度集中的产业,少数企业的生命周期对产业生命周期具有决定性的影响,这些企业的技术创新能力及成长性直接决定着产业的生命周期。

另一方面,从企业生命周期的产业背景看,产业生命周期对企业生命周期具有重要影响。在一个非常有吸引力的产业里,如果一个企业不具有有利的竞争地位,那么它当然不可能充分发展,但是,一个具有优越竞争地位的企业栖身于一个前景暗淡的产业里,也不可能获得成功。

专栏10-1

中国台湾晶圆代工产业发展历程

高科技产业和商品一样有其生命周期。一般而言,高科技产业都会历经缓慢进步的萌芽期、快速进步的成长期、趋于极限的成熟期,以及易被取代的衰退期。而在各个经济体的整体科技发展程度不一的情形下,一个国家地区新兴的高科技产业相对于其他国家地区可能已属于成熟或衰退的产业。中国台湾晶圆代工产业发展的四个阶段如下:

1. 产业萌芽期

中国台湾半导体产业自20世纪70年代萌芽开始,1976年工研究电子所赴美国RCA引进7.0 μm CMOS 3英寸晶圆制程技术,1979年在工研院电子所的主导下,衍生成立联华电子公司,正式将台湾半导体技术从研究实验室阶段导入IC商品化阶段。20世纪80年代,随着新竹科学工业园区的设立,大王、天下、茂硅、华邦、旺宏等自行设计、生产与销售自有品牌的整合型组件制造厂(IDM)相继进驻。而随着IC产品种类日益多样化,专精于产品研发的IC设计业者也纷纷出现,但由于IC设计业者必须将本身的产品委托给IDM厂代为制造,故经常发生其产品开发进度及出货时间受制于IDM厂的生产排程,同时设计Know-How也容易被受委托的IDM厂取得并成为市场竞争对手。到了20世纪80年代后期,专业晶圆代工生产模式——无自有品牌仅专注于生产技术开发与制造的出现,使得设计业有了产能供应的保证。

2. 产业成长期

中国台湾晶圆代工成立初期,主要以接IC设计业的订单为主。这是因为当时的技术能力不成熟,尚无法符合国外IDM厂的需求,再加上IDM厂尚能负担晶圆厂的投资成本,因此如果有产能需求,大多仍以自行扩充为主要考虑。不过随着制程技术的快速进步,每一代的晶圆厂平均寿命为5年,再加上晶圆厂的资本支出越来越庞大,使得国外IDM厂逐渐感到资金与市场风险的压力,为降低生产成本转而寻求专业代工以取代建厂,产能外包的趋势也隐然成形。

3. 产业扩张期

晶圆代工产业在垂直分工的前导下快速成长,代工业者由1993年的10家增加为1999年的

21 家，业者开始陆续成立 6 英寸晶圆厂，尤其是 1993 年以后，在全球半导体产业热络的景气下，带动了台湾业者兴建 8 英寸晶圆厂的风潮。在此阶段，晶圆代工业者的制程能力 0.6 ~ 0.45 μm，研发技术上明显落后国外 IDM 厂 1 ~ 2 代。然而，随着 IC 设计客户会使用到比国际 IDM 更为先进的技术，促使业者必须持续开发制程技术，以供客户选择，因此 1996 年时，业者大多在 0.35 μm 制程上具备量产能力，1997—1999 年更快速缩小到落后国际 IDM 厂约一季的差距，甚至超越美国半导体产业协会的技术制程。

4. 产业成熟期

随着中国台湾晶圆代工业日益具备竞争力，全球 IDM 大厂逐步视台湾为其生产基地，并不断释出委外订单给台湾业者，到 2001 年台湾晶圆代工业的全球占有率高达 72.9%，使得台湾跃居成为全球晶圆代工制造的重镇。目前全球正值 8 英寸晶圆厂与 12 英寸晶圆厂交替之际，由于 12 英寸晶圆面积是 8 英寸晶圆的 2.25 倍，每片可制造出的晶粒数将达 8 英寸晶圆的 2.3 ~ 2.6 倍，因此 12 英寸晶圆厂更被视为未来的主流，台湾业者纷纷规划建厂，在全球规划兴建的 37 座 12 英寸晶圆厂中台湾即占有 10 座。在此阶段，代工者具备 0.18 ~ 0.15 μm 量产能力，目前更升级至 0.13 μm，并开始了铜制程的量产，下一步将迈入 90/100 纳米制程。

资料来源：张保隆，陈玮玲. 从资源基础观点探讨两岸晶圆代工产业之竞合策略[J]. 产业论坛，2003(9)：116 - 117.

第三节　产业发展的趋势

本节阐述产业发展的趋势，具体包括产业集群化、产业融合化、产业生态化、制造业服务化四个方面。进入 21 世纪，世界产业发展也呈现出了新的现象，如各有特色的产业集群在世界各国陆续得到发展，跨越产业界限的集团兼并层出不穷；循环经济、清洁生产也逐渐被重视；制造企业探索服务化，与客户共创价值。

一、产业集群化

（一）产业集群化的内涵与特征

随着迈克尔·波特《国家竞争优势》一书问世，产业集群化的趋势日趋得到重视。产业集群化是产业呈现区域集聚发展的态势，就是指在一个适当大的区域范围内，生产某种产品的若干个同类企业、为这些企业配套的上下游企业及相关的服务业，高密度地聚集在一起，形成产业集群。产业集群具有如下几个特点：① 集聚经济。② 专业化分包。③ 创新环境。④ 合作竞争。⑤ 路径依赖。产业基地、开发区和各类工业园区是产业集群的表现形式，是各级政府经上级政府（中央、省、市）的批准，专门划出一块特定的区域，通过一定的政策引导和资金投入，创造出优于其他区域的投资环境，实现以产业集聚和企业集群为目标的特殊空间。产业集群也包括民间自发形成的，在某个特定产业中相互关联的、在地理位置上相对集中的若干企业和机构的集合。其外部形态表现为由一大群特定领域的企业与企业间、政府机构与企业间、科研院校与企业间、社区机构与企业间的各种组织所形成的具有一定规模的产业集群。产业集群内众多的企业在产业上具有关联性，能共享诸多产业要素，包括专业人才、市场、技术和信息等，一些互补产业则可以产生共生效应，集群内企业因此获得规模经济和外部经济的双重效益。产业集群内的企业既有合作又有竞争,既有分工又有协作,彼此间形成一种互动性的关联,由这种互动形成的竞争压力、潜在压力有利于构成集群内企业持续的创新动力,并由此带来一系列产品创新,促进产业升级的加快。由于集群内集聚了大量的经济资源和众多的企业,高度集聚的资源和生产要素处于随时可以利用的状态,克服了部分机会主义行为,为集群内的企业提供了极大的便利,降低了企业的交易成本。产业集群还引发专业知识与信息集聚。由于同一产业或相关产业的企业在地域上的集中,有关市场的、技术的,以及其他与竞争有关的各种信息与知识也在区域内大量汇集。人是知识与信息的载体,在产业集群区域,人才的流入带来了大量的专业知识、信息、经验和技能;同时,这些人才往往处于错综复杂的经济网络和社会网络中,与区域外部保持着各种各样的联系,如技术协作者、师生、挚友、客户等,这些错综复杂的网络疏通了知识与信息流入的渠道。同一产业或相关产业的企业聚集到一起,在该区域营造起良好的地方产业氛围,激发了身处其中的人求知的欲望,使得他们对该产业的相关知识与信息保持高度敏感性,增强了收集知识与信息的能力。此外,随着产业集群规模的扩大,集群区域的一些基础设施,如信息网络,也逐渐完善起来,这也使得相关知识与信息的快速汇集成为可能。美国硅谷集聚着大量的半导体电路、数字技术等技术公司,跨国公司纷纷在这里设立分支机构,甚至将公司总部移到这里来,一个很重要的因素就是在硅谷能够得到本行业最新的与竞争有关的各种信息。

(二)产业集群化的典型案例

产业集群的崛起是产业发展适应经济全球化和竞争日益激烈的新趋势,是为创造竞争优势而形成的一种产业空间组织形式。它具有的群体竞争优势和集聚发展的规模效益是其他形式难以相比的。近几年,产业集群化的趋势已经引起我国政府和产业界的关注,各地都涌现出一批产业集群。2005 年,福建省泉州市提出以产业集群为着力点,构建充满活力的民营经济跃升平台。为此,要"着手规划和培育发展 2 个产值超过千亿元(石化、纺织服装)、2 个产值超过 500 亿元(鞋业、建材)和 8 个产值超 100 亿元(电子信息、汽车及配件、修船造船、机械制造、工艺制品、食品饮料、五金水暖、包装制品)的产业集群"。泉州发达的产业集群,是建立在已有的专业化市场的基础上的,是这些年来泉州模式朝着更高起点发展的一个重要标志。目前泉州的产业集群主要表现在:① 纺织服装集群。纺织服装集群主要分布在泉州市区,以及晋江市、石狮市、南安市。根据有关部门统计,2004 年,泉州纺织服装企业达到 1 万多家,产值突破 700 亿元,约占泉州工业总产值的 25%,形成了纺织、印染及成衣系列产业链。目前泉州年产服装高达 1.8 亿件,占福建省年产服装总量的 70%,其中 40% 的纺织服装出口到世界各国。② 鞋业集群。鞋业集群主要集中在晋江市。目前从事生产和经营鞋业的企业有 3 000 多家,从业人员 35 万人,年产各类鞋 5 亿多双,占全国运动鞋、旅游鞋产量的近一半,占世界运动鞋、旅游鞋生产量的 1/5,皮鞋近亿双,合计产量近 200 亿元,成为全国三大制鞋基地之一。晋江市被国家有关部委联合命名为"中国鞋都(运动鞋)"。③ 建陶石材集群。建陶石材集群共有建陶石材企业 4 000 多家,年产值 200 多亿元,主要分布在晋江、南安、惠安等地。南安、惠安分别有"石材城""石雕之乡"之称。建筑陶瓷主要分布在晋江、南安两地,尤以晋江市磁灶镇为主产区。该镇共有建筑陶瓷企业 623 家,产值近 50 亿元,被誉为"闽南瓷都"。石材业中板材生产区主要分布在南安、晋江、惠安,石雕产区主要在惠安县。④ 工艺品集群。工艺品集群主要分布在丰泽、晋江、石狮、惠安、安溪、德化等地，主要产品有陶瓷、树脂、木业、藤草、石雕、铁件、玩具等，年产值150多亿元。目前，丰泽区已经成为世界最大的树脂工艺品生产基地，全世界约有36%的树脂品来自丰泽区，世界上每三件树脂工艺品中必有一件是丰泽制造。工艺陶瓷主要分布在德化县，该县具有千年制瓷历史，与江西景德镇并称为“中国瓷乡”。此外，晋江市安海镇与广东澄海、上海并称中国三大玩具生产基地。⑤ 石化产业集群。石化产业集群主要分布在泉港区、惠安县，以福建炼油一体化项目为龙头，带动氯碱、乙烯、聚酯，以及专业塑胶、制革等大批石炼中下游配套项目建设，形成专业化产业群。

除了福建省泉州市的区域产业集群外，目前浙江拥有年产值亿元以上的由企业集群形成的区域块状特色经济306个，年产值4 500亿元。我国产业集群化的趋势尚在不断发展，并将茁壮成长。

二、产业融合化

产业融合是现代产业发展的重要特征和趋势。尤其是信息、生命、能源、材料等学科相互交叉融合，开辟了新的技术与产业前沿。生物与信息科学的融合产生了生物信息产业；认知科学、计算机科学融合推动了人工智能产业的快速发展；信息与医疗产业融合产生了移动医疗产业；食品技术与生物医药产业融合诞生了功能食品产业；造纸技术与信息识别技术、标志技术融合产生了打印电子产业；建筑与信息产业融合诞生了智能建筑产业，使得世界步入“产业融合时代”。

（一）产业融合的定义

产业融合的定义主要包含两个层次，即技术层次的融合与产业层次的融合。Rosenberg（1963）在研究美国机械工具产业早期演化时首次提到“技术融合”这个概念。他认为，技术融合指在生产过程中不同产业依赖相同的技术诀窍的过程，这也是为什么一些学者在探讨技术融合时会与通用技术联系起来。然而另外一些学者认为，技术融合是现有不同技术轨道的整合所导致的不同技术元素的整合过程。Hacklin（2008）认为融合是一种特殊形式的创新，他从产业演化的角度把融合划分为科学知识融合、技术融合、应用融合及产业融合四个连续的演化过程。Gambardella 和 Torrisi（1998）提到，技术融合不一定能导致产业融合。因此，这两个层次的融合联系紧密但不能等同。产业融合往往表现为原来所属不同产业的企业间共同参与市场竞争的现象，以及跨产业间的兼并重组（Curran，2011）。由于当代技术融合在ICT产业最为典型，这也是为什么大多数学者着眼于此行业的原因，但是并不排除一些学者在其他领域所做的有益尝试。例如，No 和 Park（2010）考察了纳米技术产业的技术融合；Curran（2010）利用专利数据分析了功能食品产业的融合，即医药产业与食品产业界限的消融。Niemann 等（2013）探索了智能物流产业的融合现象。

Greenstein 和 Khanna（1997）指出，产业融合包含替代融合与互补融合两种形态。一方面，融合导致不同产业间的相互竞争，此时便为替代融合；另一方面，互补融合指原本各异的产业间互相融合产生协同效应，融合后综合效应大于部分简单相加之和。在此基础上，Stieglitz（2003）将融合分为互补融合、替代融合、技术融合、产品融合四种类型。另外，Baer（2004）将融合从产业层面划分为产业内融合与产业间融合；从价值链的角度来看，融合即产生于技术与基础设计部分，同样产生于服务，最后产生于终端设备。Wegberg（1995）把融合分为供给融合与需求融合。供给融合发生在当产业更多地依赖相同的技术基础时;需求融合使产业内或产业间的市场界限变得模糊。

综上,融合分类因角度不同分类各异,然而上述分类并未清楚地阐释融合特性。例如,不同类别之间是否相互独立,在什么情况下共生,或者不同类别是否代表了一个连续的过程。

虽然学术界尚缺乏对产业融合概念的统一定义,但是融合作为产业发展的新动力被广泛认可,关于定义的探索也在进一步完善。结合已有对产业融合的理解,总结如下:产业融合分为技术和产业两个层次;技术融合是指基于科学知识的交叉,不同技术轨道整合而形成突破性功能的特殊创新过程;产业融合是指基于技术融合而引发的产业边界的消融,具体表现为原本不同领域的企业出现竞争或合作关系,伴随着跨产业间企业兼并重组活动;产业融合的过程也是产业结构的非线性化演化过程。

（二）产业融合的效应

融合的效应分为企业层次的内部效应和产业层次的外部效应。第一,从企业角度看,技术融合诱导新兴细分市场的出现,给进入企业提供了参与新兴价值链的机会;对已存企业而言,技术与产业的融合既是机遇又充满挑战;融合使得企业在新领域创造了新的产品功能,同时也可能导致企业现有经营领域的缩水。由此看来,企业在融合背景下的战略管理至关重要,这不仅仅包括提高对新兴变革的预测,同时更要在第一时间对变革做出有效的适应。第二,从产业角度看,技术融合导致产业结构的变革,即产业边界的消融、已存产业界限的重新定义,进而引发竞争规则与系统的变化。具体表现为,跨产业互补融合关系的建立,并进一步引发新兴产业的产生。另外,Pennings 和 Puranam(2001)提到,融合自身也存在自我强化机制。

专栏10-2

无线通信、掌上电脑和在线服务的产业融合

20 世纪 90 年代早期是掌上电脑业的形成阶段,互补性技术融合是产业演进的主要驱动力,通过技术融合,产业得以不断创新和快速增长。进入 21 世纪以后,这个产业进入竞争激烈的成熟期,互补性和替代性产品融合便成为这个产业发展的主要动力。新的通信标准和 3G 技术的出现催生了无线通信、掌上电脑和在线服务的互补性产品融合,而小型化技术的发展则导致掌上电脑和手提电话之间发生了替代性产品融合,企业在不断利用产品融合所创造的创新机会来获取竞争优势的同时,也推动了这个产业的不断发展。

在移动通信业的演化发展过程中,首先是技术替代性产业融合导致了第二代数字接入技术的出现(如 GSM 标准),其后作为 NTT DoCoMo's i - Mode 服务或欧洲 WAP 标准的产品创新启动了一个能使移动电话接入互联网的互补性产品融合过程,而 WLAN 或 WiFi 表现为一种竞争性接入技术。这种技术源自一种原本与移动通信的创新体系无关的产业——计算机网络业,而 WiFi 产生于一种网络技术与无线电技术的融合过程,这些技术融合的发生导致终端产品的创新(如移动电话综合了越来越多来自其他产业的产品特征,兼有数字摄影、掌上电脑和视频游戏等功能),并最终出现了一种移动终端设备的替代性产品融合。

为了应对电信和有线电视的融合,美国许多电信公司都通过多元化进入有线电视业,如美国最大的电信公司 AT&T,现在也是最大的有线业务公司。

专栏10-3

工业中国农村一二三产业的融合发展

农村一二三产业的融合发展是一种通过农业与其他产业的融合互动来推进农业现代化和缩小城乡收入差距的重要手段。我国《国务院办公厅关于推进农村一二三产业融合发展的指导意见》(国发办〔2015〕93号)指出,推进农村一二三产业融合发展,是拓宽农民增收渠道、构建现代农业产业体系的重要举措,是加快转变农业发展方式、探索中国特色农业现代化道路的必然要求。该意见指出,要用工业理念发展农业,以市场需求为导向,以完善利益联结机制为核心,以制度、技术和商业模式创新为动力,以新型城镇化为依托,推进农业供给侧结构性改革,着力构建农业与二三产业交叉融合的现代产业体系,形成城乡一体化的农村发展新格局。该意见提出,农村一二三产业融合发展的主要目标是到2020年,农村产业融合发展总体水平明显提升,产业链条完整、功能多样、业态丰富、利益联结紧密、产城融合更加协调的新格局基本形成,农业竞争力明显提高,农民收入持续增加,农村活力显著增强。该意见指出,我国农村一二三产业融合发展的基本原则是坚持和完善农村基本经营制度,严守耕地保护红线,提高农业综合生产能力,确保国家粮食安全。坚持因地制宜,分类指导,探索不同地区、不同产业融合模式。坚持尊重农民意愿,强化利益联结,保障农民获得合理的产业链增值收益。坚持市场导向,充分发挥市场配置资源的决定性作用,更好发挥政府作用,营造良好市场环境,加快培育市场主体。坚持改革创新,打破要素瓶颈制约和体制机制障碍,激发融合发展活力,坚持农业现代化与新型城镇化相衔接,与新农村建设协调推进,引导农村产业集聚发展。

三、产业生态化

(一)产业生态化的含义

产业生态化将循环经济理念应用于产业的发展中,是对产业体系和自然体系相互关系的系统分析。这种分析最早可以追溯到20世纪60年代麻省理工学院的Jay Forrester的研究,Donella进一步发展这一思想,提出由于环境恶化,产业难以可持续化发展。1988年,Robert Ayres提出"产业代谢"(industrial metabolism)的概念。所谓产业代谢是指产业所使用的材料和能源,通过产业系统的物质流的转化,最后作为废弃物退出系统。Ayres指出,经济活动不是孤立的,而是生态系统中的一个开放的子系统,产业经济活动总是处于自然生态系统中。产业代谢常用的两种分析方法是生命周期分析和物质流分析,通过分析产业活动涉及的物质与能量流动过程,就可以把导致产业浪费和污染的产品和过程识别出来,从而评估产业代谢对环境的影响。

1989年,Robert Frosch和Nicholas Gallopoulos发表了《制造业战略》(Strategies for Manufacturing),在产业代谢理论的基础上,首次提出"产业生态系统"(industrial ecosystems)的概念,他们以生物功能"模拟"产业生态系统,强调产业发展与自然的唇齿相依的关系,从而进一步发展了产业生态化的概念。在产业生态系统中,一家企业的废弃物可能是另一家企业的生产资源,一体化的产业系统不应给自然系统带来负面影响。20世纪90年代以来,产业生态化发展逐渐引起学者与政策制定者的广泛关注,研究内容逐渐扩展开来,从产业布局到企业清洁生产等,研究的方法也逐渐丰富起来,如环境分析、生命周期分析、环境会计等,讨论的内容也逐渐扩展到产业生态与经济、法律和公共政策等方面。虽然对于产业生态化的研究内容丰富,但是就其内涵的认识还没有达成一致。具有代表性的界定有:美国国家科学院(1991)提出产业生态化是“对各种产业活动及其产品与环境之间的相互关系”的研究。Socolow (1994)认为,产业生态化是产业与自然相互关系,以及单个产业与自然环境关系的总和; Graedel 和 Allenby(1995)将产业生态化定义为“在产业系统与环境系统统一的前提下,从资源、能源、资本对原材料、生产过程、最终产品,以及废弃物处理等的优化”。IEEE(1995)发布白皮书指出,产业生态是以多学科综合的方法对产业和经济系统及其与基本的自然系统间相互关系的跨学科研究。在我国,产业生态化最早见于刘则渊(1994)的研究,其中将产业生态化定义为“把将物质生产过程作为主要内容的产业活动纳入大生态系统中,把产业活动对自然资源的消耗和对环境的影响置于大生态系统物质、能源的总交换过程中,实现大生态系统良性循环与持续发展。产业生态化本质目标就是在人类生存和发展的自然生态环境可再生的基础上,达到人—社会—自然之间的协调持续发展”。黄志斌等(2000)认为,产业生态化是指产业依据自然生态的有机循环理论,将在一定区域内的多种具有不同生产类别的企业,按照物质循环、生物和产业共生原理对产业生态系统进行优化,从而建立高效、低耗、低污染、经济与环境相协调的产业生态体系过程。陈柳钦(2006)认为,产业生态化是“产业在自然系统承载能力内,对特定地域空间内产业系统、自然系统与社会系统之间进行耦合优化,达到充分利用资源,消除环境破坏,协调自然、社会与经济的持续发展”。陆根尧等(2012)将产业生态化的概念分为狭义和广义两个层次。狭义上是指构建模仿自然生态循环的产业系统;广义上是指在理念与原则层面追求更高的资源使用率和实现产业与环境的和谐统一,建立一个能够促进和实现社会经济系统与自然生态系统之间物质与能量和谐流动的产业体系,使所有产业都符合生态规律和经济规律的要求。吴巨培和彭福扬(2013)认为,产业生态化是“以生态化理念观照产业的发展,遵循生态学原理和经济规律来指导产业实践,使产业资源优化配置,产业结构合理构建,产业组织关联共生,产业生产低碳循环,以实现产业健康、协调、可持续发展的过程”。在理论方面对产业生态化的研究还处在初级阶段,由于研究的侧重点不同,因此产业生态化的内涵不尽相同,但是对于产业与环境的协调发展关系的认识却是一致的。

(二)产业生态化的发展模式及治理

产业生态化模式分为微观、中观和宏观三个层面。在微观层面,具有代表性的是“杜邦模式”,杜邦公司遵循循环经济的3R原则,通过延长产业链条,重组各工艺之间的物料循环系统,采用新工艺减少原料和能源的使用量,力争将废物与排放物降低为零。在中观层面表现为产业生态园。Ernest Lowe(1995)提出“产业生态园”的概念后,产业生态园成为产业生态化发展的实践模式。他将产业生态园定义为以管理材料、能源等实现生态与经济的协调发展,从而使得由制造业和企业构成的企业群体获得更大的利益的总和。产业生态园模式可以在资源约束的条件下,减少材料、能源等利用对环境的影响,并促进企业间废弃物的再利用,从而实现产业生态化发展。比较成功的案例有:20世纪70年代,丹麦 Kalundborg 工业园建立了“工业共生”的模式,将发电厂、炼油厂、壁板厂、硫酸厂、水泥厂、种植业等的废弃物进行再利用合作,以降低成本、达到环保法规要求。这种共生模式的基础不是政府法令,而是通过环境管理制度制约,工厂间基于价格、基础设施的共享等进行谈判和协商,最终促成各方合作的可能性。此外，如加拿大英属哥伦比亚洲的范库弗峰园（蒸汽制造厂、造纸厂、包装厂），安大略湖的康沃尔园（发电厂、蒸汽制造厂、造纸厂、化工厂、食品厂、电子设备厂、塑料厂和混凝土预制板厂等）都是成功的案例。在宏观层面主要表现为日本的循环型社会模式。日本在循环型社会建设方面主要体现在三个层次：第一层次是法律体系建设，有规划地制定一系列的环境保护法律法规，构筑全方位法律体系，包括基本法、综合法、专项法；第二层次是企业责任建设，要求企业自觉进行资源的循环利用，承担为环保所支付的费用，实现环境成本的内部化；第三层次是改变人们的观念，加强宣传、提高认识，例如倡导消费者对垃圾进行分类处理，有义务对政府和企业行为进行监督，使建立生态型经济社会成为全民族的共识。产业生态化的发展模式在我国理论和实践中的研究也比较丰富。例如，国内著名生态环境学者王如松（2002）提出了横向耦合、纵向闭合、区域耦合、柔性结构、功能导向、软硬结合、人类生态和信息网络等产业生态化的组合、孵化及设计原则。刘力（2001）、王震（2004）等也对于产业生态园开发模式、设计的基本原则等进行研究。此外，王兆华和武春友（2003）、龚晓宁（2003）、孙大鹏（2004）等从产业生态链、价值链、工业链的角度分析产业生态园的特征。武春友、邓华等（2005）对影响产业生态系统稳定性的影响因素进行研究，总结出了结构、技术、外部三个维度的因素。尹坚（2013）提出了升级产业生态化路径的原则。曹永辉（2013）对工业生态系统的生态机理进行研究，并给出了对策。在实践方面，我国已经实施产业生态化思想的有山东鲁北建材化工生态工业园、天津钢铁生态示范工业园等。此外，我国学者还结合地域特点提出了资源型产业生态化发展模式、城市区域经济产业生态化模式、传统服务产业生态化模式、林业产业生态化发展模式、以产业集群为载体的内外部协同发展的区域产业生态化发展模式、产业集群生态化发展新模式、"新产业区"生态化发展模式等。

（三）典型案例

山东九发食用菌股份有限公司是我国食用菌行业的第一家上市公司，其下属的九发工业园经过多年建设形成了以食用菌生产、加工为核心的复合实体生态工业园区。园区的企业属于同一集团公司，彼此间通过产品、能量和废弃物交换建立了生态联系，整个共生体形成了网状结构，是比较完整地将种植业、养殖业与工业相结合的产业生态系统。山东九发食用菌股份有限公司主要经营食用菌、果蔬、罐头、饮料、水产品、复合肥、包装物料、生物药品的生产销售及进出口业务。其中复合肥分公司一方面向农业系统和胡萝卜基地提供复合肥；另一方面也回收双孢菇分公司的下车料用作生产。热电分公司作为生产者，向园区内的果蔬汁分公司提供纯净水、电能和蒸汽，向双孢菇分公司、包装材料厂、真姬菇示范园和附近的居民区提供电能和蒸汽，向自来水厂、废水处理厂提供电能。其所产生的灰渣由建材厂回收利用，产生的废水由废水处理厂进行处理。热电分公司作为消费者，使用煤矿提供的煤产品和自来水厂提供的水资源。双孢菇分公司是整个园区的主产业之一，作为消费者使用自来水厂提供的水资源、热电分公司提供的电能和蒸汽、包装材料厂提供的包装，作为分解者消化农业生产系统所产生的麦草和鸡粪，其生产所产生的下车料由复合肥分公司进行回收、废水由废水处理厂处理。果蔬汁分公司作为消费者，使用自来水厂提供的水资源，胡萝卜基地提供的胡萝卜，热电分公司提供的纯净水、电能和蒸汽，包装材料厂提供的包装，其生产所产生的压汁渣由奶牛养殖场回收利用、废水由废水处理厂处理。胡萝卜基地作为生产者提供给果蔬汁分公司胡萝卜，作为消费者使用复合肥分公司提供的复合肥。虽然该园区的主产品不仅限于双孢菇,同时还有胡萝卜和其他果蔬加工,但是,其生产的形态相似,都是以简单的几种农产品作为主导产品,所以此处仍将其归于单产主导型产业园区。

四、制造业服务化

(一)制造业服务化的内涵

从内涵上看,制造业服务化是服务要素在制造业投入和产出活动中的比重日益增加的一种经济趋势。在微观层面上,它是制造企业满足市场需求,实现产出差异化,赢得竞争的经营策略;在中观层面上,它是制造行业实现产业转型,向价值链两端延伸的一种升级战略;在宏观层面上,它是知识经济发展到一定阶段的产物,代表着经济增长的新趋势。从企业经营的微观视角看,“服务化制造模式”(孙林岩 等,2007)是指企业在产品生命周期的各个阶段(包括研发设计、制造装配、销售、物流、运行维护、回收等)通过产品与服务的融合,实现资源整合,达到提高效率和创新的制造模式。这是与传统制造模式相对应的一个概念。两种模式的区别体现在三个方面:① 在价值实现上,传统制造通过有形产品实现价值增值,而服务化制造则强调通过向客户提供整体解决方案来实现。② 在工艺流程上,传统制造仅关注产品本身的制造,而服务化制造强调以人为中心,重视知识的积累和传递。③ 在组织模式上,传统制造常常通过纵向或横向一体化来实现规模经济,而服务化制造则强调网络协作关系来实现知识的共享,在协作中实现资源的优化配置。从产业层面看,众多采取了服务化制造模式的企业的集合则构成“服务化制造业”。而依旧遵循传统制造模式,主要以有形要素投入和有形产出为中心的企业的集合称为“传统制造业”。两类企业集合都属于制造业的一个部分。从产业发展的宏观趋势看,欧美发达国家的制造业中,实施服务化的企业数量在企业总量中的占比日益增加。因此,制造业服务化又是一种经济现象,它表现为服务要素在投入产出中比重的增加。

制造业服务化通过四个紧密联系的概念体现出来:产品服务系统;服务化战略;实施服务化战略的组织;产品服务系统所处的全球价值链(global value chain)。具体而言,产品服务系统是对产品概念的延伸,它通过将有形产品和无形服务有机组合在一起的方式实现了效用或价值的直接让渡。这有别于通过对有形产品的流通和消费来实现效用或价值的间接让渡的传统模式。服务化战略又可以分为企业层面和产业层面。企业层面的服务化战略是指制造企业通过知识的积累实现创新,从单纯提供有形产品转向提供产品和服务的转型过程。产业层面的服务化战略是指从产业间的投入产出关系上,服务要素在制造业的投入产出中的比重日益增加,制造业从加工制造环节向价值链的研发和销售环节有序延伸的产业升级过程。实施服务化战略的组织是指设计、制造并交付各种产品和服务的组织。在这里,制造企业成了服务化模式的实施平台,对服务化起着支撑作用。全球价值链是指由全球的生产商、采购商、消费者构成的价值生产与价值增值链条。在全球经济一体化条件下,生产商、采购商、消费者常常分属不同国家,价值与效用的生产、流通和分配等环节跨越了国界。在这一背景下,制造业服务化现象的影响将通过全球价值链传递到各个国家的生产与消费节点。另外,在经济一体化时代,跨国公司在全球价值链中处于控制地位,而跨国公司又往往是实施服务化战略的主体,因此跨国公司的服务化转型对一国制造行业的转型升级战略具有明显的影响。

（二）制造业服务化的效应

对产业转型升级效应而言，制造业服务化主要还是依据全球价值链理论进行分析的。从价值链的角度看，升级效应主要体现在，制造业服务化促进生产迂回度的增加使价值链的宽度增加；制造业服务化使产品技术复杂度增加，使价值链深度增加。对就业效应而言，制造业服务化主要借鉴发展经济学的有关理论进行论述。在知识经济背景下，服务要素成为主导性生产要素，尤其是知识密集型的服务要素在生产中的地位更加重要，担负着整合资本要素、技术要素和劳动要素的任务。因此，知识经济下产生的制造业服务化对非熟练劳动者的就业和知识劳动者的就业影响的规律有其特殊性。对贸易效应而言，随着全球化和产品内分工的不断发展，中间产品贸易日益成为国际贸易的重要模式之一。对环境效应而言，随着制造业对产品生命周期各个环节的环保责任的增加，相应的成本也会增加，而制造业服务化将有助于制造业减少资源消耗，降低污染排放，从而有利于保护环境。

（三）典型案例

罗尔斯—罗伊斯公司是全球最大的航空发动机制造商。作为波音、空客等飞机制造企业的供货商，罗尔斯—罗伊斯公司并不直接出售发动机，而以“租用服务时间”的形式出售，并承诺在对方的租用时间段内承担一切保养、维修和服务。发动机一旦出现故障，不是由飞机制造商或航空公司来修理，而是由发动机公司驻在每个大型机场的专人修理。这样，发动机公司得以在发动机市场上精益求精，飞机制造商也“落得轻松”。也正因如此，廉价航空公司才有发展的空间，因为它们不用专门养一批发动机维修队伍。近年来，罗尔斯—罗伊斯公司通过改变运营模式，扩展发动机维护、发动机租赁和发动机数据分析管理等服务，通过服务合同绑定用户，增加了服务型收入。公司销售的现代喷气发动机中55%以上都签订了服务协议。

此外，IBM曾经是一家单纯的硬件制造商，但经过多年的整合，IBM已经成功转型为“提供硬件、网络和软件服务的整体解决方案供应商”。2005年，IBM公司服务收入所占比例超过50%，利润连年增长高达10%以上。当所有IT厂商大造PC时，IBM已悄然转型IT服务。而今天当越来越多的IT厂商开始意识到IT服务的战略重要性及极强的创收能力时，IBM却再次转身，开始转入服务产品化策略。面对巨大的市场空间，IBM提出了用“服务产品化”的方法来创新IT服务策略。从产品化的角度来看IT服务会使其对市场的需求把握得更准确，响应市场的速度也会提高，进而可以把产品定义清楚，把质量也定义清楚，使得服务质量提高。同时，服务产品化还有利于IT服务提供商实现规模化，扩大收益。

第四节 新兴产业的成长

本节主要对新兴产业的内涵、产生路径、发展趋势进行探讨。当今世界新技术、新产业迅猛发展，孕育了新一轮的产业革命，新兴产业正在成为引领未来经济社会发展的重要力量。与此同时，世界主要国家均适时调整发展战略，大力培育与发展新兴产业，抢占未来经济科技竞争的制高点。新兴产业在经济发展过程中扮演着重要角色。“十三五”规划强调要坚持创新发展，培育发展新动力，推动新技术、新产业、新业态的发展；支持生物技术、信息技术等战略性新兴产业的发展。

一、新兴产业的内涵

学术界普遍认同的“产业”的定义为,生产同类或可替代产品的企业的集合(Porter,1980)。在很多实证研究中,学者运用国际标准产业分类体系(ISIC)来区分不同的产业(Sampler,1998)。新兴产业往往诞生于标准产业分类的边缘或交界处,所以很难用已有的产业标准代码来定义新兴产业。

新兴产业是指处于产业发展初期阶段的产业。这意味着,新兴产业的形成对应着“产业生命周期”理论模型的第一个阶段,且新兴产业形成时间的长短不同,产业也有所区别。Klepper 和 Graddy(1990)指出,一个产业的发展短则需要 2 年,长则需要 50 年甚至更长时间才能达到稳定,新兴产业发展进入稳定轨道的标志是企业进入数量达到峰值。因此,产业形成阶段至少包含了产业成立后的前几年,并不是每个产业都能经历生命周期的所有阶段。有些产业并未达到成熟、合法性的阶段就已经夭折,这类产业的形成阶段基本上代表了产业的整个发展历史。

新兴产业的参与者来自已存的(de alio)或新兴(de novo)的进入者,或者两者都有。有些产业源于独立的新企业的进入,例如,20 世纪 90 年代中期许多“dot – com 互联网”企业的进入,诱导了互联网产业的形成。但是新兴产业并不全部或主要依赖于新企业的参与,例如磁盘阵列产业(disk array industry)形成于 20 世纪 80 年代末 90 年代初,产业参与者主要是已存(de alio)的大企业,如 IBM 与 Compaq。这些企业原本是与计算机相关的产业。在产业形成的初期,已存的(de alio)与新兴(de novo)的进入者往往是共同存在的。Agarwal 和 Audretsch(2001)基于 33 个产业的实证,发现大部分产业参与者在年龄与规模大小上是很多元化的,既包含已存的大企业也包含新成立的企业。现有的研究指出,新兴产业中新成立企业(de novo)的进入比已存企业(de alio)的进入更加普遍。另有研究证明,已存的大企业在新兴产业的发展过程中有更大成功的可能。

一个新兴产业形成的主要标志有:① 具有自己独立的服务领域和市场需求群体。② 具有一定数量的生产同类产品的企业。③ 具有初步的上下游企业,基本上已经形成了一条比较完善的产业链。④ 具有专业化的生产工艺、技术装备和行业规范(包括技术标准)。⑤ 该产业有别于其他产业的商业活动已经形成,并具有一定的规模。⑥ 具有专门的设计、生产、销售和服务的从业人员和产业体系。

二、新兴产业的产生路径

新兴产业是如何产生的,其存在哪些路径与模式?从现有研究来看,主要从产业、企业和知识体制三个层面对此问题进行分析,但其揭示的新兴产业产生路径实质上可概括为两种:一种是基于技术突破性创新形成的新兴产业,其形成以新创企业为主体;另一种是基于累积性创新从传统产业分化或裂变出来的新兴产业,其产生以在位企业为主体。

从产业层面来看,第一种模式,新兴产业源于原始创新,提供从未出现的产品,创造新的市场需求,如纳米技术产业、太阳能产业的诞生。第二种模式,新兴产业的形成与已存传统产业间保持着一定的一致性,其生产已存传统产业的替代性或扩展性产品,且技术基础有很大的相似性,此路径也称为传统产业裂变,如电动汽车产业、智能手机产业、加密软件产业等的形成。

从企业层面看,新兴产业产生路径包括:新创模式(entrepreneurship)和内创模式(intrapreneurship)。新创模式是在现有产业外部成立的新兴企业,新创企业是突破性创新的主体,也是新兴产业形成的主体;内创模式是现存于已有产业内部的企业,通过利用商业机会在创业活动中实现了新价值创造的过程,是现有企业实体内部的“分裂”。Lazonick 提到,美国 ICT 产业的领军企业成立于 19 世纪五六十年代的产业形成期,这意味着美国 ICT 产业的形成模式为新创模式,而非内创模式,即新兴产业的形成并非源于在位企业的多样化探索。

从知识体制的角度,新兴产业形成可以是创造性破坏体制(creative-destructive),也可以是创造性积累体制(creative-cumulative),区别在于知识基础变革的突破性与累积性。源于技术突破形成的新兴产业,其知识体系明显不同于已有产业的知识体系,如纳米技术产业;基于技术积累形成的新兴产业,知识体系的累积性特征更加突出,如服务机器人产业。知识体制具有稳定性特征,但并不妨碍技术创新体系的适应性调整。服务机器人产业是机器人产业的细分部分,它的形成是基于知识的累积性与创新的连续性,形成过程中在位的大机器人企业占主导地位。

三、全球新兴产业的发展趋势

(一)新兴产业平稳渡过平台期,再次引领全球经济复苏

2017 年,全球经济复苏步伐加快,联合国发布的《2018 年世界经济形势与展望》中预计,2017 年全球经济增速将达到 3%,创 2011 年以来的最快增速。2017 年,全球新兴产业成为全球产业发展的领头羊和强劲引擎,新兴产业年度平均增速达到 8.1%,是全球经济增速的 2.7 倍,比上年和前年同期分别提升 0.3 个、0.5 个百分点。从细分领域看,在技术成熟、产业普及和全球市场扩张的合力推动下,节能环保、新能源、现代物流三个细分领域的全球平均增速分别为 9.3%,9.5%,12.7%,呈现产业上升期的良好增长表征。从市场布局看,发达国家新兴产业领域表现强劲。在经济形势好转的推动下,发达国家凭借产业技术全球垄断优势,再次掌握全球新兴产业市场主导权,发展中国家在新兴产业领域面临发达国家挤压日益加重的问题。

(二)以“互联网+大数据+人工智能”为核心的新兴产业融合基础技术迅速兴起

近年来,新兴产业内部尖端技术的融合二次开发迅速兴起,以“互联网+大数据+人工智能三位一体解决方案”为核心的、具有新兴产业基础支撑和普及推广能力的新兴产业融合技术,成为发达国家竞争的焦点,并诞生了新的新兴产业领域和方向。自然语言处理、图像识别、人工智能创新是随着新兴产业融合基础技术迅速兴起而诞生的三大新兴产业全新发展领域与方向。自然语言处理是以 AI 技术为核心的“互联网+大数据”拓展应用的通用型技术,计算机通过大量数据及算法的学习,能够识别出听到的语音并进行需要的处理,这种技术在如今的语音助手、智能音箱,甚至冰箱、台灯等各种设备中得到广泛应用。图像识别技术是以大数据技术为核心的“AI+互联网”拓展应用的通用型技术,目前图像识别技术已经拓展到了视频等动态领域,安防企业据此能够做到对特定人的连续查找追踪,广告商可以通过视频分析而有针对性地投放相关商品,自动驾驶汽

车则需要判断周围物体的类别以采取应对措施。图像识别及视觉技术将会不断渗透到生活工作中,成为我们的第三只眼。人工智能创新是以AI技术为核心的"大数据+互联网"拓展应用的通用性技术,服务于多个产品或领域,例如,Salesforce就开发了AI产品Einstein,并将其嵌入销售、服务、营销、分析、商业、物联网、社区等云服务中,进一步提升企业服务软件的效用。

（三）新兴产业尖端技术聚焦于人工智能、自动驾驶、物联网、基因测序四大产业领域

2017年度全球十大突破性科技榜单显示,基因疗法、瘫痪诊疗、强化学习、自动驾驶、消费级360度全景相机、细胞图谱、脸部识别、光伏电池、僵尸物联网和量子计算机十项全球尖端科技,已经成为全球新兴产业的发展风向标。将上述十项技术与产业领域对接可知,人工智能、自动驾驶、物联网、基因测序四大新兴产业领域,基本囊括了新兴产业技术发展导向。人工智能方面,2017年全球市值最高的五家公司(Facebook,Microsoft,Apple,Alphabet,Amazon)的产品技术发展路径和方向均为人工智能,且这五家公司均将企业定位为科技企业。自动驾驶方面,全球科技巨头纷纷进入,与传统企业产业巨头形成实力相当的竞争态势。当前,奔驰、宝马、奥迪、沃尔沃、福特、德尔福、博世等传统汽车及零部件产业巨头均推出了颇具国际市场竞争力的自动驾驶原型车,并通过与科技企业合作掌握了自适应导航核心技术。同时,具有自适应导航核心技术的技术巨头,依托技术优势并专注技术研发,通过雷达测距技术和摄像机识别车道线技术的深度开发,领先于其他汽车企业开发出自动驾驶汽车的防撞预警、自动跟随前车、辅助刹车灯等技术,并纷纷组建以技术巨头为主导的自动驾驶整车制造工厂。物联网方面,在2016年6月国际组织3GPP通过NB-IoT标准的持续发酵下,2017年全球物联网产业运营商和设备制造商将发展重点转向产品市场化和商用化。在年度世界移动通信大会上,华为发布了NB-IoT解决方案,专注于端到端的物联网方案与产品,通过商业与技术的全面支撑,保证商用的规模化拓展。基因测序方面,2017年基因测序步入行业爆发增长期。国际权威研究机构BCC测算表明,2017年基因测算产品国际销售额达到95亿美元,年度增速高达22.3%,增长能力为全球新兴产业中的翘楚,预计2018年达到117美元。

（四）国家、行业、企业间协作竞争成为焦点

由于新兴产业技术迭代速度较快,呈明显的外部性研发特征,企业、研发机构、政府三者间技术互通、协作共赢、抱团取暖成为在新兴产业国际市场求生、崛起的必然选择。2017年,政—企—研在市场培育、技术研发、推广应用等方面的强强协作表现亮眼,在安全设置、协作研发、标准框架、实体运营等方面的多维协作成效显著。一是国家间合作以"行业标准"为核心。2017年3月,就国际工业标准体系而言,美国"工业互联网"联盟与德国"工业4.0"推进机构,依托双方分别推出的工业网络参考架构和"工业4.0"参考架构模型,以两国工业结构体系的协同性为主体内容,协商成功两个工业结构体系间的交互操作范式与标准,并据此推动国际工业标准体系的全球推广与话语权获取。二是企业间合作以"跨行业"为核心。在网络背景下,新兴产业的行业边界越来越模糊,"跨行业、多元化"成为新兴产业企业间合作的主要特征。2017年9月,日本软银进入芯片领域,通过310亿美元高价收购ARM Holdings,软银成功实现对芯片制造产业的战略布局。2017年1月,松下进入新能源领域,通过7.56亿美元集中投资特斯拉,而特斯拉以资本对冲形式购

买松下生产的电子部件。2017年1月,德国企业管理软件公司SAP进入3D打印领域,通过业务合作3D打印巨头Stratasys,实现SAP公司业务流程和分布式制造服务业务的3D打印技术升级优化。三是行业内合作以"业务联盟"为核心,属于同一行业的传统巨头企业在巨大的市场压力下,纷纷采取抱团取暖的态度,以业务整合、平台搭建为主要方式,确保业内的市场利益和话语权。2017年9月,Partnership on AI产业联盟正式成立,由IBM、微软、亚马逊、谷歌、脸书共同组建,形成五大巨头在人工智能领域的合作伙伴关系,并聚力于产品互通、研发成果共享和市场推广互赢,从而形成对国际人工智能领域发展的控制权。

本章提要

本章主要介绍产业发展的内涵、产业发展的影响因素、产业发展的模式与理论、产业生命周期理论、产业发展的集群化、融合化、生态化、服务化趋势及新兴产业成长。

重要术语

产业发展;产业生命周期;产业集群;产业融合;产业生态;服务化;新兴产业

思考题

1. 产业发展的含义是什么?
2. 简要论述产业生命周期理论。
3. 三种比较典型的经济(或产业)发展模式理论的主要观点分别是什么?
4. 产业发展的趋势包括哪些?
5. 新兴产业产生的路径包括哪些?

第十一章　产业衰退

本章从产业衰退的必然性和客观性出发，将产业衰退的一般认识拓展到近年来频繁重现的危机性产业衰退，并重点论述。在经济全球化与科技飞速发展的背景下，以罗伯特·卢卡斯和本·伯南克为代表的学者认为经济萧条的课题已经得到基本解决，并具备了一整套相对成熟的理论支撑体系和应对策略。他们认为，20 世纪 30 年代的大萧条已经成为遥远的故事，同样的灾难不会重演，当前学术界研究和经济界关注的焦点应该是产业创新与升级。事实上，由于经济发展的内在不稳定性和外部冲击（如次贷危机、贸易壁垒、自然灾害、重大疫情等）的突发性，衰退不可避免。而且，随着世界经济一体化进程的加快，国与国之间的经济往来日益紧密，跨国公司在全球范围内重组价值链，把价值链上的各个环节分解到世界各地，在智力最密集处研发设计、在成本最低处生产制造、在需求最旺处广告营销，从而形成高度融合、密切关联、一体化的国际分工体系，产业链内各环节及产业链间的相互联系日益紧密，相互影响日益微妙。一旦局部发生衰退，其负面影响将会迅速蔓延，危害深度和波及广度将更加激烈。

第一节　产业衰退的内涵和外延

随着中国工业化的深入和经济全球化的加速，中国产业发展受到越来越多外部因素的干扰。在 2008 年金融危机的特殊干扰下，中国国内部分产业在一定时期内提早步入衰退；在 2011 年美欧“双反”政策的制裁下，中国光伏太阳能制造产业整体瘫痪。虽然国内外关于产业衰退的研究成果已经比较丰硕，但针对这类由于外部干扰而导致的产业衰退的研究成果尚不多见。以保罗·克鲁格曼为代表的学者就“萧条经济学”的研究不断向纵深推进，警醒着政策制定者和理论研究者经济衰退从来就未曾远去（Paul Krugman，2012）。结合地区性乃至全球经济衰退的现实，国内外学者对产业衰退的研究也逐步深入。但已有的相关研究大多局限于现象分析或政策研究，尚未明确危机性产业衰退的基本概念。

一、一般产业衰退概念的理解：文献观点

关于产业衰退的相关研究成果，大多集中在企业成长、产业生命周期、制度及其演进等方面对产业衰退的相互影响与作用，探讨产业衰退的一般规律和共性问题。对于一般产业衰退概念的理解主要可以从以下四个方面展开：

（一）衰退具有显著的周期性特征

1962 年，钱德勒第一次对企业成长阶段理论做出了一个较为明确的界定（Chandler，1962），此后，学者们开始沿用这一理论，从经济学、社会学、生物学等学科的视角构建产业

成长阶段模型。虽然不同学者对于产业成长阶段划分的数目和标准各有侧重，但都是将“衰退”视为产业生命周期的自然阶段。在生命周期理论研究的基础上，Gort 和 Klepper(1982)建立了产业经济学意义上第一个产业生命周期模型，称为 G－K 模型。该模型认为，在产业生命周期的衰退阶段，厂商由于面临越来越激烈的价格战、外部创新减少和通过“干中学”方式(过程创新)所导致的竞争加剧而大量退出。在经济发展中，新兴产业的成长与传统产业衰退过程不可避免，由产业的产生、发展、成熟、衰退的变化所决定，衰退是产业演进过程中的产物，产业的兴衰交替是普遍的经济现象(黄传荣 等,2012)。

(二) 产业衰退可能演化为经济危机

源于某一特定产业的衰退会沿产业链、信息链、资金链向纵深演化，并最终导致经济危机。Michael D. Bordo(2006)认为，从 20 世纪 90 年代初开始，金融危机和新兴市场发展的停滞与经济全球化初期发生的状况具有很强的相似性，通过对 1870—1913 年的资金流动、经常账户逆转和金融危机的统计，Michael D. Bordo 分析了危机的发生率并且衡量了危机对实际产出损失的影响。此外，他还考虑了开放对贸易、原罪，以及货币错配对于经济停滞和金融危机的类型的影响。Michael D. Bordo(2008)通过对 2007—2008 年经济危机的历史回顾，认为此次危机是一种持续的形态。本次危机和过去的危机有许多相似之处，但是也有许多重要的新变化。本次危机始于发达国家，由不透明的次贷市场及其银行的金融衍生产品向其他国家传播(包括虚拟产业和实体产业)，尤其对于那些高负债率的发达国家，通常拥有高经常账户逆差和较高的开放度，所遭受的冲击更是明显，如冰岛、匈牙利、乌克兰等。方堃(2011)研究发现，20 世纪 90 年代 IT 产业革命之后缺乏新的技术创新，致使实体经济增长动力不足。

(三) 产业衰退程度可定量测度

马歇尔认为，企业的成长与衰败遵循自然规律。美国尼克松内阁时期的美联储主席亚瑟·伯恩斯教授曾将产业衰退描述为“产业的增长百分率随年限的增加而趋于下降”。萧琛(2001)探讨了新经济周期的前景及有关的“准衰退”问题，并将其解释为信息网络经济条件下开始出现的一种介于虚拟经济和实体经济之间的新型衰退。周新生(2003)讨论了产业衰退的内涵、本质及其衡量标志，分析了中国的产业退出状况及其可能的出路，提出了退出产业的政策和建立援助机制的建议。王发明和蔡宁(2006)等引用复杂网络理论中刻画网络结构的三大统计结构变量，即度分布、聚集系数及平均最短路径长度，分析美国 128 公路衰退的原因。李小彬(2008)根据对产业集群的特征分析，运用生命周期理论对产业集群的发展各阶段进行比较分析，指出区域产业集群出现衰退现象的具体表现和原因。

(四) 产业衰退趋势可通过政策调控

虽然衰退是产业发展过程中不可避免的阶段之一，但至少在一段时期内衰退通常会对产业成长甚至经济的发展带来阵痛。为缓解衰退的负面影响或缩短这一过程，一系列因地制宜的调控政策被提出并应用于实践活动中。代表性的学者及观点包括：Robert M. Uriu(1984)研究了日本两大衰退产业——造船业和纺织业的调整和资源再分配问题。Antti Sihvonen(2010)分析了不同衰退条件下的战略形式，包括衰退产业中的防御者、衰退产业中的勘探者、衰退产业中的分析者，以及衰退产业中的反应者等的战略形式。刘志彪(2000)

讨论了衰退产业的调整和成长产业的保护,论证了中国制造业衰退的六个经验性假设,即投资假设、行政垄断假设、衰退程度不足假设、用户预期假设、产业选择理论不当假设和进入壁垒假设。任红波和李鑫(2001)从一个全新的角度——产业演化逻辑入手,在对衰退产业进行再定义和分类确定的基础上,建立了一个较为完整的衰退产业中企业战略选择框架,即动因导向型衰退产业战略理论,主要包括需求型衰退产业战略、比较优势型衰退产业战略和技术型衰退产业战略。林跃勤(2009)通过分析金融危机对"金砖"国家的冲击影响及反危机政策比较,寻找对新兴经济体有效克服外部冲击、实现持续赶超发展的路径。田益祥和陈留存(2011)认为,国际资本的大幅度流入流出对东道国经济安全会产生负面的冲击,并从主权信用评级的角度提出了制定短期调控政策抑制短期非正常冲击的政策建议。李祥辉、陈丽珍(2011)通过分析纺织业衰退的国际传导渠道,探讨哪些国际因素会影响中国产业的衰退,并进一步提出对策建议,以加强中国纺织产业的国际竞争力。许欣欣(2013)通过分析新加坡缓解国际石油价格对经济冲击的经验,提出了应对国际石油价格波动对中国经济冲击的对策。

二、不同类型产业衰退的界定与比较

不难发现,一般产业衰退内涵的综述中缺少根据产业发展特性而对产业衰退进行分类的研究。根据已有的全球性、区域性或地域性的经济衰退现象来看,产业衰退虽然最终均表现为产业市场份额的下降,但其形成的原因却存在较大差异。根据衰退原因的差异,可将产业衰退划分为周期性产业衰退、结构性产业衰退和危机性产业衰退三类。

(一)周期性产业衰退

周期性产业衰退指产业销售额或利润率按产业生命周期规律衰减的现象。由于产业是以具有代表性的产品为基础的集合,可以借用产品生命周期理论将产业的发展历程划分为投入期、成长期、成熟期和衰退期四个阶段。当某一产业在经历前三个阶段的发展后,市场上由于技术进步而推出了在经济上具有较强替代性的新兴产业,原产业的市场占有率将会下降,增长率甚至转变为负值,步入周期性产业衰退。例如,平板电视机的上市导致彩色显像管电视机销声匿迹,MP3 的问世将磁带随身听产业逼入死角。周期性产业衰退是产业成长过程中必然的自然衰退现象,难以逾越,不可逆转。一旦进入周期性产业衰退,原行业的产品必然将被融入新兴技术的新产品所替代,并进入下一个产业生命周期。周期性产业衰退示意图见图 11-1。

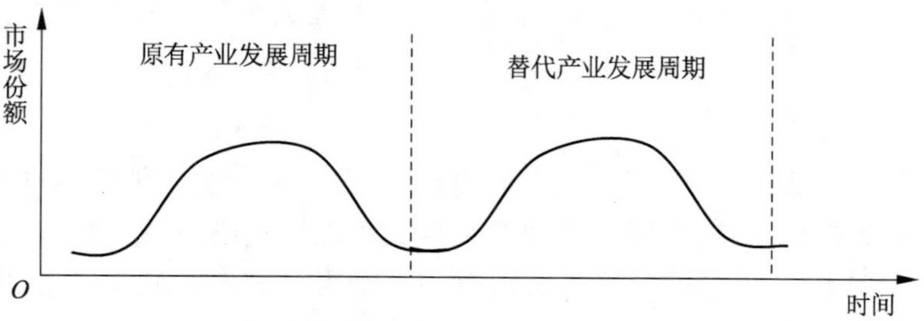

图 11-1 周期性产业衰退示意图

（二）结构性产业衰退

结构性产业衰退是指由于产业链内部某一环节出现产业本身技术进步断档、原料短缺或消费习惯变迁等重大变故，导致产业链的协调生产过程难以为继的衰退现象。与周期性产业衰退不同，结构性产业衰退并非因为具有较强可替代性新产品的市场冲击而引起，而可能根本就不存在替代性产品，仅仅是因为技术、原料或终端市场需求等产业链上的某个环节出现问题，形成生产瓶颈，导致产业发展受阻。例如，中国部分资源型城市因为资源枯竭而面临产业衰退，曾经作为家庭"三大件"标志之一的家用缝纫机产业随着国内对成衣需求的增加而逐渐消亡。结构性产业衰退使产业链内部各环节间的协调关系出现了永久性失衡，导致产业链断裂。这类永久性失衡可能是经济社会正常发展的必然结果，虽然没有很明确的替代产品，但同样不可逆转。结构性产业衰退示意图见图 11-2。

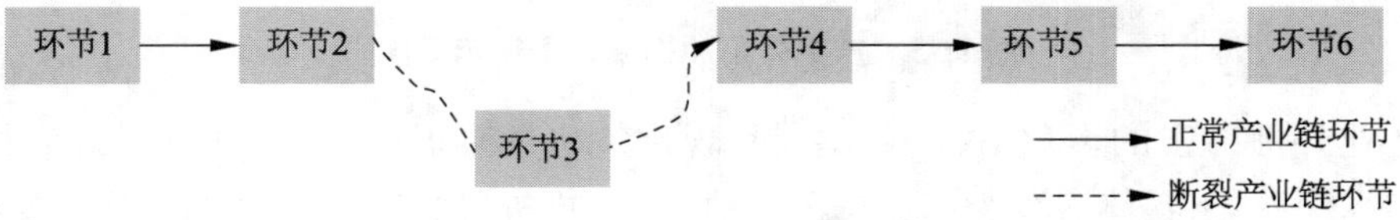

图 11-2　结构性产业衰退示意图

（三）危机性产业衰退

危机性产业衰退是指由金融危机、社会动荡、自然灾害、产业规制等产业外部因素冲击引起的衰退现象。由于这些冲击因素不受产业链本身所控制，因此该类冲击通常具有很大的突发性和不确定性，所引起的负面冲击效应也比较强烈，对本产业、关联产业乃至国民经济的健康发展的危害较大。危机性产业衰退的爆发时点取决于外部冲击发生的时机，在产业生命周期的四个阶段均可能发生。例如，2008 年美国金融危机的冲击导致中国玩具产业短期内陷入泥潭，2012 年美欧等国"双反"政策致使中国光伏太阳能产业几乎全线崩溃。与周期性产业衰退和结构性产业衰退不同的是，危机性产业衰退并非经济社会发展的必然趋势和结果，这类危机可能发生在那些成长性好、资源充足、市场旺盛、技术研发活跃的产业中，仅仅是因为外部不可抗力的负面冲击导致的产业增长率短期迅速下降。而一旦这类外部冲击压力解除，产业的衰退趋势将逐渐趋缓，并进一步回暖。

要理解危机性产业衰退的内涵，首先要明晰产业外部冲击的演化过程。在对已有相关文献系统分析的基础上，根据产业外部冲击能量的变化将冲击演化周期划分为酝酿期、爆发期、振荡期、缓和期四个阶段，如图 11-3 所示。酝酿期是产业外部冲击能量的积累阶段，此时冲击尚未形成，破坏性较小，但爆发的风险逐步增加，在图 11-3 中表现为曲线缓慢向右上方倾斜；爆发期是产业外部冲击能量的瞬间释放阶段，这一阶段持续的周期较短，但冲击强度较大，破坏性强，在图 11-3 中表现为曲线短期直线上升；振荡期是产业外部冲击能量的后续释放阶段，由于市场已经具备了一定的"免疫性"，冲击强度有所下降，但会持续一段时期，在图 11-3 中表现为曲线的高位反复振荡；缓和期是产业外部冲击能量的弱化阶段，产业外部冲击能量释放完毕，冲击的影响力开始下降，在图 11-3 中表现为曲线缓慢向右下方倾斜，直到恢复到正常水平。

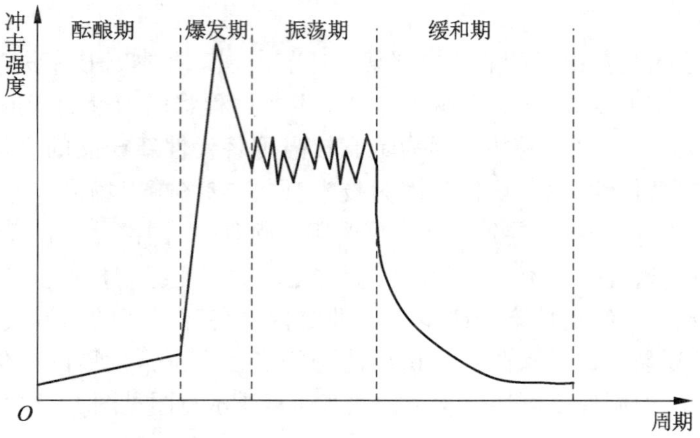

图 11-3　产业外部冲击演化周期示意图

在产业外部冲击的影响下,产业发展呈现出危机性衰退的特征,其衰退效应将按特定的规律向纵深演化,具体表现为产业的总产值、新增投资、出口规模、就业人数、技术创新等方面均将出现大幅度的萎缩。图 11-4 从总产值的角度描述了危机性产业衰退效应的一般演化规律:在突发冲击酝酿期,产业总产值持续快速上升,进入冲击爆发期后总产值急剧下降;而后随振荡期的到来总产值不断小幅反复,产业盈利较低或亏损,部分生产企业选择退出,产业竞争力低位徘徊;进入缓和期后,一方面本产业规模前期已经萎缩,另一方面其他竞争性产业得以发展,遭遇危机性衰退的产业总产值虽然会出现一定程度的反弹,却难以达到理想的预期水平,且危机持续的时间越长,差距越大。

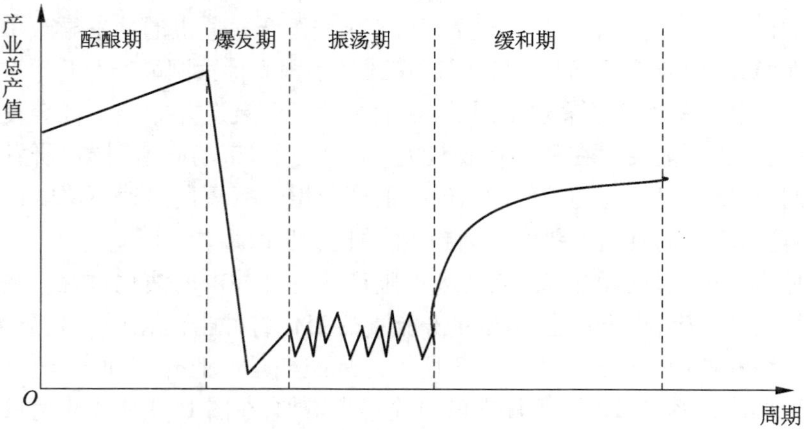

图 11-4　危机性产业(总产值)衰退演化示意图

(四)三类产业衰退的比较

在对三类产业衰退分别论述的基础上,进一步从衰退持续时间、经济危害程度、是否存在新型替代品、能否逆转等角度进行比较分析,具体见表 11-1。从表 11-1 中可以看出,三类产业衰退不仅爆发的原因不同,衰退的作用机制与效果也均存在差异。进一步,由于三类产业衰退爆发的原因分别来自产品周期、产业链瓶颈、产业外部,相互之间关联较小,因此三类产业衰退的爆发具有很强的时间与空间的独立性,即三类产业衰退可能各自单独发生,也可能两两叠加发生,还可能同时发生。当不同类型的产业衰退叠加发生时,相应的作用效果也将同步叠加。

表 11-1 产业衰退原因及影响效果的比较

产业衰退分类	衰退原因	衰退持续时间	经济危害程度	是否存在替代产品	能否逆转
周期性产业衰退	产品步入衰退周期	长	小	有	否
结构性产业衰退	产业链出现失衡瓶颈	长	小	无	否
危机性产业衰退	产业外部突发冲击	短	大	无	能

三、危机性产业衰退的既有研究与理解

在对产业衰退三种类别的划分及危机性产业衰退基本内涵分析的基础上,通过对危机性产业衰退相关研究成果的梳理发现,由于金融危机、社会动荡、产业政策等产业外部冲击时有发生,与危机性产业衰退相关的研究从未间断,其中关于金融危机对实体经济或产业衰退影响的研究相对较多。

以国外实体经济或产业为研究对象的代表性研究结论有:美国次贷危机引起的国际金融危机迅速从局部发展到全球,从发达国家传导到发展中国家和新兴市场国家,从金融领域延伸到实体经济,世界经济受到严重冲击,国际银行业损失惨重(李礼辉,2009);1997 年东亚金融危机和 2008 年国际金融危机导致日本出现了两次典型的经济景气衰退(崔岩,2009);1989 年将美国经济从低速增长推入衰退泥潭的直接因素是金融危机引起的信贷收紧和信心受挫,以及海湾危机引起的石油价格投机性上涨(宋运肇,1991);1998 年韩国面临的金融危机与东南亚部分国家的经历一样,在货币走出低谷后,骨干产业开始陷入萎缩状态,市场低迷(吴德烈,1998);股票和房地产市场的上涨将会最终导致更大幅度的下降,其长期后果可能是消费者和企业信心下降,或者是全球性经济衰退(Shiller R. J. ,2005)。美国次贷危机在全球引发了自 19 世纪 30 年代以来最严重的经济大萧条,东南亚金融业面临严峻考验(沈红芳,2009);在国际金融危机和主权债务危机叠加冲击下,“欧债五国”的银行产业陷入了全面衰退,银行产业的资产质量显著下降(李欢丽 等,2012)。

以中国实体经济或产业为研究对象的代表性研究结论有:19 世纪初期全球气候变化引起农业生产条件的恶化,导致中国经济转入长期衰退,即“道光萧条”(李伯重,2007)。汇市、股市、信贷市场、债市和期市等全球金融市场剧烈波动,生产、投资、消费、就业和贸易等实体经济持续下滑(文兼武,2009),导致大衰退的发生,金融危机以后的政府针对金融体系采取了很多救助措施,金融市场很快得到了稳定,但实体经济却依然没有恢复,危机还在实体经济蔓延(李永宁 等,2013)。

四、危机性产业衰退的特征与表现形式

在上述三类产业衰退的比较中可以发现,危机性产业衰退与其他两类产业衰退相比具有诸多差异,为更深入地理解危机性产业衰退的内涵,有必要进一步阐释其特征。结合已有的危机性产业衰退相关文献的分析,危机性产业衰退应具有以下四个基本特征:

（一）危机性产业衰退的形成原因复杂

由于危机性产业衰退的爆发是基于产业链外部突发事件导致产业链上的某个或某些环节在短期内遭遇重大负面冲击并呈现衰退特征的现象，其形成的原因错综复杂，难以探析。首先，遭遇外部负面冲击的产业链环节具有很强的不确定性。产业链是体现多个生产环节投入产出关系的产业组织系统，各个生产环节相互依存，共荣共生。一旦产业链上某个或某些环节遭遇剧烈的负面冲击，就会因为短期内难以找到替代环节而导致产业链的整体衰退。外部冲击可能作用于产业链的产品设计、原料采购、仓库运输、订单处理、批发经营和终端零售等任何环节，不确定性较强。其次，来自产业链外部的冲击来源具有多样性。产业发展是社会系统的重要组成部分，社会系统中的重大事件都可能对产业发展产生突发冲击效应。社会系统中的重大事件可能来自自然灾害、金融危机、恐怖活动、政治动荡、经济政策、科技进步等方面，这些事件通常具有较强的潜在性、突发性和社会性，它们均有可能成为产业链负面冲击的来源。

（二）危机性产业衰退的爆发时点随机

危机性产业衰退的爆发并非毫无征兆，而是某外部冲击因素长期发酵，在量的积攒达到临界值后，所发生的质的转变。但危机性产业衰退实际可能的爆发时机具有很强的不确定性，主要原因有两个：首先，产业的外部冲击因素的演化过程具有长期性和复杂性。受经济、政策、法律、环境、人文等多因素的干扰与强化，其量的积攒速度具有很强的不稳定性，可能缓慢增长，也可能短期内迅速膨胀，如2007年美国次贷危机爆发前，美国房市泡沫逐步形成，银行等金融机构出于安全考虑，开始收紧各自的融资政策，导致危机爆发，并最终演化成全球经济危机，在此过程中金融机构政策的调整扮演了危机爆发助推器的角色。其次，危机爆发的临界值具有较强的动态性和模糊性。危机爆发的临界值受制于经济系统中多方利益主体动态重复博弈，不但各利益主体的支付收益动态变化，而且部分利益主体的预期收益难以准确衡量，导致危机爆发时机的判定标准不确定。

（三）危机性产业衰退的短期破坏性巨大

由于危机性产业衰退爆发时机的不确定性，遭遇冲击的产业通常缺少必要的心理准备和应对手段。一旦产业外部的负面冲击爆发，将在比较短的时间内对产业造成严重破坏，并可能沿产业链向周边蔓延。其破坏性主要表现在以下三个方面：第一，产业系统的运行效率将在短期内迅速下降，由于遭遇产业系统外部的负面冲击，系统内的某个或某些环节在短期内大幅缩水或停滞，打破了整个系统的正常的运行状态，导致系统整体运行速率快速下降。第二，因为对危机性产业衰退的爆发缺少心理准备，导致市场预期短期下降，产业系统中各利益主体采取恐慌性回避或撤离行动，加剧外部冲击的负面效应。第三，某一产业遭遇危机性冲击并在短期内出现快速衰退迹象后，又会对周边其他产业产生负面示范效应，进而破坏整个经济系统的健康运行。

（四）危机性产业衰退具有复苏的可能性

虽然危机性产业衰退瞬间冲击的危害较大，但其持续的周期通常较短，并具有复苏的可能。这既不同于建立在技术革新基础上的周期性产业衰退，技术革新周期较长，衰退是一个长期的逐步替代的过程；也不同于由于产业链某一环节出现失衡导致的结构性产业衰退，产业链赖以存在的资源供给、市场需求等产业链环节的萎缩也不是一个短期过程。危机性产业衰退爆发的根源在于外部的危机冲击,如金融危机、产业政策、地震、战争、流行病等,这类冲击具有较强的时效性,短期的冲击行为发生后,会逐步解除或消失,一旦外部冲击因素解除,产业将逐步趋于复苏。另外,在危机性产业衰退的前半周期,恐慌性预期也是造成较大破坏性的重要原因,随着时间的推移,产业系统中各利益主体逐步回归理性,恐慌性预期效应下降,配合外部冲击因素的解除,危机性产业衰退也将呈现逆转态势。

第二节　危机性产业衰退形成的主要影响及传导效应

在对危机性产业衰退的内涵与特征分析的基础上,有必要进一步剖析其形成的基本原因和可能危害,揭示危机在产业环节间的传导渠道与模式。

一、危机性产业衰退形成的原因

虽然危机性产业衰退爆发的源泉较多,演化的过程复杂,但其形成的产业系统内部与外部的原因还是有规律可循的。产业系统内部原因主要包括产业结构的失衡与脆弱、应对预案与预警机制缺失,外部原因主要包括经济全球化的深入和发达国家的危机外输。

(一)产业结构的失衡与脆弱

在全球化背景下,跨国公司将总部设在发达国家,并对其自身的价值链进行重组(Gereffi et al,2005)。他们一方面掌握着技术、品牌等价值链核心环节;另一方面将可以标准化的低端环节转移到发展中国家。经过改革开放四十年的快速发展,中国出口能力已经大幅提高。国家外汇管理局数据显示,截至 2019 年 12 月底,中国外汇储备为 31 079 亿美元,但由于技术发源地来自发达国家或核心部件依赖进口,中国制造业仍被锁定在全球价值链的低端,未摆脱“世界组装车间”的地位,包括 iPhone 等电子产品的生产、Nike 鞋等纺织服装品的生产。

在此背景下,中国的产业升级面临严重阻碍,产业结构优化不再是一个自然演化过程,产业结构失衡与脆弱的问题突出。首先,同一产业链上不同生产环节间匹配关系不平衡。中国主要依赖一般性的、低级要素的比较优势,发展全球价值链上系统集成度较高的加工环节。大量以 FDI 形式进入的外资企业和本土企业以加工贸易或代工贴牌方式,参与到主要由国际大买家或跨国公司主导与控制的全球价值链分工体系中。其次,不同产业部门之间投入产出关系不合理。目前,中国发展较快的大多是从发达国家转出的“三高一低”的粗放型产业,即投入高、能耗高、污染高、经济效益较低。较低的产业门槛导致内部企业之间过度竞争,增值空间较小,大部分企业处于生存边缘,抗风险与外部冲击能力很弱,产业结构单一、生产模式简单,对外依赖性强、抗风险能力弱。产业缺乏生态性、系统性、自适应性,在遭遇外部因素的负面冲击下,极易产生多米诺骨牌效应,在短期内迅速向纵深演化,形成危机性产业衰退。

(二)经济全球化深入导致的产业系统间的密切关联

全球价值链分工背景下的国际分工层次从产品细化到了生产环节。最早对国际生产体系理论研究的亚当·斯密在其《国富论》中,详细论述了分工协作所带来的好处。第二次世界大战以后,国际上出现了生产要素的跨国流动,跨国公司将资本、技术等生产要素输出到其他国家进行生产和经营,以产品交换为特征的国际生产体系理论已难以解释这种现象,基于全球价值链的国际生产体系的变革理论便产生了。随着生产一体化的发展,跨国公司规模不断扩大,其内部协调成本逐步提高,而市场的不确定性却日益突出,跨国公司通过直接投资方式所取得的收益及通过国际贸易所取得的收益面临日益下降的威胁,跨国公司尝试通过合同关系组织国际生产分工,从而使国际生产越来越趋向非一体化。

2013 年世界银行的数据显示,2011 年中国货物和服务的贸易规模达到 4. 29 万亿美元,占世界外贸总额的 9. 9% 。中国制造已经渗透到服装、纺织品、汽车、电子产品等各个领域。事实上,中国只是承担了这些产品的部分加工环节,其他加工环节(甚至是产品加工的关键环节或部件)是在其他具有更强竞争优势的国家或地区完成的。例如,芭比娃娃的生产过程中,模具和点缀的彩饰来自美国,高科技的头发来自日本,原料塑料产自中国台湾,棉布外衣产自中国大陆,然后在中国、印尼等国家组装,最后销往全球。总之,不同的产业环节分布在不同的国家完成,这已经成为当今一个非常普遍的现象。

（三）发达国家危机的外部输出

2008 年国际金融危机的根源是发达国家金融创新和房产泡沫交互作用,监管者失责,企业又忽略市场风险。在房地产泡沫持续发酵的前提下,面向美国次级房屋信贷的金融衍生品也可以获得很高的投资回报率,但高回报下却隐藏着极大的风险。2004 年巴菲特就曾指出,金融衍生品是“致命的大规模杀伤性金融武器”,但美联储主席格林斯潘并没有采取有效应对措施,2004 年到 2006 年 6 月期间 17 次加息将利率从 1% 推高到 5. 25% ,加重了购房者的还贷负担。特别是 2005 年第二季度以后,房地产市场大幅降温,住房价格下跌,购房者不能将房屋出售或通过抵押获得融资,次级抵押贷款市场借款人无法按期还款,次级抵押贷款市场危机愈演愈烈。

金融危机爆发后,发达国家在承担维持国际金融系统稳定的责任与义务方面的表现不仅差强人意,还通过调整财政与货币政策向其他国家输出危机。一方面,美国在金融危机中采取宽松的货币政策和财政政策,大量投放货币,降低利息率。基础货币供给从 2007 年 8 月初至 2009 年 3 月 4 日增加幅度接近 200% ,远超历史平均水平,同时联邦基金利率大幅降低。量化宽松的货币政策导致国际金融资本市场热钱泛滥,钱多为患,难免会引起国际市场资产泡沫和金融市场动荡。作为全球第一大外汇储备国和对美出口国及债权国,中国是美国“量化宽松”政策负面“溢出效应”的主要承受者。美元资产严重缩水、外贸出口下滑、通货膨胀加剧、热钱流入。另一方面,美国政府向实体经济实施救助,不仅对汽车和新能源等产业进行注资,还频频对他国进口产品实施反倾销和反补贴调查。中国的光伏太阳能产业在遭遇美国“双反”后,国内相关行业至今仍未摆脱衰退。

（四）危机性产业衰退应对预案与预警机制的缺失

危机性产业衰退是一种不同于周期性产业衰退和结构性产业衰退的现象。从产业发展的历史来看,部分产业衰退虽具有危机性产业衰退等特征,但由于影响范围小、持续周期短、产业危害低,与当今发生的危机性产业衰退相比,这类衰退仅可称为准危机性产业衰退。通过对相关研究资料的梳理后发现,已有的关于产业衰退应对政策措施的研究成果大多围绕后两种衰退形式展开,针对危机性产业衰退的应对预案与预警机制的研究鲜有发现。

作为一种新型的产业衰退形式,危机性产业衰退具有自身特有的系统性、复杂性和关键节点。由于实践应对经验的缺失和理论研究成果的不足，在遭遇危机性产业衰退冲击后，在思维定式的固化作用下，大多数国家采用了传统产业衰退的应对方案，即以宽松的财政政策和货币政策，以及产业扶持政策调控市场，虽有改善但成效甚微，不能从根本上控制产业衰退的蔓延。政府、协会、企业等各个层面均缺少切实可行的应对预案和预警机制。如2008 年美国金融危机导致中国出口产业持续疲软，国内启动了扩大内需、增加投资等应对传统产业衰退的相关政策，虽然在一定程度上缓解了危机冲击的负面效应，但同时也埋下了诸多隐患。

二、危机性产业衰退的传导效应

危机性产业衰退爆发后，所产生的衰退效应会通过多种渠道向其他相关产业环节传导。这种传导可能表现为局限于某一地域范围内在虚拟产业之间、实体产业之间、虚拟与实体产业之间的演化，也可能表现为跨地域、国际范围内、产业之间的传导。2008 年美国经济衰退后通过国际贸易和对外直接投资等渠道向中国实体产业传导衰退，对中国 GDP 和固定资产投资产生了显著的负面冲击效应。这里以产业间关联方向为标准，从前向传导、后向传导、侧向传导三个维度分析危机性产业衰退的传导效应。

（一）危机性产业衰退前向传导

危机性产业衰退的前向传导是指将衰退通过产业链上的供给关系向其他产业部门传导，即某产业的产出品为其他相关产业生产活动的投入品，当该产业遭遇危机性衰退时产出品在短期内迅速下降，导致其他相关产业的生产投入不足、产出下降，衰退沿产业链向前传导。在美欧对中国光伏太阳能产品“双反”的案例中，中国光伏太阳能设备制造产业遭遇危机性产业衰退，导致美欧市场上光伏太阳能产品供给不足，并进一步对光伏发电产业和光伏集成系统产业造成负面冲击。

（二）危机性产业衰退后向传导

危机性产业衰退的后向传导是指将衰退通过产业链上的需求关系向其他产业部门传导，即甲产业生产活动的投入品为乙产业的产出品，当甲产业遭遇危机性衰退时，对投入品的需求在短期内迅速下降，导致乙产业的市场需求不足，销路不畅，生产活动停滞或大幅放缓，衰退沿产业链向后传导。仍然以中国光伏太阳能产品遭遇美欧“双反”为例，在遭遇“双反”后，衰退前向传导到光伏发电产业，而且导致对晶体硅的市场需求量大幅下降，以至于衰退向晶体硅等相关产业后向传导。

（三）危机性产业衰退侧向传导

虽然有时产业间不存在直接的投入产出（供给需求）关系，但可能通过投入要素再生产或其他中介环节而存在间接的联系，这种联系被称为侧向关联。例如，虽然房地产建设和家用电器生产之间不存在直接的投入产出关系，但房地产建筑产业的兴衰会直接影响到家用电器产业的起伏。危机性产业衰退形成后（特别是面向主导产业的衰退）会通过多种渠道向周边的其他产业（主导产业的辅助产业）侧向传导，对地区的经济结构、基础设施、城镇建设、人员素质等方面产生负面影响。例如在限购、提息等房产政策的冲击下，房地产市场活跃度快速下降，部分楼盘周边的商业配套产业关停，甚至在一些地区出现了空无人烟的“鬼城”。

第三节 危机性产业衰退的国际传导机制

随着国际经济一体化的深入，产品、资金、人才、技术、信息等生产要素在国家间的流动性得到强化。在国际市场机制的协调下，各类生产要素在利润最大化和风险最小化动机的驱动下，能够在世界范围内短期快速流转。在这一背景下，当危机性产业衰退在一国（地区）发生后，所产生的衰退效应也将生产要素的流动向其他国家（地区）传导。

一、危机性产业衰退国际传导的基本条件

经济个体行为直接影响产业衰退传导的范围和程度，经济个体的行为构成危机性衰退传导的微观基础。特别是在恐慌心理作用下，基于微观经济个体有限理性与有限道德的行为特征，危机性产业衰退国际传导的同时，危机也被同步强化，进而加剧产业衰退的传导。除微观经济个体自身行为的影响外，危机性产业衰退国际传导的产业环境也不可忽视。第二次世界大战结束后，产业链本身的分工与合作越来越专业化与网络化，各个国家基于要素禀赋差异等产生的竞争优势嵌入全球价值链各个环节，全球价值链内部的协作方式与相互关系既给产业链嵌入企业传导了压力与动力，危机爆发时也给企业传导了衰退。另外，全球价值链的不同治理模式下危机性产业衰退传导的进程与结果有着显著的差异。模块型治理模式中，各厂商是优势互补的关系而非控制关系，厂商的市场适应能力较强，投资的专用性程度较低，具有很强的空间转移能力，因而各厂商应对危机的能力强，危机性产业衰退传导的进程慢、程度小。关系型治理模式中，一般以中小企业为主，凭借信誉、相互信任而聚集，表现出较强的社会同构性、空间临近性、家族和种族性等特征。由于单个经济行为主体规模较小，对市场需求的识别能力较弱，其市场适应能力的强弱是以空间集聚为前提的，相比之下，其空间转移能力较弱，因而抗危机的能力差，危机性产业衰退传导的进程快、程度深。领导型治理模式的显著特征是众多中小厂商依附于几个大中型厂商，这些大中型厂商对中小型厂商具有很强的监督和控制力，这种依附关系的改变需要较高的变更成本，危机爆发后，小厂商极易受到冲击，较易传导衰退。

二、危机性产业衰退国际传导的渠道

危机性产业衰退的国际传导是由外部冲击引起的产业衰退，通过多种渠道和途径在国际进行传导的过程。首先是贸易渠道。贸易是国家间经济交往的重要渠道，由于贸易溢出效应的存在，一国发生危机性产业衰退后会恶化另一个（或几个）与其贸易关系密切的国家的宏观基本面，可能导致另一个（或几个）国家遭受投机性冲击压力。其传导的过程通过价格竞争力因素、总需求因素、物价水平因素和政策目标冲突四类因素引发。其次是金融渠道。一般说来，实体产业的衰退主要是通过两类市场上的资本流动在各国间进行传导，分别为金融市场和实体投资市场。资本的跨国流动使得一国金融市场或实体投资市场的任何波动都可能传导至世界其他国家。一个国家发生危机后，投资者在该市场上遭遇巨大的资本损失，流动性急剧下降，面临破产威胁，因此只好在其他尚未出现危机的国家出售资产，获得流动性，调回危机发生国救急，结果导致关联国市场发生动荡。也就是说，当一个

市场由于受到冲击失去了流动性，而与它无关的另一市场依然可以流动时，投资者将在与它无关的另一市场大量出售他们持有的资产，因为与它无关的另一市场对投资者来说依然是有效的市场，投资者的行为导致危机从受冲击市场传染到另一市场，并且引发受传染市场产业的衰退。再次是汇率渠道。一国货币汇率变动将直接影响该国的进出口贸易，进而影响实体经济和整个国民经济。一国货币贬值会对该国的外贸带来双重影响：一是因本国出口商品价格下降而增加出口量；二是因进口商品价格上升而减少进口量。例如，自 2005 年 7 月以来，虽然人民币对美元已经累计升值 20%，但在 2007 年名义有效汇率变动却平缓，表明人民币对其他货币并没有出现明显的升值，甚至对欧元、日元还出现小幅贬值；而后名义有效汇率出现了明显较大幅度的升值。伴随着名义有效汇率的变动，我国进出口贸易发生了重大变化。从 2008 年初开始，出口量出现了较大幅度的下滑，与此同时，进口量有所上升，但 2008 年 5 月以后，进出口增速均下降。这是由于美国金融危机引致的经济衰退，传染到欧盟等其他经济体，进而使这些经济体增速减缓，欧元等货币随之贬值，从而使人民币名义有效汇率升值。汇率的变化削弱了我国外向型企业出口利润的增长，增加了出口成本。最后是产业联动传导渠道。通常产业联动传导渠道包括两条途径：存货的加速原理和产业的结构性震荡。存货的加速原理是指某国发生危机性产业衰退导致经济衰退和消费、投资需求萎缩，企业销售额下降使其财务状况面临恶化。存货的加速原理主要以企业资产负债表和供应链关系反映危机性产业衰退的传导，其传导机制主要表现为危机性产业衰退引起消费需求萎缩，从而导致企业销售额下降，进而减少存货和减少原料采购，又导致其他产业销售额下降，引起相似的连锁反应。

三、遭遇危机性产业衰退国际传导的区域产业调整机理

遭遇危机性产业衰退国际传导的本土区域产业通常表现为实体经济下滑、贸易萎缩、企业停产倒闭、就业率持续下降等。除微观经济个体自身行为特性和产业环境等方面的原因外，产业衰退与遭遇危机传导的本地区域产业发展中自身存在的缺陷也不无关系，导致本地区域产业自身的缺陷与国际危机性产业衰退产生“共振”效应，加深了产业衰退的程度。本地区域产业的缺陷主要表现为产业结构不完善；产业创新能力较弱；产业技术水平低下，处于产业链的低端；政府缺乏有效的监管，缺少合理的产业规划，造成相关产业产能过剩；政府和企业缺乏风险防范意识，没有建立有效的产业安全预警系统。但危机性产业衰退国际传导中产业的衰退通常具有“衰而不亡”的特征。产业衰退只是意味着相对于其他产业或自身的发展过程而言，其对经济发展所做的贡献呈下降趋势，但它们不会完全退出经济舞台，依然是本国产业结构中不可缺少的重要组成部分，对经济增长产生重要影响。为缓解危机性产业衰退国际传导所带来的本土产业衰退及衰退产业自身调整所引起的社会震荡，提高资源再配置和转移的效率，区域产业调整的主体将根据外部环境变化和自身发展的需要，选择合适的产业调整方式。危机性产业衰退国际传导中区域产业调整方式大致可分为产业创新、产业转移、产业退出三种。

第四节　危机性产业衰退的识别标准

在关于衰退产业概念及特征的研究中，衰退产业被界定为销售增长率持续下降的产

业,销售增长率的持续下降被认为是识别衰退产业的基本方法(陆国庆,2002)。本节在此基础上,结合危机性产业衰退的概念及特征,进一步从销售增长率、生产效率、固定资产投资增长率、技术进步率和产业关联度等角度探讨危机性产业衰退识别的经验性标准。

一、产业市场份额短期内迅速下降

市场份额下降是识别产业衰退最基本的现实指标,危机性产业衰退也不例外。周期性产业衰退和结构性产业衰退通常存在一个比较长的衰退酝酿期、替代期或缓冲期,市场份额也表现为在一个较长时期内的缓慢下降。而危机性产业衰退与之不同,一方面在其爆发前产业市场份额通常呈上升态势或保持平稳;另一方面由于其爆发的时机具有较强的随机性且原因复杂,一旦发生,即可在短则几天、长则几个月的期间内造成产业出现全局性的大幅衰退,产业市场份额会在短期内出现大幅下跌。衡量产业市场份额的基本指标包括销售增长率、市场占有率、行业总产值占 GDP 比重等,可以通过统计分析近几个月或近几周的产业市场份额的这些具体指标来识别危机性产业衰退的发生。

二、产业具有稳固的成长潜力

产业的成长潜力是指产业内在的成长过程中还没有发挥出来的力量或能力,而且这种力量或能力将成为未来产业发展的支点。通常成长潜力大的产业未来发展趋势较好,市场份额就会稳步提升。但在外部危机冲击下的情形却大不相同,即便是产业具有稳固的成长潜力,产业市场份额也会在一段时期内快速下降,形成危机性产业衰退。而周期性产业衰退和结构性产业衰退通常已经失去了产业成长潜力,即产业成长潜力和产业市场份额同步下降。因此,产业成长潜力的强化与销售额迅速萎缩的同步发生成为识别危机性产业衰退的重要尺度。产业成长潜力的基本评价指标包括产业生产效率、固定资产投资增长率、全要素生产率和产业关联度。

产业具有稳固的成长潜力具体表现在如下四个方面:其一,产业生产效率保持高位运行。产业演化的基本规律是高生产效率的产业替代低生产效率的产业(陆国庆,2002)。高生产效率产业的要素投入报酬高,会吸引要素从低生产效率的产业流入,导致高生产效率的产业规模扩大。特别表现在一些战略性新兴产业的发展过程中,战略性新兴产业具有对经济社会全局和长远发展起重大引领带动作用的预期,产业生产效率相对较高,但遭遇危机冲击时销售额可能在一段时期内快速下降。其二,固定资产投资增长率持续上升。固定资产投资增长率是指一定时期内增加的固定资产原值对原有固定资产数额的比率。对于产业发展而言,固定资产投资的增长反映了产业的产能扩张,进而意味着产业未来市场份额的增长。其三,全要素生产率快速提升。全要素生产率指生产活动在一定时间内的效率,是除去劳动、资本、土地等投入要素后的余值,其来源有技术进步、组织创新、专业化和生产创新等。全要素生产率的增长率通常被看作是衡量科技进步的指标。其四,产业关联度较强。产业关联指某产业与其他产业间以各种投入品和产出品为连接纽带的技术经济联系(苏东水,2013),包括实物形态和价值形态的联系和联系方式。产业关联度反映为根据投入产出表计算出的产业影响力系数和产业感应度系数。产业关联度越高,与其他产业的联系越广泛、密切，该产业在经济发展中的地位越重要，成长性越好，也越能够通过乘数效应带动相关产业的发展。

第五节　危机性产业衰退的应对思路

通过对产业衰退现象的深度剖析，本章在国内外文献梳理的基础上，将产业衰退划分为周期性产业衰退、结构性产业衰退和危机性产业衰退三种类型，并进一步界定了危机性产业衰退的基本内涵，形成了危机性产业衰退的基本理论架构。首先，通过比较分析，揭示了危机性产业衰退具有形成原因复杂、爆发时点随机、短期破坏性巨大和具有复苏可能四个特征。其次，从中国产业系统内部和外部两个角度揭示了危机性产业衰退形成的主要原因，其中产业系统内部原因主要包括产业结构失衡与脆弱、应对预案与预警机制缺失，外部原因主要包括经济全球化的深入和发达国家的危机外输。再次，结合危机性产业衰退的概念及特征的分析，从产业生产效率、固定资产投资增长率、全要素生产率和产业关联度等角度探讨危机性产业衰退识别的经验性标准和诊断思路。最后，以产业间关联方向为标准，从前向传导、后向传导、侧向传导三个维度分析危机性产业衰退的传导效应。近年来，中国产业发展面临的外部冲击日趋复杂多样，包括美国次贷危机、国际出口市场“双反”、房地产调控的严厉政策，以及大规模自然灾害、地区冲突、恐怖袭击等时有发生，针对中国危机性产业衰退爆发的现实存在性和日趋频繁化，本节在危机性产业衰退理论构架的基础上，从危机性产业衰退爆发前的预警和爆发后的治理两个角度探讨危机性产业衰退的防范机制。

一、危机性产业衰退的预警策略

在对危机性产业衰退风险识别的基础上，建立具有较强科学性和可操作性的风险预警系统，提出相应的策略调整组合，以期在危机性产业衰退爆发之前，及时高效地发现风险、洞悉风险、化解风险，防患于未然。

（一）危机性产业衰退的风险要素识别

通过对中国危机性产业衰退的典型案例（尤其是以光伏设备产业为代表的战略性新兴产业）分析，梳理、归纳可能导致中国战略性新兴产业遭遇贸易限制措施的风险要素（产业规模、投资变动、市场分布、市场竞争等），并建立产业预警数据库。借助期权博弈模型等数理分析工具推演危机性产业衰退预警临界值的一般表达式，并以光伏设备产业等为例对理论结果进行验证性分析。

（二）危机性产业衰退的预警机制设计

综合分析预警产业的市场规模、结构、行为、绩效等差异，并结合国内外该产业发展的基本趋势和世界主要市场国家的产业发展现实，针对风险高、中、低的差异设计红、橙、绿三级动态风险预警机制。结合三级预警风险的差异建立分级分类发展的评价体系与标准，将监控产业划分为限制发展、自由发展和优先发展三类。

二、危机性产业衰退的治理策略

危机性产业衰退的治理策略主要指危机性产业衰退发生之后的补救策略，即危机爆发期的应急管理、振荡期的支持政策、缓和期的产业发展思路。系统梳理所考察的产业的治理机制，探讨政府、行业组织、企业分别应该采取何种策略组合才能最大限度地缓解危机性产业衰退的负面冲击，同时出台积极的应对策略组合。

(一) 危机性产业衰退的治理机制分析

系统分析危机性产业衰退发生时所面临的国内外政策法规、国际商务、文化差异等外部治理环境，剖析产业外部治理环境所存在的主要问题；借助产业组织理论的分析思路，揭示衰退产业（如光伏太阳能产业）的市场结构，厘清危机性产业衰退爆发后各治理主体（核心企业、协会组织、咨询机构、产业管理部门）的权威性与参与度，治理机构设置的科学合理性与运作规则，治理边界的清晰度与有效性。从应急预案完备性、行业规则执行力、信息沟通通畅度、行业内的协调与激励等方面分析正式治理机制的运行情况，从企业互动、关系强度、合作机制、相互信任、多边惩罚、社交规范等方面分析非正式治理机制的运行情况，系统揭示所考察的战略性新兴产业治理机制的现状和存在的问题。

(二) 危机性产业衰退的应对策略

在对治理主体、结构和机制分析的基础上构建危机性产业衰退爆发后的综合治理理论框架，结合危机性产业衰退的差异（产业规模、影响范围、持续周期），从政府、行业和企业等不同角度提出具有较强科学性、针对性和可操作性的政策建议。首先，从政府层面来看，从国家战略的角度探讨动态博弈均衡点，对现有的各项主要政策措施进行评估，并针对性地提出具体的政策调整建议。其次，从行业层面来看，要系统评估贸易限制措施发生后的行业发展利弊，分析危机性产业衰退发生的内外部环境因素，针对性地提出改进行业组织功能的建议，对外统一声音、对内加强自律。最后，从企业层面来看，在对危机性产业衰退所涉及企业的生存条件与压力比较分析的基础上，根据企业所处情境的不同（行业地位、产业规模、投资周期等维度的不同）给出不同企业的产品生产、市场调整、行业投资、技术创新等行为分类选择。

本章提要

本章从文献的视角探讨了产业衰退的内涵和外延，根据衰退原因的差异将产业衰退划分为周期性产业衰退、结构性产业衰退和危机性产业衰退三类。进而结合近年来在次贷危机、重大疫情等冲击下危机性产业衰退频发的状况，重点探讨了危机性产业衰退形成的主要影响及传导效应、识别标准和应对思路。

重要术语

产业衰退；周期性产业衰退；结构性产业衰退；危机性产业衰退

思考题

1. 产业衰退的主要类型有哪些?
2. 简述危机性产业衰退的主要特征与表现形式。
3. 简述危机性产业衰退的主要传导效应。
4. 危机性产业衰退的主要渠道有哪些?
5. 如何识别危机性产业衰退?

第十二章 产业创新

本章首先阐述创新的基本概念与分类,从供给和需求两方面分析创新的动力来源,在此基础上,介绍产业创新系统理论,并探讨产业创新升级的实现路径。通过这些内容的学习,加强对创新理论相关知识的认识,为分析特定产业的创新驱动问题提供理论参考。

第一节 创新的内涵

一、创新及其分类

创新是把一种从来没有的生产要素的“新组合”引入生产体系,用于解决问题的一种做事方法。这种新组合包括引进新产品、引用新技术、开辟新市场、控制原材料新的来源、实现一种新的工业生产组织。

根据创新重要性程度,萨塞克斯大学科学政策研究中心(SPRU)将技术创新行为分为以下四类:

(1) 增量创新。这一类创新是工程师和其他直接参与生产活动人员的发明和提出改进意见的结果,或者用户首创或建议的结果。这一类创新行为对企业生产要素使用时的效率改进是非常重要的,常常伴随工厂规模的增大,以及产品和服务质量的改进而产生。

(2) 基本创新。这一类创新通常是大学、企业及政府实验室的研究与开发结果,具有不连续性的特征。例如,尼龙不可能通过人造纤维厂或毛纺业改进生产工艺而生产出来,也不可能通过对烧煤或烧油的火力发电站进行增量改进而形成核电站。这类创新行为往往伴随着一系列产品、工艺和组织创新的组合。基本创新确实带来了市场结构的变革,然而就他们的综合经济影响而言,则是相对较小或较为局部的。当出现新产业和新服务时,一整套基本创新连接在一起,对市场结构的变革影响会比较显著。

(3) 新技术体系变革。这类创新行为是指对若干经济领域产生影响,同时导致全新行业出现的技术进步。这一类创新行为往往是增量创新和基本创新的组合。

(4) 技术经济模式的变革。这类创新一般是指比较大的技术体系变革,这样的变革不仅会导致若干技术体系的改变,还会在整个经济中具有渗透效应:导致产品、服务、系统和产业产生新的应用范围,直接或间接地影响经济的每个领域。

专栏12-1

熊彼特 Mark I 与熊彼特 Mark II

关于创新话题的经济学研究可以追溯到约瑟夫·熊彼特的著作,他强调了动态竞争的重要性。在熊彼特的创新理论中,两种不同的创新模式被提及,这两种创新模式被概括为熊彼特 Mark I 和熊彼特 Mark II,分别对应熊彼特在《经济发展理论》(1934)和《资本主义、社会主义和民主》(1943)两本书中的观点。

在熊彼特 Mark Ⅰ中,新企业是最常见的创新主体:

新组合并不必要由控制着被新过程替代的生产或商业过程的同一批人去执行,尽管这样的情况也经常会发生。相反,新组合通常来说是体现在新企业中的,这些新企业一般也不是脱胎于旧企业,而是在旧企业旁边开始生产的……一般来说,建造铁路的并不是公共马车的所有者。

然而,在熊彼特 Mark Ⅱ中,承担技术进步责任的却是现有企业:

当我们对每个技术进步的细节进行详细考察时,我们所追寻的足迹并没有把我们引领到处于比较自由竞争条件下的企业门前,而是把我们带到了大企业的门前……于是一种强烈的怀疑在我们心中油然而生,也许大企业在创造生活标准方面起到了更大的作用。

熊彼特关于推动创新的力量的探讨至今指导着经济学家对创新进行分析。

注:《经济发展理论》最初于 1912 年出版德文版,后经多次修订再版。1934 年以德文修订本为依据的英译本在哈佛大学出版社出版。

另外,还可以在产品创新和工艺创新之间做出区分。产品创新是指商品和劳务的创新;工艺创新则是生产产品成本的减少。当然,在这两类创新之间不可能总是有一条清晰的界线。一个企业的新产品也许会引发另一个企业的新工艺,而且在不断追求成本降低的情形下,产品创新一般也可以看作是工艺创新。

二、创新的经济学特征

首先,技术创新具有“公共产品”的特征。一旦技术知识体系被开发出来,知识就可以被广泛使用,比如说可以生产许多特定类型的产品而不需要再次开发这种知识,并且这些知识可以用于不同的目的。一项技术的一种用途并不会影响技术的其他用途,尽管可能需要对基本设计或程序进行一些改进。虽然可能需要大量的学习,但这可以使技术创造者以外的经济行为体在不削弱发明者使用该技术能力的情况下使用技术。大多数新技术创新最终会进入公共领域,成为大多数专业人士所熟知和广泛使用的知识体系的一部分。

其次,创新具有“专有性”特征。虽然快速面市可以显著提高新技术带来的经济效益,但新技术在用户中的普及会侵蚀发明人所获得的回报;反过来,这会从一开始就削弱发明人创新努力的动机。

在大多数经济领域,商业企业和独立发明人是创造或改进产品和工艺技术的主要来源。他们创新的原因有很多,特别是当一项技术是新技术时,独立发明人和商业企业经常因为对其前景的热忱和对参与该技术的渴望而参与其中。显然,商业企业和独立发明人投入资源和时间来推进技术的原因是他们希望从创新中获利。他们从工作中获得回报的能力很大程度上取决于他们控制发明使用的能力。

新技术和市场普及的冲突是真实存在的。为实现有效的经济发展,需要在新技术推广和进一步推进新技术开发之间取得一定的平衡。

传统观点认为,知识产权的建立,尤其是通过专利建立的知识产权是新技术创造者获得回报的主要方式。但是,经济学家已经意识到这种假设具有很大的误导性。在某些产业中,通过专利保护知识产权是有效的,并且是企业从创新中获利的主要手段。特别是在药品、化学产品和部分科学仪器行业中,专利保护占有突出地位。但大多数行业报告显示,专利并不是企业从创新中获利的主要手段。获得超越竞争对手的领导优势,建立营销和服务能力,以及持续改进追随者之前的学习曲线比专利更重要,且具有不同的重要性。在很多产业中,专利是无效的。专利的价值往往被视为一种用来阻止其他公司进行专利起诉和与其他企业进行技术议价的工具,而非保护自身创新的工具。

经济学家最关注的是在知识产权比较严格的市场上,新技术成为专有产品所涉及的社会成本。在这样的市场上,发明人可以进行垄断性定价。如果新产品满足了其他任何方式都无法满足的重要需求,那么,那些因为买不起而被取消使用权的人的成本可能是巨大的。

专栏12-2

专利保护范围的作用

随着对技术进步是一个演化过程的认识的日益加深,人们越来越认识到专利范围的重要性。特别是在技术飞速发展的领域,专利持有人的垄断力很大程度上受限于竞争对手提出竞争产品和流程的速度,而这些竞争产品和流程并未被专利所阻碍。如果授予特定发明人的专利覆盖范围非常广泛,则其他发明人的发明创造可能会受到阻碍或必须在重大的法律威胁下进行。20 世纪初,塞尔登申请了一个广泛定义的汽车设计方面的专利,而莱特兄弟则申请了一个广泛定义的飞机转向和稳定系统的专利,这显然阻碍了汽车和飞机产业发展很多年,并使得其他发明者的相关研发工作长期受到法律诉讼的威胁。近期,寻求生物技术发展的研究人员有时也面临同样的情况。

更一般地,与技术是否能够获得相比,经济学家越来越关注在什么样的情况下,知识产权制度会使发明和创新更困难和昂贵。

另外,对创新“公共产品”和“专有性”两个特征进行权衡的问题也引发了对反垄断政策的思考。例如,在现有企业专注于改善主流技术的领域中,新企业往往是突破性创新的源泉。这会让人们担心,如果产业受到主导企业的控制,那么不仅会导致高价格,还会限制可能发生的创新种类。这重新激起了反垄断法的定位方向,即限制主导企业有关增加新企业进入难度的政策。由于违反该反垄断法而受到制裁的行为包括利用知识产权阻止新企业进入,以及其他锁定客户的机制。

第二节　创新的动力来源

有一句古老的格言:“需求是发明之母。”但是,还有另一个说法:在这个强大的科学时代，新技术来源于新科学。只有技术认知认为技术进步是可行的时候，受到社会欢迎的技术创新才会产生。研究创新的经济学家非常关注需求和供给因素在影响创新资源分配中的作用。虽然这两种影响都很重要，但运作方式却不相同。

一、技术驱动

在任何时候，社会都有很多迫切的需求，这些需求原则上可以通过更好的技术来实现。然而，虽然其中许多需求可以通过成功发明或开发技术获得巨大的回报，但是技术人员根本不具备推动技术进步所需的能力。所谓的“技术机会”在不同领域之间差别很大，并且会随着时间的推移而变化。从总体上看，科技突破是产业创新的外部来源，科技突破不仅仅指科学技术上的发明、发现，它的内涵还可扩展到能用于生产的科研成果的问世。

案例研究和调查研究都显示，在研发中最吸引人的“科学”往往是工程学科和其他应用科学，如电气工程、材料科学、病理学、农学。这些科学研究领域的目的在于增进对解决特定类型问题及改进特定技术的理解。虽然这些科学研究领域如今扎根于大学和科研机构中，但他们中很多的起源可以追溯到工业革命期间许多发明者巧妙的实验方法和科学观点。

应该辩证地看待科学知识与技术创新之间的关系。一方面，即使没有深入理解事物为什么及如何运作的知识，人们对可能行之有效的知识及如何做事的知识也可能非常扎实。比如，尽管设计师对蒸汽机所涉及的物理学知识缺乏了解，但在19世纪上半叶，蒸汽机设计仍然得到了显著的改善。这之后，热力学才成为人们致力于发展更深层理解的科学领域。再如，贝尔实验室的科学家创造了第一个晶体管，但并不了解晶体管是如何工作的。这种理解必须通过固态物理学的进步来发展。在当今关于如何治疗各种疾病的知识中，很大一部分是关于有效性的知识，但对这种治疗方法的了解却有限。另一方面，基础科学也可以大幅度促进技术进步。对所涉及的物理知识的了解有助于工程师设计出更好的发动机。尽管在了解疫苗如何发挥作用之前已经发现接种疫苗有助于预防某些疾病，但对免疫反应认知的发展及免疫学科的发展极大地促进了新疫苗开发。当然，某些技术领域的出现只有通过基础科学认知的进步才能实现。电气和核技术的出现就是明显的例子。

同时，单一技术的发展并不是孤立的。实现特定类型技术进步的能力通常取决于其他技术所能实现的关联产品。因此，发现和设计新药物的能力取决于研发所用的科学仪器。目前，新飞机的设计涉及计算机的模拟和计算能力。新半导体的设计和生产主要依赖于计算机的功能。并且，在设计中可以用来满足特定需求的物品，受制于可用于制作它的材料和组件，以及可用于制作它的生产过程。可使用的材料和组件的进步对“下游”技术的发展能力有着强大的释放作用。因此，18世纪末19世纪初高效蒸汽机的发展，以及之后制造钢材的经济方法的发展，带来了以蒸汽为动力的铁路和船舶的发展，从而使运输技术发生了革命性的变化。

二、需求拉动

现代科学被广泛认为是以寻求“什么、如何、为什么”的知识为导向，而不是以发展使用知识为导向。然而，对于工程科学和其他应用导向型科学，其中心目标则是寻求引领实践进步的方法。因此，从某种意义上说，现代科学的许多方面与直接推动技术进步的绝大多数努力一样，都是由需求拉动的。对特殊种类技术进步需求的感知可能来自客户对产品的反馈，或(对于工艺创新而言)来自对生产线上的弱点和预期改进的了解，或来自对未来的技术评估。

受到潜在客户欢迎的创新往往并不是想当然的。运行良好的新技术和新产品也往往会因为不适合潜在客户的需求而被潜在用户拒绝。决定创造性努力成功与失败的主要因素是认真与准确评估用户所需。只有在新产品的实际使用过程中才可以确定新产品是否满足用户需求。但是，当用户需求得到很好的分析时，显然能够增加发明创造的成功机会。

专栏12-3

不同产业创新中客户的作用

用户市场在用户需求和偏好的性质、潜在发明人如何评估这些需求和偏好、用户的复杂程度，以及他们在新技术开发中所扮演的角色等方面有很大的不同。

为了在下一代电视机市场上取得成功，电视机设计和生产企业需要对消费者进行深入的研究，评估用户看重什么及他们可能愿意购买的产品。但除此之外，用户在这一领域的研发方面并没有发挥作用。

相比之下，要向航空公司出售他们的产品，大型客机的生产商知道他们的设计必须满足很多相当精确的要求，而且航空公司既有指定其中的许多内容的经验，也有根据他们的实际情况评估提供给他们的飞机设计的经验。为了开发一种很有可能获得成功的新设计，设计和生产飞机的公司需要在研发之前和研发过程中就复杂的技术问题与潜在客户进行频繁对话。如果用户有能力，他们自己通常会进行一些必需的实验、发明和评估来改进他们正在使用的技术，或者探索全新技术的潜能。对于那些技术先进的公司所使用的专业生产技术尤其如此。

在用户是专业化、集中化的用户群的情况下，特别是在单一潜在用户群或一个非常小的潜在用户群的情况下，人们经常看到一些用户对研发的支持，并且用户承诺购买和试用至少几个设计产品的早期版本。因此，在很多情况下，针对不进行自主流程研发的企业，设备供应商和用户往往共同支持新型专用的生产设备的研发。如果政府是唯一的或主要的客户，特别是对于国防所需的产品，政府一定会进行研发支持。此外，如果研发的目标是生产服务于大众市场的产品，用户通常不会直接参与到研发过程中。

在市场上取得成功，可能不仅取决于潜在的客户需求，还取决于其他市场环境。例如，要使一家客机生产商能够出售其新设计的飞机，飞机必须满足许多监管要求并对航空公司有吸引力。一种新药在进入市场之前必须符合许多的法规要求并通过一系列测试。在某些产业中，企业具备的法规知识和如何满足这些法规可能与了解客户需求一样，对企业的成功至关重要。

但我们要强调的是，当一种与用户使用过的产品明显不同的新产品或服务推向大众市场时，企业总是需要一些时间以确定用户是否喜欢该产品，以及该产品适用的用途。但一般来说，该过程涉及大量的用户学习，这些用户学习反过来也会影响未来的研究方向，使得产品和服务更具吸引力。

第三节　产业创新系统理论

一、创新与产业分类

在不同产业中，技术进步的速度和方向存在较大差异。另外，在技术进步的相关活动中，各种制度，包括非市场机制、行动者、市场机制，都发挥了关键作用。因此，经济行业之间的显著差异在很大程度上与其创新系统的差异有关。

在一些行业中，主要的创新者通常为熊彼特 Mark I 中的小型新创企业，而在其他产业中，主要的创新者为熊彼特 Mark II 中的大型成熟企业。同时，在一些产业中，供应商或客户作为创新源泉发挥了重要作用。而另一些产业中，创新则很大程度上依赖于大学和公共实验室进行的研究。基于此，帕维特根据各个产业的创新特点，将产业分为以下四类：

（1）“规模密集型”产业。这些产业中的企业一般从事大规模生产，为广泛标准化产品的市场提供产品。其中一些产业生产钢材和玻璃等材料，企业很少进行产品研发；其他产业制造复杂的产品，如汽车和电视机，企业往往进行大量的产品研发。在这两类产业中，大多数企业都参与研发以提高其生产过程的效率和可靠性。在一些企业中，专业设备供应商也是流程创新的来源。在生产和销售复杂产品的行业中，在设计阶段经常涉及大量的研发工作，偶尔也会有重要的产品创新。正如电视机产业，其产品创新往往也受益于供应商研发所带来的零部件创新。

（2）“供应商依赖”产业。在该产业中，企业的技术进步主要依赖于供应商。这类产业中的企业比“规模密集型”产业中的企业规模要小，并且企业本身很少进行研发。其中，一些产业生产例如纱线和纺织品的商品，或提供航空和公共汽车运输之类的一般化服务。其他产业则针对特定用户量身定制产品或服务，如建筑施工、牙科和医疗护理。这些产业的技术进步在很大程度上取决于上游供应商提供的新材料、机械和其他工件的有效实施。

（3）“专业供应商”产业。这类产业中的公司生产技术规模较小、专业程度较高，它们将产品出售给其他公司，例如专业机械生产和高科技仪器。由于知识具有特殊性质，因此该产业具有很高的可应用性。

（4）“以科学为基础”的产业。这类产业主要是依靠内部资源和大学研究的高科技公司，包括制药和电子行业，以及以生物技术为基础的行业。该行业的公司开发新产品或新工艺，并从专利、保密性和隐性专有技术中获得高度专有性。

二、产业创新系统的构成

不同产业的创新特点表现差异很大，每个产业的知识基础、参与者和制度环境对特定产业的技术创新产生了重要的影响。这些要素的相互作用构成了产业创新系统。产业创新系统是一个由知识和技术、参与者、制度三个维度所构成的创新体系。在该体系中，知识和技术是创新的基础，经济主体和制度等要素则主要是通过强化创新网络交互、知识和技术流动进而促进产业创新的。换句话说，知识和技术是产业创新系统的核心驱动要素。

图 12-1 展示了产业创新系统三个维度之间的关系。其中，知识和技术维度是指决定一个产业的技术创新频率、发展方向、发展机会的因素，称为“技术体制”。一般从技术专有

性、技术机会、知识累积性和知识基础四个方面界定技术体制。各产业技术体制具有不同的知识基础，这将会影响企业技术获取的方式；产业的技术体制还直接决定着产业的竞争程度。企业之间彼此模仿、相互学习，在一定意义上推动了产业创新的进程。此外，技术体制的专有性特点直接影响着创新活动的进程，且技术知识具有通用性和专用性的特征，其中专用性知识基础的特征与应用科学越接近，就意味着与企业的生产实践越接近，其研究成果也就越容易进行商业上的应用。另外，一个产业的知识特点还存在显性和隐性之分，不同的知识特点也会影响产业的不同创新行为。

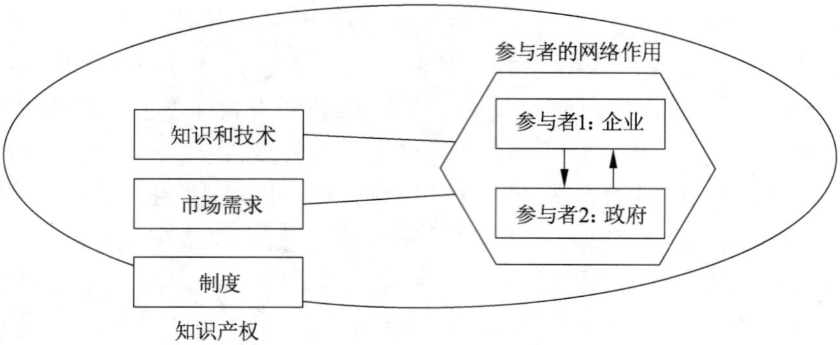

图 12-1 产业创新系统理论构成要素

参与者包括企业、消费者、政府、大学等市场主体。其中，消费者构成的市场需求影响着产业创新活动的进行，是产业创新系统运行的动力。市场需求包括个人消费者、企业、公共机构。每一类市场需求主体都具有不同的知识基础、学习能力、工作目标，并且受到国家制度、文化的影响。因此，一个产业的市场需求不能简单理解为一些相似的消费者的加总，而应该是一些异质性行为主体的组成，这些行为主体与生产企业的互动关系受到了制度的影响。市场需求的出现或转变在产业系统的动态发展中起着重要作用。例如，在照相机产业，消费者偏好从胶片相机转向数字相机的过程中，胶片及胶片相机的制造企业的市场份额不断缩减，并退出该产业，或者转型发展。市场需求结构的异质性特点往往给新技术的发展带来机会。例如，在2G手机时代，低收入的消费者和中高收入阶层的消费者在手机的品牌、功能等方面存在不同的需求偏好，这种需求的差异性为国产手机及一些仿制手机的发展提供了市场基础。

创新活动的参与者通过各自的分工及各参与者之间的相互作用，共同决定着产业创新活动的创新绩效。企业是创新活动最直接的行为主体，企业不同的创新目标、技术策略和经营理念都会对创新行为产生影响。知识机构在产业创新活动中起到了技术知识输出的作用，是企业获得创新技术知识的重要途径。政府策略对于产业创新活动具有导向的作用，通过颁布政策法规、资源分配、行政管理等方式对产业创新活动进行直接或间接的引导。与此同时，三者之间还进行着相互作用。一方面，高校、科研院所等机构通过对前沿科技资讯的掌握加上科学研究的基础，生产制造出概念性的技术产品，之后通过企业的生产平台，将技术商业化，实现技术产品到市场产品的转变。同时企业与知识机构进行合作，在获得技术知识基础的同时为其提供研发资金等方面的支持，二者形成有效的互动，共同推进消费电子产业创新活动的进行。另一方面，政府结合本国消费电子产业发展特点及发展目标，通过研发补贴、出口退税、制定产业准入标准等方式，对企业的创新行为进行引导。

企业按照政府引导的方向进行创新发展，随着企业的发展壮大，产业得到升级，进而影响政府策略的调整。产业中各参与者通过自身创新策略的指定和相互之间的协同作用，共同影响着产业的创新活动。

此外，参与者还包括大学、金融机构、政府机构、产业协会等组织，这些组织通过多种形式支持企业创新活动。

制度因素是决定创新行为主体活动的外界因素，包括产业标准、产业共识、社会文化、法律法规等。制度可以激励或限制企业的活动积极性和活动范围，对企业的创新活动产生不同的约束力。不同的制度具有不同的适用范围。例如，专利法通常在全国范围内使用，而一些针对产业的特定金融制度的适用范围则大大降低。

三、基于产业创新系统理论的产业赶超路径

产业创新系统理论认为，后发国家实现产业升级和经济腾飞的路径是通过对发达国家相对过时的技术进行吸收、改进或模仿，这一观点主要基于产业生命周期理论。基于产业生命周期理论，产业升级和技术赶超取决于沿着特定的技术轨道发展的相对速度。然而，大量产业的发展过程显示，后发企业并没有简单地沿着领先企业的技术发展路径发展。相反，后发企业可能跳过一些发展阶段，或者创造了新的发展路径。事实上，不同的产业经历了不同的产业成长路径。后发国家产业技术赶超模型（图 12-2）为解释后发国家在技术赶超方面的差异性提供了参考。

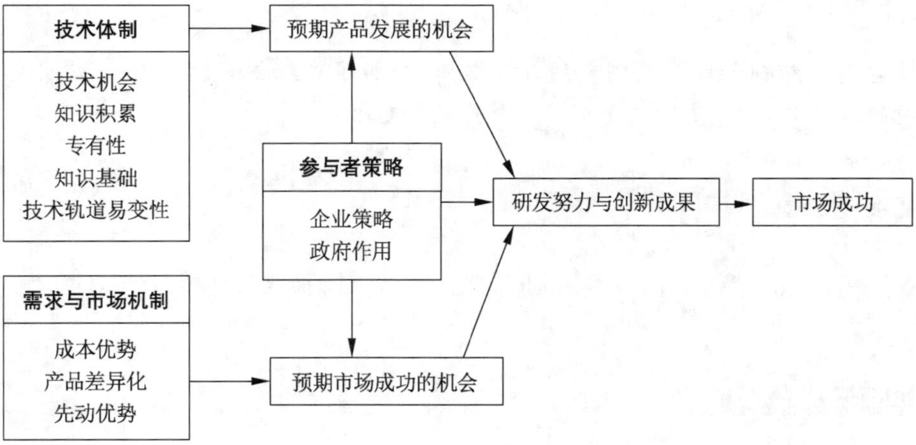

图 12-2 基于产业创新系统理论的产业技术赶超模型

根据这一模型，技术跟随者在技术体制、需求与市场机制、参与者策略等方面存在差异，不同的产业创新系统特征决定了后发企业实现技术赶超的成长路径。通过对韩国动态存储器、汽车、手机、电子消费品、个人电脑和机床产业的案例分析，结合产业赶超模型，指出存在以下三种技术赶超路径。

第一，跟随式路径。在产业知识显性较高的产业，技术知识可以通过技术许可、技术转让、技术并购等方式取得，这就为发展中国家的技术吸收提供了机会。发展中国家通过进口发达国家的技术成熟产品，采用模仿、复制的方式，将发达国家的产品模仿生产，并依靠规模经济来实现利润收入，这就是跟随式路径的技术追赶战略。跟随式路径的技术追赶战

略是后发国家所采取的一种普遍的技术追赶战略，这是由于后发国家企业在发展初期，可用于研发的资金投入相对较少，通过技术模仿的方式可以压缩研发的资金，同时能够缩短研发周期，达到尽快抢占市场的目的。

第二，跳跃式路径。由于在技术更新换代频率较高的产业中，产品生命周期较短，技术代际更迭发生较为频繁，因此发展中国家的企业往往选择发达国家最新、最成熟的产品进行生产制造，而对于发达国家产业发展过程中生产出的过渡产品、不成熟产品，发展中国家的企业往往越过此类产品的生产制造，采取跳跃式路径的追赶方式。产品研发属于一个循序渐进的过程，一般是通过生产、改进、再生产、再改进的方式，不断进行着产品改良，以达到最优设计，但是发展中国家的企业具有一定的后发优势，可以充分利用发达国家在产品研发过程中的技术积累，规避研发的市场风险，选择最成熟、最成功的产品进行生产制造，实现企业的技术追赶。

第三，创造式路径。创造式路径的技术追赶与跟随式、跳跃式路径的追赶方式不同，其所要遵循的技术路径在以往的生产过程当中是不存在的，因此没有可以借鉴、模仿的技术范式，后发企业必须明确自己的创新主题，创造出领先企业也未掌握的技术路径。对于技术密集型产业，其在产业链条中技术含量较高，因此，想要获得创造性的技术路径，必须充分利用追赶过程当中的技术积累，同时将大量的人力、财力投入到研发活动中，且研发活动要以市场需求为导向进行开展。

本章提要

本章主要介绍创新及产业创新的基本概念，分析了产业创新的动力来源，介绍了产业创新系统的构成要素，并基于此介绍了三种产业赶超路径。

重要术语

增量创新；产业创新系统；技术体制；技术依赖；帕维特分类；赶超路径

思考题

1. 不同规模的企业和产业的技术进步存在较大差异，请查阅相关资料，指出这些差异的影响因素。

2. 请举例说明产业创新系统的构成要素，以及这些要素是如何影响企业行为和市场绩效的。

3. 根据企业技术赶超模型分析我国手机产业技术赶超的路径和存在的困境。

第十三章　产业金融

本章从金融体系服务产业发展的视角，讨论如何引导资金流向和分布结构，以达到优化资源配置，促进产业结构转型升级的目的。产业金融是一个研究产业发展和金融协同发展、有效整合的知识体系，以产业发展、产业转型和产业升级为目标，寻找各类金融机构资源配置能力和业务集成能力的提升路径，以适应产业转型升级过程中复杂的金融需求。本章首先解释产业金融的概念，然后阐述产业金融的运行机理，并介绍常用的融资工具，最后分析几种主要的产业金融服务模式。

第一节　产业金融概述

一、产业金融的内涵与意义

（一）产业金融的内涵

学界对产业金融的定义并不统一。从产业金融的具体实践活动看，一般可以认为它是依托并促进特定产业发展的金融活动的总称。产业金融活动以产业为基础，运用现代金融体系中的金融服务和金融手段，实现产业与金融的良性互动和融合发展，达到有效促进产业发展的目的。

产业金融的概念分为狭义和广义两个层次。狭义的产业金融指各种产业内容（主要是单个企业）的货币与资金的融出与融进、自我组织与自我调剂的全部活动。广义的产业金融除了包含狭义产业金融的内容外，还包括政府对不同产业所设定的货币与资金的融通环境和融通基础条件，或者是对产业发展所实行的有特定目标和方式的融资手段与融资方式。狭义的产业金融关注企业在产业发展中的主体地位，研究企业根据自身发展阶段和发展目标通过市场化手段寻求资金支持的融资活动；广义的产业金融则强调政府行为对产业发展的引导和促进作用。特别是当市场化金融手段不能实现金融资源的有效配置时（比如，传统金融出于资金安全的考虑将信贷资源更多地配置到成熟的大型企业，而忽略了小微企业、初创企业的融资需求），就需要政府通过产业金融工具引导社会资金流向特定产业，促进产业结构调整和升级。

从内涵来讲，产业金融具有三个要素特点。一是以产业为基础。产业的核心是实体经济，实体经济反映了人们最根本的物质资料生产经营活动，是一切经济活动的基础。实体经济受投资成本、生产周期等因素的制约，从发展到成熟需要一个漫长的过程，利润空间也有限，在与投资见效更快、回报率更高的虚拟经济的金融资源争夺中处于劣势。甚至一些企业舍本逐末，将本该用于助推产业发展的资金投入资本市场，试图通过金融杠杆在短期内实现超常规发展，引起国民经济的“脱实向虚”。发展产业金融，就是要坚持金融服务实体经济的基本原则,为产业发展提供系统的、持续的、高效的金融服务,推动实体经济的回归和转型。二是以金融为手段。由于不同产业不同发展阶段呈现出不同特征,再加上产业结构调整的需要和新兴产业的涌现,产业发展对金融服务的要求越来越多元化、专业化、精细化。因此,需要通过产业金融创新,推动金融结构优化,设计新的业务种类、金融工具和运作模式,提高金融资源配置整合的效率,适应产业发展的实际需求。三是以价值增值为目标。产业的发展是以价值最大化为目标的,并随着外部环境和产业自身的发展调整资源配置,以保证产业的价值创造能力及效率。因此,产业金融也是为产业升级与价值增值服务的,其主要功能定位是通过金融手段、制度设计、风险控制等方法,引导资金、技术、人才等资源进入特定产业,促进各类资源在该产业内部及上下游有效发挥作用,实现产业链结构的合理化和高级化,最终达到产业升级、价值增加及外部经济等目的。

(二)产业金融对产业发展的意义

产业金融的兴起和发展对中国正在进行的诸多行业的发展和升级有着重要的战略意义。对于传统主导产业(装备制造、能源、汽车等),产业金融为其转型升级提供了持续性、专业化的金融服务。一方面,主导产业发展到一定阶段,需要改变以往粗放的生产方式,淘汰落后产能,适应新的环保要求,进一步降低成本,提高生产率。加大研发投入、加快技术创新是产业转型升级的必经之路。大规模的技术创新需要大量的资金投入。另一方面,主导产业本身往往是资金、技术密集型产业,具有较高的产业关联度和扩散效应,实际蕴含着一个由产业本身经济技术联系而产生的巨大资金流。产业金融的介入,既可以针对产业技术特点为大规模技术创新进行高效的融资,又可以通过一系列的金融运作,更好地实现主导产业发展的资金循环,提高资本运行效率。

对于新兴产业,产业金融能够为其初始资本的获得提供有力保障。以高技术产业为代表的新兴产业具有高创新、高难度、知识密集及低成功率等特性,这就决定了对新兴产业投资与传统产业相比,具有高风险、高收益、高投入和长期性等特点。这些特点与金融机构经营的审慎性和安全性都产生了严重的冲突,这就决定了仍处于成长期的高技术产业很难像传统产业一样从普通融资渠道(如银行信贷、发行股票等方式)获得资金。突破现有金融体系的障碍,对新兴产业的发展提供有力的金融支持是产业金融的重要任务。在政府产业政策的指导和参与下,建立专业产业金融机构,有助于为新兴产业持续稳定地提供资金支持,优化风险管理体系,帮助新兴产业平稳度过初创期。

二、产业金融的发展历程

产业金融在中国的发展主要经历三个阶段:起步探索阶段、初步形成阶段和快速发展阶段。

(一)起步探索阶段

20 世纪 90 年代至 21 世纪初,我国金融体系逐步完善,证券、保险、基金、期货、政策性银行、农村信用社等融资机构进一步规范,规模不断壮大,金融资本为产业的发展提供了资金支持。在此期间,由于我国的市场经济刚刚起步,金融资源的有效配置无法实现,政府部门不得不引导金融系统支持重点产业(如汽车产业、互联网行业、高科技产业等)的发展,通过重点产业的成长带动其他相关产业迅速发展。

与此同时，一些大型企业集团（如德隆、海尔、新希望、东方等）将产业资本投入金融机构（包括信托、租赁、银行、证券和保险），扩大业务领域，分散投资风险。但这只是产业资本与金融资本的简单融合，不是规划的产业金融，我国的产业金融仍处于起步探索阶段。

（二）初步形成阶段

2004 年 8 月，中国第一家汽车金融公司——上汽通用汽车金融有限责任公司在上海开业，标志着我国产业金融进入初步形成阶段。重点产业与金融的融合，无论在理论上还是实践上，都取得了显著的成效。私募股权基金、风险投资基金为新兴产业提供融资服务，解决中小企业融资难困境，主导产业和大型企业集团通过产业投资基金、股权投资基金、金融租赁公司等金融机构筹集资金，服务于重点产业的发展，政府设立政府引导基金、政策性银行支持特定产业的发展。各个产业在与金融的互动中实现了跨越式的发展，随着全球经济结构的调整和中国诸多领域产业转型和升级的推进，我国产业金融在理论体系建设和实践上都有所发展。

（三）快速发展阶段

全球金融危机以后，越来越多的企业开始回归产业，为产业金融的发展提供了新的契机。企业一方面整合产业链资源，促进产业转型升级，提高核心竞争力；另一方面通过走出去寻求多元化、国际化的发展，以获得更大的市场和更好的资源，因此出现了全新的金融服务需求，如跨国并购、跨境支付、国际租赁等。同时，金融市场的逐步开放，引进了大量先进的金融技术、金融工具、金融产品，资本市场趋向多层次、多元化发展，这为产业转型升级提供了高质量、多样化的服务模式。随着产业转型升级对金融手段提出越来越高的要求，产业金融的理念得到更多认可和应用。这一阶段的产业金融呈现出产业化、集成化、多元化的特点，产业借助金融手段整合产业链资源，吸引产业集聚，从而促进企业优胜劣汰，加快产业转型升级。

三、产业金融的专业分类

产业金融有着广泛的内涵，按照不同的标准，可以进行不同的分类。

（一）按政府和市场的作用划分

根据市场和政府在产业金融中发挥的不同作用，可将产业金融分为市场主导型和政府主导型。

产业金融作为一种为产业发展服务的金融模式，必然与国家的产业政策相适应，这就决定了产业金融活动中必然存在政府因素。政府在产业金融中的参与程度则取决于金融市场是否失灵。具体而言，这种失灵又可以分成两种情形：一是由于金融市场不够完善及金融市场本身具有缺陷，因此不能实现金融资源的有效配置；二是从局部或近期的角度看，金融市场能够实现资源的有效配置和金融市场的均衡，但是这种均衡仅仅是一种短期的均衡，与经济发展的全局战略不相匹配。一般而言，在经济发展的初级阶段，金融体系的发展相当不完善，会出现第一种市场失灵的情形，无法实现金融资源的有效配置。而新兴产业的融资难问题往往由第二种市场失灵引起。在产业的初创期，产业需要大量的资金投入，但此时产业规模较小，信用度低，风险较大，融资能力弱。在这两种情况下，政府将在产业金融中扮演十分重要的角色，通过政府的积极干预，采用非均衡发展战略，引导金融系统支持重点行业的发展,促进产业的成长并带动其他相关产业的迅速发展。比如,政府主导的产业投资基金能够为创业期的高科技企业提供有力的资金支持。

在发达的市场经济中,较为成熟的产业倾向于寻求市场主导的产业金融资源。在完善的市场体系中,政府配置资源的边际成本迅速上升,边际收益大大降低,政府干预并不能实现金融资源的最优配置,只有发挥市场在资源配置中的基础性作用,才能提高资源利用效率,实现资源的优化配置。对于处于成长期和成熟期的产业而言,产业链初步形成,产业集中度高,生产技术成熟,市场规模可观,已具备资金市场化运作的能力。这种情况下,产业的发展主要依靠私人企业自发的投资,而政府只起宏观调控作用,有利于促进经济的快速发展。

(二)按产业类型和金融类型划分

产业金融的本质是产业与金融的良性互动,是产业与金融的紧密融合,金融支持产业发展,产业的发展反过来又促进金融的发展。因此,有必要从金融业和产业的业态对产业金融进行双重分类。

现代金融服务于不同的产业,为不同产业的不同需求设计出符合产业特征的金融运作形式。根据产业的类型可将产业金融划分为汽车金融、房地产金融、农业金融、科技金融、能源金融、交通金融、物流金融、环境金融等。

产业是金融的基础,金融为产业服务。现存的金融机构大都适应于以往的社会产业发展形态,因而需要用产业金融的思想对新型的金融业务进行分类。从这一角度出发,在传统金融方式基础上可以发展出专门服务于产业升级转型的新型业态。按照金融的类型可将产业金融划分为产业银行业务、产业融资租赁、产业投资基金、产业投资担保、产业资产管理、产业保险、产业投资银行等。

(三)按产业金融的范围划分

根据产业金融的范围,可将其划分为全国性产业金融和区域性产业金融。全国性产业金融从全国范围来考虑产业布局、产业结构的调整及金融资源的配置,服务于全国性的产业政策,在必要的时候根据外界环境变化改变金融规制,实现金融制度的创新,并为政策性金融机构、商业银行的产业金融业务和产品创新进行指导。

相对于停留在政策指导层面的全国性产业金融概念,区域性产业金融更侧重金融服务地区产业转型升级的实践活动。区域性产业金融主要表现为企业独立或与政府合作通过私募股权基金、金融租赁公司、产业投资基金等金融方式支持本地区核心产业的发展,促进产业的资金融通、资源整合、产业扩张和国际化。我国珠三角、长江经济带等地区设立的产业基金都是区域性产业金融的重要代表。

第二节　产业金融原理与工具

产业金融学对产业和金融如何相互促进进行研究,为产业的发展提供整体资金解决方案。产业金融的本质可以概括为考虑不同产业不同发展阶段基本特征(包括投入需求、产出能力、技术水平、风险水平等)的资金调配活动。相应地,产业金融运行的一般原理是在分析产业生命周期特征和产业链特征的基础上,搭建包含政府、企业内外部、银行、保险、各类金融机构、各类产业相关的中介机构、投资者的平台来实现产业中资金的融通、资源和各类金融服务的整合，通过资金全程支持来实现产业价值增值及产业链的升级。

一、产业生命周期与产业金融

企业所处的发展阶段是决定融资形式的重要因素，因而为特定产业服务的资金调配活动要以产业生命周期特征为基础。一个产业从产生到成长再到衰落的发展过程一般经历四个阶段：初创期、成长期、成熟期和衰退期。产业生命周期的阶段性特征如表13-1所示。

表13-1 产业生命周期的阶段性特征

初创期	成长期	成熟期	衰退期
企业数量少，生产技术不成熟，产品种类少且质量较低；市场规模小，需求增长缓慢；产业利润微薄；进入壁垒低，竞争较弱	大量厂商进入，生产技术日渐成熟，产品种类日益丰富且质量有一定提高，市场规模增大，需求量增长迅速，行业利润迅速增长；进入壁垒低，竞争程度弱	产业集中度较高，有一定程度的垄断；技术比较成熟，产品无差异且质量较高，市场需求增长明显放缓，行业利润较高，进入壁垒高	企业数量减少，产品需求量低，销售量下降；市场萎缩，行业利润降低；新产品和替代品大量出现，原有产业竞争力下降

产业生命周期的阶段性特点决定了产业金融在产业生命周期不同阶段中拥有不同的特点和发展规律。在初创期，产业的代表企业由于资产规模小、技术不成熟、产品单一，缺乏业务记录和财务审计，难以获得金融体系的认可，因而外源融资的获得性很低。然而，能否获得足够的资金是产业能否进一步发展的关键，为了避免新兴产业因为得不到所需要的融资而被扼杀在萌芽状态的情况，需要通过特殊的金融体制，即产业金融的介入，来搭建专门的融资平台，比如产业开发基金、各类金融专项支持基金，推动新兴产业发展，加快新兴产业向主导产业转变。

进入成长期，产业处于高速发展阶段，产业的发展前景和竞争环境更为清晰。随着产业中企业规模扩大，资金需求猛增，同时可用于抵押的资产增加，并有了初步的业务记录，信息透明度有所提高，信用也随之提高，金融系统也开始愿意与该产业合作，于是企业开始更多地依赖金融中介的外源融资——商业银行信贷。其他的融资手段，如债券融资、股权融资等也逐渐成为可能，甚至可能出现金融创新手段为产业提供量身定制的专业化、个性化服务。总体而言，在这一时期中，金融机构的商业信贷成为产业发展的主要金融支持力量。

在稳定增长的成熟期，企业经营业绩比较稳定，财务状况良好，财务制度趋于完备，管理制度建设也趋向合理，逐渐具备了进入公开市场发行有价证券的条件。随着来自公开市场可持续融资渠道的打通，来自金融中介债务融资（如商业银行信贷）的比重下降，直接融资的比重上升。这一时期的主要特点就是债券融资、股权融资等手段逐步超越商业银行信贷，成为产业最主要的融资方式。另外，这一阶段企业的现金流量比较充足，企业内部的资金循环也成为一种可行的融资渠道。

在衰退阶段，企业逐步走向终结，融资需求也逐渐减少。对衰退产业的金融服务从寻找资金来源逐渐过渡到协助企业兼并重组，将企业整合调整到新的朝阳产业中去。

产业金融在产业发展中的作用主要集中在初创期、成长期和成熟期的金融支持，在不同阶段较为常用的融资方式总结如图13-1所示。

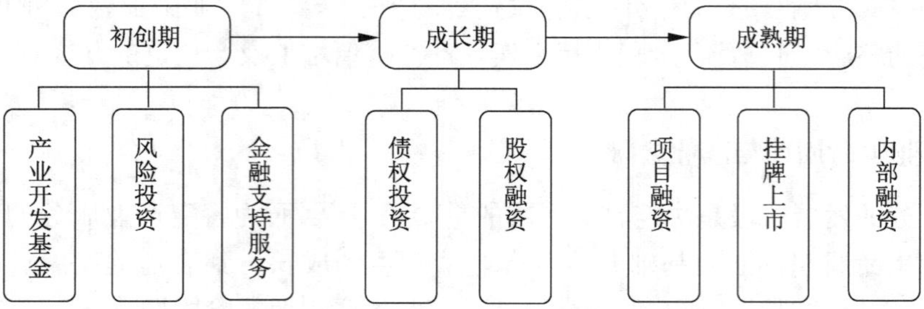

图 13-1 产业生命周期各阶段融资方式选择

二、产业金融工具

产业发展的融资活动是一个庞大的资金调配系统工程,需要丰富的产业金融工具作为支撑。这些产业金融工具既包括传统的融资工具,如债权融资、股权融资,也包括有针对性的金融创新催生的新型融资工具,如项目融资、融资租赁、产业基金等(图 13-2)。

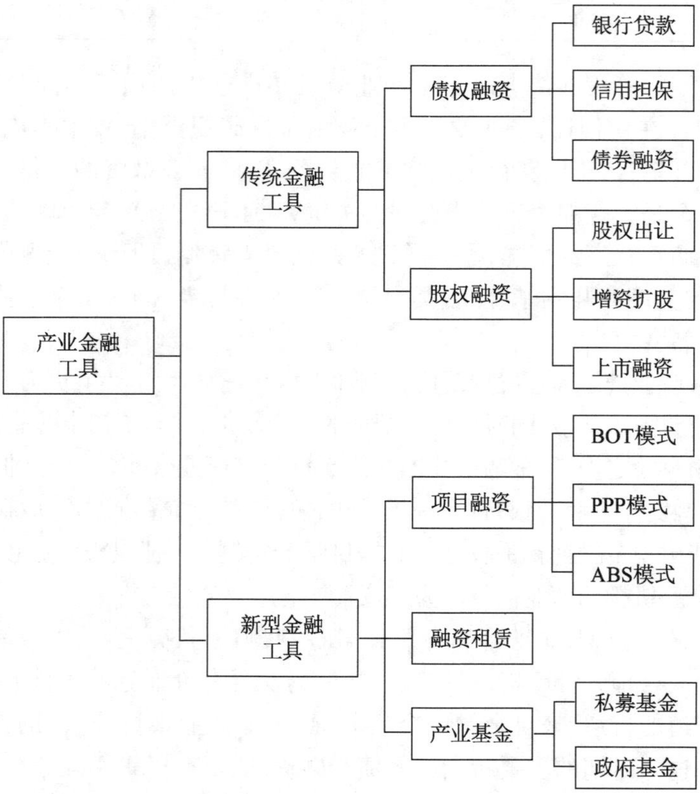

图 13-2 产业金融工具类别

(一) 债权融资

1. 银行贷款

在产业发展过程中传统的最主要的融资渠道是金融机构。按资金性质,银行贷款可分为流动资金贷款、固定资产贷款和专项贷款三类。专项贷款通常有特定的用途,其贷款利率一般比较优惠。按有无担保,银行贷款可分为信用贷款和担保贷款。信用贷款指银行完全凭借客户的信誉而无须客户提供押物或第三者保证而发放的贷款。担保贷款指由借款人或第三方依法提供担保而发放的贷款。按贷款期限,银行贷款可分为短期贷款(期限小于或等于1年)、中期贷款(期限1~5年,含5年)和长期贷款(期限大于5年)。

2. 信用担保

信用担保是指企业在向银行融通资金过程中,根据合同约定,由依法设立的担保机构以保证的方式为债务人提供担保,在债务人不能依约偿还债务时,由担保机构承担合同约定的偿还责任,从而保障银行债权实现的一种金融支持方式。信用担保属于第三方担保,其基本功能是保障债权实现,促进资金融通和其他生产要素的流通。

3. 债券融资

企业债券,又称为公司债券,是企业依照法定程序发行,约定在一定期限内还本付息的债券。它反映的是一种普通的债权债务关系,持有人每年可根据票面的规定向公司收取固定的利息。公司债券期限较长,一般在10年以上,债券一旦到期,公司必须偿还本金,赎回债券。债券融资与股票融资同属于直接融资,需要资金的部门直接到市场上融资,借贷双方存在直接的对应关系。

(二) 股权融资

1. 股权出让

股权出让是指企业的股东愿意让出部分企业所有权,通过企业增资的方式引进新的股东的融资方式。股权出让所获得的资金,企业无须还本付息,新股东将与老股东同样分享企业的盈利与增长。股权融资的特点决定了其用途的广泛性,既可以充实企业的营运资金,也可以用于企业的投资活动。

2. 增资扩股

增资扩股是指企业向社会募集股份、发行股票、新股东投资入股或原股东增加投资扩大股权,从而增加企业的资本金。对于有限责任公司来说,增资扩股一般指企业增加注册资本,增加的部分由新股东认购或新股东与老股东共同认购,从而增加企业的资本金。企业可以用增加的注册资本投资于必要的项目。增资扩股的优点是增加营运资金可能增加有利的业务收益或减轻负债;缺点在于如果没有完整的业务计划和价值链互补效应,现有股东几乎无利可图,既要出钱又摊薄股权。

3. 上市融资

企业上市又称首次公开招股(initial public offerings,IPO),指一家企业第一次将它的股份向公众出售。通常,上市公司的股份是根据向证监会出具的招股书或登记声明中约定的条款通过经纪商或做市商进行销售。一般来说,一旦首次公开上市完成,这家公司就可以申请到证券交易所或报价系统挂牌交易。对应于一级市场,大部分公开发行股票由投资银行集团(承销商)承销或代销而对公众进行发售。

(三) 项目融资

项目融资是以项目的名义筹措一年期以上的资金,以项目营运收入承担债务偿还责任的融资形式。形式有很多,也比较灵活,每一种模式都有适用的领域和优势。主要融资模式有BOT模式、PPP模式、ABS模式。

1. BOT 模式(build-operate-transfer)

BOT 模式是指国内外投资人或财团作为项目发起人,从某个国家的地方政府获得基础设施项目的建设和运营特许权,然后组建项目公司,负责项目建设的融资、设计、建造和运营。BOT 融资模式是私营企业参与基础设施建设,向社会提供公共服务的一种方式。BOT 融资不构成政府外债,政府也不必为偿还债务而苦恼,可以提高政府的信用,使政府能在自有资金不足的情况下,仍能上马一些基建项目。政府可以集中资源,对那些不被投资者看好但又对地方政府有重大战略意义的项目进行投资。另外,可以把私营企业中的效率引入公用项目,可以极大提高项目建设质量并加快项目建设进度。同时,政府也将全部项目风险转移给私营发起人。BOT 模式主要用于建设收费公路、发电厂、铁路、废水处理设施和城市地铁等基础设施项目。

除了上述普通模式,BOT 模式还有 20 多种演化模式,比较常见的有:BOO(建设—经营—拥有)、BT(建设—转让)、TOT(转让—经营—转让)、BOOT(建设—经营—拥有—转让)、BLT(建设—租赁—转让)、BTO(建设—转让—经营)等。

2. PPP 模式(public-private-partnership)

PPP 融资模式即公共部门与私人企业合作模式,是公共基础设施的一种项目融资模式。在该模式下,鼓励私人企业与政府进行合作,参与公共基础设施的建设。PPP 模式的构架是从公共事业的需求出发,利用民营资源的产业化优势,通过政府与民营企业双方合作,共同开发、投资建设,并维护运营公共事业的合作模式,即政府与民营经济在公共领域的合作伙伴关系。合作各方参与某个项目时,政府并不是把项目的责任全部转移给私人企业,而是由参与合作的各方共同承担责任和融资风险。

3. ABS 模式(asset-backed-securitization)

ABS 融资模式即资产收益证券化融资。它是以项目资产可以带来的预期收益为保证,通过一套提高信用等级计划在资本市场发行债券来募集资金的一种项目融资方式。具体运作过程如下:① 组建一个特别目标公司;② 特别目标公司选择一个政府项目作为资产证券化融资的对象;③ 以合同、协议等方式将该项目未来现金收入的权利转让给特别目标公司;④ 特别目标公司直接在资本市场发行债券募集资金,或者由目标公司信用担保,由其他机构组织发行,并将募集到的资金用于项目建设;⑤ 特别目标公司通过项目资产的现金流入清偿债券本息。

很多国家和地区的实践表明,ABS 融资模式可用于交通运输部门、能源部门、公共卫生部门的基础设施建设。

(四) 融资租赁

融资租赁又称设备租赁,出租人根据承租人对租赁物件的特定要求和对供货人的选择,出资向供货人购买租赁物件,并租给承租人使用,承租人分期向出租人支付租金,在租赁期内租赁物件的所有权属于出租人所有,承租人拥有租赁物件的使用权。租期届满,租金支付完毕并且出租人、承租人双方根据合同约定履行完全部义务后,租赁设备的归属按照合同约定执行。如租赁设备的归属约定不明或不能达成协议的,租赁物件所有权即转归承租人所有,因此设备资产的所有权最终可以转移,也可以不转移。融资租赁不同于普通租赁,它是集融资与融物、贸易与技术更新于一体的新型金融产业,可以针对不同的需求制定灵活的融资方案,包括直接租赁、售后回租、厂商租赁、联合租赁、杠杆租赁、委托租赁、转租赁等业务。融资租赁应用的行业也很广，船舶、工程机械、医疗设备、交通、能源、电信等领域交易都十分活跃。

（五）产业基金

产业基金，又称为产业投资基金，是从西方国家的私募基金引申而来的概念。

1. 私募基金

私募基金是指进行具有高风险、高收益的实体产业投资控股活动，设立集合投资、委托专项管理的基金形式。其投资对象主要是未上市企业的股权，通过未上市企业的成长发展实现股权增值，并通过股权转让、IPO、并购重组等方式实现获利退出。私募基金又可分为私募股权基金（private equity）和风险投资基金（venture capital）两类，二者并无本质区别，只是所投资企业所处的生命周期阶段不同。私募股权基金主要投资于已有规模的成长期、Pre-IPO 期的企业；风险投资基金则主要投资于初创期的企业。

私募基金的运作包括融资、投资、管理、退出四个阶段。融资阶段是设立基金管理机构并向有条件的机构投资者或富有的个人投资者募集资金的阶段，主要资本来源包括养老基金、保险公司、商业银行、投资银行、大公司、大学捐赠基金、富有的个人和家族等。投资阶段由专业的投资机构通过项目初步筛选、尽职调查、估值、谈判、条款设计、投资结构安排等一系列程序，把资本投向那些具有巨大增长潜力的创业企业。管理阶段主要解决"价值增值"的问题。基金管理机构主要通过参与被投资企业董事会，完善被投资企业商业计划、公司治理结构等方式帮助被投资企业实现价值增值。在退出阶段，基金管理机构根据被投资企业前期运营状况，选择通过 IPO、股权转让或破产清算方式退出被投资企业，实现投资收益。

2. 政府基金

产业投资基金被引入我国后，根据国情产生了一些变化，主要在于基金的募集通常由政府主导，将社会资金引导进入政府需要"扶持"的创新创业投资领域。产业投资基金在各级政府引导和帮助下，通过向社会个人及机构募集资金，并由专业投资管理机构对特定产业或区域的企业和项目进行投资，从而达到促进目标产业升级、区域经济发展并获取投资收益的目的。基金投资领域主要侧重于设立之初的特定产业或区域，以实现政策目标为投资原则，承担着一定的政策性融资功能。

根据投资领域的不同，产业投资基金可分为行业类、地域类和综合类。行业类产业投资基金投向某一特定产业，帮助该产业整合产业链上下游企业，完成产业升级目标。地域类产业投资基金多依托地方财政或企业设立，专注地方发展，起到搭建区域内投融资平台、扶持当地中小企业发展的作用。综合类产业投资基金则不局限于某一产业或地域，广泛关注具有高增长潜力的未上市企业。

产业投资基金通常由政府出资设立母基金（母基金，即投资于基金的基金，与一般的基金不同，是以股权投资基金作为投资对象的特殊基金），母基金下设立多个子基金，子基金由政府出资一部分，与国内外优秀的市场化投资机构共合作，吸引民间分散资本。母基金的资金来源主要为政府财政资金、原有政府扶持企业资金、专项产业发展资金等，有时政府会与政策性银行合作共同出资。

产业投资基金一般采用委托管理的模式，委托外部专业管理机构负责产业投资基金管理。委托管理模式使出资主体和管理主体分开，政府和专业机构共同制定运作规则，双方严格按照合同协议来执行，权责分明。市场化的专业机构具有丰富的实操经验，能够更好地利用引导资金形成放大效应,降低道德风险,有利于基金的市场化运作。

产业投资基金的投资模式主要是参股投资和跟进投资。在参股投资模式下,母基金只作为子基金的股东,不干预子基金的管理,不直接进行投资,只需保证其子基金的投资方向和行业符合国家政策规划,达到撬动社会资本进入创投领域投资的目的。而资金的募集和投资由子基金负责。在跟进投资模式下,子基金作为领投方,母基金作为跟投方,双方共同投资选定的标的。在子基金确定标的或已对标投资的一年内,母基金直接投资于该标的(投资额度不大于子基金投资的50%),且跟进投资股权后续由其子基金代为管理,投资期间收益归子基金使用。这种投资模式常用于对初创期中小科技企业的投资。

为了保障政府资金的安全,在一定的投资期限之后,政府主导的母基金可以通过股权转让或清算的方式退出,收回本金和投资收益。参股投资模式的投资期限一般为三至五年,而跟进投资模式为不超过一年。

专栏13-1

长江经济带产业基金助力湖北省高质量发展

为了保障战略型新兴产业的发展和传统产业的升级,2015 年 11 月湖北省政府牵头成立了长江经济带产业投资基金(以下简称“长江产业基金”),基金目标规模 2 000 亿元,为全国五大政府出资的省级产业投资基金之一。

从基金架构来看,由于其规模巨大,投资领域众多,各类股东诉求各不相同,长江产业基金没有采用常见的“母基金—子基金”两层组织结构,而是创立了“引导基金—母基金—子基金”三个层级。第一层级是引导基金,由省财政出资 400 亿元人民币发起设立,通过公开招募发起人,遴选 40 家市场化优质机构共同管理。第二层级是分期母基金和直投基金,通过政府和 40 家股东的合作,引导基金向金融机构、企业和社会资本募集资金超过 1 600 亿元,形成了 2 000 亿元的母基金群。第三层级是子基金和直投项目,通过母基金群出资,联合社会资本,撬动资金约 4 000 亿元,注入各类有明确投资方向的子基金。

从基金投资方向来看,根据湖北省相关规划,长江产业基金重点投资七大战略性新兴产业领域:节能环保领域、新一代信息技术领域、新材料领域、生物医药及大健康领域、汽车整车制造及产业链相关领域、循环经济领域和高端装备制造领域。在投资地域限制方面,产业基金除了可以投资湖北本地企业,还可以接受本省企业在省外投资、并购,以及省外企业在本省的投资项目。这一安排结合了湖北省地域特色,可以有效发挥湖北省区位优势、教育和科研资源优势,降低投资限制的阻碍,在省内培养优质企业,同时也吸引省外的龙头企业到本地来投资,带动本地相关产业发展。按所投资公司所处的阶段不同划分,该产业投资基金的母基金可以投资天使基金、成长期基金和成熟期基金,通过分化各类母基金和子基金,既符合当地不同发展阶段的企业发展需求,又可以满足不同合伙人的投资回报目标。

至 2019 年,长江产业基金共投资了 25 支产业投资母基金,合作机构包括联想、小米、海尔、TCL、吉利等知名企业,以及中银投资、工银瑞信、招银金融、海通证券等金融机构。不同母基金下设立并购基金、Pre-IPO 基金、新三板基金、天使基金和债股结合基金等几类子基金,分别支持湖北地区上市公司扩张发展、储备企业上市、创新企业发展壮大、重大科技成果孵化,以及一般企业扩大企业规模。总体来看,长江产业基金正在为湖北地区新兴领域的创新发展和支柱产业转型升级发挥着积极作用。

第三节 产业金融典型应用

在产业金融实践中，由于每个产业各有特征，融资需求千差万别。因此需要具体问题具体分析，结合每个产业的产业链和价值链结构、生命周期阶段特征，设计出带有鲜明产业特色服务产业价值提升的金融方案。本节以农业、城市基础设施建设、高科技产业、环保产业的融资设计为例，阐释产业资本如何与金融资本融合发展，提升资源配置效率，实现产业结构优化和价值提升。

一、农业金融

（一）农业价值链分析

农业是我国的基础产业，也是国民经济的基础，涵盖主要粮食作物和经济作物的种植、生产、加工等诸多环节，以农业生产为核心，连接起上游的农药、化肥、种子、机械等要素生产企业和下游的农产品加工、销售企业。

农业价值链构成比较简单，窄且短，农业生产是连接上下游企业的核心，但也是整条价值链上价值最低的环节，农产品的生产种植在现有的市场条件下回报率较低，没有附加值，且容易受到上游企业的成本提升、下游企业的销售压价，最终导致自身利益薄弱。农业价值链偏窄主要归因于农业生产环节的低效。农业生产环节缺乏信息、科技、资金等生产要素的投入和整合，农民获得收益小，利益分配不均，农民积极性不高。价值链偏短主要归因于农业生产本身与上下游产业融合不足，自身局限在农产品生产种植到出售，没有进行向上下游的延伸，无法得到上游企业的协调服务，也无法分享下游产品的附加值。

因此，农业价值链提升的路径可以是通过制度创新和金融设计，整合资源，向上下游延伸价值链，实现农业现代化，生产、加工、销售、服务一体化，提高附加值。在这一过程中，融资设计至关重要。可以采用农民以土地经营权入股与其他社会资本合资成立的农业金融平台的模式，对上游实行农业生产资料统一采购以降低成本，并且实现资源整合，高效地为农业生产服务；在农业生产环节实行统一管理、技术指导，确保农业产出价值、数量的提高，以“订单＋期货”的模式解决农业生产销售问题，同时确保农民的合理利益；在农业金融工程平台的统一协调下鼓励和支持农产品加工，向下游延伸产业链。

（二）农业金融平台运作模式

农业是较为分散、低效的产业，融资难度大，但资金的注入必然能大力推动农业的发展。农业资金来源渠道有政府补贴、部分低息贷款、重点惠农产业扶持等优惠政策，以及农民分散的小额资金储蓄、银行贷款。可以通过制度创新，建立农业金融平台，分配资金，统筹管理，保障从农业上游生产要素整合到农产品种植到下游农产品深加工整个产业链的资金需求。农业金融平台的运行模式如图 13-3 所示。

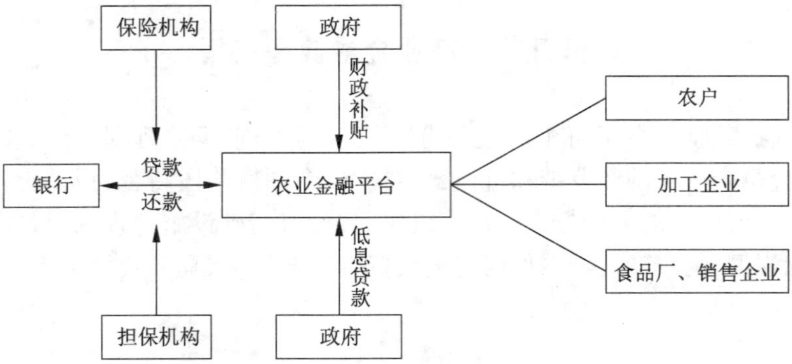

图 13-3　农业金融平台的运行模式

农业金融平台采取整体贷款的方式,获取信贷机构的贷款,然后根据各个农户的不同情况,对其进行授信。平台贷款的主要用途在于农业机械、器具、种子的购买,以及农业生产技术的提供等。对于大型设备,平台可考虑办理租赁业务,也可以直接争取贷款购买。由于农业生产也面临气候变化的不利影响和其他风险,可能发生到期农民无法偿付贷款的情况,因此有必要建立保险机制。总体而言,违约发生的概率较小,可以在平台、银行、保险机构之间建立三方合作,平台交纳一定的保险费用,保险机构负责在发生违约时对银行贷款进行偿付。

农业金融平台可以采用质押预付的方式为粮食产业链融资。所谓质押预付,是指金融平台与农民在平等、自愿、协商的基础上签订农产品预购合同,并向农民预付一定比例的订单款项,以农民的土地承包经营权作为质押,平台再以农产品为抵押向农业发展银行借贷预购定金来支付农民预购款项而形成的一种订单农业融资模式。对于农产品加工企业,以该企业与下游食品厂的购销合同为抵押发放贷款,鼓励其优先消化辖内农产品。

农业金融平台围绕粮食种植、收购、加工、销售产业链条,以订单农业中心会员、粮食收购加工企业、食品企业为支持重点,开展产业链支持战略合作,实现对粮食生产链各环节信贷支持的无缝衔接,促进农业良性循环发展。粮食种收环节资金封闭运营,保证资金专款专用,保障资金回收,同时发挥各银行信贷产品特点,鼓励其对农户、生产企业相关环节资金支持。以产业链为纽带,形成完善的融资体系,降低银行信贷资金系统性风险,同时推动农业产业发展。

专栏13-2

新疆巴州:金融支持产业化龙头企业典型案例

新疆是世界番茄主产区、全球三大番茄种植加工中心之一。番茄加工产业链已成为当地一大支柱产业,是当地农民收入的重要来源。中国农业银行新疆分行针对番茄产业链的特性,按照“依托龙头,锁定农户,集中放款,封闭监管”的原则,主动为当地产业化重点龙头企业量身订制“龙头企业 + 农户”的订单农业金融服务模式,助推企业加快发展,帮助农户实现增收。

其主要做法:一是开发农业大户信贷产品,单户最高贷款额可达 1 000 万元,可有效解决不同规模农户的贷款需求。二是针对部分农户没有土地证、房屋手续不齐全,抵押贷款难的现状,创新推出"公司+农户"保证担保信贷业务,有效解决农户贷款难问题。三是为公司番茄收购提供流动资金贷款、民贸民品贴息贷款及季节性收购贷款等。其中,对公司的季节性收购资金贷款发放后,直接向番茄种植农户统一兑现产品款,在扣除农户的贷款本息后,再划转到农户的惠农卡账户中。四是在公司安装移动 POS 机及转账电话等电子工具,提供代发工资、理财产品、结汇、产品款兑现等基础性金融服务。针对农户日常生活的资金需求,以惠农卡为载体,向农户提供存取款、转账、个人理财等基础金融服务,不断巩固"龙头企业+农户"的服务模式合作基础。在"龙头企业+农户"业务模式支持下,2013 年累计为番茄加工龙头企业订单签约农户发放贷款 2.93 亿元,累计为企业发放贷款 8 900 万元。企业在新建生产线、项目改扩建、技改、番茄采摘收储等环节均及时获取了资金支持。中国农业银行新疆分行在实践中强化产业链金融服务理念,提高服务黏性。开展"新型主体+农户""核心企业+小微企业"等供应链金融服务,整合产业链上的信用资源,不断巩固新型主体与上下游企业及农户形成的利益联结关系,为产业链上的经济主体提供全方位的金融服务。

二、城市基础设施建设金融

基础设施建设是城市建设的基础,是经济可持续发展的重要支持。根据经济学中的乘数效应,基础设施建设投资可以产生数倍于投资额的经济量,从而推动经济增长。加之近年来我国大力推动城市化进程,基础设施建设规模不断扩大,因此,有效利用资金搞好基建工程至关重要。我国现行的基础设施建设主要是依托政府建立的投资管理体制。传统投融资模式主要有财政投资、国内外贷款、证券市场融资等。随着经济的发展,财政资金相对短缺和城市基础设施需求不断膨胀的矛盾不断突显,传统投融资模式越来越力不能及。近年来,越来越多的公共基础设施建设倾向于采用项目融资这一新兴模式以解决资金来源和资金效率问题。本部分以 PPP 融资模式为例介绍基础设施建设的项目融资方式。

(一) PPP 融资模式结构

PPP 融资模式是政府与私人企业合作,共同承担投资风险、分享投资收益的公共基础设施融资模式。双方首先通过协议的方式明确共同承担的责任和风险,其次明确各方在项目各个流程环节的权利和义务,最大限度地发挥各方优势,使项目建设既摆脱政府干预和限制,又充分发挥民营资本在资源整合与经营上的优势。

PPP 融资模式的典型结构:政府部门或地方政府通过政府采购形式与中标单位组成的特殊目的公司(即项目公司)签订特许合同,由项目公司具体负责项目的筹资、建设及经营。项目公司一般是由中标的建筑公司、服务经营公司或对项目进行投资的第三方组成的股份有限公司(图 13-4)。

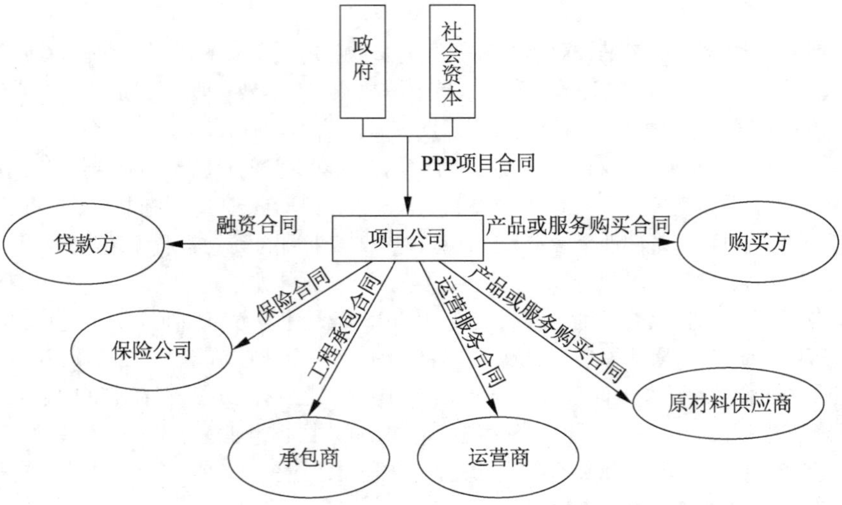

图 13-4　PPP 融资模式结构

PPP 模式的主要特点有三个:伙伴关系、利益共享和风险共担。其中,伙伴关系是 PPP 模式的核心。政府与民营组织形成伙伴关系,有着共同的目标。具体地说,就是合作双方努力以最合理的资源分配,以最快的速度提供最优质的产品或服务,政府以此目标实现公共福利供给,而民营组织以此目标实现其自身利益追求。利益共享,即政府获得社会成果,而民营组织获得长期、稳定、合理的投资回报。应注意的是,PPP 模式中政府与民营组织并不是简单的利润分享,政府还需要控制民营组织在项目执行过程中不至于形成超额利润。PPP 模式中政府与民营组织的风险分担原则:各种风险由较善于应对该风险的一方承担,从而使得整个项目的风险最小化,并使资源达到最合理的分配。

(二) PPP 模式的基本框架

PPP 模式项目融资的基本框架由四个基本模块构成,即项目的投资结构、融资结构、资金结构和信用担保结构。

1. 投资结构

项目的投资结构即项目的资产所有权结构,是项目的投资者对项目资产权益的法律拥有形式和项目所有者之间的法律合作关系。本质上说,项目投资结构就是项目公司的组建形式,最常用的组建形式是股份公司制结构。按照有限公司的组建形式,独立法人、股东以出资额为限对项目公司承担有限责任,项目公司以其注册资本为限对其债务承担责任。由于基础设施项目的特殊性,项目公司还应该遵照有关政策与政府部门签订专门的公私合作协议(即 PPP 协议)。在项目公司里,股东(即投资者)包括政府和私营企业(包括私人和私人实体),他们共同对项目开发的重大活动进行决策,并按出资比例和 PPP 协议的约定享受权益,承担义务。

2. 融资结构

融资结构是项目融资的核心部分。当项目投资者在项目投资结构上达成一致意见之后,接下来的工作就是设计和选择合适的融资结构,以实现投资者在融资方面的目标和要求。PPP 项目融资通常以私人投资为主体,同时辅以政府资助、银行贷款、杠杆租赁,以及向机构投资者或社会公众发行债券等。

3. 资金结构

资金结构是指在项目融资过程中所确定的项目的股本金(或叫权益资本)与债务资金的形式、相互间的比例关系及相应的来源。项目的资金结构是由项目的投资结构和融资结构决定的,同时资金结构又会影响到整个项目融资结构的设计。

项目股本金的资金来源主要包括投资者投入的自有资金,通过发行股票筹集公募股本金和与项目有关的政府机构和公司为项目提供的资金。另外,还可以通过无担保贷款、可转换债券和零息债券的形式筹集准股本金等。项目的债务资金主要来源于银行贷款、资本市场、政府出口信贷和融资租赁等。银行贷款是PPP项目融资中最基本和最简单的债务资金形式,为PPP项目提供贷款的银行包括商业性银行和国际金融机构(如世界银行、亚洲开发银行)。项目公司还可以以项目的名义直接在国外资本市场上发行债券或商业票据筹集债务资金。当项目涉及进口设备时,项目公司也可能从设备出口国政府的专设金融机构获得出口信贷。来自设备租赁公司的融资租赁也是PPP项目债务资金的来源之一。

4. 信用担保结构

信用担保结构也是PPP融资模式中的重要内容。由于基础设施PPP项目通常投资大、周期长,为了减少各方风险,项目需要有周密的信用保证结构设计。对于银行和其他债权人而言,项目融资的安全性来自两方面:一方面来自项目本身的经济强度;另一方面来自项目之外的各种直接或间接的担保。这些担保可以由项目的投资者提供,也可以由与项目有直接或间接利益关系的其他方面提供。项目担保主要包括两方面的内容:一是直接的财务担保,如完工担保、成本超支担保、不可预见费用担保;二是间接的或非财务性的担保,如长期购买服务的协议、以某种定价公式为基础的远期供货协议等。通常PPP项目的私营企业股东担任第一类担保需求的担保人,以其自有财产作为抵押,向银行申请贷款资金。私营企业提供担保范围通常限于项目开发过程中发生的且项目公司能够控制的风险,如设计风险、施工风险(预算超支、工程质量问题)等。政府作为第二类担保需求的担保人,担保范围通常是非商业性风险部分,如法律风险、政策风险和金融风险等。

专栏13-3

PPP环保产业投资基金:以天津生态城建设为例

PPP环保产业基金是指政府与私人组织合作建立的,适合于区域环境保护领域、城市环境保护基础设施领域运用的专项基金。PPP环保产业基金对应一个包含多个相关产业的环保项目包,以项目包为基础,以合同为核心,以特许经营权的让渡为手段,集项目融资、建设与运营为一体,通过项目包内产业链互相衔接互相呼应的设计来降低风险,提高整体收益。

天津生态城建设采用区域打捆式项目包管理,是集融资、建设与运营于一体的区域环保PPP模式。天津生态城以天津市政府令的方式确立契约的法律定位,由天津泰达投资控股有限公司、国家开发银行、新加坡吉宝集团等中外投资机构共同成立PPP环保产业基金,并组成天津生态城投资开发有限公司,负责生态城的土地收购和整理,以及基础设施和公共设施的投资、建设、运营和维护,并享有相应的投资权、经营权和收益权。同时,市政公用设施的配套费和土地出让金政府净收益,都由天津生态城投资开发有限公司支配,定向用于生态城设施的建设与维护。在这个项目中,政府出让特许经营权,与社会资本分担风险,并对私人组织的环境责任和目标的执行情况进行考核,保证公益利益的实现。以环保产业基金为基础,生态城公司通过发行总额为12亿元,发行期限为7年的公司债券向全社会进行融资。生态城项目包含生态城污水库治理项目、营城河道综合整治项目、生态工程项目、管网工程项目等。管网工程预期收入来源包括市政公用设施的配套费、供热工程费和小区工程费;河道整治和生态工程项目将由财政局进行回购,回购价款覆盖工程合同结算款、财务费用、代建管理费及税费;污水库治理和环境改善项目收入来自政府土地出让金。基金投资项目平稳的预期收入为成功获得广泛的社会资本投入奠定了基础。

PPP环保产业基金是一种特殊形态的PPP模式。在基金建立时,应该签订有严格法律效力的合同,明确政府和私人组织之间的责权利。在基金投资项目运作过程中,应该以项目产出的生态资源产品的价值为担保,寻求更广泛的社会资本的金融支持。

三、高科技产业金融

高科技一般指技术难度大、智力要求高、竞争力和渗透性强、对人类社会的发展进步具有重大影响的前沿科学技术。高科技的“高”主要体现在八个方面:高难度、高技术密集、高资金密集、高知识密集、高速度、高竞争、高风险、高效益。从这八个方面可以看出,由众多高科技企业组合形成的高科技产业是一个前期发展难度大、后期有着光明前景的产业。高科技企业发展壮大后,依托自身的技术优势、资金融通优势、人力资源优势,逐步呈现稳步发展的状态,但是中小型高科技企业在初创期则面临很多困难,例如融资难度大、融资成本高等,这些困难阻碍了高科技产业的发展,制约了国家的科技创新。

(一)高科技产业的融资瓶颈

1. 中小型高科技企业融资难

高科技企业的融资难度存在一种分化的现象。一些大型的高科技企业前期经过长时间的发展壮大,因此企业规模达到一定程度后,信用度较高,信息不对称的问题较轻。但是中小型高科技企业融资难度就会大得多,特别是处于初创期的企业,早期资金需求量较大,但是盈利较为困难,并且经营规模较小,投资风险较大,要取得融资难度很大且成本很高。在内部融资方面,中小型高科技企业在初创期较少有能立即投入市场的产品,留存收益规模不会很大,能够用于增加投资的资金有限。在外部融资方面,不仅限制内部融资的因素会影响外部融资,外部融资还多出一个信息不对称的因素。在中小型高科技的初创期,企业的知名度不高,财务状况不透明,银行的放贷原则较为谨慎,企业能获得的信贷资金十分有限;而股票市场、债券市场的进入门槛较高,中小型企业进入难度较大。高科技企业进入成长期后,虽然经营状况会好于初创期,但是生产扩张和技术升级需要更多资金投入,内部融资无法满足企业长期发展的需要。如果处于成长期的中小型高科技企业依旧没有生产出有竞争力的产品,提高不了企业知名度,外部融资的难度也会加大。

2. 高科技企业创业初期风险大

高科技企业创业初期面临的技术风险和商业风险也是造成其融资难的重要因素。科技型企业的价值实现必须经历一个过程，把高科技产品从一个科创理念培育成一个成熟的商品也需要一个过程，这其中有可能出现理念偏差、研发时间段过长，理念淘汰、竞争对手率先研发出产品等多种风险。由于科技企业在成立初期研发资金不足、研发人员缺乏、对产品市场拓展的经验不足，有可能出现只有创新的理念而没能研发出新产品的情况。这种技术性风险影响了企业长期收益预期，给融资活动造成困难。初创期的企业与成熟期的企业相比，市场营销渠道薄弱，即使生产出符合消费者要求的产品，由于销售渠道少、品牌不响亮，初创期产品被市场接受的难度大、被消费者认可的周期较长，这种商业风险的存在也为科技企业初创期的融资活动蒙上阴影。

（二）高科技企业融资体系分析

高科技产业在整个生命周期对于资金的需求都很大，对于融资十分依赖，特别是初创期的资金供需更是存在较大矛盾。因而高科技产业金融设计要密切结合产业生命周期，并且重点解决创业初期的融资问题，帮助企业逐步形成规模，建设品牌，提升在产品市场和资本市场中的认可度。表 13-2 中列举了高科技产业在生命周期不同阶段的不同融资手段。

表 13-2　高科技企业融资手段

生命周期阶段	融资渠道
初创期	天使基金、创业孵化、风险投资
成长期	投资银行发行债券、股票期权
成熟期	银行融资、上市、发行企业债券

1. 初创期

在企业的初创期，主要的融资手段包括天使基金、创业孵化和风险投资。天使基金就是专门投资于企业初创期的一种投资手段，高收益型的高科技行业尤其受到这种基金的青睐。这种基金重视项目前景，个人或企业如果能够拿出一个较好的方案或规划，那么获得天使基金资助的可能性就较大。创业孵化是另外一种形式，它不是直接给予资金的支持，而是给予企业一个平台，提供多种服务以帮助企业迅速壮大。现有的科技企业孵化器通常依托于高校或创业中心，提供的服务主要包括资金申请、经营场地、咨询策划、政策指导、人才培训、技术鉴定、项目顾问。风险投资相比于天使基金有着更广阔的应用，风险投资公司主动承担企业的风险而进行带有一定冒险性质的投资，追求的是在短期内获得高额的回报。同样，通过风险投资取得资金也需要一个有着极大前景的项目支撑。

2. 成长期

基于高科技企业的高成长性和可观的长期收益预期，成长期企业可以尝试投资银行发行债券、股票期权等融资方式。投资银行债券是指投资银行运用自身的融资上的便利，对一个特定的经济单位或项目策划安排的债券融资计划。利用投资银行进行融资不仅可以获得资金，还可以通过投资银行整合资源的能力将政府、投资者和会计师等主体结合在一起，投资银行在其中主要起到项目评估、融资方案设计的作用。股票期权属于公司期权，是一种内部融资手段，指公司给予其员工在未来按照固定价格买入一定数量公司股票的权利。股票期权最大的优点在于对员工的激励机制，当员工特别是高层员工拥有了股票期权后，其个人利益与公司利益就息息相关，从而大大提高了员工的工作积极性。

3. 成熟期

高科技企业进入成熟期后，融资手段开始向多样化发展，主要包括银行贷款、上市融资与债券市场借款。高科技企业在成熟期已有一定的规模，产品及企业的品牌一般来说已经被市场所认可，融资难度较初创期与发展期有所下降。银行贷款由于较为方便，并且有可能在短时间内使企业获得大量的资金，因而是高科技企业的重要融资手段，但是银行融资受到的限制较多，与公司的财务状况、发展前景及国家的宏观基本面都有很大的关系，并且贷款利息带来的融资成本对于企业也是较大的负担。上市融资较银行贷款来说成本低，但是门槛高。主板市场对于新上市公司筛选严格并且上市公司间的竞争较为激烈。创业板及三板市场上市要求更为宽松，对于高科技企业上市融资有很大的推动作用。非主板市场的特点是低门槛进入，严要求运作，在为有潜力的中小型高科技企业提供融资途径的同时，还有助于它们的规范发展。企业的债权融资又称为公司债券，面向投资者发行，在一定时间段内支付利息并且偿还本金。由于存在支付利息这一环节，同样导致公司发行债券融资存在一定的风险。

四、环保产业金融

随着中国经济的持续快速发展，城市化进程和工业化进程的不断加快，环境污染日益严重，国家面临严峻的节能减排和低碳转型压力。无论是通过技术进步设备升级，还是调整产业结构来实现节能减排的目标，都意味着巨大的资金投入。然而，节能减排投资具有投资规模大、成本高、回报周期长等特征，对企业的吸引力不强。因此，为保证我国节能环保事业的顺利推进，融资方式的创新是一个关键因素。

（一）节能环保领域的金融创新

1. 绿色信贷

绿色信贷是商业银行秉承赤道原则发放的与节能环保项目相关的贷款，既有对耗能企业、污染企业发放的，直接用于降低能耗、治理污染投资项目的贷款；也有发放给节能企业、污染治理企业，用于节能环保技术的研发和应用、设备制造、节能环保项目实施的贷款。作为一种银行信贷，绿色贷款要经过银行对贷款申请企业的征信状况、财务情况、担保情况的审查才能确定授信额度。绿色信贷有其局限性，与一般正规渠道贷款一样，银行绿色信贷也有偏好财力雄厚、资信良好的大企业的倾向，并且利率水平较其他企业融资方式高。因此，一些小微企业很难通过信贷渠道满足其节能环保设备投资的需求。

2. 绿色债券

绿色债券指任何将所得资金专门用于资助符合规定条件的绿色项目或为这些项目进行再融资的债券工具。相比于普通债券，绿色债券主要在以下四个方面具有特殊性，即债券募集资金的用途、绿色项目的评估与选择程序、募集资金的跟踪管理，以及要求出具相关年度报告。虽然我国对绿色债券的支持力度不断加大，但绿色债券在投融资需求对接上还存在较为明显的“鸿沟”。现行信息披露体系主要关注财务方面，但绿色债券发行人要增加环境信息披露、认证评估等额外成本，且并不必然因此带来明显的经济效益；国内投资者则尚未形成责任投资理念和文化，更关注经济效益等短期回报，投资者“不愿买”“不敢买”的情况还较普遍。

3. 融资租赁

传统的融资租赁是指出租人根据承租人选定的设备，以给承租人提供融资为目的而进行购买，然后再以收取租金为条件，将该设备中长期地出租给该承租人使用的一种租赁交易行为。可见，融资租赁属于一种资产融资，是直接以设备为交易载体为企业提供资金融通的专业金融工具。因此，融资租赁的概念很好地契合了环保产业购买节能减排设备的融资需求。而且，融资租赁期末对设备所有权的处置灵活多样，有助于实施低碳经济理念。融资租赁到期时，承租企业可以选择退租、续租或留购。对于不再需要的设备，企业可以选择退租，这样既为企业免去了保管的负担和不必要的资金占用，又使还有使用价值的设备回到融资租赁公司，可以通过专业化渠道找到新用户，达到优化资源配置、发挥最大化效应的目的。

目前，融资租赁对于环保产业还是一种很新的融资方式，应用还不太广泛。可以通过一些融资设计，使其成为能够满足环保企业，特别是中小型企业节能减排融资需求的理想融资工具。

（二）环保企业融资：以融资租赁为例

上马污染治理项目的时候，企业不仅需要购买污染治理设备，还需要有专业的污染治理技术。当今社会分工越来越细化和专业化，企业，尤其是一些小企业往往把治污外包给专业的节能环保技术服务公司，以达到节约成本的目的。因此，可以设计一个包含能提供全方位污染治理服务的技术服务公司的融资租赁模型。

当节能环保技术服务公司为污染企业提供污染治理的技术开发、设备投放和运营管理等全方位服务时，设备投资给这些公司带来了巨大的压力。为了缓解资金压力，技术服务公司可采用融资租赁的方式，作为节能环保融资租赁项目中的承租人，通过租入节能环保项目所需设备来进行设备投放，实现污染企业的节能与环保治理。

在实际操作中，污染企业根据自身污染治理的需要，选择合适的技术服务公司为其实施污染治理项目。技术服务公司要为企业设计污染治理方案，承诺治污收益，并特别规定，由技术服务公司为企业提供所需的治污设备。双方（或组合进融资租赁公司后形成三方）签订“污染治理项目合同”，同时，根据合同，为减少污染治理项目的资金占用量，技术服务公司与第三方融资租赁公司签订融资租赁合同，以承租人的身份取得污染企业所需的污染治理设备，并以提供包括设备在内的全方位污染治理服务的方式，将设备安装在企业的污染治理项目中使用。在协议签订阶段，技术服务公司、融资租赁公司和污染企业需要就租期结束时治污设备的处置方式协商妥当。整个融资租赁交易模式如图 13-5 所示。

交易流程如下：① 技术服务公司与污染企业签订技术服务性质的“污染治理项目合同”，根据合同规定向其提供包括节能设备购置安装在内的全方位的节能服务，并承诺治污效益。② 技术服务公司与融资租赁公司签订融资租赁合同，并选定污染企业所需节能设备。③ 融资租赁公司与设备供应商签订买卖合同，购买租赁物，支付货款。④ 设备生产商向技术服务公司交付设备。⑤ 技术服务公司为污染企业提供设备安装、调试、运营管理等全方位服务，并按合同规定分享污染治理收益。⑥ 技术服务公司向融资租赁公司支付租金。

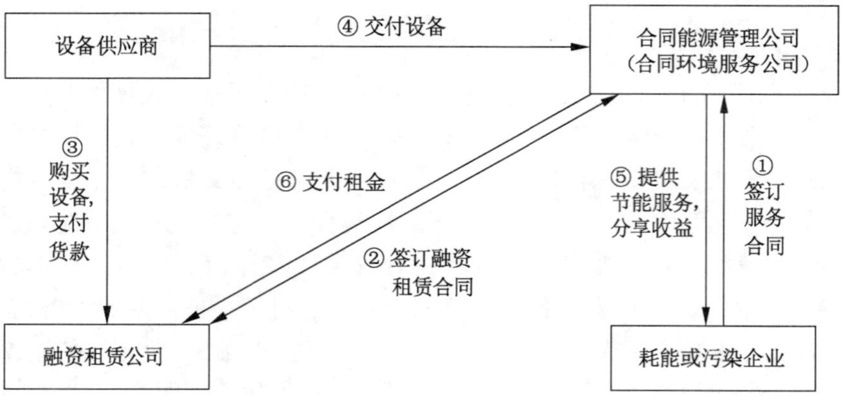

图13-5 环保产业融资租赁模式

这种以节能环保技术服务公司为承租人的交易模式,适合中小型企业污染治理,凸显了污染治理服务的专业性和节能环保融资租赁的特性,通过融资租赁公司的介入,可理顺节能环保产业链上各个企业之间的交易关系,为节能环保产业的投融资构建一个可对接银行信贷或资本市场的投融资平台。

如果污染企业为自身实力雄厚的大型企业,投资于污染治理的主观意愿比较强,愿意为此筹集资金,也可采用污染企业为承租人直接与融资租赁公司签订融资租赁协议的交易模式。其交易流程与上述流程相似,不再赘述。

本章提要

本章首先解释了产业金融的基本概念,在此基础上,阐述了产业金融服务产业发展的基本原理并介绍了常用的融资工具。最后,以农业、城市基础设施建设、高科技产业、环保产业为例,具体分析了不同产业适用的产业金融运作模式。

重要术语

产业金融;产业生命周期;债券融资;股权融资;项目融资;融资租赁;产业基金;PPP融资模式;农业融资平台

思考题

1. 简述如何根据产业生命周期选择企业融资方式。
2. 列举常用的产业金融工具。
3. 政府在产业投资基金运作中有何地位和作用?
4. 简述PPP融资模式的典型结构和特点。
5. 设计以污染企业为承租人的污染治理项目融资租赁模型,并简要描述交易流程。

第四篇

规制与治理

第十四章 产业规制

本章主要介绍规制理论的演进、产业规制的内涵与主要模式、经济性规制中自然垄断产业放松规制的原因及中国自然垄断产业的规制改革、社会性规制。规制(regulation)是市场经济条件下政府干预经济政策的重要组成部分,是政府为实现既定的公共政策目标,对微观经济主体进行的规范与制约,是规制部门对特定产业和微观活动主体行为进行的监督与管理。

第一节 产业规制的理论演进

本节阐述了产业规制的理论演进,聚焦于规制的价值取向、规制的目标、规制的内容、规制的措施四个方面;具体探讨了产业规制的理论演进:从公共利益到部门利益,从追求效率到追求公平,从经济性规制到社会性规制,从直接规制到间接规制。

一、规制的价值取向:从公共利益到部门利益

规制价值判断理论主要关注的是规制代表谁的利益问题。规制代表谁的利益是关系到一个国家总体社会福利的重要问题,规制价值判断理论主要经历了规制公共利益理论与部门利益理论两大阶段。

规制公共利益理论起源于国家干预的经济思想,特别是产业组织理论哈佛学派的政策主张。如果自由市场在有效配置资源和满足消费者需求方面不能产生良好绩效,则政府将规制市场以纠正这种情形,这暗示着政府是公众利益而不是某一特定部门利益的保护者,政府会对任何出现市场失灵的地方进行规制。产业组织理论芝加哥学派的代表人斯蒂格勒等通过对电力产业规制下的价格水平、价格歧视程度、收益率变量进行规制效果的实证检验,发现政府规制没有实现公共利益理论所预期的较低的电力价格,从而对规制公共利益理论提出了挑战。斯蒂格勒通过研究发现,被规制的产业普遍具有较高的利润。由此他们推断,规制并不是为了公共利益而存在,而是满足被规制产业的部门利益。

二、规制的目标:从追求效率到追求公平

芝加哥学派指出:规制的首要目标在于保持市场的竞争性,克服"微观经济无效率",促进经济效益,即政府规制的目标就是追求效率。但是,这种单纯追求效率的规制目标导致了许多不公平问题。随着垄断行业的规制改革不断深入,普遍服务问题逐步显露出来,并开始引起各国政府的高度重视。在民营化及放松规制后,许多垄断企业不愿再背"普遍服务"的包袱,不再对成本较高的边远地区提供服务,或者边远地区服务价格过高,这种现象

的出现使许多国家开始倾向于把普遍服务与实现公平作为规制的首要目标。

三、规制的内容:从经济性规制到社会性规制

规制产生的初期,规制机构主要关注被规制企业的市场进入与产品定价问题,这些都属于经济性规制的范畴。但是随着社会的发展,规制机构越来越重视环境保护、产品质量安全等社会问题的规制。经济性规制是指政府机关利用法律权限,通过许可和认可等手段,对企业的进入和退出、价格、服务数量、服务质量、投资、财务会计等有关行为加以限制。经济性规制的内容包括市场准入、价格制定、服务质量及其他方面的规制。经济性规制主要通过以下方式实施:一是对企业进入及退出某一产业或对产业内竞争者数量进行规制,这一规制可以通过发放许可证、实行审批制,或是制定较高的进入标准来实现;二是对所规制企业的产品或服务定价进行规制,也称为费率规制,包括费率水平规制或费率结构规制;三是对企业产量进行规制,产量高低直接影响着产品价格,进而关系到生产者与消费者的利益,通过规制可限制或鼓励企业生产;四是对产品质量进行规制,相对于前几种方式,对产品质量进行规制的成本较高,主要包括监督成本、检查成本,由于规制者难以亲自监督产品生产,企业和规制者之间存在着信息不对称现象,规制者对产品质量很难把握,因此实践中这类规制方式较少采用。社会性规制是近年来各国逐渐施行的,主要通过设立相应标准、发放许可证、收取各种费用等方式进行的一种新的规制。社会性规制是以确保居民生命健康安全、防止公害和保护环境为目的所进行的规制,主要针对经济活动中发生的外部性而采取的有关规制措施。

四、规制的措施:从直接规制到间接规制

直接规制是针对自然垄断、信息不对称、外部性和非价值物品的规制。这些规制具有依据由政府机构认可和许可的法律手段直接介入经济主体决策的特点,是政府行政管理机构实施的规制行为,如对自然垄断产业的规制和对金融业的规制。直接规制主要包括经济性规制和社会性规制。间接规制是政府有关部门通过法律规定的程序所实施的规制行为,如对产品质量和工作环境安全的规制。间接规制不直接介入经济主体的决策,仅制约阻碍市场机制发挥职能的行为,并且以有效地发挥市场机制职能而建立完善的制度为目的。间接规制的主要内容包括以反垄断法为中心的竞争促进政策和以处理信息不对称为目的的政策,如保护消费者利益、公开信息等。

第二节　产业规制的主要模式

本节主要阐述产业规制的内涵和主要模式,具体包括民间主导型产业规制、政府主导型产业规制、政府民间平衡型产业规制三种模式。

一、产业规制的内涵

产业规制是指政府或社会对产业经济主体及其行为的规制。它是对市场失败的治理,目的在于维持正当的市场经济秩序。产业规制也是政府或社会为实现某些社会经济目标

而对市场经济中的经济主体做出的各种直接的和间接的具有法律约束力或准法律约束力的限制、约束、规范,以及由此引出的政府或社会为督促产业经济主体活动符合这些限制、约束、规范而采取的行动和措施。

二、产业规制的主要模式

产业规制模式指的是具有代表性的规制类型。产业的本质是企业,企业的本质是市场。所以依照西方发达国家的不同市场经济类型,当代产业规制可以区分为三种主要模式,它们分别是民间主导型产业规制、政府主导型产业规制和政府民间平衡型产业规制。

(一) 民间主导型产业规制

民间主导型产业规制是指在企业、市场、政府三者关系中政府调节市场、市场引导企业的一种规制模式。它突出强调的是保障企业作为微观经济活动的主体的权利,保证企业作为微观经济主体的有效性,政府这只“看得见的手”一般较少直接干预企业的经济活动,而是通过市场引导企业。民间主导型产业规制的主要特征有:① 比较强调自由企业制度;② 企业决策基本服从于市场调节;③ 政府宏观调控主要通过市场,市场仍然是配置社会资源的决定性渠道;④ 宏观调控手段偏重财政政策和货币政策,一般不特别强调经济计划和产业政策;⑤ 宏观调控的透明度较高。

这种规制模式的核心和最显著特征是保证企业在市场上的自由,采用这种规制模式的主要代表是美国。其主要特色如下:① 企业在投资、财务、生产、经营战略决策等方面,享有比较完整的自主权利;② 政府与企业之间除了税收之外很少发生直接联系,企业所受的政府直接管理一直较弱;③ 政府宏观调控基本上是市场行为,宏观调控一般以立法为基础,面向市场;④ 市场是经济活动的中心,为使企业在市场上真正获得自由活动的条件与可能,通过实施反垄断措施以保持市场充分竞争、市场环境优化和市场信号的真实性;⑤ 允许企业影响政府的宏观决策与宏观调控,允许社会集团介入国家决策过程。

(二) 政府主导型产业规制

政府主导型产业规制是指企业、市场、政府三者关系中政府既调节市场,同时也直接引导企业,并将侧重点放在后者上的一种产业规制模式。它突出强调的是企业与政府之间的协调,因而政府这只“看得见的手”往往直接伸向企业,宏观调控的受力点侧重于企业。政府主导型产业规制的特征有:① 强调企业与政府的合作,为此建立了两者直接对话和协调的机制,企业在政府调控的直接规范下自主程度相对较低;② 企业决策既受市场支配,又受政府影响,具有双重决策参数,而最终决策在长时间内很难与政府意图相左;③ 政府宏观调控直接指向企业时,实际上开辟了资源配置的另一通道,市场机制配置资源的作用有所下滑;④ 宏观调控手段侧重于经济计划和产业政策,追求力度和时间效应;⑤ 宏观调控的透明程度较低,这是存在着政府对企业较多的随机监督与指导的缘故。

采取这种规制模式的国家主要有日本、韩国等。从宏观调控方式看,美国民间主导型产业规制模式实行的是需求管理,即以财政政策和货币政策不断开展或压缩需求;而日本政府主导型产业规制模式实行的是供给管理,即通过经济计划和产业政策来不断调整生产供给以实现宏观目标。日本实施的是“赶超型”宏观调控,因此产业政策是日本国民经济发展的基石。从日本产业政策的成功实践中可以得到启示:政府与市场应当有所分工,由市场机制调节企业的日常经营决策，计划机制调节与社会经济发展有关的长远决策，其中主要是投资决策。市场与政府的这种分工，表明市场机制有效性和政府机制有效性分属不同的层次，因而两者可以也应当相互结合，实现优势互补；这种结合不是各管一块，而是在产业经济运行的同一过程中，政府主体统揽全局，在市场机制失效处承担责任，以弥补市场的缺陷。

（三）政府民间平衡型产业规制

政府民间平衡型产业规制模式是指企业、市场、政府三者关系中政府保障市场、市场引导企业，同时又以社会因素相保证的一种产业规制模式。这种规制模式突出强调市场按其内在规律运行的重要性，寻求其自由与有效的保证，从而保护产业的运行环境，提高企业的微观效率。它将宏观调控的重点放在保障市场自由与有效上。政府民间平衡型产业规制模式的主要特征有：① 强调保证健全的市场机制运转状态，政府的职责是保证、保护市场内在的效力，由市场去引导企业，政府一般并不直接规制企业的活动；② 社会资源的配置通过健全的市场机制来实现，同时用社会安定来保障；③ 宏观调控的目标是物价稳定、经济稳定和社会稳定，社会公平、社会保障和社会进步被纳入目标体系；④ 宏观调控手段侧重于货币政策、物价政策和社会政策；⑤ 宏观调控的透明度很高，这是高度强调政府规制必须以法律为依据所致。

政府民间平衡型产业规制是一种比较特殊的产业规制模式，目前实行的国家基本上仅限于德国。这种产业规制模式的基本原则如下：第一，提倡自由竞争，限制垄断，充分发挥市场机制的作用。第二，稳定货币，稳定物价。经济政策的中心问题是在没有通货膨胀的趋势下，让经济继续发展。第三，充分考虑了“社会”（民间）因素，实现“全民繁荣”。

第三节　经济性规制：自然垄断产业规制

经济性规制是指在自然垄断和存在信息偏差的领域，为了防止发生资源配置低效率和确保利用者的公平利用，政府机关用法律权限，通过许可和认可等手段，对企业的进入和退出、价格、服务的质量、投资、财务会计等有关行为加以规制。经济性规制的作用领域主要包括那些存在自然垄断和信息严重不对称的产业领域。实施经济性规制的目的是限制自然垄断产业或特定领域的垄断力量，消除外部性，力求使产业能够合理运营、健全发展，实现资源的有效配置，提高企业内部的生产效率，使整个社会实现帕累托最优。

本节主要介绍自然垄断产业的内涵、自然垄断产业产生的原因，以及自然垄断产业放松规制的原因。自然垄断是指由于市场的自然条件而产生的垄断，规模经济是自然垄断产业产生的主要原因。自然垄断产业放松规制是指政府取消或放松对自然垄断产业的进入、价格等的行政、法律规制。

一、自然垄断产业

（一）自然垄断产业的内涵

自然垄断是经济学中的一个传统概念。早期的自然垄断概念与资源条件的集中有关，主要是指由于资源条件的分布集中而无法竞争或不适宜竞争所形成的垄断。在现代，这种情况引起的垄断已不多见。而传统意义上的自然垄断与规模经济紧密相连,是指一个企业能以低于两个或更多的企业的成本为整个市场供给一种物品或劳务,如果相关产量范围存在规模经济时,自然垄断就产生了。

20世纪80年代,西方经济学对自然垄断的认识发生了重大的变化。1982年,夏基、鲍莫尔、潘泽和韦利格等用部分可加性概念重新定义了自然垄断。如果在所有有关的产量上企业的成本都是部分可加的,那么该行业就是自然垄断的。换言之,即使平均成本上升,只要单一企业生产所有产品的成本小于多个企业分别生产这些产品的成本之和,由单一企业垄断市场的社会成本依然最小,该行业就是自然垄断行业。

现代法学一般认为,自然垄断是指由于市场的自然条件而产生的垄断,如果这些部门参与竞争,则可能导致社会资源的浪费或市场秩序的混乱。

(二)自然垄断产业产生的原因

1. 规模经济

企业的生产成本并不是固定不变的,除了技术等因素的作用,即使在相同的条件下,企业的单位生产成本也可以随着生产总量的增加而趋于下降,原因在于当企业的总产品不断增加时,原先的固定成本被逐渐摊薄,这在固定成本投资较大的企业表现得尤其明显。当长期平均成本随着产量的增加而降低时,规模经济就出现了。当社会对某些行业的长期平均成本的降低速度与幅度提出要求时,这个行业往往就是自然垄断。规模经济很好地解释了产品单一领域行业的自然垄断。

2. 范围经济

在现实生活中,企业并不仅仅生产或提供单一的商品和服务,往往是多元化经营。如果一个企业生产多种产品的成本低于几个企业分别生产它们的成本,就表明存在着范围经济。单独生产某一产品的企业的单位产品定价高于联合生产的企业的相应单位产品定价,因此,单独生产的企业就会亏损,这些企业或退出该生产领域,或被兼并,这也会形成垄断的局面。因此,美国著名经济学家塞缪尔森与诺德豪斯指出,有着范围经济的产业也可产生自然垄断。从理论上来讲,范围经济很好地解释了产品具有综合性领域存在的自然垄断。

3. 成本次可加性

这是产生自然垄断新的基础。1982年,美国著名经济学家夏基、鲍莫尔、潘泽与韦利格等认为,即使规模经济不存在,或即使平均成本上升,但只要单一企业供应整个市场的成本小于多个企业分别生产的成本之和,由单个企业垄断市场的社会成本最小,该行业就仍然是自然垄断行业。自然垄断的定义或最显著的特征应该是其成本的次可加性。换句话讲,就是平均成本下降是自然垄断的充分条件,而不是必要条件。平均成本下降一定造成自然垄断,但自然垄断不一定就会使平均成本下降。只要存在成本弱增性,就必然存在自然垄断。成本的次可加性理论的提出,掀起了20世纪80年代的自然垄断理论的变革,从理论上进一步解释了自然垄断存在的根源。

二、自然垄断产业放松规制的原因

(一)放松规制的含义

放松规制是指政府取消或放松对自然垄断或其他产业的进入、价格等的行政、法律规制。它是直接规制的放松,是走向间接规制的一种过渡情形。细分起来,放松规制有以下两方面的含义:一是完全撤销对受规制产业的各种价格、进入、投资、服务等方面的限制,使企业处于完全自由竞争状态。比如,原来受到政府严格规制的汽车运输业,该行业各种经济性法规被全部取消,新企业可以自由地加入这些产业与原来的企业竞争,其行车路线、货物运费都由企业自己确定。二是部分取消规制,即有些方面的限制性规定被取消,而有些规定继续保留,或者原来较为严格、烦琐、苛刻的规制条款变得宽松、开明,如在进入规制中,由原来的审批制度改为登记制度。

(二) 自然垄断产业放松规制的原因

政府之所以由原来的进入、价格、投资等方面的规制中退出,原因既有经济方面的,也有政治上的。一般说来,表现在以下几个方面:

1. 由于技术经济条件的变化,政府经济性规制的理论依据逐渐消失

政府进行经济性规制的主要理论依据是自然垄断,即由于市场需求不足,或者由于大规模固定资本的投资所具有的规模经济效益,市场上只有一个企业时的社会生产效率最高,成本最低。当市场需求扩大、生产技术变化时,自然垄断的特点会变得微弱。

20 世纪 80 年代以来,由于技术发展日益加快,新技术层出不穷,特别是微电子技术的出现和不断成熟,使得陈旧落后的生产技术逐渐为新技术所淘汰。比如,在通信领域,光纤的发明、计算机技术的应用、卫星通信技术的引入等,使得通信不再是自然垄断性的。提供通信,特别是长途通信、电信增值业务并不需要太大规模的投资,而且这部分固定资本也不是沉淀的,所有这些都使得新企业加入电信领域变得容易。从经济的角度看,由于经济全球化进程加快,全球经济运作业务量迅速增加,大大增加了对电子通信的需求。电信市场变得空前繁荣,业务量每年都成倍增长,市场的扩大使得一家企业垄断市场的局面不再是最具效率的。因此,放松这一市场的进入规制,吸引新的企业,扩大供给,满足不断增长的需求,是明智的选择。

2. 产业间替代竞争加剧,受规制产业的发展受到限制

产业是生产具有类似特点产品的企业的组合,在自然垄断产业中,由于垄断的存在,一个企业可以代表一个产业。但是,由于市场上仍然存在着替代品,垄断产业的市场势力也不是无限制的,因此,存在替代竞争的受规制产业面临竞争的压力,需要及时做出投资、生产、价格、服务等新的、及时的决策和改变。但是由于政府规制的存在,所有的重要决策都要经过政府规制部门的批准,这个过程延缓了受规制企业的反应时间,因而使其在竞争的过程中,总是处于被动、落后、迟钝的境地。如第二次世界大战后,一些发达市场经济国家的高速公路形成网络,四通八达,还能够做到"门对门"的运输方式,对铁路形成一种有力的挑战。铁路的货运、客运等面临顾客减少、效益下降的困难,因此不得不取消传统的规制方式,以使铁路有更大的决策经营权和灵活性,对公路的竞争做出及时的反应。这种存在替代竞争的产业称为"结构性竞争产业",如铁路、航空、公路运输等都属于这个类型。这里需要补充一点的是,在不少国家,最新放松规制的部门不是自然垄断产业,而是这类结构性竞争的产业,而且,效果最好的也是这类产业。受到竞争威胁的规制企业效益恶化,迫使其积极寻找出路。它们也认识到政府规制虽然能给自己带来可观的收益,但是,在外部竞争者的替代竞争日益激烈的情况下,政府规制反而成为负担,所以,受规制的企业也有要求放松规制的动力。

3. 规制引起的副作用日益显现,要求取消规制的呼声高涨

为了纠正市场失灵,政府进行规制,但是也出现了政府缺陷和政府规制缺陷的弊端。政府部门规模庞大,行政支出、规制管理费用不断上升,政府财政赤字增加;受规制的产业部门客观上受到政府的保护,可以稳定地得到收益,漠视消费者的需求,服务单一,成本上升,效率下降,供给不足;规制的成本可能大于由此带来的收益。规制压制了创新,庇护了无效率,鼓励了工资—价格螺旋上升,由于价格与边际成本的不一致促进了资源的错误配置,推动了以成本扩张、浪费为主的竞争,否定了公众对产品质量和价格的选择,而这在竞争市场上是可以实现的。再加上广泛传播,人们对政府规制的信心下降,他们认识到市场是不完美的,政府同样是不完美的,以一种不完美的手段去纠正另一种不完美,其结果也不一定就是完美的,尤其是在技术进步迅速、人们的消费需求多种多样的现代社会,刻板僵化的行政和程序越来越不受欢迎。西方民主选举制度的特点,使得各个政党为了谋求执政,顺应民心,以减少财政赤字、缩小政府规模为选举纲领,推动了取消政府规制,尤其是放松经济型的规制的进程。放松规制伴随着政府部门的缩小和工作人员的减少,财政支出负担也大为减轻,所以这种措施能够迎合选民的心理,较容易得到实施。

4. 由于可竞争市场经济理论的出现和传播,经济性规制不再被认为是提高经济效益的唯一手段

这个理论的核心内容是竞争,竞争是实现经济效率的最好方法。即使是在传统的被认为自然垄断的产业内,只要是可竞争的,没有政府的外部干预,垄断者也只能获得平均利润。为此,政府部门应该做的不是限制进入、费尽心力去寻找最合理的定价方法,而是减少产业的进入壁垒,使产业能够自由进出,这足以形成对垄断者的竞争压力,而其成本和负面影响是最小的。一些产业虽然有巨大的沉淀成本,但是当其面临其他产业的替代竞争时,其行为方式与可竞争市场行为方式是类似的,因而不需要政府规制。在这种理论的影响下,政府对一些结构性竞争产业放松了规制,效果是令人满意的。

5. 经济全球化、国际经济交往的迅猛发展也迫切要求放松政府规制

国际贸易、跨国投资、战略联盟等国际合作必须有一个开放、公平、自由的环境,但是政府规制对经济运行的人为干预和限制,客观上是对国内市场的保护,不利于国际人、财、物、信息的交流。随着经济全球化的发展,形成全球市场是大势所趋,不可逆转,唯有消除人为的限制,才能符合发展的潮流。世界贸易组织的宗旨是促进世界各国的自由贸易,取消各种贸易壁垒,并致力于形成全球统一的市场。在其倡导和努力下,世界各国签署了一系列的协议和公约,目的在于减少对市场的政府规制,开放国内市场。发达国家的跨国公司为了能到发展中国家占领市场,不遗余力地敦促发展中国家取消经济性规制,允许外国公司进入。发达国家之间也在市场准入方面进行长期的磋商,最后达成妥协,共同放松规制,提倡公平的竞争,例如在金融、贸易、电信、服务等传统的政府规制部门都不同程度地取消了规制。

三、英国电信产业进入规制的放松

在1980年以前,英国的电信市场一直由英国邮政局垄断。英国的政府部门致力于放开电信市场、鼓励竞争,特别是在1984年,电信市场空前发展,电信业务量迅速增长,业务范围

不断扩展,在移动电话、终端设备、各种增值业务等方面,消费者都有了很大的选择余地,充分满足了人们对电信的多种需求。

1981 年,英国通过电信法将国有英国电信公司从邮政局中分离出来。次年,英国电信设备审批委员会成立,英国电信公司独家垄断电信市场的局面被打破:麦克瑞公司被允许建立第二个基本电信网,与英国电信公司竞争。1983 年,英国政府将持有 51% 的英国电信公司股份卖掉,英国电信公司成为一个股份有限公司。同时,英国政府成立了对电信市场进行管理的电信办公室。这个机构是政府对电信市场的规制部门,它的主要职责有:向全英国提供通信服务,满足所有的正当需求,特别是紧急通信服务、公共电话亭服务、提供通信地址服务、海上服务和农村地区通信服务;保证提供新服务经营者有财力从事其经营活动。为了实施这些职责,英国电信法还规定了八个指令,要求促进以下目标的实现:要求促进效率与经济性;促进研究与开发;促进海外电信企业在英国开展通信业务;促进提供国内通信服务;通过提供通信服务和设备,促进英国企业提升国际竞争力。在此后的若干年,许多公司获得了经营电信业务的许可证,蜂窝网络、移动无线网、无线寻呼增值业务等领域都予以开放。

1991 年,英国政府对"两家垄断市场政策"进行审查并发表"竞争与选择":90 年代的电信政策白皮书认为,应该结束两家垄断市场的局面,准许其他新的电信运营公司在英国与英国电信和麦克瑞公司竞争。白皮书同时宣布准许外国的电信公司进入本国市场。1993 年,第一个结束"两家垄断市场政策"后的公共电信公司运营许可证颁发给 Ionica,准许其建立全国性的无线系统,在本地环路方面与 BT 竞争。之后,又有 6 个全国性和公共电信公司运营许可证颁发给 COLT,Energies,Hydrelectric,MFS,Scottish power 和 Torch telecom。在这一年,英国政府将所持有的英国电信公司的股份全部卖掉,这样,英国电信公司成为一个纯粹的社会公众公司。

1996 年,英国政府宣布废除限制国际简单再出售业务(ISR)要具备"同等"条件,现在 ISR 业务准许通达所有的国家和地区,尽管有些国家尚未开放 ISR 业务。另外,在有线电视领域也采取了放松进入规制、鼓励竞争的政策。英国对电信企业的进入是放开了,但是,仍然有一个政府机构对电信产业实施规制。不过,这个电信办公室人员精干,只有 120 名工作人员,由英国议会提供经费。电信办公室除了对申请加入电信产业的企业的资格进行审查外,还对电信业的价格进行规制,主要是采取最高限价的方法,这个机构还对电信企业间的联网、通信设备的供应、企业间的兼并等事项进行协调。英国电信业放松规制,特别是放松进入规制的进程是与其国有企业的私有化相一致的。通过出售国有的英国电信公司,实现了对电信产业的进入放开,促进了竞争,提高了企业效率,使得英国成为世界上最开放的电信市场。

另外,与美国电信业放松规制不同的是,英国并没有对最大的老企业——英国电信公司实行强制拆散,仍然保持了其基本的组织和业务体系,这与为了维持该公司的较高收益,从而可以在私有化过程中获取更多的利益,以及该公司与规制部门的交易有密切关系。

四、中国自然垄断产业价格规制与进入规制的放松

(一)中国自然垄断产业价格规制的放松

中华人民共和国成立以后,在党中央的领导下,全国人民积极投入医治战争创伤、重建

家园的轰轰烈烈的社会主义建设活动中。为了在较短的时期内,尽快彻底摆脱贫困,走上工业化的道路,我国采取了高度集中统一的计划经济模式,由中央政府集中社会一切资源,对企业实行国有化,对手工业进行社会主义改造,使所有的经济活动都在严密的计划控制下。企业生产什么产品、生产多少、怎样生产等都由政府主管部门确定,企业根本没有生产经营的决策权,只是全国大工厂的一个车间而已。从对企业的控制和约束的角度来看,当时的政府规制是最有力的。在这种体制下,企业没有定价的权力,特别是对于作为国家基础设施关系国计民生的自然垄断产业更是如此,甚至这些产业的行业主管部门都无权定价,而是由中央政府根据全国的需要确定。

在经济体制改革前,我国自然垄断产业的产品价格完全由政府部门制定,全国实行统一的价格。这种方式主要有四种:① 由行政区制定或中央与各工业部门共同制定。例如20世纪50年代初,重工业产品的价格曾经由各大行政区分别制定和管理,同一种产品价格有高有低,不利于物资的统一调拨。为了解决这个问题,原中央财政经济委员会与各工业部共同制定了国营工业主要产品的全国统一出厂价格,即调拨价格。铁路货物运价全国都是相同的。② 党中央、国务院下发文件定价。例如1962年10月6日,中共中央、国务院发出《关于当前城乡工作的若干指示》,规定对于城市职工的主要生活必需品的价格和房租等的收费标准,包括水电、交通、邮电等在内的18类商品的价格应当基本不动。③ 政策定价。例如1956年,国家对重工业的出厂价格进行了全面调整,其中将电力的价格调低了4%;同时,也相应地降低了农业生产用电的价格。④ 主管部门申报,国务院批准。例如1971年,国务院批准了民航总局降低航空客运票价和专包机业飞行收费标准,将原来不分航程远近每客公里收取同一费率的办法改为递远递减的收费方式。

由于自然垄断产业的产品与人们的生活紧密相连,中央在很长时间里对这些产业的产品价格采取了低定价的政策措施,以稳定市场、稳定物价,使人们的生活水平不断提高。在实行经济体制改革后,其他产业的产品价格都不同程度地上涨(主要是由长期以来的生产供给不足,造成产品短缺引起),但自然垄断产业的价格仍然变化不大,使得这些产业的企业普遍处于亏损状态。为了扭转这种局面,中央对自然垄断产业的价格规制措施也发生了一些变化,主要表现在以下几个方面:

(1) 1980年,为了实现"以话养话",加快电信业的发展,允许电信企业对申请安装电话的用户收取电话初装费,提高市内电话月租费,收取电话话费之外的附加费等。1982年3月,《国务院批转邮电部关于加快邮电通信建设缓和通信紧张状况的报告的通知》中提到:"……今对邮电资费实行三级管理,即① 邮电资费标准,由邮电部制订,报国务院批准后执行。② 全国性的非邮电和附带费,实行优质优价,由邮电部作出统一规定,与有关部门商定后报国务院备案。③ 地方性的资费标准由各省、市、自治区邮电管理局制订,人民政府批准后执行,并报邮电部备案。"

(2) 自1982年起,电力工业取消了部分地区及部分工业用电的优惠电价,从1985年5月起,实行多种电价。《关于鼓励集资办电和实行多种电价的暂行规定》第四条规定:"为了充分利用电网低谷电量和控制高峰负荷,电网对调整电负的用户应采取高峰低谷电价办法。低谷电价可比现行电价低30%至50%,高峰电价可比现行电价高30%至50%。"第五条规定:"对水电比重较大的电网,应采取丰水的弃水期、枯水期不同电价办法,丰水的弃水期电价可比现行电价低30%至50%,枯水期电价可比现行电价高30%

至 50%。”

(3) 1985 年，铁路开始提高客运票价，结束了自 1955 年以来 30 年铁路客运票价固定不动的历史。国务院批准的《铁道部、国家物价局关于铁路短途客货运价调整方案的报告》（1985 年 4 月 30 日）中对铁路运票价做了调整（其实是提价），目的是解决“当前铁路客货运输十分紧张，特别是短途客货运价偏低，严重妨碍铁路‘长、大、重’优势的发挥”问题，从而“有利于铁路、公路、水运合理分工，充分发挥各种运输工具的效能，提高社会效益”，提价幅度大约为原价的 40% 左右。《国务院关于提高铁路货物运价的通知》（1993 年 6 月 26 日）规定：“自 1993 年 7 月 1 日起，铁路货物运价每吨公里提高一分五厘，即每吨公里由三分八厘提高到五分三厘五。国家铁路（含运营临管钱）运输的货物，除农用化肥和农药继续执行现行运价外，一律提价。对农用平价柴油和农用薄膜的运价，也按调整后的运价执行，如确有困难，由铁道部返回部分提价款。”

(4) 燃气、自来水的价格也进行了调整，1985 年 5 月 1 日起，全国大部分天然气井口交气价格由每千立方米 50 元提高到 80 元，各省市也提高了煤气价格。同年 7 月，国务院发布的《水利工程消费核定、计收和管理办法》规定，对于由水利工程提供的作为自来水厂的水源的自来水价格按供水成本略加盈余核定。

在自然垄断产业价格规制方面所采取的改革办法主要有两方面的特点：一是定价方式不再仅是直线单一价格，而是改进为包括高峰定价、多部收费在内的非线性定价。二是逐步取消对自然垄断产业的价格补贴。例如电话费、自来水、燃气、供热、城镇居民和农用电力等都相继取消了中央财政补贴。虽然自然垄断产业产品的定价比改革前有一些突破，但是仍然受到政府部门的严格控制，不能随意变动，由这些产业和行业主管部委，以及地方政府主管部门联合定价、国务院审批，因此它仍是自然垄断产业价格规制的主要形式。例如《中华人民共和国铁路法》第二十五条规定：“国家铁路的旅客票价率和货物、包裹、行李的运价率由国务院铁路主管部门拟订，报国务院批准。国家铁路的旅客、货物运输杂费的收费项目和收费标准由国务院铁路主管部门规定。国家铁路的特定运营线的运价率、特定货物的运价率和临时运营线的运价率，由国务院铁路主管部门商得、国务院物价主管部门同意后规定。地方铁路的旅客票价率、货物运价率和旅客、货物运输杂费的收费项目和收费标准，由省、自治区、直辖市人民政府物价主管部门会同国务院铁路主管部门授权的机构规定。兼办公共旅客、货物运输营业的专用铁路的旅客票价率货物运价率和旅客、货物运输杂费的收费项目和收费标准，以及铁路专用线共用的收费标准，由省、自治区、直辖市人民政府物价主管部门规定。”

《中华人民共和国电力法》第五章对电力产业的定价做了规定：“第三十五条，本法所称电价，是指电力生产企业的上网电价、电网间的互供电价、电网销售电价。电价实行统一政策，统一定价原则，分级管理。第三十六条，制定电价，应当合理补偿成本，合理确定收益，依法计入税金，坚持公平负担，促进电力建设。第三十七条，上网电价实行同网同质同价。具体办法和实施步骤由国务院规定。……第四十一条，国家实行分类电价和分时电价。分类标准和分时办法由国务院确定。对同一电网内的同一电压等级、同一用电类别的用户，执行相同的电价标准。”

(二) 中国自然垄断产业进入规制的放松

在计划经济体制下，国有制被认为是社会主义的最根本的特征，是社会主义生产方式的代名词,除此之外的非公形式的企业都受到排挤,国有国营成为当时最普遍的运营方式。自然垄断产业是国民经济的基础,是政府实现政策目标的杠杆和调节工具,因此对这些产业实行严格的进入规制,可以说除了国家的财政投资组建国有垄断企业外,没有其他的所有制形式。这些自然垄断企业由政府投资、政府经营管理,实行高度的集中统一生产计划,没有产品定价权、投资权等基本的经营自主权,可以说完全由政府部门所控制。高度垄断的自然垄断产业的进入规制大都是根据各行业所制定,由国务院或全国人民代表大会批准的法律、法规来实施。

在铁路产业,《中华人民共和国铁路法》第三条规定:“国务院铁路主管部门主管全国铁路工作,对国家铁路实行高度集中、统一指挥的运输管理体制……国家铁路运输企业行使法律、行政法规授予的行政管理职能。”对全国铁路实行国家垄断,由铁道部管理和经营。国家铁路运输业,即铁道部下属的各地铁路局铁路分局,既要以获取利润为目标,又负有行政管理的职责。铁路的建设主要是以政府财政支出为主,近年来为了加快铁路运输事业的发展、缓解运力不足的局面,对于地方支线、专用线路等个别区域实行了较为灵活的投资方式,允许以不同投资形式参与组建铁路运输。例如在广东成立的广深铁路股份有限公司就是一家在香港上市的铁路企业。但在全国范围内,铁路运输仍是国家垄断。

在电力产业,改革以前,电力建设、发电厂、电网输送等电力企业都是国有国营,由政府投资并直接控制其生产、经营,实行严格的进入规制。为了加速电力建设搞活电力工业,用经济办法管理发电供电工作,国家对电力产业的进入放松了限制,决定把国家统一建设电力和电价的办法,改为鼓励各部门和企业投资建设电厂,可以由社会力量来集资办电。

在邮电产业,国家实施了严格的规制体制。1980 年,原邮电部上报国务院批准转发的《关于调整邮电管理体制问题请示报告》中规定:“一、邮电部对全国邮电工作实行统一管理。省、市、自治区邮电管理局实行以邮电部为主和省、市、自治区双重领导;地、市、县邮电局,实行以省、市、区邮电局直接领导。……三、国家通信网发展规划,通信指挥调度,业务方针政策和规章制度,技术政策、技术体制和技术标准,资费标准和邮资凭证印制发行,以及国际通信等邮电业务工作,由邮电部统一管理,自上而下地建立强有力的通信指挥系统,加强全国邮电通信的统一指挥高度。四、邮电部为主管理的各项计划,包括邮电业务、基本建设、劳动工资、财务收支、工业生产、物资供应、科技发展、院校招生等计划,以及邮电各项资金,均由邮电部统一管理。”

1986 年 12 月 2 日通过、2009 年 4 月 24 日修订的《中华人民共和国邮政法》规定:“国务院邮政管理部门负责全国的邮政普遍服务和邮政市场的监督管理工作。省、自治区、直辖市邮政管理机构在国务院邮政管理部门的领导下,负责本行政区域的邮政普遍服务和邮政市场的监督管理工作。国务院邮政管理部门和省、自治区、直辖市邮政管理机构(以下统称邮政管理部门)对邮政市场实施监督管理,应当遵循公开、公平、公正以及鼓励竞争、促进发展的原则。”

电信业长期以来都实行严格的进入规制。《国务院批转邮电部关于加强通信行业管理和认真整顿通信秩序的请示》(1990 年 9 月 3 日)规定:“二、凡新建长途通信线路(包括配套项目),均应经邮电部或省、自治区、直辖市邮电管理局归口会审。民用卫星通信由邮电部统一组织建设或对外租用。国际通信设施建设由邮电部负责。所有进入公用通信网的设备都要符合国家规定的技术体制和标准。三、主要通信业务必须由国家统一经营……国务院已明确我国主要邮电通信业务由国家统一经营。进一步明确：专用通信网只限内部使用，原则上不得开放公众业务；在公用通信网覆盖范围以外的地区，经当地邮电部门审查同意，专用通信网可临时经营部分公众业务，但必须到工商行政管理部门登记注册手续并依法纳税；长途通信和国际通信业务由邮电部门统一经营；外商不得在我国境内经营或参与经营邮电通信业务；信件和其他具有信件性质物品的寄递业务由邮政企业专营。"《国务院批转邮电部关于进一步加强电信业务市场管理意见的通知》（1993 年 8 月 3 日）同意了邮电部的这个意见。第一条规定："对放开经营的电信业务，实行申报制度和经营许可证制度。凡在省、自治区、直辖市范围内经营的，由当地邮电管理局受理申报，负责审批、核发经营许可证，并报邮电部备案。跨省（自治区、直辖市）经营的，由邮电部受理申报，负责审批并核发经营许可证。未经审核批准，任何单位和个人不得擅自经营上述电信业务。"第二条规定："申办经营无线电通信业务的单位，必须按规定的审批权限到邮电部或当地邮电管理局申请办理经营许可证，并凭经营许可证取得无线电管理部门批准的使用频率后才可经营。"

对外商进入电信业务领域予以否定："外商不得在我国境内经营或参与经营通信业务。我国境内的公用通信网、专用通信网的有线电、无线电通信业务，一律不允许境外各类团体、企业、个人以及在我国境内已兴办的外商独资、中外合资和合作企业经营或参与经营，也不得以任何形式吸引外资参股经营。"

中国在电信网（市内电话、长途电话、移动通信）的进入方面其实仍然是高度垄断的。1994 年，中国联通的进入打破了原邮电部下属的中国电信的独家垄断局面，形成了双头垄断的市场结构。

双寡头的竞争使基本电信服务市场效率得到改进，但由于联通规模很小，电信市场的有效竞争并没有形成。1998 年 3 月，在原电子部与邮电部的基础上组建信息产业部，随后中国电信业实现了政企分开。1999 年 2 月，信息产业部对中国电信进行分拆重组。原中国电信拆分成新中国电信、中国移动与中国卫星通信三家公司。信息产业部为了强化竞争，同时给网通公司、吉通公司和铁通公司颁发电信运营许可证。2001 年，信息产业部又将中国电信进行南北分拆。直到 2002 年 5 月 16 日中国电信集团公司与中国网络通信集团公司正式成立，中国电信业的分拆才告一段落。至此，中国电信业形成了中国电信、中国移动、中国网通、中国铁通、中国卫通、中国联通等多家竞争的格局。2008 年电信业重组，中国网通并入中国联通，中国电信收购 CDMA 网，卫通电信业务并入中国电信，中国铁通并入中国移动。中国电信业由六家变成三家。

中国加入 WTO 之后，国外电信运营商可以进入中国市场，中国电信业竞争更趋激烈。我国对几个主要自然垄断产业的经济规制的总结见表 14-1。

表 14-1　中国自然垄断产业的经济规制

产业	进入规制	价格规制	主要规制法规	规制部门
电力	供电营业许可证、营业执照	法定定价、征收电力建设基金	电力法（1996. 4）	原电力工业部（现已组建国家电网公司）

续表

产业	进入规制	价格规制	主要规制法规	规制部门
国家铁路	国家垄断	法定价格和附加费	铁路法(1991.5)	铁道部
邮政	国家垄断	法定价格和附加费	邮政法(2009.4);邮政法实施细则(1990.11)	原邮电部(今并入国家信息产业部)
市内与国内、国际长途电信	国家双头垄断	法定价格和附加费	国务院批转邮电部关于调整邮电管理体制问题的请示报告的通知(1980.1);国务院批转邮电部关于加强通信行业管理和认真整顿通信业务市场管理意见的通知(1990.9);国务院批转邮电部关于进一步加强电信业和市场管理意见的通知(1993.8);电信条例(2000)	
电信业务,如无线寻呼、增值业务等	许可证	地方统一定价	国务院关于大力开展城市节约用水的通知(1984.6);中华人民共和国水法(2002.10);城市供水条例(1994.10)	
自来水	许可证	地方政府定价		水利部、建设部、地方政府建设部门
城市燃气、供热	许可证	地方政府定价		建设部、地方政府建设部门

专栏14-1

中国成品油价格规制

石油是生产生活的基础性产品,油价的高低直接影响到整体的经济效率和国民福利。尽管我国已通过石油企业的分拆上市和对外开放,使国内原油供应市场呈现出中石油、中石化、中海油三大国有巨头,以及地方企业、外资公司并存的竞争性格局,但中国原油市场实际上完全在政府的垄断与管制之下,市场准入条件非常苛刻。此类管制政策有效地维护了我国石油企业的寡头垄断地位。掌握成品油批发权的中石油、中石化两大集团为了有效地控制企业利润,采取了利润留在批发环节,以批发补贴零售的做法。由此,批发价格定得较高,两大集团自己的加油站利润空间也在缩小,仅仅能维持正常运转,但两大集团通过系统内核算保持整体盈利。很显然,两大石油公司利用其市场支配地位,对它们之外的成品油企业实行了垄断或变相垄断,在石油产品销售上实行内部价格,限制了石油业的有序、有效竞争。

自美国反恐战争以来,国际市场原油价格持续上涨,从20世纪90年代每桶不到20美元攀升至最高超过每桶140美元的水平。2008年底,国际原油价格又戏剧性地下挫到每桶40美元以下。触底之后,伴随着世界经济的回升,油价也相应进入回升阶段,在2011年达到每桶115美元之后,在每桶100美元左右的高位宽幅度震荡。根据国际原油价格变化情况,2013年国家发展和改革委员会调整了国内成品油价格形成机制,成品油价格每10个工作日调整一次,该降就降,该升就升。同时,要求中石油、中石化集团公司组织好成品油的生产和调运,保证市场供应，特别要做好农业和渔业生产等用油的供应工作，并督促所属企业严格执行国家价格政策，确保价格政策的贯彻落实。

多年来，我国政府在国内成品油定价中一直发挥着非常关键的作用。近年，成品油价格高位运行，对我国企业生产、居民消费乃至国民经济的运行产生了深远影响。对于公交运输而言，由于票价受到政府的严格管制，相对油价上涨而言，公交票价具有很强的价格刚性。油价上涨，公交公司每天的成本支出就要增加。同样，由于国际油价较高，国家有关部门批准国内航空公司在国际航线上收取燃油加价费。成品油价格对消费品市场也具有较大影响，诸如家用小汽车等燃油互补性消费品的销售受到影响，对我国宏观经济的稳定和经济的可持续增长带来了一定的负面影响。

第四节 社会性规制

本节主要阐述社会性规制的含义与特征、社会性规制的主要内容、社会性规制的手段，以及社会性规制近期发展的新趋势。近年来，随着经济发展水平的提高，人们对生活质量、社会福利等问题关注程度日益加强，各国在逐步完善经济性规制，对经济性规制产业实施放松规制的同时，将关注点更多投向了社会性规制领域，使得社会性规制在政府规制中的地位与作用正逐步提高，规制的领域也不断扩展，规制的方法与手段也在不断改进。

一、社会性规制概述

（一）社会性规制的含义及特征

作为政府微观经济职能的一个重要组成部分，社会性规制在保护国民安全、健康、环境等方面扮演着越来越重要的角色。与经济性规制相比，社会性规制属于一种较新的政府规制。虽然对于药品、食品的规制早就存在，但直到20世纪70年代，社会性规制才以独立的姿态出现在美国、日本等发达国家的政府公共管理舞台上。与此相对应，国外经济学界、政治学界、社会学界、法学界对于社会性规制的理论研究得以逐步丰富起来，但尚未形成比较系统、全面的学科体系。我国社会性规制方面的论文、论著逐渐增多，但与此相关的理论研究和实践操作仍处于比较薄弱的状态。因此，我国理论界关于社会性规制的定义多是沿用了日本经济学家植草益在其著作《微观规制经济学》中对社会性规制所下的定义："社会性规制是以保障劳动者和消费者的安全、健康、卫生、环境保护、防止灾害为目的，对物品和服务的质量和伴随着提供它们而产生的各种活动制定一定标准，并禁止、限制特定行为的规制。"此外，我国学者马昕、肖兴志等从更为概括的角度定义了社会性规制。马昕在《规制经济学》一书中认为，社会性规制是指以纠正在众多产业中同时存在的某类特定市场失灵问题为目的的规制。肖兴志等在《西方国家市场失灵与社会性规制》一文中指出，社会性规制是政府对非特定产业的市场行为或非市场行为可能带来的消极后果的直接规定。王益萍在《论西方社会规制》一文中提出，社会性规制是指"对于危及社会或个人健康、安全，不利于提高环境质量，危及人的可生存性"的任何行业内的任何企业的行为，立法机关和行政机关依据设定的标准等对市场主体更加强烈的一种直接干预。

(二) 社会性规制的主要内容

社会性规制是以确保国民生命安全、防止灾害、防止公害和保护环境为目的的规制,都是与对付经济活动中发生的外部性(特别是“外部不经济”,提供“公共性物品、准公共性物品”)和信息不对称有关的政策。植草益教授根据日本社会性规制的政策实践和社会性规制的具体目的,将社会性规制的内容归纳为四个方面:① 确保健康、卫生(由药物法、医疗法等产生的规制)。② 确保安全(由劳动安全法、环境卫生法、保护消费者法、公共交通法、建设标准法、消防法等产生的规制)。③ 防止公害、保护环境(由公害对策基本法、防止大气污染法、防止噪音法、自然环境保护法、禁止高压煤气法、国土利用计划法等产生的规制)。④ 确保教育、文化、福利的政策(提高教育质量、提高福利服务、文物保护)。

20 世纪 70 年代,随着社会性规制的作用日益突显,美国把原来对特定产业的价格和进入规制称为“传统规制”,与之相对应,把新出现的 HSE(health, safety and environmental)规制称为“新的规制”,即社会性规制,并且把其内容局限于健康、安全、环境保护三方面。

(三) 社会性规制的特殊性

社会性规制与经济性规制虽然同属于政府规制中直接性规制的范畴,即对市场经济中微观主体的市场行为或非市场行为实施直接的干预方式,但社会性规制相对于经济性规制而言,在以下几个方面具有其自身的特点:

1. 规制的价值基础不同

与经济性规制相比,社会性规制注重的不仅是“市场失灵”带来的经济效率的缺失,而且将目光更多地投向公民的基本权利和生活质量等非经济因素主导的社会公共利益和人文主义关怀,更加注重“以人为本”及经济同社会的和谐发展。

2. 规制目标不同

社会性规制的目标可以从经济学角度和政治学角度给予不同的界定:从经济学角度来看,社会性规制是以解决公共产品及服务的提供、非价值物品、外部不经济、信息不对称等问题为目标的。总体来说,社会性规制本质上是为了解决市场失灵带来的种种问题,从而达到增进社会福利的目的。从政治学角度来看,社会性规制针对的是社会活动的自然环境和市场过程中不理想交换过程和交易行为产生的危害和风险,即由自然遭破坏后的公害和市场中不合理交易过程、生产过程及特定行为而形成的不安全、不健康现象及其后果。

社会性规制服从于政府社会职能的实现,目的在于确保劳动者和消费者的安全、健康、环境质量,并且最终要达到维护包括治安在内的社会秩序和社会稳定的效果。

3. 规制领域与规制的表现形式不同

社会性规制的领域较为宽泛,包括发生外部性或信息不对称的领域。它很少针对具体、特定的产业进行规制,大多数情况下是针对市场微观主体的具体行为的一种横向制约机制。社会性规制属于一种具有普遍性质的政府直接规制措施,即它表现为政府围绕一定的社会目标,实行跨产业、全方位的规制。因此,只要企业的行为不利于保障社会或个人的健康、安全,不利于提高环境质量,都要受到相应的政府规制。

4. 规制对象与保护对象不同

社会性规制针对的是部分“经济人”对劳动者或消费者个人利益乃至更大范围内人类的“整体利益”所造成的侵害,比如工人的安全和健康保护、消费者的安全和健康保护、环境保护等。经济性规制被认为可以保护消费者利益(公共利益论)、保护行业利益(行业保护论)、调节行业内部利益分配(规制机构酝酿论),与此不同的是,社会性规制更倾向于保护社会公共利益。Wilson 将社会性规制界定为一种“企业家政治”,即企业家型的政治家必须把分散受影响的选民的选票集中起来,鼓动选民赞成规制,并借助媒体或其他政治活动打败(被规制行业)有组织的反对。因此,对社会性规制机构的决策影响最大的不是被规制产业,而是由于“市场失灵”而利益受损的一方或其代言人,比如消费者、劳动者、生态学家、工会等。所以,社会性规制更加致力于保护社会公共利益。

5. 规制方法不同

社会性规制的方法较为多样化。为了达到规制目标,社会性规制在禁止特定的行为和进行营业活动限制的同时,还通过资格制度、标准认证制度及审查检验制度对特定行为的禁止和营业活动的限制加以补充。

值得注意的是,社会性规制虽然具有其自身不同于经济型规制的特征,但是由于社会性规制和经济性规制的分类角度不同,致使二者存在交叉重复现象。例如,在北京凡排放量在 1.0 升以下的汽车,不准通过长安街和二环、三环。由此可以看出,政府部门可能借助城市环境、交通安全的名义对某些行业实行经济性规制。

二、社会性规制的手段

社会性规制的手段主要包括法律手段、行政手段、经济手段、社会监督手段等。

(一) 法律手段

法律手段是指规制机构依据有关法律法规对被规制者的行为进行限制,以达到保障劳动者、消费者安全、健康、保护环境等目的。社会性规制的相关法律法规可以依据规制内容的不同划分为以下几个方面:

① 与健康、卫生规制相关的法律法规。

② 与安全规制相关的法律法规。

③ 与环境保护相关的法律法规。

④ 与教育、文化、福利规制相关的法律法规。

(二) 行政手段

行政手段是指规制机构根据法律授予的行政权力,通过制定和实施各种行政命令、处罚、规定、许可认证等方式,对被规制者的特定行为和营业活动进行禁止和限制。行政手段具有权威性、强制性、立竿见影的特点,其具体的表现形式包括:

1. 资格制度

资格制度有三种形态:一是根据行业特点和职业道德要求而对某些专业人员是否具有执业资格的一种认定,例如律师、医生等。二是对管理某些具有危险性、责任性、艰难性等特殊社会活动的人员是否具备从业条件和水平的一种认定,例如制造高压气安全负责人、运转原子反应堆负责人等。三是对取得一定专业知识、技能者加以公证,授予其一定的“名称资格”。规制机构通过对资格的硬性要求,实行对特定行为的禁止和营业活动的限制。

2. 标准认证和检查制度

标准认证制度包括:安全标准(从确保产品的安全性及设备操作、管理的安全性的观点出发,对该产品的结构、强度、性能、毒性、爆炸性、可燃性制定出相应的标准,对没有打上符合标准的标志或没有经过鉴定的产品,禁止其销售和使用)的认证制度;产品和服务质量标准的认证制度;环境标准的认证制度。

检查制度包括:针对与上述活动有关的单位和个人,规定了各种检查义务制度,要求当事人员在生产等活动中对于上述方面进行定期检查、事前检查和事后检查;要求规制机构对上述活动进行定期的普查或不定期的抽查,防止各种危害产生的可能性。

3. 信息公开制度

信息公开制度是指对于那些存在信息不对称的市场行为主体,规制机构有权要求其向消费者尽量详细地公开与其提供产品或服务有关的业务信息。

(三) 经济手段

运用经济手段进行社会性规制的具体形式主要包括:税收征收相关费用、补贴及市场交易行为。经济手段主要针对的是外部性导致的环境污染问题,并在此问题的解决上发挥了一定的作用。

1. 税收与补贴

19 世纪 20 年代,英国经济学家阿瑟 · 庇古(Arthur C. Pigou)在其著作《福利经济学》(*the Economics of Welfare*)中提出应当根据污染所造成的危害对排污者进行征税,用税收来弥补私人成本与社会成本之间的差距,使二者相等。这就是著名的"庇古税"(Pigouvian taxes)。庇古认为,在客观上存在着边际私人纯产值与边际社会纯产值相背离的情况下,依靠自由竞争是不可能达到最大国民收入量的。此时,应当由政府采取适当的经济政策来消除这种背离,即政府对于边际私人纯产值大于边际社会纯产值的部门征税,对于边际私人纯产值小于边际社会纯产值的部门实行补贴。通过这种征税和补贴,就可以导致经济资源从边际私人纯产值小的地方转移到边际私人纯产值大的地方,从而减少边际私人纯产值与边际社会纯产值之间的差距,其结果将使经济福利增加。

长期以来,政府在环境污染问题上对企业实行的规制往往是一种限制性、惩罚性的约束,容易造成企业发生抵抗性、逆反性的行为,从而增大了规制的执行和监督成本。对于减少污染的企业给予一定的补贴,有利于激励企业进行技术创新,主动减少污染物的排放。

2. 征收相关费用

征收相关费用包括排污收费、用户收费、产品收费、管理收费、税收差别等形式。所谓排污收费是指环境规制机构依据其制定的污染物排放标准,按照污染排放者所排放的污染物的种类、数量及污染程度向其征收的污染排放费用。例如,依照《中华人民共和国水污染防治法》的规定,向水体排放污染物的企业,应按照排放污染物的种类、数量缴纳排污费。如果向水体排放污染物超过国家或地方规定的排放标准的,则应按照排放污染物的种类、数量加倍缴纳排污费。用户收费是指为集中处理或共同治理排放污染物而支付的费用,主要用于城市固体废弃物和排水系统中废水的收集和处理。产品收费是指加在那些生产、消费过程中有污染或已为他们配备处理系统的产品价格之上的一笔费用。管理收费是指由有关机构提供服务收取费用,包括许可证费、注册管理费等类型。税收差别是指对具有不同环境影响的产品在现有产品税之外以税收形式附加不同的收费,即对有污染的产品实行正收费,对无污染的产品实行负收费。

3. 市场交易行为

当产权清晰时,在交易成本为零或者较小的情况下,可以通过市场交易行为解决社会性规制问题。例如,可转让的排污权交易,即创造出企业的排污产权,同时政府将这一产权进行分配,使其可以交易。排污权交易实行总量控制,规制者根据污染的总量控制目标将其分解成若干规定的排放量并且确定要颁发的许可证数量。

(四)社会监督手段

社会监督包括民众监督、媒体监督等。要切实发挥社会监督的重要作用,鼓励社会公众、大众媒体参与到政府的社会性规制中,对于那些对环境、劳动者和消费者造成侵害的行为给予密切关注并且及时反映给相关的规制机构,从而促使这些行为带来的不良后果得以及时消除或达到防患于未然的效果。

三、社会性规制手段的特点

社会性规制的规制对象不同,相应的规制手段亦有所不同。社会性规制包括环境规制、工作场所健康安全规制、产品安全规制等具体内容。以上具体规制类别的理论依据不同,决定了其异质性较大,从而实行社会性规制所采取的方法和手段也有所差别。例如,对于环境规制而言,规制机构可以选择:对排污组织的劝诫和说服;对排污物的数量限制和质量限制;对可能产生污染的投入品征税;对排放物征税;征生产税;对减少污染给予补贴;可交易排放许可证制度;可交易投入品许可证制度;以上方式的组合;等等。对于产品安全规制,规制机构可以选择:禁止和召回制度;标准颁布;信息提供;产品安全调查;认证制度;贴签制度;等等。从中可以看出,社会性规制的规制对象不同,规制机构所采用的规制方式亦会有所不同。同时,值得注意的是,对同种规制对象实行社会性规制,其规制方式也是多种多样的,如何选择适合的规制方式以最小的规制成本达到最优的规制效果,符合成本—效益原则的要求,仍是有待进一步研究的问题。

社会性规制的规制手段与方式的选择受技术变化的影响。随着科学技术日新月异的发展,其必将会给社会性规制的规制手段与方式带来一定程度的影响。例如,控制和遥感技术的发展,使得污染的水平测定更为容易和精确,从而便于我们实施绩效标准来具体考量不同的环境规制手段所产生的实际规制效果或效益,使不同的规制方案之间得以用统一的标准进行比较,为今后规制政策的制定奠定良好的基础。

四、社会性规制近期发展的新趋势

(一)激励性规制理论指导下的社会性规制

20世纪90年代,一些规制理论研究者提出了激励性的规制理论,促使西方国家对社会性规制的指导理念有了相应的转变。社会性规制发展初期,西方国家的社会性规制普遍遵循强制性限制和惩罚的指导理念,而这往往容易引起政府与企业之间的对抗性的博弈,从而阻碍了社会性规制取得预期的效果。在激励性规制理论的指导下,新时期的社会性规制更加倡导积极鼓励、引导被规制主体的行为符合预期的社会性规制的规制目标,实现规制者与被规制者之间的一种良性互动。

（二）多元共治理念指导下的社会性规制

20 世纪 80 年代末以来，西方国家的社会公益性活动领域不断涌现出各种各样的社会性组织。例如，绿色和平组织、卫生保健组织、消费者协会组织等。这些非营利性社会组织用其在各个领域发挥的实际作用向社会性规制由政府主宰的传统理念提出了挑战，引发了人们对于社会性规制中引入多元共治理念的思考。实际上，多元共治在许多公共管理领域内已经与社会性规制政策进行了合作。例如，在环境保护方面，除了政府通过环境规划对市场微观主体的破坏环境的行为进行惩罚之外，许多自发性的绿色环保组织也通过一定的方式对那些过度排放污染物的环境破坏者施加了很大压力。随着社会的不断进步，各个国家所面临的社会问题必然越来越复杂，单单依靠政府的力量无法全面、彻底地解决所有的社会性问题。这就要求政府部门和非政府部门即私营部门、第三部门或公民个人，加强彼此之间的合作，充分发挥多元共治的作用，推动社会性规制的进一步发展。

（三）成本—效益原则指导下的社会性规制

社会性规制发展初期过分强调社会公共利益至上的理念，而忽视了社会性规制的成本，引起了政府部门和经济学界的广泛关注。一些经济学家提出，社会性规制应该寻求收益与成本之间的平衡点。在实行社会性规制之前，需要引入成本—收益原则对其进行评估。西方国家就此实施了一系列社会性规制的改革措施，使得规制从初期的不够关注经济效益转变到在保证社会公共利益优先的基础上，兼顾其经济效益的正确方向上来。

（四）适度理念指导下的社会性规制

政府社会性规制的职能往往表现为“越位”与“缺位”并存，“太多”与“不足”同在。也就是说，无论从社会性规制的主体职能范围还是从其立法的数量来看，很多领域中的政府社会性规制并不是不足，而是太多。与此同时，更多领域中的社会性规制的力度却还相当不足。因此，单纯加强社会性规制或放松社会性规制的发展趋势，都不能完全适用于现行条件下的要求。所以，需要用“适度”理念来指导社会性规制的发展路径，建立“适度型”的社会规制模式，纠正社会性规制的“越位”和“过多”，弥补其“缺位”和“不足”。

专栏14-2

环境规制促进产业转型：浙江上虞的经验与启示

杭州湾上虞经济技术开发区位于浙江省绍兴市上虞区，地处杭州湾南岸，2013 年 11 月获批国家级经济技术开发区，是上虞区经济的增长极。2016 年，开发区工业总产值超千亿，占上虞区的比重约为 50%。精细化工产业是开发区最重要的支柱产业。2016 年，化工行业产值占开发区总产值的 60%。其中，染（颜）料及其中间体企业产值占开发区总产值的 30%。开发区重视环保基础设施建设，建有 22.5 万吨/天处理能力的污水处理厂一座、集中供热电厂两家（含一家垃圾焚烧电厂），承揽 3 万吨/年危废焚烧项目、9 万吨/年危废填埋项目、5.5 万吨/年一般固废填埋项目。

2004 年前企业基本上废气直排，2004 年启动废气整治工作，2007 年实施化工行业专项整治，2008—2012 年连续四年开展环境质量提升年活动，2009—2011 年开展重污染、高能耗行业专项整治,2015—2017 年开展科学治气专项行动。前期的工作侧重于企业的末端治理,包括废气的焚烧炉、污水站等末端治理设施的建设,近年来工作重心向源头减量转换。美诺华公司 2016 年投入资金 1 500 万元,购买进口装备,建设 RTO(蓄热式热力焚化炉),加强废气末端治理,提升废气处理效率;2017 年整体投资 2 500 万元,将老污水站推倒重建,新建污水站可处理新老厂区产生的污水,设计日处理量 1 000 吨;在生产车间设置预处理系统,采用降膜吸收、酸吸收、碱吸收等形式,加强污染物排放的源头控制。新和成公司按照源头削减、过程控制、末端治理的清洁生产方针,环境管理重点从末端治理向生产工艺和研发设计阶段转移,2016 年环保支出 6 800 多万元,2017 年逾期利润 3 亿元,其中环保支出超 1. 5 个亿,先后完成了污水站重新加盖、焚烧炉二期、污水站二期扩容等项目建设。

近年来,环境管理重点转向强化整治提升。2015—2017 年开展科学治气专项行动,2017 年启动"蔚蓝园区"行动,工作重心从废气治理向异味整治转换。实行严格的雨水、污水分流,对化工企业厂区雨水收集系统进行监测监管,降低了主要河道的 COD(化学需氧量)浓度。2014—2017 年,119 家化工企业累计投入资金 1 350 万元,建设企业清下水(雨水收集)智能系统,在清下水排放口配套建设智能监控设施,无雨天关闭阀门,在降雨量较大时快速打开阀门,自动同步启动采样装置,监控清下水口外排水质,监控企业在夜间及其他特殊时段利用清下水偷排、漏排污水行为。2014 年,开发区管委会启动了化工企业标准化建设工程,通过新建项目高标准建设、优势企业高品质重建,以及工艺装备落后项目的倒逼改造,全面推进化工企业标准化建设。中贤化工公司收购了低效退出的企业芳华化工,全厂推倒重建,生产车间重新设计、重新建设,一期建设总投入达 2. 1 亿元。目前开发区已有 23 个项目(车间)实施推倒重建或新建,6 个项目已投产,成为开发区新的增长点和竞争力。开发区管委会在强化环境规制、倒逼产业转型的同时,采取了一系列措施,按照集聚提升一批、兼并重组一批、关停淘汰一批的原则,引导化工产业转型升级。2017 年 7 月,开发区有 34 家化工企业停产整顿;11 月,26 家企业低效退出化工行业,转型其他非化工行业,13 家企业完成兼并重组,80 余家企业开展了新一轮安全、环保、消防等综合整改提升。

本章提要

本章主要介绍规制理论的演进、产业规制的内涵与主要模式、自然垄断产业放松规制的原因,以及中国自然垄断产业的规制改革、社会性规制。

重要术语

产业规制;经济规制;社会性规制;自然垄断产业放松规制;直接规制;间接规制

思考题

1. 产业规制的主要模式包括哪些?
2. 英美自然垄断产业放松规制的原因及其各自产业规制模式的关系是什么?
3. 产业发展过程中受到哪些社会性规制? 请举例说明。

第十五章 产业治理

本章将从多主体共同参与、相互影响、共同决策的视角探讨产业的内生治理机制。首先基于主要治理理论的发展过程，探讨什么是治理理论及现有治理理论与我国的适用性程度；然后针对产业链概念的分类找出不足，并对如何形成合理有效的产业链提出建议；最后，探索目前我国在产业集群治理方面存在的不足，分析现状并提出改进的方向与建议。

第一节 治理理论

一、治理的概念

治理(governance)并不是一个新的概念。“治理”一词来源于古希腊文与拉丁文，原意是掌舵、引导和操控。治理的过程是社会和组织自我掌舵的过程，沟通和控制是这一过程的核心。治理主要用于管理国家公共事务领域，20 世纪 90 年代以来，“治理”逐渐被西方经济学家和政治学家赋予了新的含义，并被广泛应用于政治、经济、社会管理的各个领域，包括公司治理、城市治理、区域治理、全球治理、公共治理等概念层出不穷，展示出治理内涵的延展性。全球治理委员会(the Commission on Global Governance)在 1995 年联合国成立 50 周年之际发表了题为《我们的全球之家》的行动纲领，将“治理”界定为各种公共或私人机构得以协调并采取联合行动的过程。从某种意义上说，“治理”提供了一个解释和描述现实世界的相当宽泛的理解，强调通过上下互动的管理模式，以及合作、协商、伙伴关系的确认，确定共同目标实施对共同事务的管理。

长期以来，许多学科的研究都陷入简单的二分法(如市场与政府、公共部门与私人部门、民族国家与国际社会等)的困境，所以，这种简单的二分法逐渐引起了学术界的批评，进而开始强调调整学科的研究方向，“治理”逐渐成为各学科研究的交叉点。尤其是社会经济资源配置中市场和政府的双重局限性是治理理论兴起的直接原因。20 世纪 70 年代以前，市场调节和政府控制是两个相互矛盾的维持社会经济秩序的手段，市场以价格为杠杆，利用经济规律追求利润最大化；而政府控制依靠行政命令，追求合法化的行政目标。然而这两种机制都存在一定的缺陷，都会出现“失灵”现象。市场这只“无形的手”存在内在局限性，如机会主义、信息不对称、垄断等。而政府控制也存在自身的局限性，如行政效率低下、经济问题政治化、政策滞后等。正是鉴于市场与政府的双重失灵，人们开始寻求新的管理方式，“治理”理论开始走向现实，城市治理、区域治理、产业治理理论研究开始兴起。治理范式所强调的参与、多元、互动、协调等理念，以及治理本身所涉及的经济学、政治学、社会学、管理学理论，将为治理理论的跨学科研究提供新的方法和工具。

结合上述内容,治理主要有以下几个基本特征:

① 治理不是一套规则,也不是一种活动,而是一个过程。

② 治理过程的基础不是控制,而是协调。

③ 治理既涉及公共部门,也包括私人部门。

④ 治理不是一种正式的制度,而是持续的互动。

综上所述,我们认为,治理是公共部门和私人部门、政府与民间通过互动与协作,以最小成本获取最大效益的过程。

二、治理理论概述

治理理论的主要创始人罗西瑙(J. N. Rosenau)将其定义为一种由共同的目标所支持的一系列活动,这个目标未必出自合法的及正式规定的职责,而且它也不一定需要强制力量克服挑战而使别人服从。所以治理就是这样一种规则体系:它依赖主体间重要性的程度不亚于对正式颁布的宪法和宪章的依赖;治理主体并非仅仅指向政府,也可能不要靠政府的权威予以强制实施,即无政府的治理。

罗茨(Rhodes)则详细列举了六种关于治理的不同定义:① 作为最小国家的管理活动的治理。② 作为公司管理的治理。③ 作为新公共管理的治理。④ 作为善治的治理。⑤ 作为社会控制体系的治理。⑥ 作为自组织网络的治理。罗茨特别强调治理是指自组织、组织间网络,并主张这些网络作为治理结构,补充了市场与官僚制组织,以实现权威性分配的资源及行使控制与协调。

库伊曼(Jan Kooiman)做出了 12 种划分:最小化治理、公司治理、新公共管理、善治、社会动态系统治理、自组织网络、政府作为掌舵角色、全球治理、经济或经济部门治理、治理与治理意识、多层次治理、参与治理。库伊曼将之纳入社会—政治治理分析框架中,并认为治理可被视为互动的总体,公私行为体都参与到其中,其目的是解决社会问题或创造社会机会,他将制度作为这些治理互动的背景,并且为所有这些活动建立一个规范的基础。库伊曼还提出了治理的三个要素,即治理形象、治理工具和治理行为;治理分类模式,即自治理、合作治理和官僚式治理;治理的秩序,即第一层秩序的问题和机遇治理、第二层秩序的制度机构治理和第三层秩序的元治理。此外,他还提出了治理与治理能力。

治理理论的另一位权威学者格里·斯托克(Gerry Stoker)也提出了自己的五分法。斯托克早在 1997 年就指出,治理是政府管理方式的新发展,既包含政府机构,也包含非正式、非政府机构,其中的公私部门之间及公私部门各自内部的界限都趋于模糊。其主要论点有五个:① 治理肯定了集体行为涉及的社会各公共机构之间存在的相互依赖。② 治理虽出自政府,但又不局限于政府的公共部门及其管理者。③ 治理为社会和经济问题指出了界限和模糊点。④ 治理是行为者网络的自主性。⑤ 治理虽不完全依赖于政府权威,但政府可以也应该吸纳新的技术与工具来掌舵和引导。

此外,彼得斯针对传统的政府治理模式,提出四种政府未来的治理模式:市场模式、参与模式、弹性模式和解制模式。

总之,治理理论假设和解决方法是通过跨界行为体的目标、多层治理结构与过程,以及有关的掌舵机制,使各种平等的主体以合作与相互依赖的方式来提供公共物品。

三、治理理论的新发展

随着互联网的迅猛发展,信息化、数字化得到普遍的使用,由此兴起了一种新的治理理论——整体性治理。无论是传统公共行政模式还是新公共管理模式,都会带来社会治理的碎片化和政权体系内部的分裂等一系列问题,面对许多社会问题,它们无法提供最佳方案,无法解决跨边界问题。加上西方国家尤其是英美两国更多受整体观影响和社会现实需要,要求"从分散走向集中,从部分走向整体,从破碎走向整合"。这样,作为要取代新公共管理的整体性治理就应运而生。整体性治理是调适的一种新自由制度主义,其解决方法也是通过跨界行为体的目标,通过多层治理结构与过程,并通过有关的掌舵机制,各种平等的主体以合作与相互依赖的方式来提供公共物品。整体性治理理论的理论假设有三个:① 政府机构更可能是治理结构中的首要行动者,或者说是最主要的公共服务提供者、治理主体。② 试图结合理性人假设和道德人性假设,需要用合作与相互依赖,而非对抗、碎片化的方式来提供公共物品。③ 影响政府的权力资源的价值分配取决于政府的目标,即在跨问题领域中权力资源的影响是不同的。

四、治理理论的适用性

由于中西方在传统文化、现代体制改革的思路与目标等方面都会存在各种差异,这也就决定了各自治理理论的不同。即使是同一个国家,在不同的历史时期,也会因为社会环境及理论制定者所代表的阶级,导致治理理论出现差异。对于我国而言,当谈到该制定何种治理理论的时候,人们首先想到的往往是学习西方的先进文化和经验,取其精华,去其糟粕,然后根据治理理论在实践过程中暴露出来的问题进行调整与改进,但很少去反思理论的适用范围和限制条件。因此目前国内的现状更多的是介绍和套用国外的理论,并没有很好地立足本土的实际,想要改变这一现状的根本办法就是在借鉴外国成熟治理理论的基础上,对国内的治理理论进行更加深入与系统的剖析,构建属于我们自己的治理理论。

既要学习西方的经验,又要结合国内的具体情况进行不断的调整,听起来似乎是一个非常复杂的过程。但如果我们从另一个角度来看这个问题,治理理论其实并没有那么晦涩难懂。例如提到商鞅变法,大家都知道这是一场成功的变法,强调了法治思想并且为秦国的发展奠定了基础,这实际上也是当权者任用与自己思想一致的人对国家进行治理。又如太平天国时期,由于领导者大多是农民出身,深知农民惨遭地主佃户的剥削与压迫,土地是农民的命脉,因此颁布了《天朝田亩制度》,虽然因为空想性及农民阶级自身的局限性未能付诸实施,但我们从这些历史事件中不难看出,无论是有权制定具体规则制度的统治者还是普通百姓,在每个人心中对于治理理论都有自己的想法与观点,而治理理论的成功与否,取决于自身的认知水平究竟能否适合所处的具体环境。

在我国综合国力和国际地位不断提高的今天,我们更应当意识到治理理论的重要性,既要避免在宏观层面像喊口号一样宣传思想理论,也要避免在微观层面针对出现的某些问题就事论事,整个治理理论的研究过程要注重整体性和连贯性,从而实现治理理论的适用性、本土化和最终的国际化。

适用性是指所采取的战略对所处环境的适应程度。秦始皇在统一全国后,由于当时小农经济的脆弱性,他深知权力分散导致各地割据分裂所带来的战乱之苦,因此采用中央集权制，非常有效地维持了社会秩序的稳定，避免了新的动乱。中华人民共和国成立之后，我国走的是社会主义道路。我国现代政治制度主要包括社会主义制度、人民代表大会制度、民族区域自治制度、基层群众自治制度，以及中国共产党领导的多党合作和政治协商制度，强调党的领导的同时，也强调了各族人民、各党派要积极地参与到政治生活中来。客观地说，政策的初衷与实际效果之间还存在着不小的差距。例如，邓小平在1985年提出让一部分人先富起来，带动大部分地区，逐渐实现共同富裕。时至今日，一部分人先富起来的初衷早已实现，但是中西部很多地区依然较为贫困，城乡之间的贫富差距也在逐渐拉大。当然，矛盾的化解也在及时地跟进，十九大再次强调了坚决打赢扶贫攻坚战，让贫困人口和贫困地区同全国一起进入小康社会。所以，在研究治理问题时，国家治理与社会治理之间的区分一直是一个非常重要的话题。我国的治理理论虽然也强调国家机构与民间社会之间的互动，但党的基本路线决定了互动不是本质，互动不能离开党委的领导和政府的主导。党的十八届三中全会提出了推进国家治理体系和治理能力的现代化，在强调国家治理的同时，提出了改进治理方式、激发社会组织活力、化解社会矛盾体制等。这些都反映了我国正在不断调整国家治理与社会治理之间的关系，在保证国家治理主导地位的同时，赋予了社会治理更多的权限。只有这样，我们才能找到适用我国发展的治理理论，并付诸实施，推动社会的发展与进步。

第二节　产业链治理

一、产业链治理问题的缘由

20世纪80年代以来，全球化迅速成为世界范围内的一种趋势，成为当今时代的基本特征。正是在这样的背景下，企业之间、企业集团之间的竞争逐渐演变成产业链之间的竞争，为了获得更大的产业发展空间和经济利益，产业链成为产业体系的载体。所谓产业链，顾名思义，就是指各个产业部门之间基于一定的技术经济关联、特定的逻辑关系、时空布局关系等客观因素形成的链条式关联关系形态。产业链是一个相对宏观的概念，其本质是用来描述一个具有某种内在联系的企业群结构。

随着生活水平和生产技术的不断提升，消费者对商品的要求日益提高，尤其是中产阶层对于商品的高端化与个性化需求趋势日益明显。不仅如此，对于时装、珠宝、手表等奢侈品牌，许多富裕人群更强调专属性，甚至在追求私人定制。然而越是高端的商品，其社会分工与交易的复杂化越是不可避免，仅仅依靠单独一个企业必然难以应付复杂的分工与交易活动，这就需要产业链上各个环节之间的合作交流与资源共享，通过相互关联、相互合作，去寻找最佳的企业组织结构，从而推动产业链与产业体系的升级。

目前国内对于产业链问题的研究主要集中在产业链的内涵、构建、整合、优化升级等角度，而针对产业链治理方面的研究与文献较少。这反映出产业链治理还未得到学者们足够的重视，由于产业链所涉及的领域较为广泛，导致了产业链治理在研究对象、内容等多个领域都新颖而复杂，属于国内学术界的创新性或开创性研究。在高度重视实体经济发展的今天，迫切需要我们从理论和实践两方面进行深入的研究和探索。十九大再次强调了加快建设创新型国家提出了明确要求，作为产业体系的载体，更应重视传统产业链的治理与转型，进而推动整个产业体系的升级。

二、产业链治理的内涵

对一个问题进行研究前，首先要对其概念有一个充分的认识。到目前为止，对产业链治理的概念还未达成一致的认识，主流的观点基于对“产业链”与“治理”两个词的分别理解。针对产业链内涵的分析，目前主要围绕产业层面与企业层面的关联展开。从产业层面看，产业链是一条完整的链条，它由多个相互链接的产业组成，每个独立的产业都是这个链条中的一环。从企业层面看，产业链是一种新型的空间组织形式，是相关企业的集合，其中每个环节都以企业为支撑。但这两种观点都有其片面性，都是不完整的，只有将二者有机结合起来，才能形成完整的产业链。所以，我们认为，所谓产业链治理，是指涉及多主体、多层次的产业，基于战略导向的、对主体关系及其活动所嵌入的结构进行持续调适和完善的行动协调过程，以及因此而形成的组织关系和制度安排。

从研究对象上看，产业链治理包括三个方面：一是主体之间的协作治理；二是企业间的网络治理；三是产业聚集的空间治理。从研究内容上看，产业链治理以结构治理与机制治理为核心。

三、产业链的三种基本类型

产业链驱动模式可以概括为三种主要类型：资源驱动型、市场主导型、技术主导型。从三种类型的名称就能看出每种驱动模式的关键要素分别为资源、市场和技术，但在实际中，每种要素不可能孤立存在，这就需要在某一要素的主导之下，其他要素相互协调从而发挥各自的最大作用。

（一）资源驱动型

资源驱动型产业链是资源要素占主导地位，主要体现在煤矿钢铁等传统产业。一般来说，能源企业的产业链一般属于资源驱动型，但是由于现实生活中的复杂性，往往会以复合产业链的形式出现在我们的眼前。比如煤矿开采听起来是资源驱动型，但无论是在开采前的矿物勘探，还是后期提纯处理时提高能源的利用率，都越来越依赖技术要素的支持。我国目前还是以传统的资源驱动型产业链为主，能源产业带来的环境污染和资源浪费问题一直比较严重，在强调绿色环保的今天，更应该加强产业链上各个环节之间的合作交流，从而实现产业链的低碳化升级。

（二）市场主导型

市场主导型产业链则是依靠市场要素为主要驱动力，主要企业有大型零售商和品牌营销商等。市场在品牌效应、渠道优势等方面对消费者有巨大的影响力和吸引力。在我们的生活中则具体表现为联想、苹果等电脑品牌日益得到国人的青睐与信任，沃尔玛、全家等大型连锁超市与便利店成为人们购物时的首选。在网络飞速发展的今天，好的口碑更是会吸引更多慕名而来的顾客。

（三）技术主导型

技术主导型产业链以技术要素为驱动核心，是最为复杂和高级的，因此治理起来也是最困难的。企业通常凭借技术优势整合产业链，比如年轻人所追捧的苹果手机大多为中国制造，富士康也成为全世界最大的智能手机制造商，但核心的技术与设计理念被苹果公司牢牢地攥在手中，一旦上游企业对我国企业进行压制，就会造成整个产业链的失衡。这也反映出我国企业创新能力薄弱的现状，自主研发制造体系亟待完善。

四、产业链治理的方式

从目前对产业链治理理论的研究来看，产业链治理仍然存在诸多问题。第一，重企业轻产业。现有理论重视企业间关系治理的研究；轻视产业间关系治理的分析。第二，重纵向轻横向。现有文献重视企业间纵向交易关系治理的研究，却轻视对企业间横向竞争与合作关系治理的分析。第三，重中间轻两头。重视对产业链中间部分，即治理结构和治理机制的研究，轻视对产业链两头，即治理主体和治理绩效的研究。即使是中间的研究也存在诸多问题，如对治理结构的研究多从静态视角展开，没有从动态视角进行深入的分析，缺乏深度。对治理机制的研究多停留在定性描述阶段，缺少量化分析。第四，重借鉴轻创新。在对产业链进行研究时，相关理论以借鉴西方研究成果为主，缺乏自主创新理论，且研究方法单一，缺乏实证检验，分析的深度与广度欠缺。

鉴于产业链治理在我国尚处于研究的初始阶段，存在一些问题在所难免，但我们应该有足够的紧迫感，毕竟这是关乎我国产业发展的关键因素。基于上述存在的问题，我们认为，今后的研究应从以下几个方面展开：

第一，政府应在产业链治理上发挥主导作用。政府应如何根据产业链空间尺度来确定其关键产业、核心产业及辅助产业，及时调整相应产业发展的制度规划，确保产业链健康有序地发展。

第二，重视产业链内企业间横向竞争与合作关系治理。链内企业间的关系既包括纵向交易关系，也包括横向竞合关系，纵向交易关系决定产业链的长度，而横向竞合关系决定产业链的宽度与深度，对二者的研究不能有偏颇，应给予同样的重视。

第三，完善产业链主体间的协作治理。这种协作治理属于主体间的“自治”，包括企业与企业之间、政府部门与部门之间、企业与政府之间、企业与协会之间、政府与协会之间等，只要同为治理主体，就存在相互协作关系。

第四，重视链内链外主体的协同治理。链内链外主体协同治理是链内链外主体间协同“治他”，既包括同一类型主体的协同治理，也包括不同类型主体的协同治理。前者包括企业间协同治理、政府部门间协同治理；后者包括企业与政府协同治理，企业与协会协同治理，政府与协会协同治理，企业、政府与协会协同治理等。只有充分重视链内链外主体的协同治理，才能更好地完善产业链治理。

第三节　产业集群治理

一、产业集群治理的内涵

现代化经济的发展出现了明显的集群化趋势，如美国底特律汽车产业集群、英国剑桥工业园、中国台北的新竹科技园等。但是在产业集群兴盛繁荣、拉动区域经济迅速增长的同时，我们也应当思考如何解决部分产业集群仅仅经历了短暂的发展，便呈现出衰退甚至消亡的现象。面对这种现状，如何对产业集群进行有效治理，以规避集群消亡的风险，提升竞争优势，已经成为政府、企业和学者所关注的热点问题。产业集群内活动主体并非只有企业，还包括政府、高校、机构、用户（政产学院用）等各类活动主体，见图 15-1。

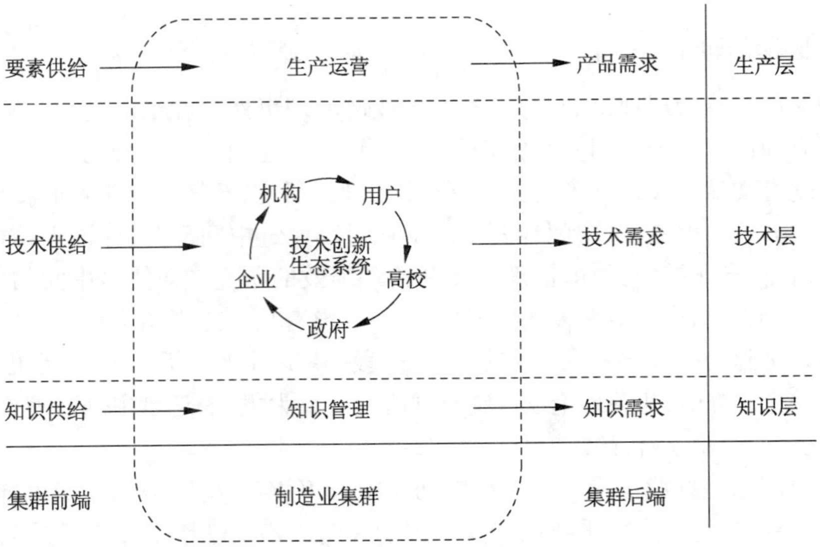

图 15-1　产业集群三层系统结构

集群治理是治理在集群研究领域内的外延发展，最先由 Brusco（1990）将治理理念运用于集群的研究与分析之中。但首次明确集群治理概念的却是 Gilsing（2000），他将集群治理定义为集群内部成员以改善创新过程、促进创新活动为目的而自发进行的集体行为。随后 Propris（2001）和 Langen（2004）等学者在 Gilsing（2000）研究的基础上进行了深化，前者明确了集群治理的多元主体特性，强调产业集群治理本质上是集群内多主体共同博弈的结果；后者则将其机制化，认为集群治理实质上是集群内部多种协调机制及不同主体间相关关系的综合体，其根本目的是提高集群绩效。在此基础上，国内外学者将研究视角拓展到集群治理的机制、结构、绩效等领域。张聪群（2008）构建出由关系到互动再到协同的集群治理逻辑框架，并将社会行为机制和激励约束机制视为集群治理的根本。周泯非和魏江（2010）则根据治理主体的差异将集群治理机制细化为市场自治、社区规范和层级控制三个方面，依据三种治理机制在集群治理过程中所起作用的权重组合阐释集群内部“自组织—中心领导—多元协作”的动态演化治理模式。肖建华、张栌方和孙玲（2016）将集群治理主体和治理机制两个维度相结合，提出集群治理的四种模式，比较分析了不同治理模式下的智力—资本协同效应。Ebbekink（2017）强调政府在集群治理中的重要性，并试图引入一种新的政策发展策略和制度模式以促进地方产业转型。Giacomin（2017）则从不同政治制度出发，以马来西亚天然橡胶产业集群为研究对象，探究了政治制度对集群治理演化的影响。集群治理相关的实证性研究相对较少，主要集中在治理绩效的研究上。例如，姜惠忠和易明（2013）将集群竞争力和治理力作为研究对象，构建出双维度多指标的集群治理综合评价体系，并以武汉光电集群为例进行了实证研究。胡雅蓓和霍焱（2017）通过构建产业集群网络治理概念，实证检验了高科技产业集群网络嵌入关系下集群治理机制对创新绩效的正向影响。

在最初的研究中，产业集群仅仅被认为是一种用以协调集群内部企业权利关系的协调机制，这一认知虽抓住了集群治理的核心，但相对来说比较狭隘。随着研究的不断深入，集群治理的内涵不断丰富，其主体多元性、组织自发性、模式多样性不断被挖掘与认可。结合产业集群治理的动因、主体、形式、目标、手段、过程，可将集群治理的内涵概括为以下六点：

① 集群治理是自组织性作用和主观设计相结合的产物。

② 集群治理是集群内部利益相关者的共治，其参与主体具有多元特性。

③ 集群治理中作为协调基础的规则或制度，分为正式和非正式两种，前者是集群主体主观制定的、成文的，后者则是主体间自发形成的、潜在的。

④ 集群治理的目的是制定规则或制度，协调集群主体间的交互行为，借此实现集群利益的最大化。

⑤ 集群治理用以实现治理目的的手段并非带有强制性的管控，而是以约束为主的协调。

⑥ 集群治理的过程是持续不断且动态变化的。

基于此，可将集群治理定义为由政府政策规制、龙头企业经济引导、平级间非正式规范和团体自律自制四种形式组成的机制作用下的，约束和激励集群主体交互行为的各种协调机制的综合。

专栏15-1

产业集群成为地方经济发展的重要标志

近年来，我国经济集群式发展的特征显著。江苏省是我国东部沿海地区集群经济的典型代表之一。2015 年底，经江苏省经济和信息化委员会认定的具有较强产业优势和竞争力的特色制造业集群有 82 家。这些制造业集群的年产出规模均在 50 亿元以上或国内市场占有率 30%以上，年平均发展速度均为 15%以上，重视科技进步与技术创新，研发投入占营业收入的比重不低于 2%，已经成为当地经济的主要增长点，为地区社会事业发展提供强大的经济支持。在我国西部，2016 年重庆汽车产业和 IT 产业保持规模良性增长，两大产业对全市工业产值增长贡献率为 55%。重庆拥有 1 000 多个零部件厂商的汽车制造业集群，2016 年重庆汽车产业产值为 5 400 亿元，增长 11.4%；汽车产量 316 万辆，成为全国最大的汽车生产基地；IT 从无到有，已经形成包括 5 家品牌商、6 家代工商、800 家配套企业的全球最大的笔记本电脑产业集群，产业年产值 5 000 亿元，增长 17%，各类智能终端产量 3.8 亿台，其中，笔记本电脑 5 800 万台，占全球的 1/3，手机 2.8 亿台，占全国的 15%。

二、产业集群网络治理

现阶段，对集群治理的研究多集中在集群治理模式探究层面，其中又以集群网络治理和集群价值链治理为主。集群网络治理侧重于研究集群内部各主体之间的作用关系及其协调机制，可以视为内部治理；而集群价值链治理则更多地关注集群内部主体与集群外部的互动关系，强调集群在全球价值链上的嵌入，可以视为外部治理。

在集群网络治理研究方面，陈金梅和赵海山（2011）以高新技术集群为研究对象，概括并阐释其内部网络治理的内涵,并就集聚效应、知识溢出效应和创新效应的递进演化关系进行了阐述。田虹(2013)以利益相关者理论为研究基础,分析了集群内部利益相关者之间的联系,并以此确定了集群治理的边界,构建出多重利益相关者的集群网络治理机制。Bocquet(2015)从集群知识的双向性出发,构建了集群内部双向知识流动网络模型,并以两种法国中小企业集群为研究对象进行了实证比较。在集群价值链治理研究方面,焦媛媛(2009)分析了我国汽车制造业在全球价值链上所处位置,以全球价值链治理为依据试图探寻出促进该产业升级和发展的路径。曾咏梅(2011)从价值链治理的已有研究中概括出全球价值链嵌入的五种模式,并以此分析了具体性的嵌入渠道。魏兴民(2011)以知识产权保护为研究视角,分析了我国制造业集群在全球价值链治理方面存在的问题,认为知识产权保护的不足和市场运行能力的缺失是集群被动嵌入全球价值链的根本原因。Soundararajan(2016)则认为管理协同全球供应链的成功依赖于利益相关者效用,为修改传统供应链治理的基本假设提供了重要的见解。

部分学者将集群网络治理和集群价值链治理结合,进行了更为综合的集群治理模式探究。余永达和陈琳(2008)描述了集群治理的边界,从集群内部治理和外部治理两个层面构建了集群治理的基本模式。严北战(2013)将全球价值链治理与集群产业网络治理两种研究相结合,阐明了集群内部权力分配和外部关联网络耦合作用下的集群治理演化机理及其演化路径。陈晓峰和邢建国(2013)以家纺产业集群为例,从内部治理和外部治理两个不同空间尺度的治理模式出发,阐释出集群内外部耦合治理在集群升级过程中所起的作用机制。Gereffi 和 Lee(2016)则以集群内部企业社会责任为基础,结合集群价值链治理,建立了“私人治理”“社会治理”“公共治理”三者融合的内外部协同治理的集群治理新模式。

三、产业集群开放治理

中国市场交换高度嵌入社会交换,因此产业集群内企业更倾向于构筑以信任为基础的稳固而封闭的创新系统,特别是在具有较强空间边界特征的制造业集群内部。但封闭的制造业集群隐含着各种风险,其中比较突出的是地方制造业集群创新系统受制于其边界性和内敛性,与外部创新资源及活动的交流较少,而外部知识资源对创新能力又非常关键,这导致集群创新动力不足,逐步陷入“锁定”的风险,直至衰亡。处于这一境地的我国产业集群在未来发展中亟须走出一条共治化、开放化的全新道路。

以开放为基础,实现多主体参与,是构成集群开放治理的基本特征。其核心是从传统的集群治理结构——网络治理和全球价值链治理出发,在集群网络结构和全球价值链嵌入的基础上充分发挥集群主体交互性、客体流通性,形成一种新的治理模式,即集群内部开放治理与外部开放治理共同作用下的开放治理模式。内部开放治理,是以集群内部主导企业或政府为基础,联合集群内部其他主体,构建集群内部开放关系网络,通过主导企业或政府部门的引导,实现集群内主体之间的充分交流与互动;外部开放治理,是集群主体参与全球价值链各个环节,实现创新客体在集群内外部的流通,由此获得更多的创新资源。概括而言,网络治理是内部开放治理的基础,价值链治理是外部开放治理的基础。内部开放治理充分体现了集群主体的开放性,外部开放治理充分体现了集群客体的开放性。产业集群开放治理的概念模型见图 15-2。由此,将产业集群开放治理定义为:基于集群网络结构和全球价值链嵌入,打破集群主体内部交互和生产要素外部流通的壁障所形成的,对内实行地方政府或大企业集团导向的集群各相关利益共同体参与、对外作为全球创新系统的重要节点随时与全球创新系统保持互动的治理模式。

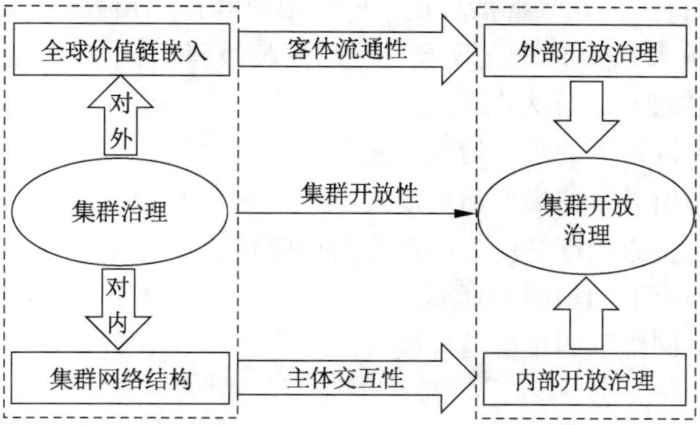

图 15-2　集群开放治理的概念模型

四、产业集群的治理结构与治理模式

（一）产业集群的治理结构

产业集群的治理结构是包括集群内部的组成形式、集群主体间的作用关系及共同目的的集体行为在内的演化结果。集群治理结构体现了治理构成的多元性、治理模式的多样性和治理过程的系统性。

从集群治理构成看，集群治理体系可被划分成要素层和因素层。要素层涵盖治理主体要素、治理环境要素和治理行为要素三个方面。其中，治理主体要素是集群治理能动性的体现，也是集群治理的核心，由主体性质和主体间关系两个因素组成；治理环境要素是集群治理过程中内部运行和外部约束机制的综合，由既定的正式规则因素和潜在的非正式规则因素组成；治理行为要素是指集群在其价值导向下进行的一系列治理行为，由集群治理的目标因素和集群治理的方法手段因素组成。

在治理构成的多元性影响下，治理模式也呈现出多样性。根据治理主体在治理过程中所发挥的作用，对治理主体进行层级和职能划分，形成层级化的多元治理模式。其中企业间治理是整个治理体系的核心圈，行业协会、产学研联盟等机构间治理是治理体系的辅助层，政府引导的治理则是治理体系的外围面。通过多元主体的多样化治理模式，形成由内到外多层次的治理结构。

（二）产业集群的治理模式

在集群治理模式的研究上，许多学者以集群固有边界为依据，将集群治理划分成内部治理和外部治理两部分进行分析。

集群内部治理，具体来说是集群内部不同主体之间利益关系的协调过程。集群内部治理以集群网络治理为基础，将治理对象范围扩大至整个集群网络，并从其特征出发，借助对集群内部各主体间网络关系的形成、演化和发展过程的规律性分析，从而建立起集群内部网络主体利益关系的协调机制。集群外部治理与集群的外部开放性密不可分，是集群主体在全球价值链各环节上的调整过程。集群外部治理以集群价值链治理为基础，将集群治理纳入全球价值链体系，根据集群所处价值链的程度和类型，对集群主体参与价值链的行为进行组织与协调，确保集群主体在全球价值链上功能的提升，实现集群价值链的升级。

部分学者则从集群主体在集群治理过程中的地位和作用出发，对集群治理模式进行划分，集群主要的主体可大致分成地方政府、企业、高校及科研机构、行业协会和中介服务机构，对应的可将集群治理模式分为以下五种：

① 地方政府强力调控下的集群治理模式。

② 主导企业带头引导下的集群治理模式。

③ 以科研机构为核心的产学研下的集群治理模式。

④ 行业协会软约束下的集群治理模式。

⑤ 中介机构关系网络下的集群治理模式。

专栏15-2

产业集群技术创新生态系统作用凸现

无数成功的案例验证了制造业集群技术创新生态系统的重要作用。例如，永川机器人及智能装备产业的崛起只用了短短两年的时间，目前已成为全国最大的机器人及智能装备产业基地，入驻企业100多家，2016年产业产值50.3亿元人民币，增长110.9%，其成功的秘密就在于地方政府注重制造业集群技术创新生态系统的培育，形成了“3+3+6+7”技术创新生态系统。该系统包括：三个创新公共服务平台（协同创新及研发公共服务平台、创业孵化及应用推广服务平台、金融及资本服务平台）；三个产业板块（机器人、数控机床及智能装备整机、整线板块，机器人、数控机床及智能装备关键功能部件、关键应用单元板块，数字化车间、数字化生产线、数字化工厂系统集成板块）；六个结合（“政、产、学、研、资、用” 结合）；七个创新保障（龙头引领到位、集群发展到位、链条延伸到位、应用助推到位、融资创新到位、产业联动到位、人才培养到位）。开放治理背景下中国纺织服装产业集群技术创新得到了长足发展。随着全球经济低迷、中国经济转入缓增长的“新常态”发展时期的到来，本土纺织服装业集群产品结构单一、以低端加工制造为主的发展模式不断面临新的挑战，产业集群亟须转型。在中国服装协会确定的56家服装产业集群创新试点地区中，产业集群的主营收入约占全行业的65%。如何在开放治理背景下将全球化的时尚和文化价值融入服装设计，以满足全球消费者的个性化、时尚化和性价比的需求，已经成为这56家服装产业集群转型升级的共识。例如，江苏省江阴市纺织产业集群通过整合集群内外商务、传媒、展会等资源，推进品牌中外文化交流工作，形成富有中国特色的品牌文化，塑造了中国服装业软实力。

五、影响产业集群发展的因素分析

正如前文所述，集群治理是一个非常复杂的概念，通过学习国内外学术界现有的科研成果，能够为我们提供研究的基础和方向。如果想要高效合理地进行产业集群治理，首先必须要深入研究影响产业集群形成与发展的因素，从而为我们寻找集群治理的政策提供研究方向。

（一）资源对产业集群的影响

所谓资源，包括自然资源和社会资源两方面。虽然随着科学技术的进步，自然资源与社会资源在一定程度可以相互替代，但二者对现代经济社会的影响仍然举足轻重。

1. 自然资源的影响

自然条件在很大程度上决定了区域专业化生产与产业集群的形成，是很多产业集群形成的基础，并在其形成与发展过程中起到根本性作用，比如自然气候、土壤条件、矿产资源等。众所周知，石油的集中产地首推中东，中东在世界能源领域占据举足轻重的地位，石油的收入造就了中东大部分国家的富裕，所以自然条件理所当然地成为推动地方区域经济发展的很重要的先决条件。对于世界上大多数国家而言，自然资源的匮乏往往会成为经济发展与升级的瓶颈，尤其是矿产、石油等不可再生资源。虽然在产业集群初具规模之时没有暴露出明显的弊端，但随着产业集群的不断发展与壮大，这些自然资源的匮乏就成为阻碍其发展的严重问题。

2. 社会资源的影响

社会资源主要包括人才、技术、文化等，与自然资源相比更有发展潜力，尤其在科技快速发展的今天，社会资源更是成为产业集群形成与发展的关键性因素。与传统产业集群不同，高端人才与高新技术是高科技产业集群发展的根本，也是实现产业集群不断升级和可持续发展的动力。事实上，大量高科技产业集群的发展都离不开高端科研机构的支持，以中关村科技园为例，其迅速发展离不开包括清华大学、北京大学等高等学府源源不断输送的高端人才。所以，正是因为占据了人才的高地，获取了充足的社会资源，北上广深等地区才会发展得这么迅猛。而这些特大城市的发展，又进一步辐射了周边地区，这也是我国经济形成东部、中部和西部三级级差的原因所在。所以，社会资源对产业集群的影响越来越重要。

（二）政府对产业集群的影响

产业集群形成的方式有很多种，除了自发形成的，还有一些是依靠政府的作用，经过规划与扶持而逐渐发展起来的。许多学者认为可以通过制定产业政策来提升集群的竞争力，对目标产业的发展起到推动作用。而另一些学者则强调市场的作用，认为政府的过多干预会导致企业丧失长期经营的能力，因此政府的作用应当是间接的，主要目标是为企业创造更具有竞争力的经济环境。

至于政府在产业集群的形成发展过程中究竟应当扮演什么样的角色，我们认为，政府更应该考虑如何运用“看得见的手”来弥补市场所无法完成的任务，也应该根据所处的社会环境与产业集群所处的阶段来具体分析。首先，在产业集群初步形成的阶段，政府的主要作用是为企业创造一个良好的外部投资环境，必要的时候可针对中小型企业提供一定的扶持政策。其次，到了集群的发展阶段，政府应当从保证公平、鼓励创新、促进协调合作等角度促进产业集群的快速发展。

当然，各个地区独特的地方文化与制度、宏观的经济环境都是影响产业集群形成与发展的重要因素。不同时期的政治经济环境都会发生变化，因此影响产业集群的因素是动态的，通过单一的模式推动集群的升级是不现实的，各地政府应当从社会背景、地方文化、科学技术等多个角度，结合地方经济的特点，建立一系列完善的创新体系，以此推动产业集群的发展。

六、我国产业集群治理的对策建议

集群治理是在经济全球化背景下日益受到人们关注的一个研究领域,对于区域经济的发展起到了不可替代的作用。虽然目前还缺乏足够的理论来支持其发展,但就我国而言,其主要意义在于为产业集群突破发展瓶颈、实现转型和升级提供探索方向,进一步从均衡区域集群治理水平、提升集群内部开放治理力度和完善集群开放治理基础三个层面就提升制造业集群开放治理程度、促进集群创新升级提出一些可行的对策建议。

(一)加大政府引导力度,均衡区域集群治理水平

1. 重新定义政府职能,加强服务型政府建设

政府是集群创新生态系统的重要组成部分,也是集群开放治理的一大主体。根据政府在开放治理及创新活动中的作用,需要对其职能进行重新定义,即从三个层面出发:由政府主导创新向政府引导创新转变,由微观参与向宏观把控转变,由集权约束向放权监管转变。新的政府职能定位强调政府的服务特性:一是制定相关政策,引导和鼓励企业、高校、科研机构等开展创新活动,为集群创新提供政策支撑和政策便利;二是提供公共产品,提升基础设施配套水平,为集群主体创造良好的创新环境;三是加大财政支持力度,通过税收优惠、创新补贴等途径提供资金方面的创新支撑,充分发挥政府的服务性职能,形成良好的制度环境和创新环境,有助于提升创新效率,促进集群创新。

2. 优化创新资源配置,削弱区域创新发展不平衡

创新资源是创新活动的燃料,在很大程度上决定了创新成果的产出。目前我国区域集群创新发展不平衡,东部沿海地区的水平要远高于中西部地区。这种区域发展不平衡的现状不能仅靠市场调节,毕竟市场作用不是万能的,在具有自发性的同时也具有盲目性。出现这种问题时就需要进行市场外的调控,即政府干预。政府干预可以分为直接干预和间接干预两种,一种是政府直接性地进行宏观调控,依靠“西部大开发”“振兴东北老工业基地”等发展政策向创新发展不平衡的地区输送更多的创新资源;另一种则是政府间接性地进行创新引导,依托“一带一路”“中国制造 2025”等发展方针,引导和鼓励地方制造企业与区域外部创新源合作互动,努力开拓新产品、新市场,打造自身竞争优势。

3. 持续技术、资金引进,提高外部资源利用效率

我国技术和经济发展水平的高速发展在很大程度上要归功于改革开放下实行的“引进来”战略。通过“引进来”,大量的技术和资金涌入国内市场,为我国创新活动和经济发展带来源源不断的活力。但是光有量不行,还得有质。对于所引进的新技术、新工艺,不能只是简单的使用,而是要解析其原理,在对其充分吸收的基础上进行改进和再创新,实现技术简单引进向深层次吸收的转化。对于吸引的外资要落到实处,充分发挥外资的功效,引导外资参与创新活动,加强其与本地创新主体的互动。在保证技术、资金引进量的基础上,提升对其的利用效率,充分发挥外部资源所带来的创新推动作用。

(二)发挥大企业牵头作用,全面提升集群治理水平

1. 自发组建行业协会,充分发挥行业协会作用

行业协会是企业自发形成的联合体,其功能主要包括代表、管理、服务、监督和协调五个方面。目前既有的行业协会往往功能单一,并未真正发挥其作用。为改变这一现状,可以从以下几方面落实:一是发挥行业协会的代表功能,作为集群内部企业代言人这一角色

参与到对外宣传、沟通和竞争活动之中，扩大集群的对外影响力。二是落实行业协会的管理功能，通过行业协会组织论坛、交流平台等促进企业成员相互沟通与学习，实现知识流的扩散。三是强化行业协会服务功能，组建信息化平台和技术共享网络，服务协会成员，为集群内部企业创新提供便利。四是严格行业协会监督功能，借助规章制度对企业行为进行有效监督，对机会主义行为实施严厉惩罚，保障集群内部的公正性和有序性。五是积极发挥行业协会协调功能，调节集群企业间的经济纠纷和维权诉求，化解集群内部矛盾。充分发挥行业协会功能可以在群内部企业间建立良好稳定的联系，提升创新效率。

2. 以大企业为核心，加速产学研联盟建设

企业是创新研发的生力军，尤其是广大中小企业，但是这种分散式的创新模式在一定程度上造成了创新的重叠与资源的浪费。由于小企业自身影响力不足，整合能力有限，因此需要大企业进行牵头，在集群内部建立起多主体共同参与的产学研协同合作体系。着眼于我国产学研的发展现状与前景，由大企业牵头，联合中小企业、大学及科研机构共同组建产业技术创新战略联盟的发展模式已成为推动产学研合作的重点。产业技术创新战略联盟将产学研合作行为契约化，使得集群内部资源配置更加合理、技术共享更加彻底、利益分配更加公正、创新活动更加高效，为产业集群创新建设提速。

3. 建立健全创新人才培养与激励机制

创新人才是创新活力的集中体现，实现集群可持续创新发展需要吸引和聚集高层次创新人才，激发创新人才的积极性，形成高效稳定的人才智力输出机制。一方面，健全创新人才培养体系。人才培养包括内部培养和外部培养，内部培养是在企业内部进行，通过内部培训、交流学习挖掘技术性创新人才；外部培养是企业与高校及科研机构合作，通过建立企业大学、实验室等联合培养专业性创新人才。另一方面，完善激励机制。多途径鼓励创新人才，为创新人才进行创新活动提供全面保障。例如，解决住房安置、子女教育等生活问题，解除创新人才的后顾之忧；提供充足的科研创新经费与舒适的工作环境，鼓励创新人才放开手脚；运用提成、分红、股权等多种奖励措施，对创新人才进行物质化激励。

（三）完善创新基础配套，有效优化集群治理成效

1. 依托现代信息网络，全方位建设中介服务体系

创新中介的职能是作为集群创新主体间沟通的桥梁，通过中介效应加强主体间的联系，最终实现集群整体创新能力的提升。加强创新中介服务体系建设是要依托现代化信息网络，构建以创新中介为纽带的包含技术和信息咨询服务、人才和技术中介服务、创新和发展培育服务在内的全方位、多形式的网络体系。创新中介服务体系建设不仅仅是加强创新中介与创新主体的联系，还包括创新中介机构的自我提升。一是要组织创新中介进行外部学习和培训，在学习国外先进的管理方法和专业的运作模式基础上，与自身实际相结合，在运用过程中不断改进，走出一条适合自己的发展道路。二是要促进不同创新中介之间的交流与合作，不定期组织中介机构相互考察与交流，在亲身体验中挖掘问题，在边干边学中寻找出路。

2. 中介服务以需求为中心，广泛辐射中小企业

明确中小企业在创新和经济活动中的重要地位。中小企业的创新规模和质量在一定程度上并不弱于大企业，但是由于自身规模的影响，受制于创新资金短缺、创新人才不足、创新信息不对称等诸多不良因素，中小企业的创新能力并未被充分挖掘。因此，创新中介

机构需要更多地为中小企业着想，以企业需求为中心，致力于为中小企业提供针对性、个性化的服务；为创新发展期的中小企业牵头与资金雄厚的大企业合作，获取充足的研发资金；为技术落后的中小企业对接高校及科研机构，优化工艺流程、提升技术水平；为发展前景不明确的企业提供最新的经济、政策信息咨询，引导其确立正确的发展方向。

3. 硬件、软件两手抓，提升创新基础配套水平

集群创新活动除了需要创新主体参与和创新客体投入外，也离不开创新基础配套的支撑。创新基础配套分为硬件基础和软件基础两大类。创新硬件基础包括通信、交通、生产服务设施、生活服务设施等，是集群实施创新活动的物质基础；创新软件基础包括知识产权保护等政策法规和公正的技术交流市场等机制体制，是集群实施创新活动的非物质保障。在重视集群硬件设施建设的同时，也要加强软件配套的提升，实现创新软环境和硬环境的相互渗透和融合，为集群创新活动打下坚实的基础。

本章提要

本章主要厘清产业治理的相关理论，明确治理理论的基本内涵及其与管理理论的差异所在，进一步围绕产业发展中主体之间的内在关联，从产业链和产业集群两个视角分析产业治理的具体行为与特征。

重要术语

治理；产业治理；产业链治理；产业集群治理；产业集群开放治理

思考题

1. 治理的主体关系如何？
2. 实施产业治理需要何种产业发展环境？
3. 何谓产业链治理？产业链治理的主要方式有哪些？
4. 何谓产业集群治理？何谓产业集群开放治理？产业集群开放治理的模式有哪些？

主要参考文献

[1] 张春霞,罗守贵.我国制造业 SCP 范式实证研究[J].生产力研究,2006(11):166-168.

[2] 侯贤明,穆瑞田.产业组织理论中的进入壁垒理论[J].河北理工大学学报(社会科学版),2007(02):53-55,75.

[3] 李海舰,魏恒.新型产业组织分析范式构建研究——从 SCP 到 DIM[J].中国工业经济,2007(07):29-39.

[4] 刘志彪,安同良.现代产业经济学[M].南京:南京大学出版社,2009.

[5] 李根.基于 SCP 范式的我国造船产业研究[D].镇江:江苏科技大学,2010.

[6] 苏东水.产业经济学[M].北京:高等教育出版社,2010.

[7] 李孟刚,蒋志敏.产业经济学[M].2 版.北京:高等教育出版社,2012.

[8] 王俊豪.产业经济学[M].2 版.北京:高等教育出版社,2012.

[9] 刘志迎.现代产业经济学教程[M].2 版.北京:科学出版社,2015.

[10] 王发明,张平,李爱.产业经济学教程[M].杭州:浙江大学出版社,2015.

[11] 吴建伟,楼永,张鑫.产业经济学[M].北京:清华大学出版社,2016.

[12] 赵玉林.产业经济学[M].北京:中国人民大学出版社,2014.

[13] 龚三乐.产业经济学[M].成都:西南财经大学出版社,2018.

[14] 肖兴志.产业经济学[M].北京:中国人民大学出版社,2012.

[15] 黄桂田.产业组织理论[M].北京:北京大学出版社,2012.

[16] 徐晓慧,王云霞.规制经济学[M].北京:知识产权出版社,2009.

[17] 王炳才.产业间贸易理论与产业内贸易理论比较研究[J].国际贸易问题,1997(08):26-28,21.

[18] 潘文卿.中国农产品产业间贸易优势与产业内贸易优势的分析[J].经济研究参考,2001(07):31-32.

[19] 金芳.国际分工的深化趋势及其对中国国际分工地位的影响[J].世界经济研究,2003(03):4-9.

[20] 吴西顺.国际分工的发展趋势探索[D].北京:对外经济贸易大学,2004.

[21] 马征,李芬.从产业间贸易到产业内贸易——我国贸易结构演变的实证研究[J].国际贸易问题,2006(03):15-20.

[22] 马征.从产业间贸易到产业内贸易:演进机制分析与中国实证研究[D].杭州:浙江大学,2007.

[23] 薛荣久.国际贸易[M].5 版.北京:对外经济贸易大学出版社,2008.

[24] 苗玲.产业内贸易与产业间贸易的环境效应比较研究[D].南京:南京农业大学,2010.

[25] 张相文,曹亮.国际贸易理论与实务[M].武汉:武汉大学出版社,2011.

[26] Paul R. Krugman, Maurice Obstfeld.国际经济学:理论与政策[M].8 版.北京:中国人民

大学出版社,2011.
[27] 王秋红. 国际贸易学[M]. 2 版. 北京:清华大学出版社,2015.
[28] 胡绪华,陈丽珍,胡汉辉. 危机性产业衰退的内涵、传导效应及其应对思路研究[J]. 经济学家,2015(06):22 -29.
[29] 胡绪华. 集群知识传播与本地企业升级[M]. 北京:科学出版社,2016.
[30] Rostow W W, Rostow W W. The stages of economic growth: A non-communist manifesto[M]. Cambridge: Cambridge University Press, 1990.
[31] Vernon R. The product cycle hypothesis in a new international environment[J]. Oxford Bulletin of Economics and Statistics, 1979, 41(4): 255 - 267.
[32] Utterback J M, Abernathy W J. A dynamic model of process and product innovation[J]. Omega, 1975, 3(6): 639 - 656.
[33] Gort M, Klepper S. Time paths in the diffusion of product innovations[J]. The Economic Journal, 1982, 92(367): 630 - 653.
[34] Fleisher B, Hu D, McGuire W, et al. The evolution of an industrial cluster in China[J]. China Economic Review, 2010, 21(3): 456 - 469.
[35] Neely A. Exploring the financial consequences of the servitization of manufacturing[J]. Operations Management Research, 2008, 1(2): 103 - 118.
[36] Giarratana M S. The birth of a new industry: Entry by start-ups and the drivers of firm growth. The case of encryption software[J]. Research Policy, 2004, 33(5): 787 - 806.
[37] Gambardella A, Torrisi S. Does technological convergence imply convergence in markets? Evidence from the electronics industry[J]. Research Policy, 1998, 27(5): 445 - 463.
[38] 李晓华,刘峰. 产业生态系统与战略性新兴产业发展[J]. 中国工业经济,2013(03):20 -32.
[39] 周振华. 产业融合:产业发展及经济增长的新动力[J]. 中国工业经济,2003(04):46 -52.
[40] 黄群慧. 改革开放 40 年中国的产业发展与工业化进程[J]. 中国工业经济,2018(09):5 -23.
[41] 黄鲁成,王亢抗,吴菲菲,等. 新兴产业研究方法论论纲[J]. 科学学研究,2013,31(01):13 -21.
[42] 盛丹,王永进. 产业集聚、信贷资源配置效率与企业的融资成本——来自世界银行调查数据和中国工业企业数据的证据[J]. 管理世界,2013(06):85 -98.
[43] 李靖华,林莉,李倩岚. 制造业服务化商业模式创新:基于资源基础观[J]. 科研管理,2019,40(03):74 -83.
[44] 刘传江,吴晗晗,胡威. 中国产业生态化转型的 IOOE 模型分析——基于工业部门 2003—2012 年数据的实证[J]. 中国人口·资源与环境,2016,26(02):119 -128.
[45] Franco Malerba. Sectoral systems of innovation: Concepts, issues and analyses of six major sectors in Europe[M]. Cambridge: Cambridge University Press, 2004.
[46] Joo S H, Lee K. Samsung's catch-up with Sony: Analysis using US patent data[J]. Journal of the Asia Pacific Economy, 2010, 15(3), 271 - 287.
[47] Joo S H, Oh C, Lee K. Catch-up strategy of an emerging firm in an emerging country: Ana-

lysing the case of Huawei vs. Ericsson with patent data[J]. International Journal of Technology Management,2016,72(1/2/3): 19 -42.

[48] Lee K,Lim C. Technological regimes,catching-up and leapfrogging: Findings from the Korean industries[J]. Research Policy,2001,30(3): 459 -483.

[49] Mowery D C,Oxley J E,Silverman B S. Technological overlap and interfirm cooperation: Implications for the resource-based view of the firm[J]. Research Policy,1998,27(5), 507 -523.

[50] 丁斌.金融支持新型农业经营主体典型案例及启示[J].西部金融,2014(05):74 -76.

[51] 蓝虹,刘朝晖.PPP 创新模式:PPP 环保产业基金[J].环境保护,2015,43(02):38 -43.

[52] Pargal S, Wheeler D. Informal regulation of industrial pollution in developing countries: Evidence from Indonesia[J]. Journal of Political Economy, 1996,104(6):1314 -1327.

[53] Gouldson A,Murphy J. Regulatory realities: The implementation and impact of industrial environmental regulation[M]. London:Earthscan,1998.

[54] Viscusi W K,Harrington Jr J E,Vernon J M. Economics of regulation and antitrust[M]. 4th. Cambridge:The MIT Press,2005.

[55] 陈林,刘小玄.产业规制中的规模经济测度[J].统计研究,2015,32(01):20 -25.

[56] 孙鹏,聂普焱.新能源产业规制:研发补贴与支持价格的相机抉择[J].当代财经,2013(04):94 -105.

[57] 肖兴志,韩超.规制改革是否促进了中国城市水务产业发展?——基于中国省际面板数据的分析[J].管理世界,2011(02):70 -80.

[58] 石涛.自然垄断产业规制重构:基于要素演化的视角[J].中国工业经济,2007(10):79 -86.

[59] 肖兴志,孙阳.中国电力产业规制效果的实证研究[J].中国工业经济,2006(09):38 -45.

[60] 泰勒尔.产业组织理论[M],张维迎,译.北京:中国人民大学出版社,1997.

[61] 牛晓帆.西方产业组织理论的演化与新发展[J].经济研究,2004(3):116 -123.

[62] 丹尼斯·卡尔顿,杰弗里·佩罗夫.现代产业组织理论[M].黄亚钧,等译.上海:上海三联书店,1997.

[63] 多纳德·海,德里克·莫瑞斯.产业经济学与组织[M].钟鸿钧,等译.北京:经济科学出版社,1998.

[64] 丹尼斯·W.卡尔顿,杰弗里·M.佩洛夫.现代产业组织[M].4 版.胡汉辉,顾成彦,沈华,译.北京:中国人民大学出版社,2009.

[65] 植草益.产业组织论[M].北京:中国人民大学出版社,1988.

[66] 威廉·配第.配第经济著作选集[M].陈冬野,等译.北京:商务印书馆,1981.

[67] 李悦.产业经济学[M].北京:中国人民大学出版社,1998.

[68] 李博,胡进.中国产业结构优化升级的测度和比较分析[J].管理科学,2008(04):86 -93.

[69] 黄亮雄,安苑,刘淑琳.中国的产业结构调整:基于三个维度的测算[J].中国工业经济,2013(10):70 -82.

[70] 高远东,张卫国,阳琴.中国产业结构高级化的影响因素研究[J].经济地理,2015,35

(06):96－101,ZA108.

[71] 张杰. 中国产业结构转型升级中的障碍、困局与改革展望[J]. 中国人民大学学报,2016,30(05):29－37.

[72] 张辉,闫强明,黄昊. 国际视野下中国结构转型的问题、影响与应对[J]. 中国工业经济,2019(06):41－59.

[73] 刘亚臣. 项目融资[M]. 北京:化学工业出版社,2017.

[74] 史燕平,刘若鸿,安祺. 融资租赁与节能环保投融资[M]. 北京:科学出版社,2015.

[75] 叶永刚,张培,宋凌峰,等. 产业金融工程[M]. 北京:人民出版社,2012.

[76] 赵远. 产业金融学[M]. 北京:机械工业出版社,2012.

[77] Haire M. Biological models and empirical history of the growth of organizations: Modern organizational theory[M]. New York: John Wiley and Sons,1959.

[78] Chandler A D. Strategy and structure[M]. Massachusetls: MIT Press,1962.

[79] Gardner W J. Pressure device and system for treating body members: US, US3186404 A [P]. 1961.

[80] Greiner L E. Evolution and revolution as organizations grow[J]. Harvard Business Review,1998,76(3):55－60,62－66,68.

[81] Scott B R. The industrial state-old myths and new realities[J]. Harvard Business Review,1973,51(2):133.

[82] Mintzberg H. The structuring of organizations[M]. New Jersey: Prentice-Hall,1979.

[83] Kimberly J R,Miles R H. The organization life cycle[M]. London: Jossey-Bass Publishers,1981.

[84] 伊查克·爱迪思. 企业生命周期[M]. 王玥,译. 北京:中国人民大学出版社,2017.

[85] 惠宁. 产业经济学[M]. 北京:高等教育出版社,2012.